AF245715

LE JARDIN

DES

RACINES GRECQUES.

AVERTISSEMENT.

L'accueil bienveillant qui a été fait à mon travail sur les Racines grecques, l'approbation dont le Conseil Royal de l'Université a daigné l'honorer, en l'adoptant pour l'enseignement dans nos colléges, ne m'ont point fermé les yeux sur ce qu'on pouvait y reprendre. Je savais ce que j'avais déjà fait ; mais j'avais surtout la conscience de ce qui restait à faire : souvent j'avais pris mon parti, conformément au précepte d'Horace,

> et quæ
> Desperat tractata nitescere posse, relinquit.
>
> (Art Poét. v. 150.)

Ainsi, un bon nombre de vers ou rimes ne me satisfaisaient guère ; environ quatre-vingts entre autres, rebelles à tous mes efforts, m'avaient réduit à les conserver dans leur barbarie native, sauf à en renvoyer la responsabilité à feu Lemaistre de Sacy. Dans la nouvelle révision que j'ai faite de ces vers ou rimes techniques, soit pendant, soit depuis l'impression des Racines grecques, j'ai hasardé un plus grand nombre de corrections, et je suis parvenu à réduire les vers à *chevilles ridicules et mots oiseux*, de la proportion primitive *d'un sur trois* à celle *d'un sur cinquante*. Toutes les fois qu'une page présentera, dans les vers, de ces mots de pur remplissage en *lettres italiques*, on fera donc bien de chercher dans l'ERRATA ou dans les VARIANTES qui le suivent, le no de cette page ; on y trouvera le plus souvent le vers refait, que l'on pourra substituer au vers défectueux.

Le volume est terminé par une TABLE ALPHABÉTIQUE fort détaillée de tous les mots français d'origine grecque, avec l'indication soit de la page et du no des DÉRIVÉS, soit de la page du SUPPLÉMENT, où leur étymologie se trouve expliquée.

Pour compléter un système d'études méthodiques sur les *Racines* grecques, je publierai incessamment un APPENDICE ou *Recueil* de Phrases graduées, Vers, Sentences, etc. historiettes, composées principalement de mots *racines*.

C.

LE JARDIN

DES

RACINES GRECQUES

MISES EN VERS FRANÇAIS.

Nouvelle Édition,

Approuvée par le Conseil royal de l'Instruction publique ;

PRÉSENTANT

1º les *vers techniques* corrigés ou refaits pour la première fois ;
2º les dérivés grecs, latins et français rapprochés des mots RACINES ;
3º la table alphabétique d'environ QUATRE MILLE mots français dont
l'ÉTYMOLOGIE est expliquée dans l'ouvrage ;

PAR J.-B. G. PITAY,

AGRÉGÉ POUR LES CLASSES SUPÉRIEURES DES LETTRES,
PROFESSEUR DIVISIONNAIRE AU COLLÉGE ROYAL DE BOURBON.

Paris,

À LA LIBRAIRIE CLASSIQUE

DE A. POILLEUX, ÉDITEUR,

QUAI DES AUGUSTINS, 57.

1837.

IMPRIMERIE DE DUCESSOIS,
Quai des Augustins, 55.

PRÉFACE.

Cent soixante dix-neuf ans se sont écoulés depuis
a première publication du livre si connu sous le
titre un peu bizarre de Jardin des Racines Grecques
mises en vers français. Cet ouvrage dû aux soins
réunis de deux de ces hommes aussi savants que
modestes qui composaient la célèbre École de Port-
Royal, Cl. Lancelot et Lemaistre de Sacy, fut un véritable bienfait pour l'enseignement, à une époque
où rien ne s'enseignait, même aux enfants, qu'au
moyen de la langue latine : car il n'existait encore
ni grammaire, ni dictionnaire grecs-français ; ils ont
eu la gloire de nous en donner les premiers modèles.

Toutefois, depuis 1657, bien des mots, des locutions,
bien des tours de phrase ont vieilli ; une foule de mots
latins francisés sont passés d'usage, ou n'ont plus le
sens qu'ils eurent d'abord : dans l'ancienne et dans la
nouvelle Université, des améliorations, des réformes
avaient été réclamées et en partie introduites dans le
livre des solitaires de Port-Royal, depuis si longtemps
adopté pour l'usage de nos Colléges.

Si sous les mains de quelques-uns de ses nombreux
éditeurs, le volume de Lancelot s'était successivement
enflé outre mesure de Suppléments, de Notes, d'Ad-
ditions, d'Observations qui ne sont pas toujours des
richesses, d'autres, au rebours, surtout depuis une
trentaine d'années environ que nous avons commencé

d'avoir des Dictionnaires grecs-français, avaient écarté successivement et les *Dérivés grecs*, et les *Racines moins importantes* de la deuxième Partie, et les *Particules indéclinables*, et le *Recueil de mots français* pris de la langue grecque : le volume se trouvait réduit à l'exiguité d'une humble brochure ; Lancelot tout entier était tombé ; les vers français seuls avaient été conservés ; et les vers français, comme on sait, ne sont pas de l'habile maître de grec de notre grand poëte Racine. Ainsi, dans le Jardin des *Racines grecques*, le laurier poétique de Lemaistre de Sacy était seul resté debout et à peu près intact.

Ce n'est pas que sa poésie en *vers techniques* fût consacrée par des respects unanimes ; et beaucoup de personnes judicieuses, entre autres nos savants hellénistes d'Ansse de Villoison, Chardon La Rochette, et M. Fl. Lécluse (1), avaient hautement exprimé le vœu que quelqu'un se chargeât du soin de rajeunir les vers *abondants en chevilles ridicules* (1), tantôt burlesques par leur naïveté, le plus souvent baroques de vétusté et d'incorrection. Cependant, il faut le dire, les opinions sont partagées sur la nécessité de ces corrections, provoquées par les uns, blâmées par les autres. Quant à moi, depuis longtemps elles m'ont paru d'autant plus nécessaires, que ces vers, conformément aux statuts de l'Université, doivent être con-

______

(1) Voyez Manuel de la Langue Grecque. Préface, p. xv, et son édition de Schrevelius, Delalain, 1820, pag. 1002.

fiés à la mémoire des élèves. Nos jeunes Français, d'humeur un peu moqueuse, dédaignent d'apprendre des vers qu'eux aussi ils jugent ridicules, qu'ils entendent trop ou qu'ils n'entendent pas; ou bien parfois ils les refont à leur mode, sans respect pour la mesure, avec les rimes *prendre* et *rendre*, *traduit* et *se dit*, etc., qui reviennent à chaque page; et cette licence des élèves, pour le dire en passant, apprête trop souvent à rire dans nos classes publiques devenues si nombreuses ; ce qui compromet bien un peu la discipline. Ces licences fort peu poétiques que certains vers trop naïfs inspirent parfois aux élèves, ont amené un autre inconvénient beaucoup plus grave. Quelques jeunes professeurs, dit-on, du reste hommes de savoir et de mérite, commencent, au mépris des recommandations de Rollin, notre maître à tous, à négliger un livre utile, et même, j'ose le dire, indispensable, du moins par le fond des choses.

En effet, le progrès naturel des sciences, des arts, de l'industrie, depuis plus d'un siècle et demi, a fait passer dans l'usage familier une foule de mots empruntés à la langue grecque; et comment les bien entendre ces mots, si l'on ne connaît au moins les éléments dont ils sont composés, les mots *Racines* de la langue qui les a fournis à toutes les langues de l'Europe? J'ajoute que l'introduction, si l'on veut même, l'invasion de l'histoire naturelle, des sciences physiques, de la chimie dans l'humble domaine de nos colléges, ne peut qu'augmenter considérablement le nombre de ces mots, connus autrefois des seuls adeptes.

Pour remédier au double inconvénient que j'ai cru devoir signaler, il m'a semblé qu'il était à propos de changer la forme, le dessin du Jardin des Racines Grecques, en amendant, autant que possible, le fonds déjà si riche par lui-même.

Cette tâche présentait des difficultés de plus d'un genre : il fallait user de tempérament, composer avec les habitudes prises, ménager de certaines prédilections, voire même, le dirai-je, de vieilles admirations ! Et sans doute tout n'était pas à refaire dans ces vers ; mais aussi tout n'était pas à conserver : jusqu'à quel point les corrections pouvaient-elles être hasardées ?... je me suis évertué à conserver des vers ou rimes de Port-Royal tout ce qui pouvait être conservé ; tout ce qui était à peu près correct, français, intelligible. Je me suis employé avec zèle, dévoué à ce labeur ingrat et minutieux (*in tenui labor !*), plusieurs fois interrompu, et dont la dernière révision m'a pris encore bien du temps. Enfin je suis parvenu à faire disparaître un bon nombre de mots oiseux, parasites, placés là pour la nécessité de la rime ou de la mesure (1). J'ai même fait entrer en plus, tout en conservant le même nombre de vers, quelques dizaines

---

(1) Au lieu d'*un* vers sur *trois* avec ces mots en *italiques* de pur remplissage, on n'en trouvera plus qu'*un* sur *vingt-cinq* dans les vers tels que je les ai corrigés ou refaits... , aujourd'hui *un* sur *cinquante* 1837.

de mots Racines que Lancelot avait relégués dans la
Seconde Partie de son livre, où, depuis longtemps
personne ne s'avisait d'aller les chercher. Au surplus,
toutes mes corrections sont, quant aux divers sens des
mots, appuyées sur l'autorité des Dictionnaires grecs-
français et français-grecs de M. Planche et de
M. Alexandre, consacrés par les suffrages du Conseil
royal de l'Université.

Dans ma révision des DÉRIVÉS GRECS, j'ai fait
choix des plus usités, élaguant les moins utiles à connaître, quelquefois leur en substituant qui avaient été
négligés ou omis, toujours curieux de la brièveté,
quand elle pouvait s'allier à la clarté des explications,
souvent diffuses dans Lancelot. L'espace que j'ai
gagné, je l'ai rempli au moyen de DÉRIVÉS LATINS et
FRANÇAIS, d'origine grecque, dont l'étymologie, rapprochés qu'ils sont de leurs RACINES, saisit l'attention
de l'élève, qui les passe ainsi en revue sans fatigue,
et sert à graver celles-ci dans sa mémoire : en un
mot, je me suis appliqué à resserrer dans des pages
bien remplies au moyen des notes courantes au-dessous
des Stances, ce qu'il y avait, à mon sens, de plus
substantiel et de véritablement utile dans le travail
de Lancelot et de ses divers éditeurs et annotateurs.

A l'exemple de plusieurs de mes devanciers, j'ai
entièrement supprimé la deuxième et la troisième
Partie du Jardin des Racines grecques ; l'une (*Racines
secondaires*), comme peu utile aux élèves, qui ne la

consultent jamais ; l'autre (*Particules indéclinables*), comme faisant double emploi avec les Dictionnaires grecs français qu'on leur met entre les mains, où elles sont à la fois mieux placées, et traitées avec plus de netteté, d'exactitude et de précision. En revanche, j'ai tâché de suivre le mouvement de la civilisation moderne (pour parler la langue du jour), et de répondre aux besoins de l'époque, en élevant à près de quatre mille la somme totale des mots français tirés du grec, dont je donne l'explication soit dans les DÉRIVÉS , soit dans le RECUEIL SUPPLÉMENTAIRE, qui termine le volume.

Au résumé, je l'avoue, il est, ou peu s'en faut, advenu du JARDIN DES RACINES GRECQUES MISES EN VERS FRANÇAIS, comme du fameux navire des Argonautes, qui, presque entièrement rongé par le temps et les vers, était, dit-on, grâce à l'industrie architectonique d'alors, toujours resté pour le vulgaire l'indestructible, l'immortel Argo.

Je sollicite et je recevrai avec reconnaissance les observations de mes collègues sur les diverses réformes que j'ai cru devoir tenter d'introduire, en réclamant un peu d'indulgence pour les fautes qui me sont échappées et que je les prie de me signaler dans l'intérêt de nos études classiques. Je m'empresserai de les faire disparaître, si tant est que mon travail parvienne aux honneurs d'une seconde édition.

L'indestructible, l'immortel Argo. — Je confesse, mon cher Lecteur, que je n'ai par - devers moi aucun document historique ni Mémoire particulier, pour justifier ce que je viens de dire au sujet de *l'immortel navire Argo.* Pardon, si je vous ai remis en mémoire l'histoire merveilleuse du fameux petit couteau, qui, au dire de certain personnage que la gravité ne permet pas de nommer ici, usa *trois manches et deux lames, et qui était toujours le même.* Dans cette antiquité reculée, et vers la même époque, il fut un autre vaisseau qui compta aussi de longs jours de gloire et de célébrité parmi les Grecs, le vaisseau qui ramena à Athènes l'heureux Thésée, vainqueur du Minotaure, vaisseau qui consacré à Apollon, faisait tous les ans, en grande pompe, le voyage de Délos. « C'estait, dit Plutarque, une ga- « liotte à trente rames que les Athéniens *conservè-* « *rent* jusques au temps de Démétrius le Phalérien « (PRÈS DE MILLE ANS (1)) *en ostant toujours les vieilles* « *pièces de bois, à mesure qu'elles se pourrissaient* « *et en y remettant des neuves en leurs places;* telle- « mant que depuis, ÈS DISPUTES DES PHILOSOPHES ,.... « cette galiotte estait toujours alléguée pour exemple « de doubte, pour ce que *les uns maintenaient. que*

---

(1) Callimaque, qui vivait à la cour du roi Ptolémée Philadelphe, témoigne que ce voyage à Délos de *l'immortel navire,* avait encore lieu de son temps, ἀειζώοντα Κεκροπίδαι πέμπουσι τοπήϊα νηός..... *Hymne* VI, en l'honneur de Délos, vers la fin.

» *c'estait un mesme vaisseau , les autres au contraire,*
» *soustenaient que non.* (1) »

Comme vous voyez , le conte pour rire du fameux petit couteau est , ainsi que tant d'autres choses grandes et petites , *renouvelé des Grecs,* (2) et fait d'après une histoire sérieuse et bien vraie. Au surplus, si j'ai dit *l'immortel navire Argo,* là où la vérité historique réclamait *l'immortel vaisseau de Thésée,* c'est qu'on ne se souvient guère aujourd'hui de l'immortel vaisseau de Thésée , tandis que l'immortel Argo vit encore et brille à la voûte des cieux : Je m'en rapporte au témoignage de MM. les poëtes et des astronomes.

(1) Hommes illustres de Plutarque , trad. par Amyot, Vie de Thésée, tom. 1, pag. 37, Paris, Cussac, 1801 ; et tom. 1, pag. 24, chap. **XXIV,** de l'édition grecque stéréot. de Tauchnitz.

(2) *Nil sub sole novi ,* a dit le Sage. Voy. le livre curieux et savant de M. Dutens , sur l'*Origine des Découvertes attribuées aux modernes ,* 3 vol. *in-8º.*

ADDITION A LA PRÉFACE DE 1836.

Plusieurs personnes ne partagent pas l'opinion que j'ai émise dans la Préface sur l'importance, je dirais presque la nécessité de faire étudier et même apprendre par cœur les Racines grecques. « On ne suit » pas, disent-elles, cette méthode dans l'enseignement » de la langue latine ; et le latin est mieux et plus » généralement su que le grec. » Cette objection spécieuse, loin de détruire une opinion érigée en loi par par les statuts universitaires, prouve que ces personnes n'ont pas suffisamment réfléchi sur la différence des deux langues, sur la difficulté particulière au grec : se réduisît-elle à une difficulté purement matérielle, si je puis m'exprimer ainsi, on ne saurait nier cependant que plus cette difficulté est grande, plus il est rationnel de suivre une méthode analytique progressive, fondée sur l'analogie, et par cela même abrégée, pour l'enseignement de celle des deux langues qui, dans la composition de ses mots, suit une marche qui lui est propre et le plus souvent régulière. J'ajouterai qu'il n'existe pas un seul vocabulaire complet des mots de la langue grecque, et cette considération me semble décisive en faveur de l'opinion qui prescrit une étude spéciale et méthodique des éléments dont ils se composent.

Pour résumer et terminer cette discussion, je vais citer le texte même de Rollin. Rien, à mon sens, de plus propre faire à impression sur un esprit sérieux et de bonne foi, maîtres et élèves, que les motifs sur lesquels s'appuie le sage législateur de nos études, et les avantages qu'il promet de cette utile, sinon indispensable pratique.

« Comme *la difficulté de la langue grecque, con-* « *siste principalement dans la grande multitude de* « *mots qu'elle renferme*, et qu'il ne faut pour les « retenir que de la mémoire, qui pour l'ordinaire ne « manque pas aux jeunes gens, *c'est une fort bonne* « *méthode de leur faire apprendre les Racines grec-* « *ques mises en vers français*, et de les leur faire citer « à chaque mot qu'ils voient..... Cet exercice qui ne « les chargera pas beaucoup, leur donnera une fa- « cilité incroyable pour l'intelligence des auteurs, et « leur tiendra lieu d'un long usage qui ne s'acquiert « qu'à force de travail et de temps. — Il ne faut pas « négliger de leur apprendre, chemin faisant, les « étymologies des mots latins et des mots français « dérivés du grec. » ROLLIN, *Traité des Etudes*, liv. Ier, chap. 1er, art. 2 ; ou tom. 1er, page 403 et 404, édition de Paris, 1805.

J'ai transcrit ce passage d'autant plus volontiers que Rollin y trace, en quelque sorte, le plan du travail que je me suis proposé de mettre à exécution dans l'édition des Racines que j'ai publiée, et qui reparaît aujourd'hui avec de notables améliorations.

AVIS PRÉLIMINAIRES.

I. Dans les vers, le *caractère italique* a été employé pour les *mots qui servent à compléter la mesure du vers*, et pour les *épithètes* qui marquent les propriétés du mot que l'on explique.

II. L'astérisque ou étoile (*) placée dans les vers *devant un mot grec*, avertit que ce mot est dérivé du précédent qui est RACINE ; mais, placée *après un mot français*, l'étoile est un signe de renvoi à une explication qui se trouve dans les colonnes des dérivés à l'endroit où l'étoile est répétée.

III. Au bout de chaque vers, à quelques omissions près dans la première feuille (24 pages), dont je n'ai pu suivre moi-même l'impression, j'ai eu soin d'indiquer le *futur* des verbes, le *génitif* et le *genre* des noms substantifs, le *féminin* et le *neutre* des adjectifs. La nécessité d'abréger et d'économiser l'espace ne m'a pas toujours permis de donner les mêmes indications dans les DÉRIVÉS. L'analogie, excellent guide, y suppléera. Je placerai ici quelques *règles générales sur les genres*, dont on pourrait s'aider au besoin.

1° Les noms propres d'*hommes*, de *fleuves*, de *mois* sont *masculins* (ὁ).

2° Les noms propres de *femmes*, de *villes*, d*îles*, de *fontaines*, de *vaisseaux* sont *féminins* (ἡ).

3° Les noms terminés en ον sont toujours *neutres* (τὸ).

4° Dans la *déclinaison imparisyllabique*, la TROISIÈME,

Les noms en ος, (gén. εος-ους) sont *tous neutres* (τὸ) ;

Les noms en α , ι , υ , sont *tous neutres* (τὸ) ;

Les noms en ω, sont *tous féminins* (ἡ) ;

5° Les terminaisons en εν , ον , ουν , ες , indiquent des adjectifs ou des participes au neutre (τὸ).

IV. Un certain nombre de terminaisons reviennent souvent dans les Mots français Dérivés ou Composés, pris du grec : il est bon d'avoir une liste alphabétique des plus usitées , soit pour les étudier à part, soit pour y recourir, lorsque dans les DÉRIVÉS l'explication n'en semblera pas assez développée.

—ALGIE vient du mot RACINE ἄλγος (τό) , *douleur violente.*

—ARCHIE vient de R. ἀρχή , (ἡ) , *gouvernement , autorité.*

—CRATIE vient de R. κράτος (τό) , *pouvoir , puissance.*

—DORE vient de R. δῶρον (τό) , *don.*

—DOSE vient de δόσις (ἡ) , *action de donner , don , dose.* R. δίδωμι , *je donne.*

—EÏDE, -IDE, -OÏDE, vient de R. εἶδος (τό), *figure, ressemblance.*

—GONE * vient de R. γωνία , *angle , coin.* * terme de géom.

—GONIE vient de γόνος, (ὁ) *race, génération,* dérivé de γέγονα, parf. moy. de γείνομαι, *naître.*

—GRAMME vient de γράμμα (τό) , *lettre , écrit.,* du parf. pass. γεγράμμαι, de R. γράφω, *écrire.*

—GRAPHIE vient de γραφή, *description,* qfois *écrit sur,* dérivé de R. γράφω, *écrire, décrire.*

—GRAPHE vient de γραφεύς , ὁ , *peintre , écrivain,* dérivé de R. γράφω , *écrire, décrire.*

—IQUE terminaison d'adjectif, vient de la finale -ικός, *qui appartient à, qui traite de.*

— IQUE, terminaison de substantif, vient de ικ ή, *fém.* (sous-ent. τέχνη , ἡ, *art, science ; métier, profession.*)

—ISME vient de -ισμα, *affectation de , imitation fausse ou coupable.*

—ISTE vient de -ιστής, *faux imitateur, sectateur de.*

—LOGIE—LOGUE, vient de λόγος, ὁ, *discours, traité sur ; raisonnement ;* qfois *savoir,* dérivé de λέλογα, parf. moy. de R. λέγω, *dire , parler.*

—MANIE vient de μανία, *folie,* dérivé de R. μαίνομαι, *être furieux ou fou.*

—MÈTRE,—MÉTRIE vient de R. μέτρον, τό, *mesure.*

—NOMIE vient de R. νόμος (ὁ) *loi, règle,* pris de νένομα, parf. moy. de νέμω, *régler, distribuer.*

—PHAGE vient de φάγος, *qui mange,* dérivé de R. φάγω, *manger.*

—PHORE vient de φορός, *qui porte,* pris de πέφορα, parf. moy. de R. φέρω, *porter.*

— PTÈRE, t. d'hist. nat. des insectes, vient de R. πτερὸν, τό, *aile.*

—SCOPE vient de R. σκέπτομαι, parf. moy. ἔσκοπα, *observer, considérer avec attention;* d'où σκοπός, σκοπεύς, *observateur.*

—TECHNIE vient de R. τέχνη, ἡ, *art, métier; science ; adresse.*

—TOME vient de τόμος, ὁ, *division;* qfois de τομός, ὁ, ou τομεύς, ὁ, *qui coupe, secteur;* de même,

—TOMIE vient de τομή, *dissection, incision, coupe;* qfois *ouverture* faite en coupant : ces quatre mots grecs sont pris de τέτομα, parf. moy. de R. τέμνω, *couper, diviser.*

—URGIE ou ERGIE vient de R. ἔργον, τό, *ouvrage, travail, opération.*

— ANTI , q.fois ANTÉ (initiale) vient de ἀντί , *contre, au contraire, à l'opposite.*

— ARCH,- ARCHI (initiale) vient de R. ἀρχή (ἡ), *autorité suprême, suprématie.*

PHIL (initiale) vient de R. φίλος, *ami.*

POLY (initiale) vient de R. πολύς, *beaucoup de, plusieurs.*

EXPLICATION DES ABRÉVIATIONS

PAR ORDRE ALPHABÉTIQUE.

a augm. *signifie* a augmentatif.
a priv. — a privatif.
acc. — accusatif.
acc. pl. n. — accusatif pluriel neutre.
act. — activement.
adj. — adjectif.
adv. — adverbe, *ou* adverbialement.
antiq. — terme d'antiquités.
ao. *ou* aor. — aoriste.
archit. — terme d'architecture.
Att. — selon les Attiques.
c. *ou* comp. — composé ; *ou bien qfois* comparatif.
c.-à-d. — c'est-à-dire.
comme *ou* c. q. d. — comme qui dirait.
contr. — par contraction.
d. pl. *ou* d. p. — de plus.
déc. — décade ou Stance de 10 vers.
dér. — dérivé.
dim. — diminutif.
étym. étymol. — étymologie.
ex. *ou* par ex. — exemple, *ou* par exemple.
f. — féminin, *quelquefois* futur.
f...? — futur inconnu *ou* douteux.
f. inus. — futur inusité.
fig. — au figuré.
fig. de gram. — figure de grammaire.
fig. de rhét. — figure de rhétorique.
fut. — futur.

g. — génitif.
géom. — en géométrie, *ou* terme de géométrie.
id. — même signification.
ind. *ou* indécl. — indéclinable.
inf. — infinitif.
inus. — inusité.
L. *ou* lat. — en latin.
le m. — le même, *ou* même signification,
littér. — littéralement.
m. à. m. — mot à mot.
m. sig. — même signification.
méd. *ou* t. méd. — en médecine, terme médical.
même rac. — même racine.
métaph. — par métaphore.
moy. — au moyen.
myt. — mythologie.
n. — neutre.
n. pr. — nom propre.
n. pr. d'h. — nom propre d'homme.
neut. — au neutre.
p. m. *ou* parf. m. — parfait moyen.
p. p. — parfait passif.
part. — participe.
pass. — au passif.
pl. — pluriel.
poét. — mot poétique, *ou* chez les poëtes.
pr. — privatif.
prim. — primitif.
princ. — principalement.
prop. — proprement, au propre.
qfois — quelquefois.
R. — racine.

RR. — racines.

rar. — rare *ou* rarement.

rédup. — réduplication.

s. ent. *ou* sous-ent. — sous-entendu.

subst. — substantif, *ou* pris substantivement.

s. f. — substantif féminin.

s. f. pl. — substantif féminin pluriel.

s. f. *ou* s. fut. — sans futur.

s. m. — subtantif masculin.

s. m. pl. — substantif masculin pluriel.

sup. *ou* suppl. — suppléez, *ou* Supplément aux Dérivés
    français.

sync. — par syncope.

v. — verbe. vv. — verbes.

v. a. verbe actif. — v. n. verbe neutre.

v. *ou* voy. st. — Voyez Stance, ou page : les stances
    portent le même nᵒ que les pages.

I.

1. A, vaut un, prive, augmente, admire
2. Ἀάζω, j'exhale, j'aspire.　　　　　　*f. σω.*
3. Ἄβαξ, table, damier, buffet.　　　　*g. κος, ὁ.*
4. Ἁβρός, mou, délicat, bien fait.　　　*g. οῦ, ὁ.*
5. Ἀβρότη, nuit, temps où l'on erre.　　*g. ης, ἡ.*
6. Ἀγαθός, bon, brave, exemplaire.　　*g. οῦ, ὁ.*
7. Ἀγάλλω, pare, orne, embellit,　　　*f. λῶ.*
8. Ἄγαν, trop, beaucoup, fort, suffit.　　*adv.*
＊ Ἀγανακτέω, je m'indigne.　　　　*f. ήσω.*
9. Ἀγαπᾶν, aime, se résigne.　　*inf. άειν, ᾶν.*

DÉRIVÉS.

1. A pris numériquement, marque *l'unité* quand il est surmonté d'un accent, ά ; si l'accent est dessous, il vaut *mille,* ᾳ. En composition l'α marque, 1º *privation,* d'ἄτερ, ou ἄνευ sans. Il répond à *in* des Latins dans les adj. ἄθεος, ATHÉE, s. m. de α pri. et de ϑεός, dieu : *qui est sans dieu.* 2º *Augmentation,* d'ἄγαν, beaucoup (rare). 3º *Union,* de ἅμα, ensemble : πᾶς, tout, ἅπας, tout entier. — ἆ (circonflexe) interj. d'admiration, de désir, de douleur, etc. AH !

ALPHABET, s. m. Disposition par ordre des lettres d'une langue, mot formé de la réunion de ἄλφα et de βῆτα, les deux premières lettres des Grecs.

3. d. p. planche, tableau pour tracer des figures de géométrie ; table de Pythagore ; plateau. — ABAQUE, s. m. par-tie supérieure d'un chapiteau de colonne.

4. d. p. gai, agréable, magnifique; ἅβρα, ας (ἡ), jeune servante; ἁβρύνω, brunir, donner le poli; ἁβρύνομαι, se parer, faire le beau.

5. Temps où nul mortel ne se montre ; α priv. et βροτός, mortel. ἀβροτέω, ἀβροτάζω, s'é-garer la nuit.

6. d. p. habile, propre à ; salutaire ; AGATHE, s. f. n. p. de femme; *bonne.* ἀγαθοσύνη, bonté ; prospérité.

7. ἀγάλλομαι, se parer ; s'en-orgueillir. ἄγαλμα, (τό), orne-ment, statue.

9. f. ήσω. d. p. saluer, em-brasser ; témoigner de l'affection; ἀγαπητός, cher; aimable; unique, d'où AGAPET, n. p. AGA-PES, s. f. pl. repas des chré-tiens dans la primitive église, en témoignage de leur mutuelle affection, de ἀγάπη, amour.

II.

1. Ἀγᾶν, admirer, envier.   ἀω, *f.* ήσω.
2. Ἄγγαρος, messager, courrier.   ου, ὁ.
3. Ἀγγέλλω, j'annonce nouvelle.   ελῶ.
4. Ἄγγος, vase, urne, chose telle.   εος, τό.
5. Ἀγείρειν, assemble; erre en gueux.   ερῶ.
6. Ἀγέλη, grand troupeau de bœufs.   ης, ἡ.
7. Ἀγέρωχος, fier, intraitable.   *adj.*
8. Ἅγιος, saint, pur, vénérable.   ια, ον.
9. Ἀγκαί, bras; * ἀγκαλίς, paquet.   * ίδος, ἡ.
10. Ἄγκιστρον, hameçon, crochet.   ου, τό.

DÉRIVÉS.

1. Ou plutôt ἄγαμαι, d. p. haïr. ἀγαυός, *poét.* admirable, auguste, superbe, arrogant. AGA, vieux mot, terme d'admiration.

2. ANGARIER, v. a. *angariare*, d'ἀγγαρεύω, mettre en réquisition pour une corvée. Chez les Perses, le service des courriers se faisait par corvées; d'où leur venait le nom d'ἄγγαροι, mot persan d'origine.

3. ANGE, s. m. L. *angelus*; créature spirituelle, messager de Dieu; ἄγγελος, messager; d'où *angélique*, adj. et nom pr. ANGELUS, prière catholique que l'on fait en commémoration de *l'annonciation* de la Sainte-Vierge. ARCHANGE, s. m. *premier ange*, d'ἀρχή, primauté, et d'ἄγγελος, ange. ÉVANGILE, s. m. εὐαγγέλιον, comp. d'εὖ, bien, et ἀγγελία, nouvelle, *bonne nouvelle*, R. ἀγγέλλω; d'où *évangélique, évangéliser, évangéliste*, s. m.

4. Et mieux ἀγγεῖον, en prose; d. p. vaisseau, veine; μεταγγίζω, transvaser. ANGIOLOGIE, s. f. traité des vaisseaux du corps humain; d'ἀγγεῖον, et de λόγος, traité. ANGIOTOMIE, s. f. dissection des vaisseaux du corps humain; d'ἀγγεῖον, et de τομή, dissection.

5. Mendier, quêter.

6. d'oiseaux, d'hommes, etc. ἀγελάζω, assembler.

8. ἁγιότης, sainteté; πανάγιος, très saint. HAGIOGRAPHE, s. m. auteur d'écrits sur les Saints; RR. ἅγιος, et γράφω, j'écris. HAGIOLOGIQUE, adj. qui concerne les Saints, ou les choses saintes; RR. ἅγιος, et λόγος, traité.

9. ἀγκαί pour ἀγκάλαι, étendue des bras, nomi. pl. de ἀγκάλη; * ἀγκαλίς, brassée, botte, fagot.

10. ἀγκιστρόω, accrocher; ἀγκιστρεύω, pêcher à l'hameçon.

III.

1. Ἄγκος, vallon, fond, creux, courbure.   εος, τό.
2. Ἀγκύλη, dard, coude, jointure.   ης, ἡ.
3. Ἀγκύλος, recourbé, tortu.   ου, ὁ.
4. Ἄγκυρα, l'ANCRE, *au bec crochu*.   ας, ἡ.
5. Ἀγκών, coude, chose courbée.   ῶνος, ὁ.
6. Ἀγλαός, beau, clair, sans nuée.   οῦ, ὁ.
7. Ἁγνός, chaste, pur, innocent.   οῦ, ὁ.
8. Ἀγορά, marché, ce qu'on vend.   ᾶς, ἡ.
9. Ἄγος, lieu saint ; crime; souillure.   εος, τό.
10. Ἄγρα, chasse, pêche, capture.   ας, ἡ.

DÉRIVÉS.

2. d. p. courbure interne du coude, jarret. ANKYLOSE, privation du mouvement, soudure des articulations. ANKYLOGLOSSE, s. m. vice *du filet de la langue* : de ἀγκύλη, roideur, difficulté, et de γλῶσσα, langue.

3. ANGLE, s. m. L. *angulus*, d'ἀγκύλος, crochu, à cause du crochet que forment les deux côtés d'un angle ; d'où *angulaire, anguleux*.

4. d. p. appui. L. *anchora*. ANCRE, instrument en fer à double crochet ; d'où *ancrer*, ἀγκυρόω; *ancrage*. ANCYRE, ville et port d'Anatolie.

5. ἐναγκωνίζω, s'accouder; ἐξαγκωνίζω, mettre les poings sur les hanches. ANCONE, ville et port d'Italie ; d'ἀγκών, coude, à cause de sa position dans un enfoncement ou coude formé par deux promontoires.

6. ἀγλαΐα, éclat, grâce; ἀγλαΐζω, faire briller, ἄγλαυρος, *poét* pour ἀγλαός. AGLAÉ, s. f. l'une des Grâces ; AGLAURE, n. pr. de femme.

7. ἁγνεία, chasteté, pureté, expiation ; ἁγνεύω, être ou rendre chaste. AGNÈS, s. f. jeune fille très innocente. AGNEAU, L. *agnus*, à cause de sa douceur.

8. d. p. assemblée, le barreau ; harangue ; ἀγοράζω, délibérer ; aller au marché. AGORANOME, s. m. magistrat athénien chargé de la police des marchés : RR. ἀγορά, et νόμος, loi, gouvernement. ALLÉGORIE, s. f. figure par laquelle, en disant une chose, on en fait entendre une autre ; ἀλληγορία; RR. ἄλλος, autre, et ἀγορά, discours : d'où *allégorique*. CATÉGORIE, s. f. classe dans laquelle les anciens philosophes rangeaient tous les êtres; κατηγορία, de κατηγορέω, déclarer. RR. κατά, et ἀγορά : d'où *catégorique, catégoriquement*.

9. ἁγιστεύω, sanctifier ; célébrer les saints mystères; vénérer.

10. ἀγρεύω, -έω, -όω, chasser, pêcher, prendre. CHIRAGRE, s. f. goutte aux mains, de χείρ, main, et d'ἄγρα, prise. PODAGRE, s. et adj. qui a la goutte aux pieds; de πούς, ποδός, pied, et d'ἄγρα.

IV.

1. Ἀγυιά, rue. 2. Ἀγρός, un champ. 1. ᾶς, ἡ. 2. οῦ, ὁ.
3. Ἄγυρις, foule, attroupement.   εως, ἡ.
4. Ἄγχω, serre, étrangle, suffoque.   ξω.
5. Ἄγω, conduit, brise, provoque.   ξω.
6. Ἀγών, combats, jeux, appareil.   ῶνος, ὁ.
7. Ἀδελφός, frère, égal, pareil.   οῦ.
8. Ἀδεῖν, je plais, je cherche à plaire.   . εω, ήσω.
9. Ἀδημονεῖν, craint, désespère.   εω, ήσω.
10. Ἀδινός, dru, serré, fréquent.   οῦ.
11. Ἀδρός, mûr, grand, gros, fort, puissant.   οῦ.

DÉRIVÉS.

2. L. *ager*. AGRONOME, s. m. cultivateur éclairé. AGRONOMIE, s. f. théorie de l'agriculture : d'ἀγρός, champ, et de νόμος, loi.

3. PANÉGYRIQUE, s. m. discours public à la louange de quelqu'un; πανηγυρικός, s.-ent. λόγος, discours; πανήγυρις, assemblée générale, formé de πᾶν, tout, et d'ἄγυρις, assemblée ; d'où *panégyriste*, s. m.

.4. ANGINE, s. f. et ESQUINANCIE, s. f. inflammation de la gorge avec suffocation : de συνάγκη; RR. σύν, avec, et ἄγχω, suffoquer.

5. L. *ago*. d. p. apporter ; penser ; attirer ; aller. DÉMAGOGUE, s. m. chef d'une faction populaire : de δῆμος, peuple, et d'ἀγωγός, meneur, d'ἄγω, mener ; d'où *démagogique*, adj. et *démagogie*, s. f. EPACTE, s. f. supplément à l'année lunaire; ἐπακτός, introduit, ajouté en sus, d'ἐπάγω, ajouter, formé d'ἐπί et d'ἄγω. PARAGOGE, s. f. addition à la fin d'un mot, παραγωγή, de παρά, au-delà, et ἄγω, je mène. SYNAGOGUE, s. f. συναγωγή, assemblée : de σύν, avec, ensemble, et d'ἀγωγή, action de conduire, assemblée des Juifs, lieu où ils se rassemblent.

6. d. p. lieu où se donnent les jeux ; lice, arène ; ἀγωνίζομαι, combattre. AGONIE, s. f. dernière lutte contre la mort : d'ἀγών, lutte ; d'où *agoniser*, *agonisant*. ANTAGONISTE, s. m. ἀνταγωνιστής, adversaire : d'ἀντί, contre, et d'ἀγωνιστής, combattant. AGONISTIQUE, s. f. art des athlètes : d'ἀγωνιστικός, relatif aux athlètes. AGONOTHÈTE, s. m. officier qui présidait aux jeux, ἀγωνοθέτης, d'ἀγών, et de τίθημι, disposer, ordonner.

7. PHILADELPHE, *qui aime ses frères*, surnom donné par ironie à Ptolémée, qui fit mourir deux de ses frères ; de φίλος, ami, et ἀδελφός, frère.

8. αὐθάδης, εος, qui n'aime que soi ; arrogant, opiniâtre.

9. ἀδημονία (ἡ), anxiété, désespoir.

10. d. p. profond, *en parlant du sommeil*.

11. ἀδρύνω, croître, grossir, mûrir; ἄδρησις, maturité.

V.

1. Ἄδω, gorger de nourriture.   ἄσω.
* Ἄδην, assez, outre mesure.   adv.
2. Ἆθλος, lutte; ἆθλον, prix, succès.   ου, ὁ: ου, τὸ.
3. Ἀεί, toujours, à tout jamais.   adv.
4. Ἀείδειν, chante, versifie.   σω.
5. Ἀείρειν, lève, ôte; amplifie.   ερῶ.
6. Ἄελλα, tempête, grand vent.   ης, ἡ.
7. Ἀέξω, donne accroissement.   ἀεξήσω.
8. Ἀετός, aigle, enseigne en guerre,   οῦ, ὁ.
9. Ἄζω, sèche. * Ἄζομαι, révère.   σω. * σομαι.

DÉRIVÉS.

1. ἄση, dégoût, réplétion; ἀσάζω, ἀσαίνω, ἀσάομαι, être dégoûté par satiété.

2. ἄεθλος, l. m. ἀθλέω, combattre. ATHLÈTE, s. m. ἀθλητής (ὁ), combattant, d'ἀθλέω, dér. d'ἆθλος, combat; d'où *athlétique*, adj. ATHLOTHÈTE, s. m. *qui donne des jeux* ou *propose des prix*; d'ἆθλον, prix du combat et de τίθημι, proposer.

3. d. p. au fur et à mesure; sans interruption.

4. ἄδω, le m. ἀοιδή, et ᾠδή (ἡ), chant, poème, renommée. ODE, L. *oda.* ODÉON, s. m. théâtre d'Athènes, où se faisaient les répétitions de musique. ÉPODE, s. f. *fin du chant*, dernière partie d'un chœur ou poème lyrique divisé en *strophe, antistrophe et épode*; d'ἐπί, au-dessus, après, et d'ᾠδή; dernier livre des poésies lyriques d'Horace. COMÉDIE, s. f. κωμῳδία, de κώμη, village, et de ᾠδή, chant, d'ἀείδω. Autrefois les poètes allaient chantant leurs comédies de village en village; d'où *comédien*, et *comique* adj. PALINODIE, s. f. rétractation; παλινῳδία, chant en sens opposé, de πάλιν, en arrière, et de ᾠδή. PARODIE, s. f. imitation burlesque d'un poème, d'une pièce de théâtre; παρῳδία, de παρά, contre et d'ᾠδή chant; d'où *parodier*, v. et *parodiste*, s. m. PROSODIE, s. f. προσῳδία, *terme de gramm.* accentuation, de πρός, à ou selon, et d'ᾠδή, chant, *prononciation selon l'accent, la quantité*; d'où *prosodique*, adj.

5. Emporter; ἀερέθω, suspendre; être léger, inconstant; ἀερτάω, ἀερτάζω, *poétiques*, lever souvent.

7. αὔξω, αὐξάνω, f. ήσω, id. L. *augeo*, d'où *augment*; αὐξητικός, αὔξιμος, qui croît ou fait croître.

6. ἀζαλέος, brûlé, sec, aride, ἀζάνω, sans fut. *poét.* pour ἀζαίνω, brûler, sécher.

1*

VI.

1. Ἀηδών, rossignol, chanteur.   όνος, ή.
2. Ἀήρ, l'air, brouillard, *ou* vapeur.   ἀέρος, ὁ, ή.
3. Ἀθέλγω, téter, sucer, traire.   ξω.
4. Ἀθρεῖν, voit, pèse, considère.   έω, ήσω.
5. Ἀθήρ, épi; barbe du blé.   έρος, ὁ.
6. Ἀθρόος, pressé, rassemblé.   όα, όον.
7. Ἀθύρω, je joue *ou* plaisante.   ρω.
8. Αἴ, hélas! * Αἰάζω, lamente.   σω et ξω.
9. Αἰγιαλός, bord de la mer.   οῦ, ὁ.
10. Αἴγλη, splendeur, lumière, éclair.   ης, ή.

DÉRIVÉS

1. d. p. chantre, chanson.

2. m. (ὁ) pour l'air, f. (ή) pour les brouillards, ordinairement. L. *aer.* ἀξαιροῦσθαι, se changer en vapeur. AÉRIEN, adj. ἀέριος, d'ἀήρ, air. AÉROSTAT, s. m. ballon, d'ἀέρος, g. d'ἀήρ, et de στάς, qui se tient, part. ao. 2. de ἵστημι: *qui se soutient dans l'air;* d'où *aérostatique.* AÉRONAUTE, s. m. qui voyage ou navigue dans un aérostat; RR. ἀήρ, et ναῦτης, navigateur. ARTÈRE, s. f. vaisseau qui porte le sang, du cœur aux extrémités; ἀρτηρία, d'ἀήρ, et de τηρέω, conserver: les anciens pensaient que les artères ne contenaient que de l'air; d'où *artériel,* adj. AÉROLOGIE, s. f. traité de l'air; d'ἀήρ, et de λόγος, traité. AÉROGRAPHIE, s. f. description de l'air, d'ἀέρος, et de γραφή, description. AÉROMÈTRE, s. m. instrument qui indique la densité de l'air, d'ἀέρος, et de μέτρον, mesure; ARTÉRIOGRAPHIE, s. f. description des artères. ARTÉRIOTOMIE, s. f. ouverture d'une artère; RR. 1° ἀρτηρία artère, et γραφή, description; 2° τομή, incision. AÉROMANCIE, s. f. divination par l'air; RR. ἀήρ, et μαντεία, divination.

4. ἀθρήματα, dons faits à l'épouse la première fois qu'elle ôtait son voile. R. ἀθρέω.

5. ἀθέριξ, le même; ἀθερίζω, négliger, faire moins de cas que de la paille.

6. ἀθρόον, surprenant, inopiné; ἀθροίζω, rassembler, mettre en tas.

7. *proprem.* jouer dans la rue comme les enfans.

9. αἰγιαλεύς (ὁ), pêcheur.

10. αἰγλήεις, εσσα, εν, brillant, resplendissant. EGLÉ, s. f. n. pr. de Naïade.

VII.

1. Αἰδώς, pudeur, mauvaise *ou* bonne.　　όος-οῦς.
2. Αἴθω, brûle, enflamme, rayonne.　　*f. inus.*
3. Αἰθήρ, l'ÉTHER, l'air pur, les airs.　　έρος.
4. Ἅιδης, Pluton, les enfers.　　ου, ὁ.
5. Αἰκάλλειν, flatte, a doux langage.　　καλῶ.
6. Αἰκία, coups, blessure, outrage.　　ας, ἡ.
7. Αἷμα, sang, race, nœuds du sang.　　ατος, τό.
8. Αἱμύλος, beau, doux, séduisant.　　ου, ὁ.
9. Αἶνος, fable; louange outrée.　　ου.
10. Αἰνεῖν, loue, exhorte, agrée.　　*f.* έσω, ήσω.

DÉRIVÉS

1. d. p. crainte respectueuse, honneur; αἰδέομαι, rougir, *av.* l'acc. regarder avec confusion, honorer, pardonner.

2. αἴθουσα, portique exposé au soleil; αἶθος, chaleur; αἰθαλόω, noircir par le feu, brûler. ÉTHIOPIEN, s. m. αἰθίοψ, g. οπος, d'αἴθω, brûler, et de ὤψ, figure, parce que ces peuples sont noirs. ETNA, s. m. montagne de Sicile; αἴτνη, d'αἴθω, brûler, à cause de son volcan.

3. αἴθρα, *œthra*, sérénité de l'air. ETHER, s. m. fluide qu'on suppose remplir l'espace; — liqueur très volatile; *chim.* αἰθήρ, l'air, d'αἴθω, enflammer, parce que l'éther est très inflammable; d'où *éthéré*, adj. HYPÈTRE, s. m. édifice, temple découvert; ὑπαιθρόν, de ὑπό, sous, et d'αἴθρα, air.

4. On dit aussi ἅδης, ου (ὁ). d. p. la mort; ἐν ἅδου (s.-ent. οἴκῳ maison) dans la demeure de Pluton, dans l'enfer.

5. d. p. délecter, réjouir.

6. αἰκίζω, outrager, maltraiter, blesser.

7. Meurtre, assassinat; pa-renté; αἱμάσσω, ensanglanter. HÉMATOLOGIE, s. f. traité du sang, de αἵματος, g. d'αἷμα sang, et de λόγος traité. HÉMATOSE, s. f. transformation du chyle en sang; αἱμάτωσις, d'αἱματόω, changer en sang, R. αἷμα, sang. HÉMOPTYSIE, s. f. crachement de sang, d'αἵματος, et de πτύσις, crachement. HÉMORRHAGIE, s. f. perte de sang; αἱμορραγία, éruption de sang, d'αἷμα, sang et d'ἐρράγην, ao. 2 pas. de ῥήγνυμι, rompre, parce qu'elle est causée par la rupture des vaisseaux sanguins. HÉMORRHOÏDES, s. f. pl. écoulement du sang par l'anus; αἱμορροΐδες, de αἱμορροΐς, flux de sang, form. de αἷμα sang, et de ῥόος, écoulement, dérivé de ῥέω, couler; d'où *hémorrhoïdal*, adj.

8. αἱμυλία, gaîté.

9. Proverbe, discours, panégyrique; αἰνίσσομαι, parler en mots couverts; αἴνιγμα (τό), αἴνιγμός (ὁ), ÉNIGME, parole ambiguë; d'où *énigmatique*, *énigmatiquement*. L. *œnigma.*

VIII.

1. Αἰνός, grave, affreux, violent.   οῦ.
2. Αἴνυμαι, saisit, ravit, prend.
3. Αἴξ, chèvre, bouc. *Αἰγίς, ÉGIDE. αἴγος, ἡ.* ίδος, ἡ.
4. Αἰόλος, changeant, vif, rapide.   ου.
5. Αἰονᾷν, mouille, arrose un champ.   ἀειν, ᾷν.
6. Αἰπύς, haut, difficile, grand.   έος, ὁ.
7. Αἱρεῖν, choisit, ôte la vie.   ήσω.
  * Αἵρεσις, choix, secte, HÉRÉSIE.   εως, ἡ.
8. Αἴρω, lève, ôte; sort du port.   ἀρῶ.
9. Αἶσα, la Parque, destin, sort.   ης, ἡ.

DÉRIVÉS.

1. *Poét.* pour δεινός.

2. ἀπαίνυμαι, enlever, emporter.

3. ÉGIDE, s. f. bouclier de Pallas, couvert de la peau de la chèvre Amalthée. Egée (mer), l'Archipel, d'αἰγαῖον, dériv. d'αἴξ, île de la mer Egée, ainsi nommée, parce qu'elle ressemble de loin à une chèvre.

4. *au fig.* double, fourbe; κορυθαίολος, dont le casque brille en l'agitant. Ægon, s. m. nom de berger. Eole, s. m. dieu des vents c.-à-d. *rapide.*

5. αἰόνησις, arrosement, distillation.

6. αἶπος, εος (τὸ), hauteur, *fig.* grand travail.

7. S'emparer; vaincre, renverser. αἵρεσις, prise, choix, élection. DIÉRÈSE, s. f. division d'une dipthongue en deux syllabes. RR. διά qui marque division et αἱρέω. HÉRÉSIE, s. f. doctrine condamnée par l'église; αἵρεσις, choix, opinion séparée; d'où *hérétique.* HÉRÉSIARQUE, s. m. chef d'une hérésie. RR. ἀρχός, chef, et αἵρεσις.

8. Exagérer, amplifier; prendre, apporter, faire mourir; décamper; ἄρδην, hautement, en haut; abondamment; entièrement; de fond en comble; ἐπαίρω, élever, pousser; καταίρω, aborder, arriver; partir. MÉTÉORE, s. m. phénomène dans l'air, tel que la pluie, la grêle, le tonnerre, etc.; μετέωρος, haut. RR. μετά, au dessus, et ἀείρω, comme αἴρω; d'où *météorique.*

9. d. p. lot, partage; mesure convenable; αἴσιος, heureux, favorable; αἴσιμος, fatal, bienséant.

IX.

1. Αἰσθάνομαι, j'ai connaissance.   *f.* αἰσθήσομαι.
2. Αἰσιμοῦν, emploie *et* dépense.   όω, ώσω.
3. Αἴσσω, s'élance en courant.   ξω.
4. Αἴσυλος, criminel, méchant.   ου.
5. Αἶσχος, honte, opprobre, infamie.   εος, τὸ.
6. Αἰτέω, demande, supplie.   ήσω.
7. Αἰτία, cause, crime, objet.   ας, ἡ.
8. Αἰχμή, pointe, lame, long trait.   ῆς, ἡ.
9. Αἶψα, sur-le-champ, sans attendre.   *adv.*
10. Ἀΐειν, écouter, entendre.   *poét.*

DÉRIVÉS.

1 Apprendre, ouïr dire; savoir, s'apercevoir; αἴσθη-σις, sens, faculté [de sentir, connaissance, intelligence, jugement; tristesse; ἀναίσθητος, insensible, apathique, hébété.

3. αἴσσομαι, le même, αἴγδην, impétueusement; αἰγίς, καταιγίς, tempête; αἰγίζω, mettre en pièces, déchirer.

5. αἰσχρός, laid, difforme, honteux; αἰσχύνη, honte, pudeur, infamie; αἰσχύνω, enlaidir, gâter; couvrir de honte, déshonorer, violer; αἰσχυνομένως, adv. avec honte, avec rougeur.

6. ἐξαιτοῦμαι, réclamer quelqu'un pour le livrer au supplice, ou pour l'en délivrer; obtenir; παραιτέομαι, demander instamment; demander ou obtenir pardon, exemption; détourner de soi une chose;

ἀπαραίτητος, inflexible, dur; qu'on ne peut refuser, inévitable.

7. Raison, faute, accusation; αἴτιος, α, ον, qui est cause, αἰτιάομαι, imputer à quelqu'un, rejeter la faute sur lui; ὑπαίτιος, complice; φιλαίτιος, qui aime les querelles. ETIOLO-GIE, s. f. partie de la médecine qui traite des causes des maladies. RR. αἰτία et λόγος, traité.

8. d. p. guerre; ἴππαιχμος, lancier à cheval; ὅμαιχμος, compagnon d'armes; μεταίχμιον, espace entre deux armées. ECHMALOTARQUE, s. m. chef qui gouvernait les Juifs pendant la captivité de Babylone; αἰχμαλωτάρχης. RR. αἰχμή, ἁλίσκω, prendre, et ἀρχός, chef.

9. αἰψηρός, prompt, vif.

10. d. p. expirer; sentir, connaître.

X.

1. Aἰών, l'éternité, le temps.   ῶνος, ὁ.
2. Aἰωρῶ, j'élève, suspends.   έω, ήσω.
3. Ἄκανθα, ronce, épine, arête.   ας.
4. Ἀκεῖσθαι, recoud, guérit, traite.   έομαι, οῦμαι,
5. Ἄκατος, un vaisseau marchand.   ου.
6. Ἀκή, pointe, piquant, tranchant.   ῆς.
7. Ἄκινος, raisin, thym sauvage.
8. Ἀκμή, pointe, vigueur, fleur d'âge.   ῆς.
9. Ἀκόλουθος, un serviteur.   ου.
10. Ἀκόνη, pierre à remouleur.

DÉRIVÉS.

1. Etymolog. ἀει ὦν, qui dure toujours. L. *ævum*, d. p. l'âge, la vie ; moelle épinière ; αἰώνιος, qui dure toujours, éternel ; δυσαίων, malheureux.

2. d. p. enlever, emporter : αἰώρα, ας, chose suspendue.

3. L'épine du dos. *Métaph.* affliction, tracasseries, Acanthe, s. f. plante épineuse. ἄκανθος ; sa feuille a servi de modèle pour former le chapiteau corinthien ; ἀκανθίς (ή), chardonneret, *qui se plaît sur les épines.*

4. Remédier, raccommoder, réparer ; ἀκεστήρ, médecin ; ἀκέστρα, aiguille. Panacée, s. f. remède universel, πανάκεια. RR. πᾶν, tout, et ἀκέομαι.

5. ἀκάτιον, *dimi.* galion, petit vaisseau.

6. ἄκις, le mêm. Acacia, s. m. arbre épineux, ἀκακία.

Acide, s. et adj. d'ἀκίς, g. ἀκίδος, pointe. R. ἀκή. Agacer, v. a. causer aux dents une impression désagréable ; ἀκάζειν, piquer, d'ἀκίς, pointe ; d'où *agacement, agacerie*; ἀκκώ (ή), femme qui use de simagrées, d'où *accismus des Lat.* minauderie ; ἀκινάκης, ου (ὁ); *acinaces*, cimeterre, coutelas, épée à la persanne, d'ἀκή, pointe.

8. d. p. occasion, conjoncture favorable ; bourgeons au visage des jeunes gens ; παρακμή, langueur, vieillesse.

9. d. p. convenable, à propos ; semblable.

10. Pierre à aiguiser, autrefois *queux*. d. p. caillou, roche ; ἀκονάω, aiguiser, piquer, irriter. Aconit, s. m. sorte de plante vénéneuse qui croît sur les rochers ; ἀκόνιτον, d'ἀκόνη, rocher.

XI.

1. Ἀκούω, j'entends, j'obtempère. σω.
2. Ἀκριβής, juste, exact, sévère. εως.
3. Ἀκρίς, sauterelle, grillon. ιδος, ἡ.
4. Ἀκροᾶσθαι, prendre leçon. ᾶσθαι, ᾶσθαι.
5. Ἄκρος, extrême, qui s'élève. α, ον.
6. Ἀκτή, bord de la mer, la grève. ῆς.
7. Ἀκτίς, ἀκτίν, rayon, des rais. ῖνος, ἡ.
8. Ἄκων, toute espèce de traits. οντος, ὁ.
9. Ἀλαζών, vain, s'en fait accroire. όνος.
10. Ἀλαλή, bruit, cris de victoire. ῆς, ἡ.

DÉRIVÉS.

1. Écouter, apprendre, être informé, être disciple de; παρακούω, écouter négligemment, d'un air distrait, feindre de ne pas entendre; refuser d'écouter; ὑπακούω, écouter docilement; ἀνήκοος, ἀνήκουστος, qui n'entend point, ignorant; qui ne doit pas être écouté. ACOUSTIQUE, s. f. science qui traite des sons; d'ἀκουστικός, qui concerne l'ouïe.

2. d. p. poli, recherché; ἀκριβόω, savoir avec certitude, travailler avec soin; achever; examiner à fond, minutieusement.

4. m. signific. que ἀκούω, ἀκρόαμα, ce que l'on écoute attentivement. L. acroama; leçon, conte, concert, etc., q. f. un conteur, un plaisant.

5. Métaph. accompli, qui excelle. ACROBATE, s. m. danseur de corde. RR. ἄκρον, extrémité, déri. d'ἄκρος, et βατέω, inus. formé de βαίνω, marcher. ACROPOLE, s. f. citadelle d'Athènes, ἀκρόπολις. RR. ἄκρος, haut, et πόλις, ville. ACROSTICHE, s. m. pièce de poésie, où les premières lettres de chaque vers prises de suite forment un sens. RR. ἄκρος, et στίχος, ordre.

6. ACTIUM, s. f. ville et port de l'Epire; d'ἄκτιον. R. ἀκτή, rivage. ATTICISME, s. m. finesse de goût des Athéniens, ἀττικισμός, d'Ἀττικὴ, l'Attique. R. ἀκτή, rivage, parce que l'Attique s'étendait sur le bord de la mer.

8. Et ἀκόντιον, plus usité; ἀκόντισμα, ἀκοντισμός, jet, portée du trait; blessure qu'il fait; ὑπερακοντίζω, lancer des traits au-dessus; fig. surpasser.

9. Fanfaron, imposteur, charlatan; ἀλαζονεία, jactance, forfanterie; ἀλαζονεύομαι, faire le fanfaron, se vanter de, avec l'acc.

10. ALALA, cri des combattans en marchant à la charge; ἀλαλητός, cri de guerre, d'effroi; ἀλαλάζω, pousser des cris de guerre, de joie, faire entendre des sons éclatans.

XII.

1. Ἀλάομαι, erre en tous lieux.   οῦ.
2. Ἀλαός, aveugle, sans yeux.   εος.
3. Ἄλγος, douleur, peine, tristesse.   ησω.
4. Ἀλδέω, fortifie, engraisse.   ας.
5. Ἀλέα, chaud du jour; chaleur.   γω, f. ξω.
6. Ἀλέγειν, a soin, prend à cœur.   ου, τό.
7. Ἄλεισον, coupe, une patère.   ψω.
8. Ἀλείφω, frotte, oint, pousse à faire   έω.
9. Ἀλέξειν, écarter, chasser.   εσω.
10. Ἀλέω, fuir, moudre, amasser.

DÉRIVÉS

1. Formé d'α priv. et de λάω, voir; ἄλη, course errante, *fig.* erreur, incertitude; ἀλήμων, vagabond; pécheur.

2. ἀλαωτύς, ύος (ἡ), aveuglement; ἀλαόω, aveugler.

3. ἀλγέω, souffrir, éprouver physiquement de la douleur; avoir du chagrin; ἀναλγής, insensible; dur. CARDIALGIE, s. f. douleur à l'orifice supérieur de l'estomac. RR. καρδία, orifice supérieur de l'estomac, et ἄλγος. CÉPHALALGIE, s. f. douleur de tête, κεφαλαλγία; RR. κεφαλή, tête, et ἄλγος.

4. Et ἀλδαίνω, *poét.*, faire croître; ἀλδήσκω, croître; q. f. faire croître.

5. HALE, s. m. impression du soleil sur le teint; de ἀλέα ou de ἥλιος, *doriq.* ἅλιος, soleil; d'où *hâler.*

6. ἀλεγίζω, mêm. sig. ἀλεγύνω, *poét.*, préparer, s'occuper de, *avec l'acc.*

7. ἄλεισος, mêm. sig. prop. un vase ciselé (οὐ λεῖον, οὐ λισσόν, non uni).

8. Une chose quelconque, d. p. exhorter, encourager; ἄλειψις, action d'oindre, de parfumer d'essences; ἀλείπτης, celui qui frottait d'huile les athlètes *ou* les baigneurs; ἐπαλείφω, mêm. sig. συναλείφω, mêm. sig. d. p. enduire en même temps; unir, confondre, mêler : *en t. de gramm.* contracter. SYNALÈPHE, s. f. *réunion de deux voyelles en une*; συναλοιφή de συνήλοιφα, parf. m. de συναλείφω, mêler.

9. Repousser, écarter, conjurer *un mal, une attaque*; ἀλεξητήρ, ἀλεκτήρ, ἀλκτήρ, défenseur, protecteur. ALEXANDRE, s. m. nom d'homme; ἀλέξανδρος. RR. ἀλέξω, repousser, protéger, et ἀνήρ, g. ἀνδρός, guerrier. ALEXIS, s. m. n. pr. c.-à-d. protecteur.

10. d. p. Eviter; ἄλειαρ, g. ατος, ἄλευρον, farine; ἀλυσκάζω, pour ἀλύσκω, *poét.* errer ça et là; av. *l'acc. ou l* gén. se retirer de, fuir, éviter ἀλέα, moyen d'éviter; abri ALEUROMANCIE, s f. divination avec de la farine, chez les anciens; d'ἄλευρον, farine, dériv d'ἀλέω, moudre, et de μαντεία, divination.

XIII.

1. Ἀληθής, certain, véritable.   εος.
2. Ἀλίγκιος, pareil, semblable.   ου.
3. Ἄλθω, fortifie et guérit.   et έω.
4. Ἅλις, assez, beaucoup, suffit.   adv.
5. Ἀλισγῶ, souille, rend profane.   έω, f. ήσω.
6. Ἀλίσκω, prend, punit, condamne.   f. ἀλώσω.
7. Ἀλιτέω, faillir, errer.   ήσω.
8. Ἀλίω, roule, fait rouler.   ίσω.
9. Ἀλκή, force, aide aux misérables.   ῆς.
10. Ἀλλᾶς, saucisse, *ou* mets semblables.   ᾶντος, ὁ.

DÉRIVÉS.

1. RR. ἀ priv. λανθάνω, être caché. d. p. véridique; sincère; qui a bonne mémoire; ἀληθεύω, ἀληθίζω, dire vrai; ἀλήθεια, vérité; ἀληθινός, véritable, sincère, légitime. ALÉTHOPHILE, s. m. *ami de la vérité;* nom pris par des écrivains satiriques modernes, qui ne voulaient pas être connus. RR. ἀληθής, vrai, et φίλος, ami.

3. d. p. augmenter; ἄλθος, εος; ἀλθοστήριον, ἄλθεξις, guérison, remède; δυσαλθής et δυσάλθητος, difficile à guérir; πολυαλθής, qui guérit plusieurs maux. ALTHÆA, s. f. ἀλθαία, guimauve, plante d'un grand usage dans les remèdes. AMALTHÉE, s. f. chèvre qui nourrit Jupiter; ἀμάλθεια, d'ἀμαλθεύω, nourrir. RR. ἅμα, ensemble, ἄλθω, augmenter.

4. ἀλίζω, et mieux, συναλίζω, assembler, réunir; ἅλης, εος, rassemblé, pressé, serré.

5. ἀλίσγημα, *Bibl.*, souillure.

6. d. p. accuser, poursuivre en justice; ἅλωσις, prise *d'une ville, d'un captif;* ἀναλίσκω, dépenser : *au fig.* consumer, ruiner, abolir, détruire.

7. *Poét.* pécher, faillir; ἀλιτεύω, ἀλιταίνω, même sig. ἀλιτήρος, ἀλιτήριος, ἀλιτηριώδης, ἀλιτρός et ἀλοιτός, pécheur, coupable, qui a eu des torts; νηλιτής, innocent, *ou* coupable.

8. ἀλινδέω, κυλινδέω, id.

9. d. p. remède, courage, vaillance; ἀλκήεις, ἄλκιμος, fort, vaillant. ALCIBIADE, s. m. Athénien. RR. ἀλκή, force; valeur, et βία, puissance, violence. ALCIDE, s. m. surnom d'Hercule, d'ἀλκή, force, aide. ALCIMÉDON, s. m. héros grec. RR. ἀλκή, force, et μέδω, commander. ALCINOÜS, s. m. roi des Phéaciens dont parle Homère. RR. ἀλκή, force, et νοῦς, esprit. ALCÉE, ALCIME, noms propres; c'est-à-dire *robustes.*

10. Saucisson; boyau farci; q. f. boyau *en général.* ALLANTOÏDE, s. m. partie de l'arrière-faix qui ressemble à un boyau. RR. ἀλλᾶντος, gén. d'ἀλλᾶς, et εἶδος, figure, ressemblance.

2

XIV.

1. Ἀλλάττω, change, est inconstant.   ξω.
2. Ἄλλομαι, bondit, va sautant.   οῦμαι.
3. Ἄλλος, autre, * ἀλλοιῶ, je change.
4. Ἀλοάω, rompt, bat en grange.   ήσω.
5. Ἅλς, *sal*, sel, mer, mot fin, plaisant.   *g.* ἁλός.
6. Ἄλσος, bois sacré, sombre, grand.   εος.
7. Ἀλύω, j'erre *et* me chagrine.   σω.
8. Ἄλφιτον, d'orge la farine.
9. Ἀλώπηξ, renard, rusé, fin.   εχος, ή.
10. Ἅλως, l'aire à battre le grain.   *g.* ω, ή,

DÉRIVÉS.

1. Troquer, permuter, racheter, réparer; ἀλλάττομαι, mêm. sig. et *pass.* être changé; ἄλλαξις, changement; échange; ἀπαλλάττω, congédier, laisser partir. HYPALLAGE, s. f. figure par laquelle on attribue à un mot ce qui appartient à un autre; ὑπαλλαγή. RR. ὑπό, sous, et ἀλλαγή changement, d'ἀλλάττω. PARALLAXE, s. f. t. d'*astron.* παράλλαξις, différence; arc compris entre le lieu véritable et le lieu apparent de l'astre qu'on observe. RR. παρά, et ἀλλάττω.

2. ἅλμα, saut; tressaillement; petite branche; ἐφιάλτης, cauchemar. ÉPHIALTE, n. p.

3. L. *alius*. ἄλλως, autrement, sinon; ἀλλότριος, étranger. MÉTAL, s. m. corps minéral; μέταλλον. RR. μετά, après, et ἄλλα, autres, acc. pl. n. d'ἄλλος; parce que, dans le commerce, il est venu après les échanges de marchandises en nature; d'où *métallique*. MÉTALLOGRAPHIE, s. f. description des métaux. RR. μέταλλον, et γραφή. MÉTALLURGIE, s. f. art de tirer les métaux des mines et

de les travailler. RR. μέταλλον, et ἔργον, travail; d'où *métallurgiste*, s. m. PARALLÈLE, adj. à égale distance; παράλληλος, de παρά, auprès, et d'ἀλλήλα, acc. pl. n. d'ἀλλήλων, les uns les autres; formé d'ἄλλος, répété; d'où *parallélisme*, s. m.

4. ἀλοιάω, id. *poét.*

5. ἅλς (ὁ) sel; ἅλς (ἡ) mer; ἅλιος, marin; vain; ἁλιόω, rendre vain, inutile; broyer comme du sel; ἅλμη, saumure; *au fig.* sel, finesse. ALCYON, s. m. oiseau de mer, ἀλκυών. RR. ἅλς, et κύω, produire. HALOTECHNIE, s. f. partie de la chimie qui s'occupe des sels. RR. ἅλς, *g.* ἁλός et τέχνη, art. SALPÊTRE, s. m. sel tiré des vieux murs, des étables, etc. RR. ἅλς et πέτρος, pierre, d'où *salpêtrier*, s. m. et *salpêtrière*, s. f.

7. Être désœuvré, badauder.

8. ἄλφιτα (τά), les vivres.

9. ALOPÉCIE, s. f. maladie qui fait tomber les cheveux, les poils; le renard y est sujet, ἀλωπεκία, d'ἀλώπηξ, renard.

10. Disque *d'un bouclier;* HALO, s. m. cercle lumineux autour des astres.

XV.

1. Ἀμαλός, mou, tendre, précaire.   οῦ.
2. Ἄμαξα, char, chariot polaire.   ης, ἡ.
3. Ἀμάρα, rigole, canal.   ας, ἡ.
4. Ἀμαρτάνω, faillit, fait mal.   τήσω.
5. Ἀμαρύσσω, brille, rayonne.   ξῶ.
6. Ἀμάω, j'amasse, moissonne.   ήσω.
7. Ἀμαυρός, terne, obscur, passé.   οῦ.
8. Ἀμβλύς, obtus, lâche, émoussé.   έος.
9. Ἀμείβω, passe, alterne, change.   ψῶ.
10. Ἀμέλγω, trait, suce, vert mange.   ξω.

DÉRIVÉS.

1. d'α pr. et de μαλός, tendre; ἀμαλόω, ou ἀμαλλόω, effacer, détruire; ἀμαλάπτω, corrompre par la mollesse.

2. ἀμαξιτός, grande route; ἀμαξεία, voiture; sa charge. HAMAXOBITES, s.m.pl. Scythes, *qui vivaient sur leurs chariots,* RR. ἄμαξα, et βίος, vie.

3. Égout, fosse, ἀμάραι, trous de l'oreille.

4. d. p. manquer son coup; ἀμαρτωλός, pécheur habituel; νημερτής, vrai, qui ne trompe pas.

5. ἀμάρυγή, ἀμάρυγμα, éclat, rayon; regard vif et perçant; rides du front.

6. d. p. accumuler; abattre, couper; ἄμητος, moisson; ἄμη, faux, faucille. AMASIS, s. m. nom d'un roi d'Egypte, d'ἄμασις, dérivé d'ἀμάω, moissonner.

7. D'une naissance obscure; ἀμαυρόω, obscurcir; effacer; réduire à l'extrémité; s'évanouir, se dissiper. AMAUROSE, s. f. goutte sereine; cécité.

MAURES ou MORES, s. m. pl. peuples noirs de l'Afrique, R. μαῦρος, noir, form. d'ἀμαυρός; d'où *moricaud,* adj. MOREAU, s. m. cheval très noir.

8. ἀμβλυώττω, avoir la vue basse; *au fig.* être aveugle; ἀμβλόω, étourdir et hébéter; avorter. AMBLE, s. m. allure du cheval entre le pas et le trot; *pas affaibli,* d'ἀμβλύς, affaibli; d'où *ambler.* AMBLYOPIE, s. f. *méd.* obscurcissement de la vue sans affection apparente de l'œil. RR. ἀμβλύς, et ὄψ, g. ὠπός, œil.

9. Succéder, remplacer; passer, dépasser.

10. d. p. faire sortir le sang d'une plaie; cueillir le fruit encore vert; ἀμολγός, le temps où l'on trait le lait; le matin et le soir, *heures où on le trait;* ἀμολγεύς, vase dans lequel on trait. HIPPOMOLGUES, s. m. pl. Scythes qui faisaient leur principale nourriture du lait de jument; ἱππόμολγοι; RR. ἵππος, jument, ἀμέλγω, traire.

XVI.

1. Ἀμέργειν, pressurer, presser.   ξω.
2. Ἀμενειν, traverser, passer.   σω.
3. Ἄμιλλα, lutte, ardeur louable.   ης.
4. Ἄμμος, plaine poudreuse, sable.   ου, ή.
5. Ἀμνός, agnelette, agnelet.   οῦ, ή, ὁ.
6. Ἀμορβός, ténébreux, valet.   οῦ.
7. Ἀμός, quelqu'un, sans qu'on désigne.   οῦ.
8. Ἄμπελος, vignoble, la vigne.   ου, ή.
9. Ἀμπρόν, trait, longe en cuir, collier.   οῦ.
10. Ἄμπυξ, bande à cheveux lier.   υκος, ὁ, ή.

DÉRIVÉS

1. ἀμόργη, LAT. amurca, marc d'olives ; *généralement* ce qui reste de plus grossier d'une chose qu'on a pressée pour en tirer le suc ; ἀμοργεύς, et ἀμοργός, pressureur d'olives ; *métaph.* pressureur ; sangsue ; μοργοί et ἀμοργοί, orateurs qui épuisaient la république d'Athènes.

3. Débat, dispute, émulation ; ἀμιλλάομαι, ἀμιλλάθω, combattre, disputer, avoir de l'émulation ; envier ; ἐφάμιλλος, qui est le sujet du combat ; sujet d'émulation ; égal dans la dispute ou le combat. CAMILLE, nom p. d'homme et de femme, c.-à-d. *guerrier ambitieux.* EMULE, s. m. rival, L. *œmulus*, qui peut venir de ἄμιλλα, rivalité ; d'où *émulation, émulateur.*

5. ἀμνεῖος, d'agneau ; ἀμνάς, άδος, agnelette ; ἄμναμος, petit-fils, descendant.

6. d. p. laquais ; partisan, client ; ἀμορβαῖος, obscur, ténébreux ; qui concerne les fonctions du berger ; ἀμορβεύω, et ἀμορμεύω, suivre, accompagner ; ἀμορβεύς, berger, qui suit le troupeau.

7. Ecrit ainsi ἄμως, *signifie* quand ; ἀμωσγέπως, en quelque sorte, de quelque façon que ce soit ; μηδαμός et οὐδαμός, personne, aucun, nul ; οὐδαμῆ et μηδαμῆ, nullement ; nulle part.

8. ἀγριάμπελος, vigne sauvage, son fruit ; *labrusca.* AMPÉLITE, s. f. terre noire ; d'ἀμπελίτις, dér. d'ἄμπελος, parce qu'elle est employée comme engrais pour les vignes. EVAMPÉLOS, s. m. surnom de Bacchus ; *favorable à la vigne*, RR. εῦ, bien, et ἄμπελος.

9. ἀμπρεύω, tirer du collier, traîner.

10. *Généralement*, tout ce qui est en rond ; ἀμπυκάζειν, nouer, assujétir avec un ruban ; couronner ; lier ; brider.

XVII.

1. Ἀμυδρός, sombre, imperceptible.   οῦ.
2. Ἀμύμων, irréprébensible.   ονος.
3. Ἀμύνω, secourir, venger.
4. Ἀμύσσω, piquer, déchirer.   ξω.
5. Ἀμφισβητεῖν, douté, conteste.   έω, f. ήσω.
6. Ἄμφω, deux, *comme* ambo *l'atteste*.
7. Ἀνάγκη, loi, nécessité.   ης.
8. Ἄναξ, roi, prince, en dignité.   κτος.
9. Ἀναίνομαι, nie *et* refuse.
10. Ἀνδάνω, plaît, agrée, amuse.

DÉRIVÉS.

1. d. p. incertain ; faible ; délié, mince ; ἀμυδρόω, obscurcir ; diminuer, émousser, affaiblir. MYDRIASE ; s. f. affaiblissement de la vue, de μυδρίας, dérivé d'ἀμυδρός.

2. d. p. brave ; heureux ; élevé en dignité.

3. ἀμύνομαι, combattre pour ; repousser ; rendre la pareille ; ἀμύνα, défense, vengeance ; rétribution ; ἀμύντηρ, défenseur. AMYNTAS, s. m. nom de plusieurs rois de Macédoine.

4. d. p. égratigner ; scarifier ; offenser, *au fig.* déchirer ; ἀμυξις et ἀμυχή, déchirure ; écorchure, égratignure.

5. d. p. disputer, débattre ; de ἀμφί, autour, et de βάω, βαίνω, aller ; ἀμφισβήτημα, ce qui est débattu ; affaire litigieuse.

6. ἀμφότερος, l'un et l'autre ; ἐπαμφοτερίζω, pencher autant d'un côté que de l'autre, garder la neutralité ; suffire à deux ; différer d'avis. AMBE, s. m. réunion de deux numéros à la loterie ou au loto ; du L. ambo, déri. d'ἄμφω. AMPHIBOLOGIE, s. f. vice de construction d'une phrase à double sens ; ἀμφί, des deux côtés, RR. βάλλω, jeter, et λόγος, discours ; d'où *amphibologique*. AMPHIGOURI, s. m. discours qui n'a ni ordre ni sens ; RR. ἀμφί, autour, et γυρός, cercle ; *discours qui tourne autour du vrai sens* ; d'où *amphigourique*. AMPHIPOLE, s. m. magistrat de Syracuse ; ἀμφίπολος, qui administre. RR. ἀμφί, autour, et πολέω, tourner, se montrer au milieu de. AMPHISCIENS, s. m. pl. géogr. habitans de la zone torride, dont l'ombre est tantôt au midi, tantôt au nord. RR. ἀμφί, autour, et σκιά, ombre.

7. d. p. gêné, question ; ἀναγκαῖος, contraint ; inévitable ; parent ; ἀναγκαίη, nécessité, parenté ; ἀναγκάζω, forcer.

8. ἄνασσα, reine ; ἀνάκτορον, palais d'un roi ; temple, autel ; χειρῶναξ, artisan. m. à m. *maître de ses mains*. ASTYANAX, fils Hector. RR. ἄστυ, ville, et ἄναξ, roi ; *qui règne sur la ville*.

XVIII.

1. Ἄνεμος, air agité, vent.
2. Ἀνεψιός, cousin, parent.
3. Ἀνήρ, *vir*, homme de courage.　　　ἐρος, δρός.
4. Ἄνθος, fleur, beauté, fleur de l'âge.　　ἐος, τό.
5. Ἄνθραξ, escarboucle, charbon.　　　ακος.
6. Ἀνθρήνη, la guêpe, frelon.
7. Ἄνθρωπος, *ou* l'homme, *ou* la femme.　ὁ, ἡ.
8. Ἀνία, tristesse de l'âme.
9. Ἄντλος, sentine, eau qui croupit.
10. Ἄντρον, antre. 11. Ἄντυξ, char, circuit.　2. υγος.

DÉRIVÉS.

1. ἀνεμιαῖος, qui n'a que du vent, vain, frivole; léger. ANÉMOGRAPHIE, s. f. *description des vents*. RR. ἄνεμος, γραφή, description. ANÉMOMÈTRE, instrument pour mesurer la force du vent. RR. ἄνεμος, μέτρον, mesure. ANÉMONE, s. f. ἀνεμώνη, d'ἄνεμος, fleur qui s'ouvre *ou* se flétrit au souffle du vent.

2. ἀνεψιά, cousine.

3. Mari; en âge viril; généreux; ἄνανδρος, lâche, efféminé; ἀγήνωρ, plein de courage. AGÉNOR, s. m. nom pro. RR. ἄγω, je conduis, et ἀνήρ; chef belliqueux. ANDRÉ, s. m. n. d'homme. L. *Andræas*. ANDRONIC, s. m. n. d'homme. RR. ἀνήρ, g. ἀνδρός, νίκη, victoire; guerrier vainqueur. ANDROGYNE, s. m. qui est des deux sexes. RR. ἀνήρ, g. ἀνδρός et γυνή, femme. ANDROTOMIE, s. f. *dissection du corps humain*; RR. ἀνδρός, g. d'ἀνήρ, et τομή, dissection.

4. ἀνθερεών, menton, où la barbe commence à pousser;

ἀνθέω, fleurir; ἀνθίζω, faire fleurir; émailler de fleurs; embellir. ANTHOLOGIE, recueil de poésies choisies. RR. ἄνθος et λέγω, réunir.

5. ἀνθρακιά, braise; ἀνθρακεύω, faire du charbon; ἀνθρακόω, et -ίζω, carboniser.

7. ἡ ἄνθρωπος, la femme. ANTHROPOPHAGE, s. m. et adj. *mangeur d'homme;* cannibale. RR. ἄνθρωπος, et φάγω, manger. MISANTHROPE, s. m. *qui hait les hommes*. RR. ἄνθρωπος, et μισέω, haïr; d'où *misanthropie*. PHILANTHROPE, s. m. *ami des hommes*. RR. φίλος, ami, ἄνθρωπος; d'où *philanthropie*, s. f.

8. D'où ENNUI; ἀνιάζω, chagriner; ἀνιαρός, affligeant.

9. d. p. tas de gerbe; ἀντλέω, vider la sentine; ἐξαντλέω, épuiser. L. *exantlare;* supporter; ἐπαντλέω, verser de l'eau dans *ou* sur; remplir.

10. L. *antrum*, grotte, caverne.

11. d. p. roue; orbe; tour du bouclier; bouclier; cercle *des années, des jours,* etc.

XIX.

1. Ἀνύειν, achever, détruire.
2. Ἀνώγω, pousse, exhorte, attire. ξω.
3. Ἀξίνη, hache, outil qui fend. ης, ἡ.
4. Ἄξιος, digne, illustre, grand. α, ον.
5. Ἄξων, essieu, l'axe du monde. ονος, ὁ.
6. Ἄορ, épée, *en maux féconde*. ρος, τό.
7. Ἀολλής, dru, pressé, fréquent. εος,
8. Ἀορτή, veine où naît le sang. ῆς.
9. Ἀπαλός, délicat *et* tendre. οῦ.
10. Ἀπατάω, tromper, surprendre. ήσω.

DÉRIVÉS

1. d. p. accomplir; consumer; tuer; gagner; obtenir; ἀνύτω, mêm. sig. d. p. se hâter; ἄνω, *poét.* pour ἀνύω; ἀνύπτω, mêm. sig. ἀνύσις, perfection, progrès; accomplissement; diligence.

2. d. p. ordonner; conseiller; ἀνωγέω, id. ἀνωγή et ἄνωξις, commandement.

3. L. *ascia*; d. p. scie, doloire, serpe et instrumens semblables; ἀξινάριον, petite scie. AXINOMANCIE, s. f. *divination par la hache*; RR. ἀξίνη et μαντεία, divination.

4. d. p. égal à; précieux; à vil prix; ἀξία, dignité, mérite, estimation; prix raisonnable; ἀξιόω, juger digne; demander; penser; priser; ἀξιωματικός, qui a de la dignité, majestueux. AXIOME, s. m. vérité qui n'a pas besoin de démonstration; ἀξίωμα, dignité, autorité; *qui fait autorité par elle-même*; d'ἄξιος.

5. L. *axis*. AXE, s. m. ligne droite réelle ou supposée qui passe par un centre; l'axe de la terre; d. p. pôle. AXIS, s. m. du L. *axis*; la seconde vertèbre du cou qui sert en quelque sorte de pivot à la tête.

6. ἀορτήρ, baudrier.

7. ἀολλήδην, *adv.* étant pressés les uns contre les autres; ἀολλέω, presser.

8. ἀορταί, armoires à serrer du linge. AORTE, s. f. grosse artère qui part du ventricule gauche du cœur, ἀορτή, d'ἀείρομαι, s'élever, partir.

9. d. p. mou, lent, sans vigueur; ἀπαλύνω, attendrir, amollir, *au propre* et *au fig.* toucher délicatement.

10. d. p. induire en erreur; tendre des piéges; en imposer; ἀπάφω, ἀπαφίσκω, mêm. sig. ἀπάτη, tromperie, fourberie; ἀπατηλός et ἀπατήλιος, *poétique*, trompeur, captieux; ἀπατητικός, habile à tromper.

XX.

1. Ἀπειλέω, menace, est vain.   ήσω.
2. Ἀπηνής, cruel, inhumain.   εος.
3. Ἁπλοῦς, simple, plein de franchise.   όος, τοῦς.
4. Ἅπτω, je noue, attache, attise.   ψω.
5. Ἀπύω, crie. 6. Ἄραβος, son.
7. Ἀρά, vœux, imprécation.
8. Ἀραιός, rare, mince, tendre.
9. Ἀράσσω, couper, rompre, fendre.   ξω.
10. Ἀράχνης, araignée *on rend*.   ου, ο.
11. Ἀργός, blanc. 12. Ἄργυρος, argent.

DÉRIVÉS.

1. Faire le brave, le fanfaron; ἀπειλή, ἀπείλημα, menace; fanfaronnade; ἀπειλητήρ, menaçant; fanfaron.

2. ἀπηνεόω, rendre inhumain, endurcir.

3. ἁπλῶς, simplement; sans art; sans façon; entièrement. HEXAPLES, s. m. pl. livre qui renferme six versions de la Bible. RR. ἕξ, six, et ἁπλόω, simplifier, expliquer, dériv. d'ἁπλοῦς.

4. (prim. ἅπω, f. ἅψω.) ἅπτομαι, être lié, appliqué; d. p. *activ.* toucher, s'appliquer, châtier. APHTHES, s. m. pl. ulcères légers qui naissent dans la bouche, et y causent une chaleur brûlante, ἅφθαι, de ἅπτω, brûler.

5. *Proprem.* faire du bruit; parler, dire.

6. Fracas, retentissement; ἀραβέω, faire du bruit, un bruit sourd; d'où en L. *rabies.*

7. ἀρητήρ, g. ῆρος, prêtre; ἀρεία, menace, malédiction; ἀραῖος, maudit, nuisible, qui porte malheur.

8. L. *rarus.* d. p. mou; délié, spongieux; ἀραιόω, raréfier, relâcher; ἀραίωσις, raréfaction. ARÉOMÈTRE, s. m. pèse-liqueur. RR. ἀραιός, rare, et μέτρον, mesure; *mesure de légèreté.* ARÉOSTYLE, s. m. édifice dont les colonnes sont espacées. RR. ἀραιός et στυλός, colonne. ARÉOTIQUE, adj. et s. remède qui raréfie les humeurs, ἀραιωτικός, d'ἀραιόω.

9. d. p. battre, heurter; choquer; injurier; ἀραγμός, οῦ, bruit, retentissement. HARASSER, v. a. fatiguer à l'excès.

10. ARACHNÉ, nom prop. de femm. ARACHNIDES, s. f. pl. insectes du genre des araignées.

11. d. p. lent; rapide. ARGILE, s. f. terre grasse; ἀργιλος, d'ἀργός, blanc, parce que l'argile pure est blanche; d'où argileux; L. *argilla.*

12. ἀργυρεῖον, mine d'argent; argent monnayé; φιλάργυρος, avare, qui aime l'argent; λάβαργυρος, intéressé. ARGYROPÉE, s. f. art de faire de l'argent; RR. ἄργυρος et ποιέω, faire.

XXI.

1. Ἄρδω, j'arrose, désaltère.   ἄρσω.
2. Ἀρέσκω, plaît, *ou* cherche à plaire.   έσω.
3. Ἀρετή, vertu, la valeur.
4. Ἀρήγειν, aide, est protecteur.   ξω.
5. Ἄρης, Mars, combat, fer, blessure.   εος.
6. Ἄρθρον, membre, article, jointure.
7. Ἀριθμός, nombre, quantité.
8. Ἀριστερός, gauche, emprunté.   ά, όν,
9. Ἄριστον, dîner, nourriture.
10. Ἀρκεῖν, chasse, aide, suffit, dure.   έω-ῶ, έσω.

DÉRIVÉS.

1. d. p. abreuver, faire boire; ἀρδεύω. id. ἀρδαλόω, salir, souiller.

2. εὐάρεσκος, complaisant, obligeant; δυσάρεστος, désagréable, fâcheux; συνάρεσκει, *imp.* il plaît de. ARRÊT, s. m. décret; L. *placitum*, ordonnance; ἀρεστόν, d'ἀρέσκω.

3. d. p. bonté *d'une terre*, fertilité; ἀρετάω, pratiquer la vertu; réussir, prospérer.

4. Secourir, repousser le danger; ἀρηγών, ἀρωγός, protecteur, défenseur; ἀρωγή, secours, défense, vengeance.

5. Armes, carnage; ἀρείων, meilleur; ἄριστος, excellent, le plus brave, d'où en L. *arista*, épi du blé (*nourriture par excellence*). ARÉOPAGE, s. m. tribunal d'Athènes qui siégeait sur *la colline de Mars*. RR. ἄρεος, g. d'ἄρης, et πάγος, colline; d'où *aréopagite*. ARISTARQUE, n. pr. critique sévère mais juste d'Homère; RR. ἄριστος et ἀρχός, premier, de ἀρχή,

principe. ARISTE, s. m. ARISTÉE, s. m. noms pr. d'hommes. ARISTOCRATIE, s. f. ἀριστοκράτεια, gouvernement des grands. RR. ἄριστος et κράτος, pouvoir; d'où *aristocrate*, s. m. et adj. *aristocratique*.

6. ἀρθρόω, former, articuler, expliquer par articles.

7. ἀριθμέω, compter, nombrer; ἀριθμητός, nombrable; ἀνάριθμος, innombrable. ARITHMÉTIQUE, s. f. ἀριθμητική (*s.-ent.* ἐπιστήμη, science), *science des nombres*; d'où *arithméticien*, s. m. LOGARITHME, s. m. nombre en proportion, en raison avec un autre. RR. λόγος, raison, et ἀριθμός; d'où *logarithmique*, adj.

9. ἀριστάω, dîner; ἀριστίζω, donner à dîner; ἀνάριστος, qui n'a pas dîné.

10. Repousser; secourir; être content; être suffisant; ἄρκεσις, secours, utilité; αὐτάρκης, qui se suffit à soi-même; content de son sort.

XXII,

1. Ἄρκτος, ours, nord. 2. Ἄρκυς, des rets.
3. Ἅρμα, char, attelage; un faix.   ατος, τό.
4. Ἀρνέομαι, refuse, nie.   ήσομαι.
5. Ἄρνυμαι, prend *et* s'approprie.
6. Ἀρόω, labourer, bécher.   ῶ, ώσω.
7. Ἁρπάζω, ravir, arracher.   σω *et* ξω.
8. Ἀῤῥαβών, les arrhes, le gage.   ῶνος, ὁ.
9. Ἄῤῥην, mâle, plein de courage. ενός.
10. Ἄρς, ἀρνός, un agneau bêlant.
11. Ἀρτάω, attaché en haut, suspend. άειν, άω, ήσω.

DÉRIVÉS.

1. ἡ ἄρκτος, ourse. L. *arctos* ou *arctus*. d. p. la grande ourse, *constellation;* le nord. ARCTIQUE, adj. ἀρκτικός, se dit du pôle nord; d'ἄρκτος. ANTARCTIQUE, adj. opposé au pôle arctique. RR. ἀντί, contre, et ἀρκτικός. ARCTURE, s. m. étoile située à *la queue* de la grande ourse. RR. ἄρκτος, ourse, et οὐρά, queue. L. *arcturus*.

2. q. f. réseau de tête.

3. ἁρματεύω, *poét.* conduire un char; ἁρματηλάτης, conducteur d'un char.

4. ἄρνησις, refus; dénégation; ἀπαρνέομαι, renier, dénier; refuser.

5. d. p. recevoir, tâcher d'obtenir; μισθαρνεῖν, recevoir un salaire.

6. ἄροσις et ἀρόωσις, labour, labourage; ἄροτος, id.; le temps de labourer; adj. labourable; ἄροτρον, charrue. L. *aro*, labourer; *arator*, laboureur; *aratrum*, charrue.

7. *Fig.* saisir, comprendre; ἅρπαξ, L. *rapax*, ravisseur; ἁρπαγμός, rapine; ἀναρπάζω, enlever dans les airs; pendre *au gibet*. HARPAGON, s. m. nom de l'Avare de Molière, de ἁρπάγων, part. ao. 2. de ἁρπάζω. HARPIES, s. f. pl. oiseaux fabuleux qui ravissaient tout. R. ἁρπάζω. HARPON, s. m. dard à pêcher; ἁρπῶν, part. prés. d'ἁρπάω, *mêm. sig* que ἁρπάζω; d'où *harponner*. v.

8. ARRHES, s. f. pl. argent donné pour assurer l'exécution d'un marché; d'où *arrher*, v.

9. Fort, généreux; ἄρσην, id. ARSÈNE, s. m. n. propre; *généreux*. ARSÉNIC, s. m. poison violent; ἀρσενικόν, d'ἄρσην, mâle, violent.

10. πολύαρς, riche en agneaux, en bétail. HARNOIS, s. m. d'ἀρνακίς, *peau d'agneau*, dont on garnit les harnois des chevaux, dérivé d'ἄρς, ἀρνός; d'où *harnacher, enharnacher*.

11. ἀρτάομαι, être suspendu; être en suspens.

XXIII.

1. Ἄρτιος, parfait, convenable.
2. Ἄρτος, pain, ce qu'on mange à table.
3. Ἀρτύειν, apprêter, dresser. ύω.
4. Ἀρύειν, ἀρύτειν, puiser.
5. Ἀρχή, principe, seigneurie. ῆς.
6. Ἄρω, concerte, ajuste, allie.
7. Ἄρωμα, parfum, douce odeur. ατος.
8. Ἀσβόλη, suie, *ou* sa noirceur.
9. Ἀσελγής, fier, lascif, lubrique. έος.
10. Ἄσθμα, courte haleine, asthmatique. ατος, τό.

DÉRIVÉS.

1. d. p. entier; sain; propre; pair; *opposé à* περισσός, impair; ἀρτιάζω, jouer à pair ou non; ἀρτίζω, arranger, exécuter parfaitement.

2. Morceau de pain; διαρτίζω, pétrir.

3. Arranger; disposer; concerter; ἄρτυμα, assaisonnement.

4. Tirer; ἀρυστήρ, ἀρύστις, seau.

5. Primauté; magistrature; autorité; commandement. ANARCHIE, s. f. désordre dans un état privé de chef, ἀναρχία. RR. α pr. et ἀρχή, gouvernement, d'où *anarchique* et *anarchiste*. ARCHÉTYPE, s. f. patron, modèle. RR. ἀρχή, et τύπος, modèle. ARCHIPEL, s. m. *mer principale des Grecs.* RR. ἀρχή et πέλαγος, mer; par abréviation d'archipélage. ARCHONTE, s. m. magistrat grec, ἄρχων, chef. EXARQUE, s. m. premier chef. RR. ἐξ, marquant prééminence, et ἀρχός, chef; d'où *exarchat.* MONARCHIE, s. f. *gou*-archία, *gouvernement d'un seul.* RR. μόνος, seul, et ἀρχή; d'où *monarchique* et *monarque.* ARCHEVÊQUE, s. m. prélat métropolitain. RR. ἀρχή, ἐπίσκοπος, surveillant. PATRIARCHE, s. m. πατριάρχης, chef de famille; saint personnage de l'Ancien Testament. RR. πατριά, famille; et ἀρχός. ARCHI, mot qui, mis devant un autre, marque primauté, comme *archi-diacre, archi-duc, archi-prêtre;* ou le superlatif, comme *archi-bête, archi-fou, archi-fripon,* etc.

6. ἄρμενος, propre, ajusté. HARMONIE, s. f. ἁρμονία, accord; d'où *harmonieux, harmonique, harmoniste.*

7. AROMATE, s. m. parfum tiré des végétaux. AROME, s. m. principe odorant. L. *aroma.*

9. ἀσέλγεια, insolence; libertinage.

10. Dériv. d'ἀάζω; ἀσθμαίνω, haleter; ἀσθμάζω. id. ASTHME, s. m. courte haleine. L. *asthma,* d'où *asthmatique.* s. et adj.

XXIV.

1. Ἀσκεῖν, exerce, instruit, rend beau. έω, ήσω.
2. Ἀσκός, outre, sac de cuir, peau. οῦ.
3. Ἄσμενος, gai, de bonne grâce. ου.
4. Ἀσπάζομαι, salue, embrasse.
5. Ἀσπίς, aspic, un bouclier. ίδος, ή.
6. Ἀστήρ, astre.* ἀστράπτω, briller. έρος, ὁ.
7. Ἄστυ, ville, finesse, Athènes. εος, τό.
8. Ἀσχάλλειν, est triste, a des peines.
9. Ἀταλός, tendre, encore en fleur. οῦ, ὁ.
10. Ἀτάρμυκτος, hardi, sans peur.

DÉRIVÉS.

1. Travailler avec art; ἀσκη-τέος, qui doit être travaillé; ἀσκητής, qui s'exerce, athlète; L. *ascetes*; ἀσκήτρια, religieuse; ἄσκησις, exercice; application; *dans les auteurs eccl.* méditation des choses divines, ἀσκη-τήριον, gymnase, école. ASCÈTE, s. m. religieux consacré aux exercices de piété; d'où *ascétique*, adj.

2. ASCITE, s. f. hydropisie du bas ventre, lequel est gonflé comme une outre, ἀσκιτής, d'ἀσκός.

3. Obligeant; ἀσμενίζω, accueillir poliment; faire une chose volontiers.

4. Témoigner de l'affection. ASPASIE, s. f. nom d'une femme grecque célèbre.

5. ARGYRASPIDES, s. m. pl. ἀργυράσπιδες, soldats d'élite d'Alexandre, qui avaient des boucliers d'argent. RR. ἄργυ-ρος, argent et ἀσπίς.

6. Etoile. L. *aster*. ASTÉRIS-QUE, s. m. ἀστερίσκος, petite étoile qui sert à marquer un renvoi. ASTROLOGIE, s. f. ἀστρο-λογία, prétendue divination par l'inspection des astres. RR. ἄσ-τρον, d'ἀστήρ, et λόγος, discours, raisonnement sur *l'influence des astres*; d'où *astrologique* et *astrologue*. ASTRONOMIE, s. f. ἀστρονομία, science des lois qui régissent le cours des astres. RR. ἄστρον, d'ἀστήρ et νόμος, loi; d'où *astronome*, et *astro-nomique*.

* Lancer des éclairs; briller.

7. ἀστεῖος, habitant de la ville; poli; ἀστειότης, urbanité. ASTUCE, s. f. finesse jointe à la méchanceté; d'où *astucieux*. ASTYAGE, s. m. roi des Mèdes. RR. ἄστυ, ville, et ἄγω, conduire, gouverner.

9. Vigoureux; ἀτάλλω, élever dès l'enfance; élever délicatement; ἀτάλματα, jeux *ou* sauts d'enfant.

10. RR. ἄτερ, μύω, sans fermer les yeux.

XXV.

1. Ἀτάω, peine, afflige, blesse.   ῶ, ήσω.
2. Ἀτέμβω, nuit, cause tristesse.   ψω.
3. Ἀτμήν, esclave, serviteur.   ένος.
4. Ἀτμός, exhalaison, vapeur.   οῦ, ὁ.
5. Ἀτρεκής, certain, véritable.   έος.
6. Ἄττω, bondit, saute, est instable.   ἄξω.
7. Ἀτύζειν, frapper de terreur.   ξω.
8. Αὐγή, jour vif, éclat, splendeur.   ῆς, ἡ.
9. Αὐδή, voix *ou* discours, réplique.   ῆς, ἡ.
10. Αὐθέντης, puissant, AUTHENTIQUE.   ου.

DÉRIVÉS.

1. ἄτω, ἀάτω, ἀάσκω. *mêm.*
sig. ἀτηρός, οῦ, nuisible; ἄτη,
mal, dommage; ἐξάτης, sain
et sauf; ἀτάσθαλος, méchant,
insolent, pernicieux; ἀτασθάλλω
et -έω agir méchamment; se
comporter insolemment. ATÉ,
s. f. déesse malfaisante.

2. Priver.

4. d. p. fumée; souffle;
ἐξατμίζω, absorber la vapeur.
ATMOSPHÈRE, s. f. masse d'air
qui entoure la terre, jusqu'à
une hauteur de 16 à 19 lieues.
RR. ἀτμός, et σφαῖρα, globe,
sphère; d'où *atmosphérique*,
adj.

5. νητρεκής, id. ἀτρέκεια, vérité.

6. *Att. pour* ἀίσσω, s'élancer.

7 Frapper de stupeur; ἀτυ-
ζηλός, terrible, épouvantable.

8. αὐγαί, les yeux; αὐγάζω,
rendre brillant et lumineux;
briller, resplendir; contem-
pler, regarder; μελαναυγής,
qui est d'un noir luisant; πα-
ραυγάζω, présenter aux yeux;
τηλαυγής, qui reluit de loin.

9. d'où le lat. *audio*, j'entends; αὐδάω, parler, dire; ἀπαυ-
δάω, faire défense; perdre la
parole, la connaissance; συναυ-
δάω, convenir, avouer; être
du même avis.

10. RR. αὐτός, soi-même, et
ἔντος, g. de εἷς, ao: 2. part.
de ἵημι; *proprem.* maître de
soi-même; d. p. suicide; as-
sassin; meurtrir de sa propre
main; αὐθεντία, autorité; αὐ-
θεντέω, autoriser; se déclarer
l'auteur; ἐναυθεντέω, avoir de
l'autorité, de l'influence, du
crédit. AUTHENTIQUE, adj. re-
vêtu des formes prescrites par
les lois; αὐθεντικός, qui fait
preuve, d'αὐθέντης; d'où *au-
thenticité*, s. f. *authentiquer*,
v.a. *authentiquement*, adv.; de
ce mot peuvent venir les mots
latins *author, authoritas.*

XXVI.

1. Αὖλαξ, le sillon du labour.	αχος, ή.
2. Αὐλή, palais, salle, une cour.	ῆς, ή.
3. Αὐλός, la flûte bocagère.	οῦ, ὁ.
4. Αὖρα, vent doux, brise légère.	ας, ή.
5. Αὐστηρός, plein d'austérité.	ά, όν.
6. Αὐχή, jactance, vanité.	ῆς, ή.
7. Αὐχήν, cou, gorge, étroit passage.	ἐνος, ὁ.
8. Αὔω, souffle, crie avec rage.	σω.
* Αὐχμός, sèche et grande chaleur.	οῦ, ὁ.
9. Ἀφελής, franc, simple de cœur.	ής, ές.

DÉRIVÉS.

1. αὐλακίζω, tracer des sillons, sillonner; ὑδραύλαξ, sillon pour écouler l'eau.

2. L. *aula*. d. p. basse-cour; αὐλία, αὖλις, étable; tente, pavillon; αὐλίζομαι, être dans l'étable, l'écurie; loger, camper, stationner. AULIQUE, adj. se dit du conseil suprême de l'empire en Allemagne; αὐλικός, courtisan, d'αὐλή, cour d'un prince.

3. Javelot, jet de sang; *en général*, tout ce qui est long et étroit; αὐλέω, αὐλίζω, jouer de la flûte. HYDRAULIQUE, s. f. ὑδραυλικόν, orgue mis en jeu par l'eau. RR. ὕδωρ, eau, et αὐλός, flûte, tuyau. Chez les anciens, art de conduire des jeux d'orgue par une chute d'eau; de nos jours, science de conduire et élever les eaux.

4. L. *aura*. Exhalaison, vapeur; ἐπαυρέω, -ρίσκω, -ρόμαι, jouir de, obtenir; rencontrer; pâtir de, recevoir avantage ou dommage. AURE, s. f. nom d'une nymphe.

5. αὐστηρότης, AUSTÉRITÉ, sévérité.

6. αὔχημα, id.; αὐχήεις, αὐχητικὸς, vain; plein d'ostentation; αὐχέω, se vanter, se glorifier.

7. Bout du gouvernail où se tient le pilote; αὐχενίζω, égorger; bander le cou d'un cheval pour le saigner; σκληραύχην, g. ενος (ὁ), qui a la tête dure; entêté, têtu; ὑψαυχενέω, -ίζω, ὑψαυχέω, marcher tête levée; s'enorgueillir; ὑψαύχην, g. ενος, qui porte la tête haute; fier, superbe, orgueilleux, fastueux.

8. d. p. sécher, hâler; retentir; souffler; dormir; ἐναύω, enflammer; rôtir; crier, retentir, résonner; αὐτή, cri de guerre; la guerre. HÂVIR dessécher, peut venir d'αὔω.

* Malpropreté; αὐχμηρός, desséché; négligé, malpropre, hérissé.

9. Qui ne nuit à personne; ἀφέλεια, simplicité. APHÉLIE, n. pr. de femme.

XXVII.

1. Ἄφενος, revenu, richesse.. εος, et ου.
2. Ἀφροδίτη, Vénus, déesse. ης, ἡ.
3. Ἀφρός, écume ; poisson blanc. οῦ, ὁ.
4. Ἀφύω, je tire en puisant. ύσω.
5. Ἄχθος, fardeau, peine, tristesse. εος, τό.
6. Ἀχλύς, brouillard, nuée épaisse. ύος, ἡ.
7. Ἄχος, ennui du cœur troublé. εος, τό.
8. Ἄχυρον, la paille du blé. ου, τό.
9. Ἄω, brille, luit, souffle, vente. άσω.
10. Ἄωτον, fleur, chose excellente. ου, τό.

DÉRIVÉS.

1. d'où L. *fenus* ou *fœnus*, revenu annuel ; étym. ἀπὸ, ἔνος, ἔνου; ἀρνειός, et ἀρνεός, riche, abondant.

2. R. ἀφρός, écume, et δίω, mouvoir; *fig.* grâces, beauté. APHRODITE, s. f. Vénus, que la Fable fait naître de l'écume de la mer. HERMAPHRODITE, s. et adj. ἑρμαφρόδιτος, fils de Mercure et de Vénus, auquel on attribuait les deux sexes. Il se dit *adjectiv.* des animaux et des plantes qui ont les deux sexes. APHRODISIES, s. f. pl. fêtes en l'honneur de Vénus.

3. ἀφρίζω, jeter de l'écume.

4. Blanchir, v. n.

5. ἄχθομαι, être accablé sous le poids; *fig.* souffrir avec peine; se fâcher; *passiv.* être à charge à; ἀχθεινός, accablant, pénible, dur à supporter; ἀχθηρός, id. ἀχθηδών, όνος, douleur, affliction.

6. ἀχλυόεις, couvert de brouillards; ténébreux; ἀχλύω, s'obscurcir, et obscurcir; ἐπαχλυόω, ἐπαχλύω, *m. sig.* ACLLYS, s. f. déesse de l'obscurité.

7. ἀχέω, dor. pour ἀχεύω, s'affliger. ACHÉRON, s. m. fleuve des enfers, c.-à-d. *fleuve de douleur*; RR. ἄχος, et ῥοός, fleuve.

8. ἄχνα, ou ἄχνη, enveloppe légère qui renferme le grain et qui s'envole au vent; *en général.* la partie la plus légère d'une chose ; ἄχυρον, paille, chaume ; litière ; ἀχυρόω, couvrir de paille ; faire de la litière.

9. ἄημι, plus usité. m. sig. ἄημα (τό), ἄησις (ἡ), ἀήτης (ὁ), souffle, vent; ἄητος, exposé au vent, *qu'il ne faut pas confondre avec* ἄητος, insatiable; R. α pr. ἄδω, rassasier; εὐαής, exposé au souffle d'un vent favorable ; dont le souffle est favorable ; ζαής, qui souffle avec violence.

10. Tout ce qui excelle; d. p. laine ; couronne ; ornement. ἀωτέω, ἀωτεύω, cueillir des fleurs ; cueillir ; ὕπνον ἀωτεῖν. Hom. goûter les douceurs du sommeil.

XXVIII.

1. Β′ *seul, comme chiffre, vaut* deux.
2. Βάζω, parle. 3. Βάθος, fond, creux.   εος, τό.
4. Βαίνω, va, marche, a ferme assiette. *f.* βήσομαι.
5. Βάκτρον, bâton, canne, baguette.   ου, τό.
6. Βαλανεῖον, bain *et* lavoir.   ου, τό.
7. Βάλανος, gland, verrou, fermoir.   ου, ἡ.
8. Βαλάντιον, sac, gibecière.   ου, τό.
9. Βαλβίς, bord, entrée *ou* barrière.   ἴδος, ἡ.
10. Βάλλω, jette, atteint en lançant.   λῶ, βέβληκα.
11. Βαμβαίνω, bégaie en parlant.   *f.* ανῶ.

DÉRIVÉS.

1. ͵ϐ avec l'accent dessous marque *deux mille.*

2. Dire, prononcer. βάξις (ἡ), parole; bruit qui court; prédiction; βαβάζω, faire entendre des sons inarticulés, bégayer.

3. d. p. hauteur, profondeur; βένθος, εος, *mêm. sig.*

4. d. p. monter, faire monter; mettre sur. Parf., βέβηκα, je suis appuyé, affermi, fondé; βῆμα (τό). pas, allure; degré; tribune, tribunal; ἀποβαίνω, descendre; s'en aller; arriver; παραβαίνω, marcher auprès, à côté; transgresser; ὑπερβαίνω, passer outre; surpasser; βάσις, BASE. HYPERBATE, s. f. ὑπερβατόν, *term. de gramm.* inversion dans le discours. RR. ὑπέρ, par-dessus, et βαίνω. STYLOBATE, s. m. piédestal de colonne. RR. στύλος, colonne, et βαίνω, être appuyé.

9. L. *carceres,* barrière d'où partaient les chevaux; commencement.

10. d. p. ficher, blesser; βαλίς, dard; sonde *de mer.* BALLE (à jouer), s. f. et BALLON, s. m. de βάλλω, lancer. BAL-LADE, s. f. ancienne pièce de poésie terminée par un *envoi;* διαβάλλω, transporter; calomnier; accuser; D'où διάβολος. DIABLE, s. m. L. *diabolus,* accusateur; d'où *diabolique;* adj. EMBLÈME, s. m. figure symbolique avec des paroles; ἔμβλημα, ce qu'on insère, ce qu'on ajoute. RR. ἐν, dans, et βάλλω; d'où *emblématique,* adj. PROBLÈME, s. m. πρόβλημα, question à résoudre; RR. πρὸ, en avant, et βάλλω. HYPERBOLE, s. f. exagération; ὑπερβολή, excès. RR. ὑπερ, au delà, et βάλλω; d'où *hyperbolique,* adj. PARABOLE, s. f. allégorie dans la Bible; παραβολή, comparaison, de παραβάλλω, je compare; *en géom.* figure qui naît de la section du cône, par un plan parallèle à un de ses côtés; d'où *parabolique,* adj. SYMBOLE, s. m. σύμβολον, figure qui désigne une chose par le discours, la peinture, *etc.,* de συμβάλλω, jeter ensemble, comparer. RR. σύν, avec, et βάλλω; d'où *symbolique,* adj.

11. BAMBIN, s. m. enfant; *fam.*

XXIX.

1. Βάναυσος, artisan ; esclave.   ου, ὁ.
2. Βάπτω, teint, plonge, eau tire, lave.   ψω.
3. Βάρος, poids, charge, ennui pesant.   εος, το.
4. Βάσανος, épreuve, tourment.   ου, ὁ.
5. Βασιλεύς, roi, prince *s'appelle*.   έος, ὁ.
6. Βασκαίνω, fascine, ensorcelle.   ανῶ.
7. Βαστάζω, pèse, porte un faix.   σω, ξω.
8. Βάτος, ronce, buisson épais.   ου, ἡ.
9. Βάτραχος, BATRACIENS, grenouille.   ου, ὁ.
10. Βαΰζειν, aboie *ou* bredouille.   ξω.

DÉRIVÉS.

1. *Proprem.* forgeron ; de βαῦνος, forge ; adj. mécanique ; bas, vil ; βαναυσία, métier de forgeron, art mécanique.

2. βαφή, βάψις, immersion, trempe *du fer*, teinture ; βαφεύς, g. έως (ὁ) teinturier ; βαπτίζω, plonger dans l'eau ; d'où BAPTISER, v. BAPTÈME, s. m. βάπτισμα, immersion ; d'où *baptismal.* BAPTISTE, s. m. 'nom propre. βαπτιστής, qui plonge dans l'eau. ANABAPTISTES, s. m. pl. sectaires chrétiens qui ne baptisent les enfans qu'à l'âge de raison, ou qui les rebaptisent à cet âge. RR. ἀνά, de nouveau, et βαπτιστής.

3. *Fig.* gravité ; βαρύς, εῖα, ύ, lourd ; accablant ; odieux. BAROMÈTRE, s. m. instrument qui indique les variations du poids de l'air. RR. βάρος, et μέτρον, mesure. BAROSANÈME, s. m. instrument qui indique la force du vent. RR. βάρος, et ἄνεμος, vent. BARYTON, ou BARITON, s. m. voix entre la taille et la basse-taille ; adj., il se dit des verbes grecs qui ont l'*accent grave*, βαρύτονον, sur la dernière syllabe.

4. *Propr.* pierre de touche.

5. βασιλεύω, régner ; βασιλίσκος, roitelet, oiseau fort petit. BASILE, n. pr. c.-à-d. *royal.* BASILIC, serpent, *roi des serpens* ; plante ; βασιλικόν (τὸ). BASILICON, s. m. onguent excellent, de βασιλικόν ; *roi des onguens.* BASILIQUE, s. f. nom de quelques églises principales ; βασιλικόν, maison royale ; temple.

6. Porter envie ; blâmer ; calomnier ; βάσκανος, qui fascine ; envieux ; malveillant. FASCINER, du L. *fascinare*, de βασκαίνω.

7. Enterrer ; soupeser.

9. BATRACIENS s. m. pl. ordre de reptiles quadrupèdes, grenouille, crapaud, rainette, salamandre aquatique. BATRACHOMYOMACHIE, s. f. βατραχομυομαχία, combat des rats et des grenouilles ; poème attribué à Homère. RR. βάτραχος, μῦς, rat, μάχη, combat.

10. BOCAL, s. m. βαυκάλιον, grand vase en verre à col large et court, ainsi nommé du bruit que l'eau y fait en tombant.

XXX.

1.. Βδάλλω, traire, sucer, téter.   αλῶ.
2. Βδέω, * Βδελύσσω, détester.   2. βδέσω, ήσω.
3. Βέβαιος, fixe, ferme, stable.   ος, ον.
4. Βέλος, trait, foudre, arme jetable.   εος, τό.
5. Βέλτερος, meilleur, plus prudent.   α, ον.
6. Βέρβηξ, sabot, gouffre, grand vent.   ηκος, ή.
7. Βηλός, seuil. * Βέβηλος, profane.   οῦ, ὁ.
8. Βήξ, la toux. * Βήχιον, pas-d'âne.   βηχός, ή, ὁ.
9. Βία, force. * Βιῶ, forcer.   * βιάω, ῶ.
10. Βίβλος, livre, écorce, papier.   ου, ή.

DÉRIVÉS.

1. βδέλλω, id. βδέλλα, sang-sue; BDELLE, s. m. insecte qu'on trouve sous les pierres et sous les écorces d'arbres.

2.* Fut. ύξω, puer; d. p. dégoûter ; βδελύσσομαι, avoir en horreur; βδελυγμός,-μα, exécration ; objet d'exécration.

3. βεβαιόω, rendre stable ; sanctionner.

4. coup, douleur qu'il cause. BÉLOMANCIE, s. f. divination par les flèches. RR. βέλος, et μαντεία, divination.

5. Littér. celui qui lance le mieux un trait. RR. βέλος ; ἀβέλτερος, sot, fou ; sans esprit ni cœur.

7. βεβηλόω, profaner; ἀβέβηλος, sacré, inviolable.

8.* ou tussilage, plante bonne contre la toux. BÉCHIQUE, adj. se dit d'un remède qui calme la toux, βηχικός, de βήξ.

9. Violence, affront, oppression; βιάω, -άζω, -ομαι, forcer, violer; βίαιος, violent et violenté; ἄβιος, très fort, et sans force; α p. ou augm. ; ἀντίβιος, adversaire. BIAS, s. m. philo-sophe grec, l'un des sept sages.

10. De βύβλος, papyrus, arbrisseau dont l'écorce servait anciennement à faire du papier; βιβλίον, petit livre, régistre; placet. BIBLE (la), s. f. le livre par excellence. BIBLIOGRAPHE, s. m. qui connaît bien les livres. RR. βίβλος, et γράφω, je décris; d'où bibliographie. BIBLIOMANE, s. m. qui porte à l'excès la passion des livres. RR. βιβλίον et μανία, passion ; d'où bibliomanie. BIBLIOPHILE, s. m. celui qui aime les livres. RR. βιβλίον et φίλος, ami. BIBLIOPOLE, s. m. libraire; L. bibliopola. RR. βιβλίον, et πολεῖν, vendre. BIBLIOTAPHE, s. m. celui qui enfouit ses livres, qui ne les communique à personne. RR. βιβλίον, et τάφος, tombeau. BIBLIOTHÈQUE, s. f. βιβλιοθήκη, lieu où sont rangés les livres ; réunion ou choix de livres. RR. βιβλίον, et θήκη, dépôt où l'on serre quelque chose, coffre ; dérivé de τίθημι, disposer; d'où bibliothécaire, s. m.

XXXI.

1. Βίος, vie, homme, état, denrées.   ου, ὁ.
2. Βλαισός, boiteux, jambes tournées.   ή, όν.
3. Βλάξ, lâche, poltron, mou, sans cœur.   ακός, ὁ.
4. Βλάπτω, blesse, nuit, fait douleur.   ψω.
5. Βλαστάνω, germe, fructifie.   τήσω.
6. Βλέννα, morve, flegme, folie.   ης, ή.
7. Βλέπω, voit, vit, est désireux.   ψω.
8. Βλέφαρον, paupière, les yeux.   ου, τό.
9. Βληχᾶσθαι, pousse des cris, bêle.   άομαι.
10. Βληχρός, mou, faible, hébété, frêle.   ά, όν.

DÉRIVÉS.

1. Biens, fortune; la société; βιός, arc. *proprem.* le corps de l'arc; βιδομαι, vivre, faire vivre; βιωτός, vital; βιωτικός, qui concerne la vie; habile à se procurer la subsistance; dans les auteurs ecclés. séculier, laïque, mondain; συμβιωτής, compagnon, commensal, convive. BIOGRAPHIE, s. f. histoire de la vie des individus. RR. βίος vie, et γραφή, écrit; d'où *biographe*, s. m. AMPHIBIE, adj. et s. se dit des animaux qui vivent sur la terre et dans l'eau. RR. ἀμφί, doublement, et βίος, vie.

2. *L. blæsus.* Impotent, paralytique; *par ext.* bègue. BLAISE, nom propre : pris en mauv. part, un imbécille.

3. Sot; βλακεύω, vivre dans la mollesse et la fainéantise. BLASER, v. a. user par les excès; βλάζω, être sot, indolent; de βλάξ. BLÈCHE, adj. et s. mou. fam. et peu usité; de βλάξ, d'où *blêchir*, v. n.

4. βλάβη, perte, dommage; ἀβλαβής, innocent, inoffensif; non endommagé, sain et sauf; βλαβερός, nuisible; θεοβλαβής, frappé de la malédiction divine. BLASPHÈME, s. m. parole qui outrage Dieu ou la religion; βλασφημία, de βλασφημέω, *blasphémer.* RR. βλάπτω, et φήμι, dire; d'où *blasphémateur,* s. m. *blasphématoire,* adj.

5. Croître; naître; βλαστεῖον, βλάστη, βλάστημα, bourgeon. *au prop. et au fig.* production.

6. βλεννός, morveux; niais, *blennus*, Plaute. BLENNORRHAGIE, s. f. écoulement abondant de mucus. RR. βλέννα, mucus, et ῥήγνυμι, sortir avec force.

7. βλέμμα, βλέπος (τό), regard, aspect, vue; visage; βλεμεαίνω, jeter des regards menaçans; effrayer par son regard.

8. βλεφαρίδες, cils, paupières; βλεφαρίζω, ciller, v. a. L. *Blepharo*, nom d'un personnage de Plaute, qui veut dire *clignotant.*

9. βληχάς, άδος, brebis; βληχή, βλήχημα, bêlement.

XXXII.

1. Βλίττω, j'exprime miel *ou* lait. ....ίσω.
2. Βλύζω, jaillit, coule à souhait. ...σω.
3. Βλωμός, morceau de pain, bouchée. ..οῦ, ὁ.
4. Βλώσκω, va. * Βλῶσις, arrivée. ..ώσω.
5. Βοᾶν, crier, beugler, mugir. άω, *f.* ήσω.
6. Βοηθεῖν, aider, secourir. έω, ήσω.
7. Βόθρος, trou, puits, fosse profonde. ου, ὁ.
8. Βολβός, oignon, racine ronde. οῦ, ὁ.
9. Βόμβος, bourdonnement, bruit, son. ου, ὁ.
* Βομβύλιος, guêpe, bourdon. ου, ὁ.

DÉRIVÉS.

1. ἀποβλίπτω, id.
2. *Act.* répandre. FLUER, v. n. couler, du L. *fluere*; dérivé de βλύειν *ou* βλύζειν; d'où *confluens*, CONFLUENT, s. m. jonction de deux rivières.
4. Venir, arriver; paraître; naître.
5. Demander à grands cris, appeler à haute voix; publier partout; célébrer; βοή, cri; combat; ἀναβοάω, crier haut; ἀβόητος, silencieux, muet; καρηβοάω, être étourdi par le bruit. VOIX, s. f. du L. *vox*, formé de *voco*, dérivé de βοῶ, par l'insertion du *c*.
6. (M.-à-m. accourir aux cris de quelqu'un. RR. βοή, cri, et θεῖν, courir); protéger, embrasser la défense, la cause de; βοήθεια, secours; troupes auxiliaires; βοήθημα, secours, remède; βοηθόος, βοηθός, qui vole au secours; ἀβοήθητος, privé de secours, abandonné; irrémédiable; ἀβοηθησία, a-bandon, défaut de secours.

7. Gouffre; lavoir; βοτρίζω, jeter, entraîner dans la fosse; μεταβοθρεύω, changer d'une fosse dans une autre; περιβοθρόω, entourer d'une fosse. BOTHRION, s. m. ulcère creux sur la cornée; de βόθριον, petite fosse.

8. BULBE, s. f. oignon de plante, L. *bulbus*, dérivé de βολβός; d'où *bulbeux*, *bulbifère*, *bulbiforme*.

9. L. *bombus*. βομβέω, bourdonner; murmurer; bruire; βομβηδόν, adv. en bourdonnant, avec bruit; βομβητής, qui bourdonne; qui étourdit. BOMBE, s. f. boule de fer remplie de poudre, qu'on lance d'un mortier, et qui éclate avec un grand bruit; d'où *bombarder*, *bombardement*, *bombarde*, *bombardier*.

* L. *fucus*. d. p. moucheron bourdonnant; βόμβυξ, υκος (ὁ), L. *bombyx*, ver-à-soie.

XXXIII.

1. Βορά, fourrage, nourriture.   ᾶς, ἡ.
2. Βόρβορος, bourbier, boue, ordure.   ου, ὁ.
3. Βόστρυχος, frisure, ornement.   ου, ὁ.
4. Βότρυς, raisin; BOTRYS, piment.   υος, ὁ.
5. Βουλή, conseil, sénat, sentence.   ῆς, ἡ.
   * Βούλομαι, veut, désire, pense.   ήσομαι.
6. Βουνός, hauteur, tertre, coteau.   οῦ, ὁ.
7. Βοῦς, βοός, bœuf, vache, taureau.   ὁ, ἡ.
8. Βόω, * Βόσκω, mène *ou* fait paître.   8. βώσω.
9. Βραβεύς, arbitre, juge, maître.   έος, ὁ.

DÉRIVÉS.

1. βόρος et βόρεος, grand mangeur; μολοβρός, gourmand; parasite; δημοβόρος, qui dévore le peuple. BORÉE, vent du nord; βορέας, L. *boreas.* R. βορά, parce que ce vent excite l'appétit. d. p. *nord;* d'ou *boréal,* adj. ELLÉBORE, s. m. plante qui procure des vomissemens violens; ἐλλέβορος. RR. ἑλεῖν, inf. ao. 2 d'αἱρέω, tuer, et βορά, nourriture, parce que les anciens regardaient l'ellébore comme un poison.

2. βορβορίζω, ressembler à de la boue; βορβορόω, couvrir de boue; salir. BORBORYGME ou BORBORISME, s. m. βορβορυγμός, grouillement des intestins, de βορβορύζω, bruire.

3. βοστρυχίζω, friser, boucler.

4. βοτρυδόν, adv. par grappes; βρύτεα, marc de raisin.

5. Volonté, arrêt; délibération; βουλεύω, délibérer, statuer; ἐπιβουλεύω, machiner, dresser des embûches; ἐπίβουλος, conspirateur. ARISTOBULE, n. prop. d'homme. RR. ἄριστος, le meilleur, et βουλή. BULLE, s. f. lettre du pape; de βουλή, décision, arrêt.

7. BOSPHORE, s. m. bras de mer; *littér.* qu'un bœuf passerait à la nage. RR. βοῦς, et πόρος, passage. BUCÉPHALE, s. m. cheval d'Alexandre, *dont la tête ressemblait à celle d'un bœuf.* RR. βοῦς, et κεφαλή, tête. HÉCATOMBE, ἑκατόμβη, sacrifice de cent bœufs. RR. ἑκατόν, cent, βοῦς.

8. Fut. βοσκήσω; βόσις, nourriture, pâture; βόσκομαι, je pais; βοτάνη, herbe. BOTANIQUE, s. f. L. *botanica,* science qui traite des végétaux et de leurs propriétés; βοτανικός, qui a rapport aux herbes; d'où *botaniste,* s. m. BOTANOLOGIE, s. f. traité des plantes. RR. βοτάνη, et λόγος, traité.

9. Juge du combat, qui délivre le prix; βραβεύω, adjuger le prix, être juge, arbitre, régler, ordonner.

XXXIV.

1. Βράγχος, de la voix l'enrouement.   ὁ et τό.
2. Βραδύς, tardif, lourd, nonchalant.   εος, ὁ.
3. Βράζω, bout avec violence.   σω.
4. Βραχίων, bras, muscle, puissance.   ονος, ὁ.
5. Βραχύς, court, bref, mince, petit.   εος, ὁ.
6. Βρέμω, frémit, gronde, mugit.   μῶ.
7. Βρένθος, faste. 8. Βρέτας, statue.   7. ου, ὁ.
9. Βρέφος, l'enfant à sa venue.   εος, τό.
10. Βρέχω, mouille, boit largement.   ξω.
11. Βριᾷν, est ou rend fort, puissant.   άω, άσω.

DÉRIVÉS.

1. Et gén. εος (τό); βραγχώ-δης, enroué; βραγχάω, -ιάω, être enroué.

2. βραδύνω, tarder; βραδύτης, βράδος (τό), lenteur, nonchalance. BRADYPEPSIE, s. f. βραδυπεψία, digestion lente. RR. βραδύς, et πέπτω, digérer.

3. βράσμα, βρασμός, ébullition. BRAISE, s. f. BRASIER, s. m. de βράζω. BRASER, v. souder deux pièces de fer; de βράζειν, être brûlant; d'où brasure. EMBRASER, v. a. d'ἐμβράζειν, m. sig. formé de ἐν, et de βράζειν; d'où embrasement, s. m.

4. βραχιόνιον, bracelet. BRAS, s. m. βραχίων. L. brachium; d'où brachial. EMBRASSER, v. a. d'ἐν, dans, et de βραχίων; d'où embrassement, embrassade. EMBRANCHEMENT, s. m. de branca, basse lat. de brachium; βραχίων, et ἐν.

5. d. p. expéditif, soudain, incapable de; βραχέα (τά), brevia, bancs de sable; βραχύνω, abréger; accourir. BRACHYGRAPHIE, s. f. art d'écrire par abré-viation. RR. βραχύς, et γραφή, écriture; d'où brachygraphe, s. m. BRACHYLOGIE, s. f. sentence abrégée. RR. βραχύς, et λόγος, discours. BRAQUEMART, s. m. épée courte et large. RR. βραχεῖα, f. de βραχύς, et μαχαίρα, épée. AMPHIBRAQUE, s. m. pied de vers, une longue entre deux brèves. RR. ἀμφί, des deux côtés, et βραχύς. TRIBRAQUE, s. m. pied de trois syllabes brèves. RR. τρεῖς, trois, et βραχύς.

6. L. fremo, FRÉMIR, d. p. bouillir; βρόμος, bruissement; bruit de la mer, des vents; ἄβρομος, qui fait grand bruit, ou qui n'en fait point; βρομάζω, rugir. BRAMER, v. se dit du cri du cerf; d'où bramement, s. m. dér. de βρέμειν.

8. εος-ους (τό), poét. idole grossière en bois.

10. βροχή (ἡ), pluie, humidité.

11. d. p. multiplier, augmenter; βριαρόχειρ, qui a les mains fortes. BRIARÉE, s. m. géant aux cent bras, myth. de βριαρός, fort.

XXXV.

1. Βρίζω, dort en sortant de table. σω.
2. Βρίθω, s'affaisse ; attaque, accable. σω.
3. Βρόγχος, BRONCHES, gosier, le cou. ου, ὁ.
4. Βρόχος, filet, lacet, licou. ου, ὁ.
5. Βροντή, les éclats du tonnerre. ῆς, ἡ.
6. Βροτός, mortel, l'homme sur terre. οῦ, ὁ.
7. Βρύχω, croque, mange, engloutit. ξω.
8. Βρύχω, grince des dents, rugit. ξω.
9. Βρύον, herbe, fleur, algue, mousse. ου, τό.
10. Βρύω, jaillit, pullule, pousse. σω.

DÉRIVÉS.

1. Dormir, reposer ; βριζώ, déesse qui préside à la divination par les songes. BRIZOMANCIE, s. f. divination par les songes; RR. βριζώ et μαντεία, divination.

2. Être lourd, être plein, replet. BRISER, v. de βρίσειν, 1. de βρίθω, presser.

3. βρόγθος (ὁ), le mêm. BRONCHES ou BRONCHIES, s. f. pl. vaisseaux qui conduisent l'air dans le poumon. BRANCHIES, s. f. pl. ouïes des poissons; βράγχια, de βρόγχος. BRONCHOCÈLE, s. m. goître; βρογχοκήλη. RR. βρόγχος, κήλη, tumeur. BRONCHOTOMIE, s. f. incision à la trachée-artère. RR. βρόγχος, τομή, incision.

5. βροντάω, tonner; βροντᾷ, impers. il tonne; ἐμβροντάω, étourdir, rendre tout étonné. BRONTÈS, s. m. nom d'un des cyclopes qui forgeaient la foudre.

6. βροτόω, revêtir de l'humanité ; βρότος, avec l'accent sur la pénultième, sang mêlé de poussière. AMBROSIE, et mieux AMBROISIE, s. f. nourriture des dieux, des immortels; ἀμβροσία, f. d'ἀμβρόσιος, immortel. RR. α priv. βροτός, et τροφή s.-ent., nourriture.

7. βρυττω ; le mêm. ; d'où BROUTER, v.

8. Frissonner, aux approches de la fièvre.

9. βρυόω, couvrir de mousse. BRYON, s. m. mousse qui croît sur les arbres.

10. BRUIRE, v. n. rendre un bruit confus; de βρύω, jaillir ; comme le bruit que fait l'eau en jaillissant. BRYONE, s. f. ou couleuvrée, plante grimpante; de βρύω, je pousse. EMBRYON, s. m. le fœtus, l'enfant renfermé dans le sein de la mère ; rudiment d'une plante ; ἔμβρυον. RR. ἐν, dans, βρύω, pousser. EMBRYOLOGIE, s. f. traité sur l'embryon. RR. ἔμβρυον, et λόγος, traité. EMBRYOTOMIE, s.f. dissection du fœtus; ἐμβρυοτομία. RR. ἔμβρυον, et τομή, dissection.

XXXVI.

1. Βρῶμος, avoine, puanteur.　　　　ου, ὁ.
2. Βρώσκω, manger. * Βρωτήρ, mangeur.　　ῶσω.
3. Βύας, hibou, chat-huant, chouette.　　ου, ὁ.
4. Βύβλος, papier, livre, tablette.　　ου, ἡ.
5. Βυθός, abîme, fond de l'eau.　　 οῦ, ὁ.
6. Βύρσα, le cuir apprêté, peau.　　ης, ἡ.
7. Βύσσος, lin d'extrême finesse.　　ου, ἡ.
8. Βύω, bouche, obstrue, emplit, presse,　σω.
9. Βῶλος, BOL, motte, glèbe, champ.　ου, ἡ.
10. Βωμός, base, autel, fondement.　　οῦ, ὁ.

DÉRIVÉS.

1. Nourriture. BRÔME, s. m. espèce d'avoine, βρῶμος; et plus souvent βρόμος; βρωμέω, puer; βρωμώδης, puant, fétide.

2. Brouter, paître; βιβρώσκω, id.; βρῶμα, βρῶσις, aliment. BROMATOLOGIE, s. f. traité des alimens. RR. βρώματος, g. de βρῶμα, et λόγος, traité.

3. L. bubo. βύζω, crier comme un hibou.

4. Papyrus, arbrisseau d'Egypte dont l'écorce servait à faire du papier, des cordages, etc.

5. βυθίζω, submerger. ABYDOS, s. f. ville et port d'Asie. RR. α priv. et βυθός; à cause de la profondeur de la mer en cet endroit. ABYSME, ABYME, ABÎME, s. m. L. abyssus. gouffre sans fond. RR. α priv. et βυσσός, le même que βυθός; d'où abîmer, s'abîmer, vv.

6. Βύρσινος, de cuir; βυρσεὸς tanneur, corroyeur. BOURSE, s. f. bursa, B.L. d'où boursier, s.m. boursiller, débourser, rembourser, vv.

7. L. byssus; βύσσινος, de lin très fin. BYSSOLITHE, s. f. sorte de végétation minérale en forme de soies brillantes qui croissent à la surface de certaines pierres. RR βύσσος et λίθος, pierre.

8. παραβύω; fourrer, faire entrer de force; cacher.

9. βῶλαξ, id. BOLET, s. m. βωλίτης, ου, champignon. BOL, ou BOLUS, médicament mis en boule pour l'avaler facilement; R. βῶλος, morceau, masse.

10. Hauteur; βωμίς, petit autel; βωμολόχος, qui se cache derrière l'autel pour enlever les offrandes; ἀπόβωμος, qui s'éloigne des autels; impie; profane; βωμονείκης, qui lutte auprès des autels.

XXXVII.

Γάμμα, trois. 1. Γάγγραινα, GANGRÈNE.   ης, ἡ.

2. Γάζα, trésor royal, domaine.   ης ou ας, ἡ.

3. Γαῖα, γῆ, terre, pays, champ.   γῆς, ἡ.

4. Γαίω, s'élève, est insolent.   sans fut.

5. Γάλα, lait. * Γαλουχεῖν, allaite.   κτος, τό.

6. Γαλέη, γαλῆ, chat, belette.   ῆς, ἡ.

7. Γαλήνη, temps calme ; air serein.   ης, ἡ.

8. Γαμβρός, gendre, allié, cousin.   οῦ, ὁ.

9. Γαμεῖν, épouser, prendre femme.   έω, ήσω.

10. Γάνος, joie, éclat, paix de l'âme.   εος, τό.

DÉRIVÉS.

Avec l'accent au-dessous γ, vaut trois mille.

2. *Mot persan pris pour* le palais et les ameublemens du roi, ses tributs et ses richesses; trésor, *en gén.* GAZA, ville d'Asie; γαζοφύλαξ, garde du trésor.

3. γαιήϊος, γήϊος, γεώδης, terrestre; ἀνώγεων ou -εον, salle à manger des anciens au plus haut étage. APOGÉE, s. m. point où une planète est le plus éloignée de la terre. RR. ἀπό, loin, et γαῖα, terre. PÉRIGÉE, s. m. le point opposé; περί, près. GÉOGONIE, s. f. traité de la formation de la terre. RR. γῆ, et γονή, formation. GÉOGRAPHIE, s. f. description de la terre. RR. γῆ, et γραφή, description; d'où *géographe, géographique.* GÉOLOGIE, s. f. histoire naturelle du globe. RR. γῆ, et λόγος, discours; d'où *géologique, géologue.* GÉOMÉTRIE, s. f. science qui a pour objet l'étendue et sa mesure. RR. γῆ, et μέτρον, mesure; d'où *géométral, géométrique, géomètre.* GÉONOMIE, s. f. connaissance des terres. RR. γῆ, et νόμος. GÉORGIQUES, s. f. pl. ouvrages sur l'agriculture.

RR. γῆ, et ἔργον, travail.

4. βουγάϊος, vain, glorieux.

5. ἀγαλαξτία, défaut ou abondance de lait. GALETTE, s. f. pâtisserie au lait.

7. γαληναία, id. γαληνίζω, devenir, γαληνιάω, être, γαληνόω, rendre serein; γαληναῖος, -ηνής, -ηνός, serein. GALÈNE, s. f. minéral brillant; de γαλήνη.

8. d. p. beau-père, beau-frère; γαμβρεύω, marier.

9. En parlant de l'homme; γαμεῖσθαι en parlant de la femme; γάμος, noces. AMALGAME, s. m. mélange. RR. ἅμα, ensemble, et γαμεῖν, marier; d'où *amalgamer,* v. a. BIGAME, adj. et s. marié à deux personnes à la fois, qui l'a été deux fois; du L. *bis,* de δίς, deux fois, et γαμεῖν; d'où *bigamie.* s. f. POLYGAME, s. m. homme marié à plusieurs femmes. RR. πολύς, plusieurs, et γαμεῖν; d'où *polygamie,* s. f.

10. γανόω, réjouir; reluire; γάνυμαι, se réjouir, recevoir avec une joie vive. GANYMÈDE, s. m. Γανυμήδης, prince troyen enlevé par Jupiter pour lui servir d'échanson. RR. γάνος, et μῆδος, esprit, *qui rend l'esprit joyeux.*

XXXVIII.

1. Γαργαίρειν, regorger, briller.   *f.* αρῶ.
2. Γαργαλίζειν, *est* chatouiller.   ίσω.
3. Γαστήρ, le ventre, intempérance.   έρος et τρός, ή.
4. Γαῦρος, altier, plein d'arrogance.   ου, *adj.*
5. Γείνομαι, naît, devient, créer.   γενήσομαι.
6. Γεῖσον, le bord du toit, larmier.   ου, τό.
7. Γείτων, voisin, qui se rapproche.   ονος, *adj.*
8. Γελᾶν, rit, des brocards décoche.   άω, *f.* άσω.
9. Γέμειν, est plein, riche à foison.   *f.* εμῶ.
10. Γένυς, mâchoire, le menton.   υος, ή.

DÉRIVÉS.

1. Vibrer; palpiter; abonder; γαργαρίζω, GARGARISER (se), v. pr. de γαργαρέων, gorge, luette. GARGARISME, s. m. γαργαρισμός.

2. Chatouiller agréablement; délecter; γαργαλισμός, γαργάλη, γάργαλος, chatouillement, *au prop. et au fig.* délectation.

3. L. *gaster.* GASTER, s. m. estomac; γαστρίζω, remplir le ventre. GASTRITE, s. f. inflammation de l'estomac. GASTROMANIE, s. f. passion pour la bonne chère. RR. γαστρός, g. de γαστήρ, et de μανία, passion. GASTRONOMIE, s. f. traité sur la bonne chère. RR. γαστρός, et νόμος, règle; d'où gastronome, s. m.

4. γαυρικός, et γαυρήξ, id. γαυριάω, γαυρόω, et γαυροόμαι, tirer vanité de; être fier, arrogant.

5. γίνομαι, γίγνομαι, m. sig. d. p. être, arriver, se répandre; s'occuper de, s'appliquer à; γένη, enfans, de γένος, γέννα, race, γεννάω, engendrer, procréer. GÉANT, s. m. γίγας. RR. γῆ, terre, et γάω, prim. de γείνομαι, naître; parce que selon la fable, les géans sont nés de la terre; d'où *gigantesque.* GÉNÉALOGIE, s. f. suite et dénombrement des ancêtres; γενεαλογία, de γένος, race, dériv. de γείνομαι, et λόγος, discours; d'où *généalogique, généalogiste,* s. m. GENÈSE, s. f. premier livre de la Bible qui traite de la création; γένεσις, origine, de γείνομαι. GÉNIE, s. m. L. *genius;* de *geno* pour *gigno,* dériv. de γείνω, inusité, pour γείνομαι. GÉNITIF, s. m. *genitivus;* γενικός, de γείνομαι, engendrer; cas qui en forme d'autres.

6. et γεῖσσον; en général, tout ce qui forme saillie et avancement.

7. γειτνία, γειτνίασις, voisinage; γειτνιάω, être voisin; ressemblant.

9. γεμίζω, remplir, charger; γέμος, plénitude. L. *gemo,* GÉMIR, c.-à-d. gémir sous le poids.

10. Fil, tranchant *d'une épée;* scie; hache; γενειάς, poil follet; γένειον, barbe, menton; γενειήτας, barbu; γενειάω, commencer à avoir de la barbe.

XXXIX.

1. Γέρανος, grue, antique danse. ου, ἡ.
2. Γέρας, prix, honneur, récompense. ατος-ῶς, τό.
3. Γέρων, vieillard, notable, un grand. οντος, ὁ.
4. Γεύω, GOÛTE, goûtable rend. f. εὔσομαι.
5. Γέφυρα, pont, digue, levée. ας, ἡ.
6. Γηθέω, réjouit, récrée. ήσω.
7. Γῆρας, vieillesse, âge de sens. ατος-ως, τό.
8. Γῆρυς, son, voix et doux accens. υος, ἡ.
9. Γινώσκω, connaît, juge, pense. f. γνώσομαι.
* Γνώμη, l'avis, esprit, sentence. ης, ἡ.

DÉRIVÉS.

1. **Danse** inventée par Thésée. Grue, *oiseau et machine*. GÉRANIUM, s. m. γεράνιον (τό), plante dont les fruits ressemblent à un bec de grue.

2. γεράσμιος, honoré; digne de récompense; γεράζω, γεραίρω, récompenser, honorer.

3. d. p. quenouille; γερόντειος, de vieillard; γεροντίας, aïeul; γεροντιάω, vieillir, commencer à radoter; γεροντοκομεῖον, hospice des vieillards. GÉRONTE, s. m. personnage de comédie.

4. L. *gustare*, act. donner à goûter; πόγ. γεύεσθαι, goûter soi-même, avaler. *fig.* expérimenter, faire l'épreuve de, tâter; γεῦσις, goût.

5. γεφυρόω, joindre par un pont; γεφυρίζω, railler quelqu'un; γεφυριστής, railleur.

6. γηθεύω, γήθομαι, γήθω. L. *gaudeo*, se réjouir; γῆθος, joie, GAITÉ; γεγηθότως, gaîment.

7. γηραιός, vieux; γηράω, -άσκω, vieillir; ἀγήραος, ἀγήρατος, ἀγήρως, qui ne vieillit pas;

εὐγηρία, heureuse vieillesse; παραγηράω, radoter de vieillesse.

8. γήρυμα, id. γηρύω, parler.

9. *pr.* γνόω, d. p. reconnaître; concevoir; s'apercevoir; arrêter; juger. GNÔME, s. m. génie *intelligent* que les cabalistes supposaient habiter dans la terre; de γνώμων, connaisseur, dérivé de γινώσκω. GNOMONIQUE, s. f. art de faire des cadrans solaires; γνωμονική. RR. γνώμων, GNOMON, style d'un cadran solaire qui marque les heures; et τέχνη, art, *sous-ent.* DIAGNOSTIQUE, s. f. et adj. connaissance des symptômes d'une maladie; διαγνωστικός, de διαγινώσκω, distinguer. RR. διά, à travers, et γινώσκω. PHYSIONOMIE, autrefois PHYSIOGNOMIE, s. f. air, traits du visage, considérés comme indices du caractère; φυσιγνωμονία. RR. φύσις, nature, et γνώμων, indice; d'où *physionomiste*, s. m.

* GNOMIQUE, adj. γνωμικός. sententieux, de γνώμη, sentence.

XL,

1. Γλαυκός, azuré, couleur d'eau.   ή, όν.
* Γλαφυρός, creux, gracieux, beau. ά, όν.
2. Γλάφω, creuse, polit, ciselle.   ψω.
3. Γλεῦκος, suc doux. 4. Γλήνη, prunelle. εος-ους, τό.
5. Γλίσχρος, chiche, visqueux, gluant. α, ον.
6. Γλίχομαι, désire, est ardent. *sans fut.*
7. Γλοιός, sale, vil, méprisable. ά, όν.
8. Γλυκύς, doux, suave, agréable. εῖα, ύ.
9. Γλῶσσα, langue, GLOSE; vieux mot. ης, ἡ.
10. Γλωχίς, pointe d'un javelot. ῖνος, ἡ.

DÉRIVÉS.

1. L. *glaucus*, GLAUQUE, pâle, vert de mer; d. p. brillant; qui a les yeux bleus; γλαύξ (ἡ), chouette, hibou.

2. γλύφω, id. tailler en; bosse; γλάφυ, -υος (τό), grotte; γλυφή, γλύμμα, sculpture; γλυπτήρ et -τής, sculpteur, graveur; γλυφεῖον, ciseau, burin. GLYPHE, s. m. canal qui sert d'ornement; de γλυφή, entaillure. HIÉROGLYPHE, s. m. caractère symbolique et sacré employé par les prêtres égyptiens. RR. ἱερός, sacré, et γλυφή, gravure; d'où *hiéroglyphique.*

3. GLEUCOMÈTRE, s. m. instrument pour mesurer la force du moût qui fermente. RR. γλεῦκος, et μέτρον, mesure.

4. de l'œil; l'œil, rayon de miel; περιγληνάομαι, regarder autour de soi.

5. Glissant; parcimonieux; sale; γλισχραίνω, rendre visqueux, gluant; γλισχρεύομαι, vivre chichement; γλία, GLU, s. f. colle, matière gluante.

7. d. p. débile; méchant; qui s'échappe toujours; γλοιάζω, clignoter.

8. γλυκαίνω, édulcorer, -άζω, devenir doux. GLYCÈRE, s. f. nom de femme.

9. L. *glossa*. d. p. idiôme, langage, terme étranger; γλῶττα, -ης, att. le m. d'où GLOTTE, s. f. ou luette, fente du larynx pour le passage de l'air, en forme d'une petite langue, γλωττίς, -ιδος (ἡ), languette; γλώσσαργος, babillard; ἄγλωττος, muet; qui n'a pas le talent de la parole; ἐπιγλωττίς, luette, ÉPIGLOTTE, s. f. GLOSE, s. f. explication, commentaire. R. γλῶσσα; d'où *gloser*, v. n. faire une glose; critiquer; *gloseur*, qui glose sur tout. GLOSSAIRE, s. m. dictionnaire qui explique les mots peu connus, γλωσσάριον, petite langue; d'où *glossateur.* POLYGLOTTE, adj. se dit des livres imprimés en plusieurs langues. RR. πολύς, plusieurs, et γλῶσσα.

XLI.

1. Γνάθος, joue *et* bouche, mâchoire.   ου, ἡ.
2. Γνόφος, obscurité, nuit noire.   ου, ὁ.
3. Γοάω, gémir, déplorer.   άσω, ήσω.
4. Γογγύζω, gronder, murmurer.   ύσω.
5. Γόης, jongleur, fourbe, en impose.   ητος, ὁ.
6. Γόμφος, coin, clou, semblable chose.   ου, ὁ.
7. Γόνυ, genou, courbure, nœuds.   υος et ατος, τό.
8. Γοργός, prompt, vif, impétueux.   ή, όν.
9. Γραῖα, vieille femme *veut dire*.   ας, ἡ.
10. Γράφω, peindre, accuser, écrire.   άψω.

DÉRIVÉS.

1. γναθμός, id. γναθόω, frapper sur la joue.

2. γνοφερός, γνοφώδης, ténébreux, obscur, γνοφόω, obscurcir.

3. γόος, gémissement, deuil.

4. Roucouler; γογγυσμός, -οῦ, murmure.

6. γομφόω, clouer, assembler.

7. Nœud d'un jet d'arbre ; γονατόομαι, se nouer, *en parlant d'une plante;* γονυκλινέω, fléchir le genou; γονυπετέω; γουνέομαι, γουνάομαι, γουνόομαι, tomber aux genoux, *en suppliant.*

8. d. terrible. GORGONES, monstres fabuleux, d'un aspect terrible; γοργός, terrible.

9. γραῦς, γραός (ἡ), et γραῖς, id. γραϊκός, de vieille femme.

10. Écrire en prose, inscrire; crayonner; décrire; ἀπογράφω, transcrire; inscrire; proscrire; διαγράφω, décrire; bâtonner l'écriture, rayer ; γραφεῖον (τό), stylet à écrire, pinceau; γραφεύς, peintre ; γραφή, écriture, peinture, accusation; γράμμα, lettre *de l'alphabet*, lettre, missive; γράμματα (τά), les lettres, la littérature; d. p. actes publics. ANAGRAMME, s.f. transposition des lettres d'un mot pour en former un autre. RR. ἀνά, au rebours, et γράμμα, lettre ; d'où *anagrammatiser, anagrammatiste.* AUTOGRAPHE, s. m. et adj. écrit de la main de l'auteur. RR. αὐτός, soi-même, et γράφω. APOGRAPHE, s. m. copie d'un écrit. RR. ἀπό, de, et γράφω. ÉPIGRAMME, s. f. inscription ; mot piquant. RR. ἐπί, sur, contre, et γράμμα, écrit; d'où *épigrammatique, épigrammatiste.* ÉPIGRAPHE, s. f. ἐπιγραφή, inscription. RR. ἐπί, sur, et γραφή, écrit. GRAMMAIRE, s. f. γραμματική, s.-ent. τέχνη, art des lettres ; d'où *grammairien, grammatical, grammatiste.* GRAPHIE, s. f. description, γραφή; d'où *graphique.* GRAPHODROMIE, s. f. écriture cursive. RR. γράφω, et δρόμος, course. GRAPHOMÈTRE, s. m. instrument pour mesurer les angles. RR. γράφω, et μέτρον, mesure.

XLII.

1. Γράω, manger, être sculpteur. *sans fut.*
2. Γρῖπος, rets, filets de pêcheur. ου, ὁ.
3. Γρύ, cri du porc. * Γρύζω, grouine. * ύξω.
4. Γρυπός, nez de forme aquiline. οῦ, ὁ.
5. Γύα, champ, arpent *ou* chemin. ας, ἡ.
6. Γυῖον, un membre, pied *ou* main. ου, τό.
7. Γυμνός, nu, dépouillé, sans armes. ή, όν.
8. Γυνή, femme *sujette aux larmes.* αικός, ἡ.
9. Γυρός, cercle, rond. 10. Γύψ, vautour. 10. γυπός, ὁ.
11. Γωνία, coin, lieu loin du jour. ας, ἡ.

DÉRIVÉS.

1. γραίνω, fut. γρανῶ, l. mêm. GANGRÈNE, s. f. γάγγραινα, de γραίνω, manger; d'où *se gangréner*, v. *gangréneux*, adj.

2. γρῖπος, id. d. p. question embarrassante; γριπεύω, pêcher; être âpre au gain; γριπεύς, pêcheur. GRIPHE, s. m. énigme. LOGOGRIPHE, s. m. énigme dont *le mot est décomposé en d'autres.* RR. λόγος, discours, mot, γρῖπος, filet; énigme.

3. Bâiller, gronder, murmurer.

4. Tout ce qui est courbé.

5. q. f. fossé; γυία, γύη, id.

6. d. p. le corps entier; γυιόω, estropier; γυιός, estropié; boiteux; ἀμφίγυος, qui blesse des deux côtés.

7. γυμνόω, dépouiller; γυμνάζω, exercer; γυμνάζομαι, *moy.* s'exercer, lutter. GYMNASE, s. m. lieu pour les exercices du corps chez les anciens; γυμνάσιον, de γυμνός, nu, parce que l'on s'exerçait nu ou presque nu. GYMNASTIQUE, s. f. art des exercices du corps; γυμναστική, *s. ent.* τέχνη, art. GYMNASIARQUE, s. m. chef du gymnase. RR. γυμνάσιον, et ἀρχός, chef. GYMNIQUE, s. f. et adj. qui concerne les exercices du corps; γυμνικός.

8. GYNÉCÉE, s. m. appartement des femmes chez les Grecs, γυναικεῖον. GYNÉCOCRATIE, ● f. état où les femmes exercent le pouvoir, γυναικοκρατία, de γυναικός, g. de γυνή, et κράτος, puissance; d'où *gynécocratique*; adj.

9. L. *gyrus*; *gyro*, tournoyer. GIRON, s. m. espace entre la ceinture et les genoux quand on est assis; GIRON de l'église, communion de l'église catholique. R. γυρός, rond, cercle.

11. Angle; γωνιαῖος, angulaire. DÉCAGONE, s. m. et adj. qui a dix angles. RR. δέκα, dix, γωνία, angle. DIAGONALE, s. f. ligne qui va de l'un des angles d'une figure rectiligne à l'angle opposé. RR. διά, à travers, et γωνία. POLYGONE, s. m. qui a plusieurs angles. RR. πολύς, plusieurs, γωνία. TRIGONOMÉTRIE, s. f. art de mesurer les triangles. RR. τρεῖς, trois, γωνία, μέτρον, mesure; d'où *trigonométrique*, adj.

XLIII.

Δέλτα quatre *ou* dix *pourra faire.*

1. Δαήρ, des époux le beau-frère.   ερος, ὁ.
2. Δαίδαλος, artiste, beau, fin.   ου, ὁ.
3. Δαίμων, dieu, DÉMON, sort, destin.   ονος, ὁ.
4. Δαίειν, apprend, brûle, festine.   *f.* δαίσω.
5. Δάκνω, je mors, pique, chagrine.   δήξω.
6. Δάκρυ, pleurs ; δακρύω, pleurer.   υος, τό.
7. Δάκτυλος, doigt, fruit du palmier.   ου, ὁ.
8. Δαμᾷν, dompte, abat, fait injure.   *f.* άσω.
9. Δάνος, don, prêt, emprunt, usure.   εος, τό.

DÉRIVÉS.

Le Δ (δέλτα), comme quatrième lettre grecque, vaut *quatre :* il vaut quelquefois *dix*, comme lettre initiale du mot δέκα, *dix;* avec un accent au-dessous , Δ,, vaut *quatre mille.* DELTA, s. m. nom donné à la Basse-Egypte parce qu'elle a la forme du Δ. De leur ressemblance avec un Δ, plusieurs objets ont pris le nom de δέλτα : de là *delloïde*, triangulaire ; δέλτος, ου (ἡ), tablettes, billet , lettre pliée en triangle.

2. L. *dædalus.* DÉDALE, s. m. labyrinthe , du nom de l'artiste qui fit le labyrinthe del Crète ; δαιδάλεος , artistement travaillé.

3. Génie, intelligence, destin; δαιμόνιος, divin, vénérable; infortuné ; δεισιδαιμονία , superstition. DÉMON , s. m. de δαίμων, génie, dieu. DÉMONIAQUE , adj. et s. δαιμονιακός, possédé du démon. DÉMONOLATRIE , s. f. culte du démon. RR. δαίμων, et λατρεία, culte. DÉMONOGRAPHIE, s. m. auteur qui écrit sur les démons ; γράφω, écrire. DÉMONOMANIE , s. f.

délire où l'on se croit possédé du démon ; μανία , folie , manie.

4. Partager , découper *à table;* δαΐζω, id. d. p. déchirer, tuer ; δαήμων, savant, habile; δαίς, g. δαιτός (ἡ), δαίτη, festin. GÉODÉSIE, s. f. art de diviser la terre. RR. γῆ, terre, et δαίω, diviser ; d'où *géodésique*, adj.

5. De l'inu. δήκω, aor. 2 ἔδακον; δῆξις, morsure.

6. δάκρυον , δάκρυμα , id. ἀδάκρυτος, qui ne verse point de larmes, qui n'en fait point couler; ἀδακρυτί, d'un œil sec.

7. δακτύλιος, bague. DACTYLE, s. m. δάκτυλος , pied de vers en grec et en latin, composé, comme le doigt, d'une partie longue, et de deux courtes ou brèves (‒ ◡◡).

8. Tuer; δαμάζω, δαμνάω, l. mêm. δμητήρ, dompteur ; δμητός, dompté *ou* maître. POLYDAMAS, s. m. guerrier troyen. RR. πολύς, beaucoup , δαμάω, dompter.

9. δανείζω, prêter, prêter à usure; δάνεισμα, usure, intérêt; δανειστής, usurier.

XLIV.

1. Δαπανᾶν, en frais dépenser.　　　　　f. ήσω.
2. Δάπεδον, sol battu, plancher.　　　　ου, τό.
3. Δάπτω, mange, déchire, ronge.　　　　ψω.
4. Δαρθάνω, dort, sommeille, songe.　　δαρθήσομαι.
5. Δασύς, épais, velu; boisé.　　　　　εῖα, ύ.
6. Δάφνη, le laurier, ou DAPHNÉ.　　　ης, ή.
7. Δαψιλής, libéral, qui donne.　　　　ής, ές.
8. Δείδω, s'épouvante, frissonne.　　　σω.
9. Δείκνυμι, montrer, faire voir.　　　δείξω.
10. Δείλη, l'après-dîner, le soir.　　　ης, ή.

DÉRIVÉS.

1. Au moy. m. sig. δαπάνη, dépense; prodigalité; δαπάνηρός, dispendieux; δαπανηρῶς, à grands frais; συνδαπανάω, dépenser, consommer avec.

2. Région; ἀλλοδαπός, -ής, étranger; παντοδαπός, de tout pays; παντοδαπῶς, de toutes manières; ποδαπός, interr. de quel pays? quel, de quelle espèce? τηλεδαπός, qui est d'un pays lointain.

3. L. daps, inu. g. dapis, dapes au pl. plus usité; mets, festin.

5. d. p. hérissé; fourré; couvert; δάσος, -εος (τό), lieu planté d'arbres.

6. δαφνήεις, contr. δαφνῆς, de laurier, couronné de laurier; δαφνών, lieu planté de lauriers. DAPHNÉ, s. f. fille du fleuve Pénée, changée en laurier. DAPHNÉPHAGES, s. m. pl. devins qui mangeaient du laurier pour se remplir de l'esprit prophétique. RR. δάφνη, φάγω, manger. DAPHNÉPHORIES, s. f. pl. fêtes d'Apollon, où l'on portait des branches de laurier.

RR. δάφνη, φέρω, porter; d'où DAPHNÉPHORE, celui qui, dans ces fêtes, portait une branche d'olivier, ornée de guirlandes de laurier. DAPHNIS, s. m. Δαφνίς, berger de Sicile, exposé après sa naissance sous un laurier, et inventeur de la poésie pastorale. DAPHNITE, pierre représentant des feuilles de laurier.

7. Fertile; somptueux; δαψίλεια, abondance.

8. δειδίσσομαι, craindre; δεῖμα, crainte; danger; δειμαλέος, timide ou qui intimide.

9. δεῖξις, démonstration, preuve; accusation; δείκτης, qui montre; ἀποδείκνυμι, démontrer; prouver; élire; établir; enfanter; rendre. PARADIGME, s. m. παράδειγμα, modèle. RR. παρά, auprès, εἰδεῖγμα, exemple; de δεικνύω, montrer. L. paradigma.

10. δειελῆσαι, faire la méridienne; goûter, collationner; δείελον, le m. que δείλη, d. p. goûter, collation.

XLV.

1. Δειλός, craintif, misérable homme. ή, όν.
2. Δεῖνα, quelqu'un, *sans qu'on le nomme*. g. δεῖνος.
3. Δεινός, terrible, habile, fin. ή, όν.
4. Δεῖπνον, souper, banquet, festin. ου, τό.
5. Δεῖσα, le fumier, fiente, ordure. ης, ή.
6. Δέκα, dix, *ou* Δ, *sa figure*.
7. Δέλεαρ, viande, appât trompeur. έατος, τό.
8. Δελφίν, δελφίς, dauphin *nageur*. ῖνος, ὁ.
9. Δέλφαξ, cochon qui vient de naître. ακος, ὁ, ἡ.
10. Δελφύς, le sein où l'on prend l'être. ύος, ἡ.

DÉRIVÉS.

1. d. p. lâche; faible; malheureux; δειλιάω, être timide; reculer devant le danger, le travail; δείλαιος, tous les sens de δειλός; δειλαίνω, montrer de la timidité.

3. Atroce; admirable; δεινότης, cruauté; perspicacité; éloquence; δεινόω, δεινοποιέω, exagérer, aggraver; δεινάζω, souffrir avec peine.

4. Mets; fourrage; δειπνάριον, petit souper; δειπνέω, souper; δειπνίζω, donner à souper, traiter. DÎNER, v. n. δειπνεῖν, *et* s. m. de δεῖπνον, repas.

5. Puanteur.

6. Voy. Δ, p. 43; δεκατεύω, décimer. L. *decimare*; δέκατος, dixième. DÉCADE, s. f. dizaine; δεκάς, de δέκα. — espace de dix jours. — ouvrage en plusieurs parties, de dix livres chacune; *les décades de Tite-Live*. DÉCAGRAMME, s. m. poids de dix grammes. RR. δέκα, et γράμμα, gramme. DÉCALOGUE, s. m. les dix commandemens de Dieu, lois de Moïse. RR. δέκα, et λόγος, discours. DÉCASYLLABE *et* DÉCASYLLABIQUE, adj. se dit des vers français de dix syllabes. RR. δέκα, et συλλαβή, syllabe. DÉCAMÉRON, s. m. ouvrage qui contient le récit de dix journées. RR. δέκα, ἡμέρα, jour. DÉCAMÈTRE, s. m. mesure de longueur, de dix mètres. RR. δέκα; μέτρον, mètre. PENTADÉCAGONE, s. m. figure qui a quinze angles et quinze côtés. RR. πέντε, cinq, δέκα, dix, γωνία, angle. HENDÉCAGONE, s. m. figure qui en a onze. RR. ἔνδεκα, onze, γωνία, angle. HENDÉCASYLLABE, adj, se dit des vers de onze syllabes. RR. ἔνδεκα, et συλλαβή, syllabe.

7. δελήτιον, id. δελεάζω, amorcer, attirer.

8. L. *delphin*. DELPHINAL, adj. du dauphin.

9. δελφάκιον, cochon de lait.

10. ὁμόδελφος, utérin, né d'une même mère.

XLVI.

1. Δέμας, le corps. 2. Δέμνιον, lit.   1. *indécl.* τό.
3. Δέμω, fonde, élève, bâtit.   *f.* δέμῶ.
4. Δένδρον, un arbre *ou* tronc, la souche.   ου, τό.
5. Δεννός, a l'outrage à la bouche.   ή, όν.
* Δέννος, opprobre diffamant.   ου, ό.
6. Δεξιά, main droite, serment.   ᾶς, ή.
7. Δέος, crainte. 8. Δέπας, pot, coupe.   7. τό. 8. αος, τό.
9. Δέρη, δειρά, cou, mont, sa croupe.   ᾶς, ή.
10. Δέρας, toison, peau, cuir *se rend.*   ατος, τό.
11. Δέρκομαι, voit, a l'œil perçant.   ξομαι.

DÉRIVÉS.

1. ἀδέματος, sans corps.

2. δεμνιοτήρ, qui garde le lit.

3. Dompter ; δόμος, L. *domus*, et δῶμα, maison ; δωμάω, bâtir ; φιλοικόδομος, qui aime à faire bâtir. DÔME, s. m. toit en voûte au-dessus d'un édifice. R. δῶμα, maison.

4. δένδρεον, δένδρος, id. δενδρών, bois ; δένδριον, arbrisseau ; δενδριάζω, se cacher parmi les arbres, DENDRITE, s f. pierre qui représente des arbrisseaux. DENDROMÈTRE, s. m. instrument pour mesurer la quantité de bois que contient un arbre. RR. δένδρον, et μέτρον, mesure.

6. Le côté droit, la droite ; foi, parole donnée; δεξιός, droit, à droite ; favorable ; adroit ; bon ; δεξιότης, habileté ; δεξιάομαι, toucher la main ; -όομαι, briguer.

8 δέπαστρον, gobelet, coupe.

9. δειράς, sommet d'une montagne ; δειρός, colline ; δέραιον, collier ; δολιχόδειρος, qui a un long cou.

10. δέρμα, id. δέρω, écorcher ; dépouiller ; révéler ; δορά, peau; écorchure. DARTRE, s. f. maladie cutanée ; δαρτός, écorché ; de δέδαρμαι, p. pass. de δερώ. DERME, s. m. peau ; δέρμα ; de δερώ. DERMATOÏDE, adj. qui a l'apparence de la peau. RR. δέρμα et εἶδος, ressemblance. ÉPIDERME, s. m. première peau, fort déliée. RR. ἐπί, sur, δέρμα, peau. DERMOLOGIE, s. f. traité sur la peau. RR. δέρμα, et λόγος, traité. DERMOTOMIE, s. f. dissection de la peau. RR. δέρμα, et τομή, dissection.

11. δέργμα, regard, aspect, δέρξις, vision, regard, vue, regard ; ὀξυδερκέω, avoir la vue perçante ; ὀξυδορκικός, qui sert à fortifier la vue.

XLVII.

1. Δεσπόζειν, est maître suprême.   όσω.
2. Δεῦκος, suc doux, la douceur même.   εος, τό.
3. Δεῦρο, par ici, viens ici.   *adv.*
4. Δεύτερος, deuxième, autre *aussi*.   α, ον.
5. Δεύω, mouille, teint, verse, arrose.   σω.
6. Δέφειν, écorche, cuir, dispose.   δέψω.
7. Δέχομαι, reçoit, prend, attend.   δέξομαι.
8. Δέω, manque, lie, est absent.   δήσω.
9. Δηλοῦμαι, trompe, gâte, infeste.   ήσομαι.
10. Δῆλος, clair, certain, manifeste.   η, ον.

DÉRIVÉS.

1. δεσποτέω, id. δεσπόζεσθαι, être soumis au pouvoir de; être en la possession, être acquis. DÉSPOTE, s. m. qui gouverne en maître absolu; δεσπότης, maître; d'où *despotique, despotisme*, s. m.

2. ἀδευκής, amer, désagréable; aigre, surprenant.

3. δεῦρο, δεῦτε, *pl.* id. courage!

4. δεύτερα, au second rang. DEUTÉRONOME, s. m. un des livres de Moïse; δεύτερος et νόμος, *seconde publication de la loi.*

5. Pétrir, δεῦμα, arrosement.

6. Corroyer; amollir, au *pr.* et au *fig.*

7. Recevoir, accueillir; approuver; prendre sur soi; δεχόμαι, id. ἐνδέχομαι, admettre; recevoir; se charger; ἐνδέχεται, *impers.* il se peut faire, il est possible; il est permis; il arrive. PANDECTES, s. f. pl. πανδέκτα, recueil de lois romaines par Justinien, qui contient toutes les questions controversées, avec les décisions des jurisconsultes. RR. πᾶν, tout, et δέχομαι, contenir. SYNECDOCHE ou SYNECDOQUE, s. f figure qui fait entendre le plus pour le moins, et le moins pour le plus; συνεκδοχή, compréhension. RR. σύν, avec, et δέχομαι, prendre.

8. Enchaîner; avoir besoin de; être éloigné de; δέομαι, id. d. p. prier, implorer; δεῖ, *imp.* il faut. DESMOGRAPHIE, s. f. description des ligamens. RR. δέω, lier; 'd'où δεσμός, ligament, et γραφή, description. DESMOLOGIE, s. f. traité des ligamens. RR. δεσμός, ligament, et λόγος, traité. DESMOTOMIE, s. f. préparation anatomique des ligamens. RR. δεσμός, et τομή, dissection. DIADÈME, s. m. L. *diadema*, bandeau royal qui entoure la tête; διάδημα, de διαδέω, entourer d'un lien. RR. διά, à travers, et δέω, lier.

9. Nuire, faire du mal; δηλαίνω, l. mêm.

10. δηλόω, manifester, déclarer, faire voir clairement; δήλωμα, signe manifeste; δήλωσις, manifestation; ἄδηλος, obscur, invisible; incertain. DÉLOS, s. f. île de l'Archipel que, selon la fable, Neptune fit sortir de le mer en faveur de Latone. R. δῆλος, apparent.

XLVIII.

1. Δῆμος, peuple, tribu, canton.   ου, ὅ.
2. Δῆνος, conseil, déception.   εος, -το.
3. Δῆρις, débat, petite guerre.   εως, ἡ.
4. Διαίνειν, humecte la terre.   ανῶ.
5. Δίαιτα, vivre, état qu'on suit.   ης, ἡ.
6. Διδάσκω, montre, enseigne, instruit.   άξω.
7. Δίδυμος, deux, jumeau, jumelle.   ου, ὁ, ἡ.
8. Δίδωμι, donne *à tel ou telle.*   δώσω.
9. Δίζω, chercher. 10. Δίκη, procès.   ήσω.
11. Δίκω, jeter. 12. Δίκτυον, rets.   11. ξω.

DÉRIVÉS.

1. d. p. pris adj. qui est du menu peuple; δημόσιος, public; δημοτικός, populaire; δημοσιεύω, confisquer; publier, divulguer. DÉMOCRATIE, s. f. gouvernement du peuple.; δημοκρατία. RR. δῆμος, et κράτος, pouvoir; d'où *démocrate, démocratique,* adj. EPIDÉMIE, s. f. maladie contagieuse dans un canton. RR. ἐπί, dans, et δῆμος, peuple; d'où *épidémique,* adj. ENDÉMIQUE, adj., particulier à un peuple; ἐνδήμιος. RR. ἐν, dans, et δῆμος.

2. d. p. artifice; ἀδηνέως, sans dessein, sans artifice.

3. Rixe, querelle; δηριάομαι, se quereller; πολύδηρις, très disputé, contentieux.

4. ἀδίαντος, non mouillé. ADIANTE, s. f. ἀδίαντον, plante que l'eau ne pénètre pas. RR. α priv. et διαίνειν, mouiller.

5. Genre de vie, de nourriture; régime; profession; demeure; arbitrage. DIÈTE, s. f. régime; abstinence; d'où *diététique*; *diète,* assemblée d'états, de *diæta.* B. L. salle; δίαιτα.

6. διδάσκομαι, être instruit; διδαχή, science. L. *didascalus,* précepteur. DIDACTIQUE, adj. διδακτικός, propre à enseigner; de διδάσκω, enseigner.

7. δίδυμοι (οἱ); les Gémeaux, *constell.*

8. δόσκω, *poét.* id. donner, offrir, présenter; donner sa fille en mariage. ANTIDOTE, s. m. contre-poison; ἀντίδοτον, donné contre. RR. ἀντί, contre, δίδωμι. ANECDOTE, s. f. particularité historique, secrète; ἀνέκδοτος, inédit. RR. α priv. ἐκ, dehors, δίδωμι, donner. DOSE, s. f. δόσις, potion; de δίδωμι. DOT, s. f. L. *dos*; de δώς (ἡ), *indécl.* don, donation.

9. Imaginer; inventer; trouver.

10. Droit; peine; justice; assignation; ajournement; δικάζω, rendre la justice; δίκαιος, juste, équitable; δικηγόρος, avocat. SYNDIC, s. m. chargé des affaires d'un corps; σύνδικος, avocat chargé d'une cause qui intéresse plusieurs parties. RR. σύν, avec, δίκη, cause; d'où *syndical, syndicat.*

11. Blesser; abattre.

12. δικτυεύς, -έως (ὁ). pêcheur.

XLIX.

1. Δίνη, gouffre, ondes agitées.   ης, ἡ.
2. Διπλόος, double, à deux pensées.   όη, όον.
3. Δίς, δίχα, bis, deux fois *se met.*   *adv.*
4. Δίσκος, *discus*, plat, rond, palet.   ου, ὁ.
5. Διστάζειν, en doute se trouve.   σω *et* ξω.
6. Διφάω, cherche, tâte, éprouve.   άσω *et* ήσω.
7. Διφθέρα, peau, fait de peau, cuir.   ας, ἡ.
8. Δίψα, soif, ardeur, vif désir.   ης, ἡ.
9. Δίω, chasse, court, craint, vacille.   ίσω.
10. Διώκω, poursuit, chasse, exile.   ξω.

DÉRIVÉS.

1. Tournant d'eau; tourbillon; δεῖνος, δῖνος, id. sabot, toupie; vertige; δινεύω, δινέω, δίνω, faire tourner; tournoyer. ANTIDINIQUES, adj. (remèdes) contre les vertiges. RR. ἀντί, contre, et δῖνος, vertige.

2. Ample, large; traître, dissimulé; διπλόη, doublure; duplicité; fourberie; double sens; double entente. DIPLÔME, s. m. charte, acte public, titre dont il est toujours fait un double; δίπλωμα, de διπλόω, faire double; d'où *diplomate*, s. m. *diplomatie*, s. f. *diplomatique*, adj.

3. δίχα, en deux parties; séparément; διχάζω, diviser en deux; διχαστήρ, qui divise. DICHOTOME, adj. se dit de la lune quand on n'en voit que la moitié. RR. δίχα, par moitié, et τομή, section. DILEMME, s. m. argument contenant deux propositions contraires; δίλημμα. RR. δίς, deux fois, et λῆμμα, dérivé de λαμβάνω, prendre. DIPHTHONGUE, s. f. réunion de deux sons en une syllabe. RR. δίς, et φθόγγος, son. DISSYLLABE, adj. de deux syllabes. RR. δίς, et συλλαβή, syllabe. DISTIQUE, s. m. deux vers qui font un sens. RR. δίς, et στίχος, vers.

4. Assiette de table; δισκοβολία, jeu du disque. DISQUE, s. m. sorte de palet plat et rond pour lancer; rondeur apparente des astres. DISCOBOLE, s. m. δισκοβόλος, athlète qui lançait le disque. RR. δίσκος, et βάλλω, lancer.

5. δισταγμός, doute, incertitude.

6. διφή, recherche; διφήτωρ, qui cherche.

7. Parchemin pour écrire; *par extens.* livres, papiers, etc., vêtement; tente de peau; διφθερόω, couvrir de peau.

8. δίψος, id. διψάω, *ion.* έω, avoir soif; être avide de; διψητικός, altéré; qui altère. DIPSÉTIQUE, adj. qui provoque la soif, διψητικός.

9. δίομαι, id.

10. Accompagner; rechercher; persécuter; poursuivre en justice; δίωγμα, ce qu'on poursuit; διωγμός, poursuite; expulsion, bannissement.

L.

1. Δνόφος, ténèbres, nuit, gros temps. ου, ό.
2. Δοκάζω, je crois, juge, attends. άσω.
3. Δοκέω, semble, est d'avis, pense. ήσω.
* Δόξα, gloire, attente, sentence. ης.
4. Δοκός, poutre, solive *on rend*. οῦ, ή.
5. Δολιχός, grand, long, qui s'étend. ή, όν.
6. Δόλος, ruse, fraude, imposture. ου, ό.
7. Δόναξ, roseau pour l'écriture. ακος, ό.
* Δονεῖν, secouer, agiter. έω, ήσω.
8. Δόρξ, chevreuil, daim, chamois léger. κός, ή.

DÉRIVÉS.

1. δνοφερός, δνόφεος, noir, ténébreux.

2. Penser, être d'avis; δοκεύω, id. d. p. observer, épier, être en embuscade; ὁδοιδόκος, voleur de grands chemins; προσδοκάω, attendre; espérer; compter sur; croire; estimer; προσδόκημα, προσδοκία, attente, espoir.

3. Jouir de quelque estime; δοκιμάζω, éprouver, essayer, choisir, juger à propos; δοκιμή, δοκίμιον, épreuve, essai; δόκιμος, éprouvé; d'une fidélité, d'une probité, d'une valeur éprouvée. DOGME, s. m. point de doctrine religieuse ou philosophique, servant de règle; δόγμα, arrêt; d'où *dogmatique, dogmatiser, dogmatiste, dogmatiseur*. DOCIMASTIQUE *ou* DOCIMASIE, s. f. art de faire en petit l'essai des mines; δοκιμαστική, art d'éprouver. DOXOLOGIE, s. f. le *gloria patri*; dernier verset d'une hymne. RR. δόξα, gloire, et λόγος, discours. EUDOXE, s. m. nom prop. RR. εὖ, bien, et δόξα, réputation. HÉTÉRODOXE, adj. contraire à la foi catholique. RR. ἕτερος, différent, et δόξα, opinion; d'où

hétérodoxie. ORTHODOXE, adj. conforme à la doctrine de l'Église. RR. ὀρθός, droit, et δόξα, opinion; d'où *orthodoxie*, s. f. PARADOXE, s. m. proposition contraire à l'opinion commune; παράδοξον. RR. παρά, contre, et δόξα, opinion; d'où *paradoxal*, adj.

5. δόλιχος, *subs.* espace de douze, ou de vingt-quatre stades; δολιχόσκιος, dont l'ombre s'étend au loin. DOLICHOPE, s. m. genre d'insectes diptères, qui ont de longues pattes. RR. δολιχός, long, et πούς, pied.

6. L. *dolus*. DOL, s. m. fourberie; *term. de pal.* δολερός, et δόλιος, rusé, fourbe, trompeur; δολιεύομαι, agir par fraude; δόλων, ωνος (ὁ), canne à dard, à épée; aiguillon de certaines mouches; δολόω, agir de ruse; surprendre; corrompre; falsifier. DOLOPES, s. m. pl. peuple de la Grèce; Δόλοπες; de δόλοψ, οπος, qui va à la découverte.

7. L. *donax*, plume à écrire; flèche; chalumeau; petite flûte. DONACIE, s. f. insecte qui vit sur les roseaux.

8. δορκάς (ή), id. L. *dorcas*.

LI.

1. Δόρπον, souper. 2. Δοχμός, oblique.   2. ή, όν.
3. Δόρυ, bois, javeline, pique.   δόρατος, τό.
4. Δοῦλος, esclave au joug réduit.   ου, ὁ.
5. Δοῦπος, fracas, chute à grand bruit.   ου, ὁ.
6. Δράκων, gros serpent *qui s'enlace*.   οντος, ὁ.
7. Δράσσω, saisit, empoigne, embrasse.   σω *et* ξω.
* Δραχμή, DRAGME, en poids, en argent.   ῆς, ή.
8. Δράω, fait, sert, fuit prestement.   άσω.
9. Δρέπω, cueille, fauche un blé, l'herbe.   ψω.
10. Δριμύς, fin, vif; piquant, acerbe.   εῖα, ύ.

DÉRIVÉS.

1. δόρπος, δορπήϊον, id. δόρπη, le soir; δορπέω, souper; δορπήστος, l'heure du souper; ἐπιδορπίς et ἐπιδόρπισμα, dessert.

2. De travers; sinueux.

3. δορύμαχος, qui combat avec la lance; δορύσσω, combattre avec la lance; ἐπιδορατίς, pointe, fer d'une lance; ἀδορατία, armistice; oisiveté, inaction. DORYPHORE, s. m. *porte-lance*, garde du roi chez les Perses, armé d'une lance; δορυφόρος. RR. δόρυ, et φέρω, je porte.

4. δουλόω, réduire en servitude; δουλεύω, être esclave, servir; δουλεία, esclavage, servitude. DULIE, s. f. culte rendu aux saints et aux anges, comme aux serviteurs de Dieu; δουλεία, servitude.

5. δουπέω, faire du bruit; ἐρίδουπος, qui fait un bruit épouvantable. CATADOUPE ou CATADOUPE, s. m. cataracte, chute d'eau; κατά, en bas, et δοῦπος.

6. δράκοντες, colliers, bracelets, chaînes, pendans d'oreilles. DRAGON, s. m. monstre fabuleux; sorte de serpent.

7. δράγμα, gerbe, faisceau; δραγματεύω, mettre en gerbe; ἀποδράττω, -ομαι, cueillir.

* DRACHME, s. f. huitième partie de l'once; δραχμή; chez les Grecs, monnaie d'argent qui pesait un gros.

8. Agir; δρᾶμα, pièce de théâtre, acte, action; δραστήρ, δραστήριος, δραστής, homme actif, agissant; δραπέτης, ου (ὁ), transfuge, esclave fugitif. DRAME, s. m. pièce de théâtre, tragique *ou* comique; de δρᾶμα, action; d'où *dramatique, dramatiste*, s. m. DRAMATURGE, s. m. faiseur de drames; *iron.* RR. δρᾶμα, et ἔργον, ouvrage. ADRASTÉE, s. f. ἀδράστεια, *inévitable*, déesse, ministre de la vengeance divine. RR. α priv. et δράω, fuir.

9. Recueillir, ramasser; δρέπανον, faux; cimeterre; sarcloir. DRÉPANE, s. f. fleur dont le calice présente des écailles extérieures de la forme d'une faux.

10. Violent; furieux; δριμύτης, aigreur; âcreté; violence.

LII.

1. Δρόσος, ROSÉE *ou* gouttes d'eau.   ου, ή.
2. Δρύπτω, déchire, ôte la peau.   ψω.
3. Δρῦς, tout arbre, bois dur, le chêne.   υός, ή.
4. Δύη, malheur, misère, peine.   ης, ή.
5. Δύναμαι, peut, est sain, puissant.   ήσομαι.
* Δύναμις, force, art *ou* talent.   εως, ή.
6. Δύνω, vêt, entre, plonge en l'onde.   δύσω.
* Δυσμή, coucher de l'œil du monde.   ῆς, ή.
7. Δύω, deux. * Δοιάζω, douter.   * σω.
8. Δῶρον, don, *de* δόω, donner.   f. δώσω.

PÉRIVÉS.

1. L. *ros* ; δρόσαι, larmes ; δροσοείς, couvert de rosée.

3. δρυμός, forêt *propr.* de chênes. DRUIDES, s. m. pl. prêtres gaulois, qui faisaient leur résidence dans les forêts ; δρυΐδες, de δρῦς. DRYADES, s. f. pl. nymphes des bois ; δρυάδες, de δρῦς. HAMADRYADES, s. f. pl. nymphes qui naissaient et mouraient avec les arbres où elles étaient renfermées. RR. ἅμα, ensemble, et δρυάδες, de δρῦς.

4. Pauvreté ; δυάω, jeter dans la misère ; accabler de maux ; δυηρός, malheureux.

5. Etre puissant ; valoir, être évalué ; * δύναμις, puissance, faculté, efficacité ; remède ; valeur *d'une monnaie* ; δυνάμεις (αἱ), forces militaires ; ἀδύνατος, qui ne peut *ou* qui est impossible. DYNASTIE, s. f. suite de souverains d'une même famille ; δυναστεία, autorité ; dérivé de δύναμαι ; d'où *dynaste.* DYNAMIQUE, s. f. science des forces qui meuvent les corps ; δυναμική, s. - ent. ἐπιστήμη, science. DYNAMOMÈTRE, s. m. instrument pour juger et comparer les forces des êtres ani-

més. RR. δύναμις, et μέτρον, mesure.

6. Descendre ; se revêtir de ; δύτης, δύπτης, plongeur ; δυτικός, qui aime à plonger ; occidental ; ἀναδύομαι, sortir de l'eau ; rejeter, refuser ; se dédire ; changer ; ἀποδύομαι, se dépouiller ; se débarrasser de, s'exempter de ; se disposer, entreprendre. DYTIQUE, s. m. insecte aquatique qui plonge ; de δύτης, plongeur. ANADYOMÈNE, s. f. Vénus sortant des eaux ; ἀναδυομένη, d'ἀναδύομαι, sortir de l'eau. Voy. ἀφροδίτη.

7. δοίη, doute, alternative ; συνδύω, deux à deux ; συνδυάζω, mettre deux à deux.

8. δωρέω, faite présent ; δώρημα, don ; δωρητός, qu'on gagne par des présens ; donné en présent ; δωροδοκέω, corrompre *ou* se laisser corrompre par des présens. PANDORE, s. f. femme à laquelle, selon la fable, chacun des dieux fit un présent. RR. πᾶν, tout, et δῶρον. THÉODORE, s. m. n. d'hom. RR. θεός, dieu, et δῶρον. DOROTHÉE, s. f. n. de fem. RR. δῶρον, et θέα, déesse.

LIII.

Έ *vaut* cinq. 1. Έ, cri de tristesse.

2. Έαρ, ἦρ, printemps, sève, graisse.   ἔαρος, τό.

3. Έάω, permet, laisse, omet.   άσω.

4. Έγγύη, promesse qu'on fait.   ης, ή.

5. Έγγύς, près, proche, presque; ensuite.   *adv.*

6. Έγείρω, dresse, éveille, excite.   ερῶ.

7. Έγκώμιον, éloge *aura.*   ου, τό.

8. Έγρηγορέω, veillera.   *f.* ήσω.

9. Έγχελυς, ANGUILLE *on explique.*   υος, ή.

10. Έγχος, épée *ou* lance, pique.   εος, τό.

DÉRIVÉS.

Avec un trait au-dessous à gauche, ͵ε *vaut* cinq mille.

1. έ, hé! exclamation de douleur; έ, *se, soi, accus. du pronom* οὖ, οἶ, έ, pour ἑαυτόν; έός, ἑή, ἑόν, *suus, -a, -um,* son, sa, particulier; σφέτερος, leur; σφετερίζω, s'approprier; s'attribuer; σφετεριστής, οῦ, usurpateur. ÉLÉGIE, voy. page 58.

2. Les poètes disent ἦρ, ἦρος, qui, précédé du *digamma* (double Γ) des Éoliens (F) a produit Fἦρ, *ioniq.* Bἦρ, d'où L. *ver.* d. p. suc; sang; huile; *au fig.* commencement, prémices; *poét. et surtout au datif,* le matin; ἐαρίζω, passer le printemps; avoir la beauté, la fraîcheur du printemps; ἠέριος, matinal; haut, élevé; ἐαρινός, printanier; jeune.

3. Négliger; passer sous silence; cesser; se désister.

4. Caution, garantie; ἔγγυος, adj. donné en gage; répondant; sûr, digne de confiance; ἐγγυάω, donner sous caution; consigner; donner parole, s'engager; promettre; fiancer; ἐχέγγυος, qui garantit; cautionné; *plus souv.* bon répondant; solvable; digne de foi; homme de parole.

5. Approximativement; ἐγγίζω, approcher; ἐγγύτης, ητος (ή), proximité.

6. Ériger, élever un monument; ἐγείρομαι, ἔγρομαι, s'éveiller; ἐγρήσσω, veiller; ζωγρέω, vivifier, ressusciter; prendre vivant; ἔγερσις, réveil, résurrection; érection d'un monument.

7. Louange, panégyrique. L. *encomium;* ἐγκωμιάζω, louer; φιλεγκώμιος, qui aime les louanges, avide de louanges.

8. γρηγορῶ, id. ἐγρήγορος, vigilant; ἐγρήγορσις, veille; vigilance. GRÉGOIRE, vigilant; γρηγόριος, n. pr.

9. Rarement, ό. Pl. ἐγχέλυες, ou mieux ἐγχέλεις, εων, υσι, εις, d'ἔγχελις, *le mêm.* Lat. *anguilla.* ἐγχελεών, ῶνος (ό), vivier d'anguilles.

10. ἐγχεία, ας (ή), *le m.* d. p. le fer d'une pique, l'art de lancer la pique.

LIV.

1. Ἔδνα, de noces les présens.   ων, τά.
2. Ἔδω, mange. * Ἔδαρ, alimens.   f. ἐδοῦμαι.
3. Ἕζομαι, s'assied. * Ἕδρα, chaire.   ἐδοῦμαι.
* Ἔνεδρον, embûche. Ἔδος, terre.   εος-ους, τό.
4. Ἔθειρα, crinière, cheveux.   ας, ἡ.
5. Ἐθέλω, j'ordonne, je veux.   f. ήσω.
6. Ἔθνος, un peuple. 7. Ἔθος, l'usage.   εος, τό.
8. Εἰ, si, du moins. 9. Εἶα, courage.   adv.
10. Εἴδω, je vois, j'entends, je sais.   f. εἴσω.
* Εἶδος, aspect, visage, attraits.   εος, τό.

DÉRIVÉS.

1. d. p. dot d'une fille ; ἐδνόομαι, doter.

2. L. edo. d. p. ronger; εἶδαρ, ατος (τό), l. m. nourriture, mets, repas ; ἔδεσμα, ἐδωδή, id.

3. ἕζω, faire asseoir, placer; d'où L. sedeo; ἕδος, εος (τό), siége; sol; base; temple; statue; retard, lenteur ; ἕδρα, siége, chaire ; place d'honneur ; séance ; assemblée ; ἑδραῖος, sédentaire ; stable ; ἐνεδρεύω, dresser des embûches ; placer une embuscade. CATHÉDRALE, s. f. église où siége l'évêque; καθέδρα, siége ; L. cathedra. RR. κατά, marq. consistance, et ἕδρα ; d'où cathédrant, s. m. qui préside à un acte public. DODÉCAÈDRE, s. m. solide formé de douze pentagones égaux et réguliers. RR. δώδεκα, douze, et ἕδρα, base.

4. id. ἐθειράζω, prendre soin de sa chevelure.

5. Avoir coutume ; θέλω, id. θέλημα, volonté.

6. Race ; sexe ; ἐθνικός, particulier à une nation, à une famille. ETHNIQUE, s. m. gentil, idolâtre, hist. eccl. ἐθνικός. L.

ethnicus. ETHNARQUE, s. m. ἐθνάρχης, gouverneur d'une province. RR. ἔθνος, peuple, et ἀρχός, chef.

7. Usage ; rit ; institution ; ἐθείρω, faire par usage, par habitude ; ἐθίζω, habituer ; former à ; avoir coutume ; ἐθισμα, -ός, l'action d'accoutumer; usage.

10. εἰδέω, L. video, voir des yeux de l'esprit.

d. p. face, surface, apparence ; stature ; connaissance; science ; prescience. IDÉE, s. f. perception de l'ame ; image d'une chose dans l'esprit; ἰδέα, L. idea; d'εἴδω, voir, d'où idéal, adj. idéalisme, s. m; idéaliste, s. m. IDÉOLOGIE, s. f. traité des idées. RR. ἰδέα, et λόγος, traité ; d'où idéologue, s. m. IDOLE, s. f. statue représentant une fausse divinité; εἴδωλον, figure ; d'εἶδος, forme, figuré. IDOLATRIE, s. f. culte des idoles. RR. εἴδωλον, idole, et λατρεία, culte; d'où idolâtrer. IDYLLE, s. f. peinture d'objets champêtres, poème de la nature de l'églogue ; εἰδύλλιον ; d'εἶδος, image, peinture.

LV.

1. Εἰκῆ, par hasard, d'aventure.   *adv.*
2. Εἴκοσι, vingt. 3. Εἰκών, figure.   όνος, ή.
4. Εἴκω, ressemble *et* cède à tous.   εἴξω.
* Ἐπιεικής, qui convient, doux.   έος, *adj.*
5. Εἰλεῖν, enferme, amasse, serre.   ήσω.
* Εἰλεῖν, entoure, roulé à terre.   ήσω.
6. Εἵλως, ilote, serviteur.   ωτος, ό.
7. Εἰνάτηρ, *glos*, la belle-sœur.   ηρος, ή.
8. Εἴργω, j'emprisonne, j'enferme.   ξω.
* Εἴργω, défendre, mettre un terme.   ξω.

DÉRIVÉS.

1. d. p. témérairement; vainement; εἰκαῖος, téméraire, inconsidéré; vain, léger, frivole; vulgaire.

2. εἰκάς, άδος, le vingtième du mois; une vingtaine. Icosaèdre, corps régulier à vingt faces. RR. εἴκοσι, et ἕδρα, siége, base.

4. Se laisser vaincre; succomber; εἰκός, semblable; probable; vraisemblable; convenable; εἰκών, image, statue; εἰκάζω, exprimer la vive image, la ressemblance; assimiler; comparer; conjecturer; s'imaginer; εἰκασμένος, représenté au naturel; εἴκελος, semblable. Exotique, étranger; ἐξωτικός. R. ἔξω, dehors; d'ἐξ, dérivé d'εἴκω, se retirer. Iconoclaste, s. m. briseur d'images. RR. εἰκόνος, g. d'εἰκών, image; d'εἴκω, ressembler, et κλάστης, briseur. Iconographie, s. f. description des images, tableaux, monumens antiques. RR. εἰκόνος, g. d'εἰκών, et γραφή, description; d'où *iconographe*, s. m. et *iconographique*, adj.

Iconolatre, s. m. adorateur d'images. RR. εἰκόνος, et λάτρης, adorateur. Iconologie, s. f. explication des images, des monumens antiques. RR. εἰκόνος, et λόγος, discours. Iconomaque, s. m. qui combat le culte des images. RR. εἰκόνος, et μάχομαι, combattre.

5. εἰλέω, *avec l'esprit doux*, resserrer dans un petit espace; réduire à l'extrémité; pressurer; * *avec le rude*, rouler autour; entortiller; envelopper; exposer au soleil. Iléon, ou *ileum*, le plus long des intestins grêles; εἰλεόν, de εἰλεῖν, entortiller, parce qu'il est roulé sur lui-même. Iles, s. m. pl. L. *ilia*, les flancs des deux régions inférieures et latérales du bas-ventre; d'εἰλεῖν, entortiller; d'où *iliaque*, adj.

6. Ilote, s. m. esclave des Lacédémoniens, *fait prisonnier à la guerre*, εἵλως, de ἑλεῖν, prendre.

8. *Avec l'esprit rude;* εἰργμός, réclusion, prison; * *avec le doux*, écarter, éloigner.

LVI.

1. Εἰρήνη, paix, calme, repos. ης, ἡ.
2. Εἶρος, laine, en laine travaux. εος, τό.
3. Εἴρω, parle, interroge, noue. ἐρῶ.
4. Εἴρων, railleur, faux, qui se joue. ωνος, ὁ.
5. Εἷς, un, un seul; * Οὐδείς, pas un. 5. μία, ἕν.
6. Ἑκάς, loin. 7. Ἕκαστος, chacun. 6. adv.
8. Ἑκάτερος, tous deux *veut dire*. α, ον.
9. Ἑκάτη, reine au sombre empire. ης, ἡ.
10. Ἑκατόν, cent, beaucoup *se dit*. indécl.
11. Ἕκηλος, paisible, sans bruit. ου, adj.

DÉRIVÉS.

1. εἰρηναῖος, pacifique; εἰρηνικός, id. d. p. de la paix; εἰρηνεύω, vivre en paix; pacifier. IRÈNE, n. pr. *fém.* et IRÉNÉE, n. pr. *mas. paisible* ou *pacifique*.

2. εἴριον, ἔριον, id. ἔριθος (ὁ, ἡ), ouvrier, ouvrière en laine; servante; ἐριθεύομαι, travailler en laine; être en service; εὔεριος, εὔερος, bien couvert de laine, bien habillé.

3. Annoncer; enlacer; faire un tissu; ἀπειρέω, notifier, déclarer; défendre; se décourager; κατειρέω, dénoncer; accuser; parler contre.

4. Qui parle d'une manière ironique; εἰρωνεύομαι, κατειρωνεύομαι, railler quelqu'un. IRONIE, s. f. L. *ironia.* fig. de rhét. par laquelle on dit le contraire de ce qu'on veut faire entendre; εἰρωνεία, dissimulation; d'où *ironique*, adj.

5. ἑνόω, mettre en un; εὖνις, privé, orphelin; καθεῖς, un à un. As, s. m. point seul sur une carte *ou* sur un dé; de εἷς, dor. αἷς; d'où vient le L. *as, assis.* HENDÉCAGONE, s. m. et adj. *géom.* qui a onze côtés. RR. ἕνδεκα, onze, formé de ἕν, un, n. de εἷς, δέκα, dix, et γωνία, angle. HENDÉCASYL-

LABE, adj. qui a onze syllabes. RR. ἕνδεκα, et συλλαβή, syllabe.

6. De loin; EXOTIQUE, adj. production du dehors, venue de loin; ἔξω, hors de, ou ἑκάς, loin.

7. ἑκάστοτε, toujours, partout.

8. d. p. L'un des deux; ἑκατέρω, pour et contre.

9. HÉCATE, s. f. la même que Proserpine. Hécate est aussi un des *trois* noms de la sœur d'Apollon, appelée *Phœbé* au ciel, *Diane* sur la terre, *Hécate* aux enfers.

10. ἑκατοστός, centième. HECTARE, s. m. mesure de superficie de cent ares. RR. ἑκτόν, pour ἑκατόν, et ἀρόω, labourer; d'où l'on a fait le L. *area*, aire, superficie, et en fr. *are*. HÉCATOMBE, s. f. sacrifice de cent bœufs; ἑκατόμβη. R. ἑκατόν, et βοῦς, bœuf. HECTOGRAMME, s. m. poids de cent grammes. RR. ἑκτόν, et γράμμα, gramme. HECTOLITRE, s. m. mesure de cent litres. RR. ἑκτόν, et λίτρα, litre. HECTOMÈTRE, s. m. mesure de cent mètres. RR. ἑκτόν, et μέτρον, mesure.

11. Doux, pacifique; ἑκηλία, repos; πανεύκηλος, en paix de toutes parts.

LVII.

1. Ἑκυρός, *socer*, le beau-père.   οῦ, ὁ.
2. Ἑκών, de bon gré, volontaire.   όντος.
3. Ἐλαία, l'olive, olivier.   ας, ἡ.
4. Ἐλάτη, sapin, jet-palmier.   ης, ἡ.
5. Ἐλαύνω, pousse, chasse, incite.   ἐλάσω.
* Ἐλατήρ, qui chevaux agite.   ῆρος, ὁ.
6. Ἔλαφος, la biche, le cerf.   ου, ἡ, ὁ.
* Ἐλαφρός, agile, léger.   ά, όν.
7. Ἐλαχύς, petit, qu'on rejette.   εῖα, ύ.
8. Ἔλδομαι, désire, souhaite.   *f. inus.*

DÉRIVÉS.

1. Père de l'époux ; ἑκυρά, L. *socrus*, belle-mère.

2. ἑκούσιος, volontaire, qui n'est pas forcé ; ἄἑκων, ἄκων, ἀεκούσιος, ἀκούσιος, involontaire, forcé, contraint, qui agit à contre-cœur.

3. ἐλαίων, plant d'oliviers ; lieu où l'on serre l'huile ; ἐλαιώδης, huileux ; ἐλαιωτός, huilé. HYDRÉLÉON, s. m. mélange d'eau et d'huile. RR. ὕδωρ, eau, et ἔλαιον, huile ; d'ἐλαία. ELAÏS, s. f. fille d'Anius, qui changeait en huile tout ce qu'elle touchait ; ἐλαίς, olive, dérivé d'ἐλαία.

4. Bois de sapin, bois de javelot ; pique, javeline ; bout de la rame ; bourgeon de palmier.

5. Aiguillonner, stimuler ; poursuivre en justice ; atteindre ; blesser ; laminer ; allonger *une muraille* ; faire une irruption, une incursion ; s'avancer ; aller jusqu'à ; ἔλασις, course à cheval ; irruption, incursion ; chasse, poursuite ; agitation ; laminage ; ἐλάτης, celui qui pousse, agite ; cocher, écuyer ; ἔλατρον, aiguillon, fouet ; stimulant ; ἐλατήρ, rameur. ELAS-TICITÉ, s. f. propriété qu'a un corps comprimé de revenir à son premier état ; du L. *elasticus*, dérivé d'ἐλαστής, qui pousse. R. ἐλαύνω, pousser ; d'où *élastique*, adj. ELATÈRE, s. m. suc purgatif de concombres sauvages ; ἐλατήριον (τό), remède purgatif ; d'ἐλαύνω, pousser. XÉNÉLASIE, s. f. interdiction faite aux étrangers du séjour d'une ville. RR. ξένος, étranger, et ἐλασία, chasse, d'ἐλάω, chasser, éloigner.

6. ἐλαφέω, avoir peur et fuir comme un cerf ; ἐλαφηβόλος, chasseur au cerf. ELA-PHÉBOLIES, s. f. p. fêtes de Diane, à qui l'on sacrifiait des cerfs. RR. ἔλαφος, et βέβολα, parf. m. de βάλλω, frapper.

* Qui n'est pas chargé ; qui est d'une humeur facile. ELA-PHRE, s. m. insecte coléoptère, très agile ; d'ἐλαφρός.

7. ἐλαχίων, *comparatif* moindre ; ἐλαττόω, diminuer, rendre inférieur ; ἐλάττουμαι, être inférieur, avoir du désavantage.

8. ἐλδωρ, *poét. pour* ἔλδωρ, désir, l'objet du désir.

LVIII.

1. Ἔλεγος, deuil, lugubre chant.   ου, ὁ.
2. Ἐλέγχειν, convainc, reprend.   ξω.
3. Ἔλεος, pitié *toujours prête*.   εος, τό.
4. Ἐλεύθερος, franc, libre, honnête.   α, ον.
5. Ἐλέφας, ivoire, ÉLÉPHANT.   αντος, ὁ.
6. Ἔλη, chaud du soleil ardent.   ης, ἡ.
7. Ἐλιννύειν, cesse, diffère.   f. ύσω.
8. Ἕλκος, *ulcus*, blessure, ULCÈRE.   εος, τό.
* Ἕλκω, traîner ; Ὁλκός, sillon.   οῦ, ὁ.
9. Ἕλλην, Grec. des Gentils le nom.   ηνος, ὁ.

DÉRIVÉS.

1. De ἔ, exclamation de douleur, et λέγω, dire. ELÉGIE, s. f. poème triste et tendre ; ἐλεγεία ou ἐλεγεῖον. L. *elegia* ; d'ἔλεγος, complainte ; d'où *élégiaque*, adj. qui appartient à l'élégie, *poésie* élégiaque.

2. d. p. réprimander ; accuser ; argumenter ; réprimer ; arrêter, s'informer ; ἔλεγχος, ου (ὁ), preuve ; renseignement ; examen ; accusation ; argument ; ἔλεγχος, εος (τό), et ἐλεγχείη, opprobre, honte.

3. Aumône ; ἐλεέω, ἐλεαίρω, avoir pitié, compassion ; ἐλεημοσύνη, compassion ; d'où en L. *eleemosyna*, aumône ; ἐλεήμων, compatissant.

4. Généreux ; affranchi. ELEUTHÉRIES, s. f. pl. fêtes en l'honneur de Jupiter *Libérateur*, en mémoire de la victoire des Grecs sur les Perses, à Platée ; ἐλευθέρια, pl. n. d'ἐλευθέριος, libérateur. R. ἐλεύθερος.

5. L. *elephas* ; lèpre ; ἐλεφανταγωγός, cornac ; ἐλεφαντιάω, avoir la lèpre. ELEPHANTIASIS, s. f. sorte de lèpre, qui rend la peau rude et écailleuse comme celle de l'éléphant ; ἐλεφαντίασις, εως.

6. Eclat du soleil.

7. Temporiser ; faire cesser.

8. Plaie ; ἑλκόω, ulcérer, blesser ; aigrir.

* ἕλκεω, ἑλκύω, d. p. déchirer, violer ; ὁλκός, L. *sulcus*. d. p. sillage d'un vaisseau ; trajet d'un serpent ; aquéduc ; extension, allongement ; courroie, trait ; araignée ; tronc du corps.

9. Nom que prirent les Grecs d'*Hellen*, fils de Deucalion ; dans l'Ecriture il se prend pour *Gentil* opposé à *Juif*. HELLÉNISME, s. m. tour, expression propres à la langue grecque ; ἑλληνισμός, formé d'ἑλληνίζω, parler grec ; d'où *helléniste*, s. m. versé dans la langue grecque ; ἑλληνιστής. HELLÉNISTIQUE, adj. (langue) des juifs grecs.

LIX.

1. Ἔλος, un marais, eau dormante.   εος, τό.
2. Ἐλπίς, espoir *ou* crainte, attente.   ιδος, ἡ.
3. Ἐμέω, VOMIR, rejeter.   *f.* ἐσω.
4. Ἐμπάζομαι, soigner, fêter.   ασομαι.
5. Ἐναίρειν, perd, dépouille, tue.   αρῶ.
6. Ἐναργής, clair, frappant la vue.   έος.
7. Ἐνιαυτός, l'an, certain temps.   οῦ, ὁ.
8. Ἔνιοι, plusieurs, quelques gens.   αι, α.
9. Ἐννέα, neuf. 10. Ἔνος, ANNÉE.   ον, ὁ.
11. Ἐντός, en, dans, à la portée.   *adv.*

DÉRIVÉS.

1. Un lieu marécageux ; ἕλειος, de marais, qui est, ou vient dans les marais. ELOPHORE, s. m. insecte coléoptère qui vit dans l'eau, et nage à la surface. RR. ἕλος, et πέφορα, parf. m. de φέρω, se porter.

2. Confiance ; ἐλπίζω, espérer, s'attendre à ; craindre ; ἀνέλπιστος, qui désespère ; désespéré ; inespéré ; ἀπελπίζω, désespérer, *act.* et *neut.;* espérer ; εὐέλπιστος, εὔελπις, qui a bon espoir.

3. ἔμετος, vomi ; *subs.* vomissement. EMÉTIQUE, s. m. et adj. vomitif ; ἐμετικός, antimoine préparé. ANTIÉMÉTIQUE, s. m. remède contre le vomissement. RR. ἀντί, contre, et ἐμετικός. EMÉTOLOGIE, s. f. traité des vomitifs. RR. ἔμετος, vomissement, et λόγος, traité.

4. Avoir égard à, prendre en considération ; ἔμπαξ, tuteur, curateur.

5. ἔναρα (τά), dépouilles ; ἐναρίζω, dépouiller ; tuer.

6. En évidence ; ἐνάργεια, évidence ; lumière.

7. ἐνιαύσιος, annuel ; anniversaire ; qui dure un an, qui n'a qu'un an ; ἐνιαυτίζω, passer l'année.

9. ἔννατος, neuvième ; ἐννακόσιοι, neuf cents. ENNÉAGONE, s. m. figure à neuf angles. RR. ἐννέα, et γωνία, angle. ENNÉAPÉTALE, adj. qui a neuf pétales. RR. ἐννέα, et πέταλον, pétale, feuille.

10. L. *annus.*

11. ἔντερον, entrailles ; ἐντόσθια, intestins. DYSSENTERIE, s. f. douleur d'entrailles, avec flux de sang ; δυσεντερία. RR. δύς, difficilement, et ἔντερον, entrailles ; dérivé d'ἐντός ; d'où *dyssentérique.* ENTÉRITE, ENTÉRITIS, s. f. inflammation d'entrailles. R. ἔντερον. ENTÉROGRAPHIE, s. f. description des intestins. RR. ἔντερον, et γραφή, description. ENTÉROLOGIE, s. f. traité sur les intestins. RR. ἔντερον, et λόγος, traité. ENTÉROTOMIE, dissection des intestins. RR. ἔντερον, et τομή, incision. MÉSENTÈRE, s. m. membrane entre les intestins qu'elle lie ensemble ; μεσεντέριον. RR. μέσος, au milieu, et ἔντερον: d'où *mésentérique,* adj.

LX,

1. Ἐννώ, déesse de sang.   όος-οῦς, ἡ.
2. Ἕξ, six. 3. Ἑξῆς, de suite, en rang.   3. adv.
4. Ἑορτή, fête solennelle.   ῆς, ἡ.
5. Ἐπείγω, presse, suit, harcelle.   ξω.
6. Ἐπηρεάζω, nuit, confond.   σω.
* Ἐπήρεια, dommage, affront.   ας, ἡ.
7. Ἐπίκουρος, qui remédie.   οῦ, adj.
8. Ἐπιπολῆς, superficie.   adv.
9. Ἐπιτηδῆς, à dessein fait.   εος, adj.
10. Ἑβδομάς, sept jours, d'Ἑπτά, sept.   άδος, ἡ.

DÉRIVÉS.

1. ENYO, Bellone, déesse de la guerre, et sœur de Mars; ἐννάλιος, Mars, fils de Mars; guerrier.

2. ἑξήκοντα, soixante; ἑξηκονταετης, sexagénaire; ἑξακόσιοι, six-cents. HEXAGONE, s. m. et adj. qui a six angles et six côtés. RR. ἕξ, et γωνία, angle. HEXAMÈTRE, s. m. et adj., vers grec ou latin de six pieds. RR. ἕξ, et μέτρον, mesure. HEXAÈDRE, s. m. corps qui a six faces, tel que le cube. RR. ἕξ, et ἕδρα, base. HEXANDRIE, s. f. ordre de plantes dont les fleurs hermaphrodites ont six étamines. RR. ἕξ, et ἀνδρός, g. d'ἀνήρ, mâle. HEXAPODE, s. m. reptile à six pieds. RR. ἕξ, et ποδός, g. de πούς, pied. HEXAPTÈRE, adj. qui a six ailes. RR. ἕξ, et πτερόν, aile. SEXTANT, s. m. instrument qui contient la sixième partie du cercle, 60 degrés; de sexta, sixième, dérivé d'ἕκτος, sixième, formé de ἕξ. SEXTE, s. f. une des heures canoniales, la sixième du jour; même dériv. que le mot précédent.

4. Solennité; ἑορτάζω, fêter, célébrer, solenniser.

5. Poursuivre de près, se hâter; ἐπείκτης, ἐπειγεύς, qui presse et se hâte.

6. Incommoder, offenser, injurier.

* Dégât, violence, affront.

7. ἐπικουρέω, secourir; remédier; ἐπικουριτός, auxiliaire; ἐπικούρησις, -ουρία, secours; remède.

8. ἐπιπολάζω, être à la surface; surnager; abonder; sortir de l'abaissement.

9. ἐπιτήδειος, proportionné, convenable; ami; ἐπιτηδεύω, faire exprès, s'étudier à; s'attacher; être assidu.

10. ἕβδομος, septième. HEBDOMADAIRE, adj. qui se renouvelle chaque semaine. RR. ἑβδομάς semaine. HEPTACORDE, s. f. lyre à sept cordes. RR. ἑπτά, et χορδή, corde. HEPTAGONE, s. m. qui a sept angles. RR. ἑπτά, et γωνία, angle. HEPTAMÉRON, s. m. ouvrage divisé en sept journées. RR. ἑπτά, et ἡμέρα, jour. HEPTANDRIE, s. f. classe de plantes dont les fleurs ont sept étamines. RR. ἑπτά, et ἀνδρός, g. d'ἀνήρ, mâle.

LXI.

1. Ἔπω, fait, suit, traite, a l'empire.　　*f.* ἔψω.
2. Εἰπεῖν, parler, pérorer, dire.　　*f. inus.*
* Ἔπος, vers *ou* poème, un mot.　　*g.* εος, τό.
3. Ἔρα, terre. 4. Ἔρανος, écot.　　3. ας, ἡ.
5. Ἐρᾷν, aime. 6. Ἔργον, chose, ouvrage.　　άω, *f.* άσω.
7. Ἔρεϐος, infernale plage.　　εος ους, τό.
8. Ἐρέθω, pique, irrite, aigrit.　　*sans f.*
9. Ἐρείδω, soutient, affermit.　　σω.
10. Ἐρείκω, rompt. 11. Ἐρείπω, sape. 10. ξω. 11. ψω.
12. Ἐρέπτειν, avidement happe.　　*sans fut.*

DÉRIVÉS.

1. ἔπω, ou plutôt ἔπομαι, suivre.

2. ÉPIQUE, adj. se dit des poèmes dont le sujet est héroïque, et des poètes qui en sont les auteurs; ἐπίκος, d'ἔπος, vers. ÉPOPÉE, s. f. L. *epos, epopeia,* poème épique. RR. ἔπος, vers, et ποιέω, je fais.

3. Ἔραζε, adv. par terre.

4. Festin par écot, contribution, quête, aumône; bienfait; libéralité; ἔρανα, ἐράνιον, produit d'une quête; ἐρανίζω, quêter, mendier, donner au quêteur; faire l'aumône; payer son écot, contribuer.

5. Désirer, convoiter, rechercher; ἐραστής, amant, ami; ἐραστός, ἐρατός, aimable. ÉRATO, s. f. muse de la poésie érotique; ἐρατώ, d'ἐρατός, aimable. ÉROTIQUE, adj. ἐρωτικός, qui a rapport à l'amour; d'ἔρως, g. ἔρωτος, amour, dérivé d'ἐράω.

6. Affaire; action, *en terme de guerre;* ἀεργός, et par contr. ἀργός, oisif, désœuvré; paresseux; inculte. ÉNERGIE, s.f. ἐνέργεια, vertu, force. RR. ἐν, dans, et ἔργον, travail; d'où *énergi-*
que. ÉNERGUMÈNE, s. m. possédé du démon; ἐνεργούμενος, d'ἐνεργέομαι, être travaillé intérieurement, passif d'ἐνεργέω, opérer dans, agiter. RR. ἐν, dans, et ἔργον. ÉVERGÈTE, s. m. n. propre d'homme, εὐεργέτης, bienfaiteur. RR. εὖ, bien, et ἔργον. EXERGUE, s. m. espace au bas du type d'une médaille pour y mettre l'inscription. RR. ἐξ, hors, et ἔργον, ouvrage. LITURGIE, s. f. ordre et cérémonial du service divin; λειτουργία, service public. RR. λεῖτος, public, et ἔργον, ouvrage; d'où *liturgique,* adj.

7. Ténèbres, nuit, fleuve de l'enfer. ÉRÈBE, s. m. enfer.

8. ἐρεθίζω, id. ἐρεθισμός, -μα, irritation. ÉRÉTHISME, s. m. tension violente des fibres.

9. Appuyer, fixer; ficher; appliquer fortement contre *ou* sur; fondre sur; lancer.

10. Casser, briser; broyer; fendre.

11. Abattre *une muraille,* ruiner; démolir.

12. ἐρέπτομαι, brouter, manger; ἔρεπτα, ων (τά), alimens.

LXII.

1. Ἐρέσσω, meut, peine, est rameur.   f. ἐρέσω.
2. Ἐρεσχελεῖν, raille, est hâbleur.   έω, f. ήσω.
3. Ἐρεύγω, bruit, vomit, rejette.   ξω.
4. Ἔρευθος, rougeur, honte honnête.   εος, τό.
5. Ἐρευνᾶν, cherche en tout endroit.   άω, ήσω.
6. Ἐρέφω, couvre; * Ὄροφος, toit.   ψω.
7. Ἔρημος, désert, solitaire.   ου, ὁ, ή.
8. Ἐρινύς, furie *ou* colère.   ύος, ή.
9. Ἔρις, querelle, différend.   ιδος, ή.
10. Ἔριφος, le chevreau *se rend*.   ου, ὁ.

DÉRIVÉS.

1. Et ἐρέττω, *att.* agiter; ἐρεσία, εἰρεσία, l'action de ramer, le travail des rameurs; ἐρέτης, rameur; ἐρετικὴ, l'art de ramer; ἐρετμός, ἐρετμόν, rame, aviron; ἐρετμόω, garnir de rames; ramer; ὑπηρέτης, rameur; serviteur, ministre; licteur; huissier, appariteur. TRIÉRARQUE, s. m. chef d'une ou de plusieurs trirèmes; citoyen athénien tenu d'en équiper une à ses frais; τριήραρχος. RR. τριήρης, trirème; comp. de τρεῖς, trois; ἐρέσσω, ramer, et ἀρχός, chef. HYPÉRÉTÈS, s. m. fils de Neptune et d'Alcyone, ὑπηρέτης.

2. Mentir pour rire.

3. L. *eructo*, d. p. former un son pareil à un rot; se décharger dans la mer, *comme un fleuve;* ἐρευγμός, rot. ÉRUCTATION, s. f. rot. L. *eructatio*.

4. ἐρυθρός, rouge; ἐρυθραίνω, rougir, *act.*; ἐρυθριάω, id. *neut.* ÉRYTHÈME, s. m. rougeur inflammatoire; d'ἐρύθημα, rougeur. ÉRYTHRINE, s. f. genre de plantes légumineuses qui comprend les arbres et arbustes exotiques, dont les fleurs sont rouges; d'ἐρυθρός, rouge.

5. Faire des recherches, fouiller partout; ἔρευνα, perquisition, recherche; visite; ἐρευνητήρ, -της, qui recherche; δυσερεύνητος, difficile à trouver.

6. ἔρεψις, ὀροφή, toiture, toit; ὄροφος, ὀρόφωμα, id.

7. Inculte, inhabité; délaissé; ἐρημία, solitude; ἐρημάζω, vivre solitaire; ἐξερημόω, déserter, dépeupler; désoler; φιλέρημος, qui aime la solitude. ERMITE, s. m. ἐρημίτης, solitaire; d'où *ermitage*, L. *eremita*.

8. L. *Erinnys*. ÉRINNYS, s. f. une des furies.

9. ἔρισμα, id. combat; ἐρίζω, disputer; ἐριστής, qui dispute ou plaide; ἐριστικός, qui aime à disputer; contentieux; ἐριδμαίνω, provoquer; ἐριθεία, dispute. ÉRIS, s. f. déesse de la discorde. ÉRICHTON, s. m. fils de Vulcain qui le fit naître de la terre, quand Minerve refusa de l'épouser. RR. ἔρις, dispute, et χθών, terre. ÉRIPHILE, s. m. n. prop. de femme. RR. ἔρις, et φίλη, amie. ÉRIBÉE, s. f. surnom de Junon ennemie d'Io, RR. ἔρις, et βοῦς, vache.

LXIII.

1. Ἕρμα, base, appui, ferme assiette.   ατος, τό.
2. Ἑρμηνεύς, devin, interprète.   εος, ὁ.
3. Ἑρμῆς, Mercure. * Ἑρμάς, rocher.   οῦ, ὁ. * άδος, ή.
*   Ἑρμαῖον, gain, sans le chercher.   ου, τό.
4. Ἕρνος, rameau, pousse, une plante.   εος, τό.
5. Ἕρπω, rampe, glisse, SERPENTE.   ψω.
6. Ἕῤῥω, je m'en vais tristement.   f. ἔρσω.
7. Ἕρση, ROSÉE, objet naissant.   ης, ή.
8. Ἐρύκειν, détourne, retarde.   ξω.
9. Ἐρύειν, tire, sauve, garde.   σω.

DÉRIVÉS.

1. Support; lest; écueil; môle; pendant d'oreilles; ἑρμάζω, ἑρματίζω, appuyer; lester; ἕρματρα, lest; ἕρμασις, lestage; ἑρμίν, ἑρμίς, pied d'un lit.

2. Truchement; ἑρμηνεύω, interpréter; ἑρμήνευμα, interprétation; δυσερμήνευτος, difficile à expliquer. HERMÉNEUTIQUE, adj. se dit des règles d'après lesquelles on explique l'Écriture sainte; de ἑρμηνευτικός, qui sert à expliquer.

3. Dieu de la fable; le dernier coup qu'on boit à souper. * ἑρμάς, rocher caché dans la mer; ἑρμαῖον, bonne rencontre; bonne occasion; εὐερμής, heureux dans le commerce; εὐερμία, bonheur, prospérité. HERMÈS, s. m. statue antique de Mercure, sans bras ni pieds. HERMÉTIQUE, adj. qui a rapport au grand œuvre; de ἑρμῆς, Mercure, celui d'Egypte, très versé, dit-on, dans les sciences; il se dit aussi d'une colonne surmontée d'un hermès. HERMOPOLIS, s. f. nom de plusieurs villes. RR. ἑρμῆς, et πόλις, ville.

4. ἑρνοκόμος, jardinier. HER-NIE, s. f. descente. L. hernia, déplacement de quelque viscère qui fait saillie au dehors, à la manière d'une branche. R. ἕρνος.

5. L. serpo; ἑρπύζω, id. ἕρπης, ητος, ulcère qui s'étend; ἕρπυλλον, -ος, serpyllum, SERPOLET. HERPÉTOLOGIE, s. f. traité des reptiles; ἑρπητός, reptile, de ἕρπω. et λόγος, traité.

6. Arriver sous de mauvais auspices, tomber en ruines; périr; s'en aller; L. erro, ERRER.

7. L. ros. ἕρση, id.; ἑρσήεις, couvert de rosée; ἕρσαι, agneaux ou chevreaux très jeunes. HERSÉ, s. f. fille de Jupiter et de Diane, c.-à-d. de l'air et de la lune. R. ἕρση.

8. Repousser, écarter, chasser loin de; ἐρυκακέω, -κάκω, id.

9. Défendre, observer; ἐρύομαι, tirer du péril; sauver; racheter; ἔρυμα, défense; retranchement, fortification. ÉRÉSIPÈLE ou ÉRYSIPÈLE, s. m. maladie inflammatoire de la peau, qui s'étend de proche en proche sur les parties voisines; ἐρυσίπελας, L. erysipelas. RR. ἐρύω, attirer, et πέλας, proche.

LXIV.

1. Ἔρχομαι, vient, arrive, va.   *f.* ἐλεύσομαι.
* Ἐλεύθω, *ses temps y joindra.*
2. Ἐρωεῖν, court, fuit, fait retraite.   ἑω, ήσω.
3. Ἐρωτᾶν, demande, s'enquête.   ἀω, ήσω.
4. Ἐσθλός, bon, vaillant *au danger.*   ή, όν.
5. Ἔσθω, (comme ἐσθίω), manger.   *f.* ἔδομαι.
6. Ἐσμός, ESSAIM, foule, famille.   οῦ, ὁ.
7. Ἔσπερος, l'HESPER au soir brille.   ου, ὁ.
* Ἑσπέρα, le couchant, le soir.   ας, ή.
8. Ἑστία, feu, banquet, manoir.   ας, ή.

DÉRIVÉS

1. Ce verbe emprunte beaucoup de temps d'ἐλεύθω; ἔλευσις, ἤλυσις, arrivée, venue; marche; ἀπέρχομαι, s'en aller; sortir; mourir; revenir; s'enfuir; διέρχομαι, traverser, passer outre; discourir; raconter; ἐξέρχομαι, sortir; passer; se promener; s'avancer; aller au-devant de l'ennemi; s'écouler; ἐπεξέρχομαι, id. faire des incursions; parcourir de point en point; appeler en justice; se venger de; μετέρχομαι, aller vers, approcher; entreprendre; se venger; supplier; parler à quelqu'un; poursuivre, briguer; passer outre. PROSÉLYTE, s. m. païen qui s'est fait juif; nouveau converti à la foi catholique; partisan gagné à une secte, à une opinion; προσήλυτος, nouveau venu, étranger. RR. πρός, vers, et ἤλυθα, p. m. d'ἐλεύθω, approcher; d'où prosélytisme, s. m.

2. Se débattre, se reposer; empêcher, repousser; ἐρωή, effort, impétuosité, courage; violence; retraite; cessation.

3. Proposer un argument; prier; ἐρώτημα, ἐρώτησις, interrogation, proposition.

4. Bon ménager.

5. DERMESTE, s. m. insecte dont la larve ravage les pelleteries, les draps, les meubles, etc. RR. δέρμα, peau, et ἐσθίω, manger, ronger.

7. L. *vesper* ou *vesperus;* d'où l'on a fait VÊPRES, s. f. pl. partie de l'office divin qu'on dit le soir. R. ἕσπερος. HESPÉRIDES, s. f. p. ἑσπερίδες, filles d'Hespérus, dont on plaçait les jardins à l'occident; ἕσπερος, étoile du soir. HESPÉRIE, s. f. ancien nom de l'Italie et de l'Espagne, toutes deux à l'occident de la Grèce. HESPER ou HESPERUS, VESPER, étoile du soir ou *Vénus.*

8. d. p. lares, pénates; maison; ἑστιάω, donner un festin, traiter; ἐφέστιος, qui est auprès du foyer; domicilié; citoyen; hôte, domestique. EPHESTIEN, s. m. surnom de Jupiter *hospitalier* et des dieux pénates; ἐφέστιος. VESTA, déesse du feu. R. ἑστία, feu; d'où *vestale,* prêtresse de Vesta.

LXV.

1. Ἔσχατος, dernier, qui termine. ου, ὁ.
2. Ἐτάζω, recherche, examine. σω.
3. Ἑταῖρος, ami, compagnon. ου, ὁ.
4. Ἔτης, *est presque même nom.* ου, ὁ.
5. Ἕτερος, l'autre; qui diffère. α, ον.
6. Ἕτοιμος, prêt; prompt à bien faire. η, ον.
7. Ἔτνος, purée. 8. Ἔτος, un an. 8. εος, τό.
9. Ἔτυμος, vrai, réel; constant. η, ον.
10. Εὐδία, l'air, l'onde immobile. ιας, ἡ.
11. Εὕδω, καθεύδω, dort tranquille. f. εὐδήσω.

DÉRIVÉS.

1. Le plus haut *ou* le plus bas; ἐσχατία, extrémité, lieu retiré; solitude; ἐσχατεύω, ἐσχατίζω, être le dernier.

2. ἔτασις, ἐτασμός, examen, recherche; ἐξετάζω, rechercher; discuter; donner des preuves; comparer; faire revue; compter; ἐξετασμός, enquête; discussion; examen; ἐξέτασις, id. d. p. comparaison; recensement; enrôlement; preuve d'industrie, d'habileté.

3. ἑταίρα, compagne, amie; ἑταιρία, société, amitié. HÉTÉRIDIES, s. f. pl. fêtes célébrées par les Argonautes en l'honneur de Jupiter, protecteur des associations; ἑταιρίδια, ων (τά).

5. ἑτεροῖος, d'une autre nature; οὐδέτερος, ni l'un ni l'autre. L. *neuter.* HÉTÉRODOXE, adj. contraire à la doctrine catholique. RR. ἕτερος, et δόξα, opinion; d'où *hétérodoxie.* HÉTÉROGÈNE, adj. qui est de différente nature. RR. ἕτερος, et γένος, nature. HÉTÉROCLITE, adj. qui s'écarte des règles communes; gramm.; irrégulier, bizarre; ἑτερόκλιτος. RR. ἕτερος, et κλιτός, incliné; dérivé de κλίνω, incliner. HÉTÉROSCIENS, s.m.pl. habitans des zônes tempérées, qui ont à midi des ombres contraires. RR. ἕτερος, et σκιά, ombre. HÉTÉROPHYLLE, adj. (plante) qui porte des feuilles de formes différentes. RR. ἕτερος, et φύλλον, feuille. HÉTÉROTOME, adj. se dit d'une *corolle* ou d'un *calice* dont les divisions alternes ne se ressemblent pas. RR. ἕτερος, et τομή, section.

6. ἑτοιμάζω, préparer.

8. ÉTÉSIENS, adj. pl. m. vents qui soufflent régulièrement tous les ans dans la même saison; ἐτησίαι, οἱ, d'ἐτήσιος, annuel.

9. ἐτήτυμος, id. ἐτητυμία, vérité. ÉTYMOLOGIE. s. f. véritable dérivation d'un mot; ἐτυμολογία. RR. ἔτυμος, et λόγος, mot; d'où *étymologique,* adj. et *étymologiste,* s. m.

10. Beau temps, calme, chaleur du jour; εὔδιος, serein, tranquille. EUDIOMÈTRE, s. m. instrument pour mesurer la pureté de l'air. RR. εὔδιος, et μέτρον, mesure.

11. καθεύδω, *se dit mieux en prose:* ἀποκαθεύδω, coucher séparément; être dormeur.

LXVI.

1. Εὐθύς, droit. * Εὐθύ, sur-le-champ. εῖα, ύ.
2. Εὐνή, lit *ou* tente d'un camp. ῆς, ή.
3. Εὔριπος, flux, reflux (*d'Eubée.*) ου, ὁ, ή.
 * Εὐριπώδης, âme agitée. ης, ες.
4. Εὑρίσκω, trouve en recherchant. εὑρήσω.
5. Εὐρύς, grand, large. 6. Εὐρώς, relent. 6. ῶτρς, ὁ.
7. Εὖς, bon ; εὖ, bien ; εὖγε, courage. g. εος.
8. Εὔχομαι, je prie *ou* m'engage. ξομαι.
9. Εὕω, chauffe, brûle, au feu met. σω.
10. Εὐωχία, festin, banquet, ας, ή.

DÉRIVÉS.

1. **Direct** ; εὔθυνος, εὐθυντήρ, qui dirige, corrige, redresse ; εὐθύνω, régler ; redresser ; diriger, corriger, faire rendre compte ; citer en justice ; punir ; εὐθυωρεῖν, aller par le droit chemin.

2. **Demeure** ; tombeau ; εὐνάω, -άζω, assoupir, faire coucher ; εὐνέτης, le mari ; εὐνέτις, la femme ; χαμεύνη, lit d'herbe. ÉUNUQUE, s. m. L. *eunuchus*, homme chargé, en Orient, de la garde des femmes, εὐνοῦχος. RR. εὐνή, lit, et ἔχω, garder.

3. EURIPE, détroit entre l'Aulide et l'Eubée, où a lieu sept fois par jour le flux et le reflux. RR. εὖ, et ρίπτω, précipiter. *d. p.* qui a un flux et reflux.

5. **Ample** ; εὖρος, largeur. EURUS, s. m. vent d'Orient. ANÉVRISME, s. m. tumeur causée par la dilatation ou la rupture d'une artère ; ἀνεύρυσμα, dilatation, d'ἀνεύρυσμαι, p p. d'ἀνευρύνω, dilater. RR. ἀνά, à travers, et εὐρύνω, je dilate.

6. **Moisissure** ; putréfaction ; εἰρωτιάω, être pourri, moisi ; se moisir ; se gâter.

7. EUBÉE, s. f. εὔβοια, île de l'Archipel qui nourrissait beaucoup de bestiaux. RR. εὖ, bien, et βοῦς, bœuf. EUCÈRE, s. f. abeille à longues antennes. RR. εὖ, bien, et κέρας, corne. EUCHARISTIE, s. f. sacrement du corps et du sang de J.-C. εὐχαριστία, action de grâces. RR. εὖ, bien, et χάρις, grâce ; d'où *eucharistique*, adj. EUCRASIE, s. f. bon tempérament. RR. εὖ, bien, et κρᾶσις, tempérament. EUPHÉMISME, s. m. figure qui adoucit et déguise les idées tristes, désagréables, etc. ; εὐφημισμός, discours de bon augure, d'εὐφημίζω, dire des paroles de bon augure. RR. εὖ, et φημί, dire. EUPHONIE, s. f. son doux, prononciation agréable ; εὐφωνία. RR. εὖ, et φωνή, voix. EUPHROSINE, s. f. une des Grâces ; εὐφροσύνη, gaîté. RR. εὖ, et φρήν, esprit. EUTERPE, s. m. muse de la musique, εὐτερπής, qui plaît. RR. εὖ, et τέρπω, plaire.

8. **Se flatter** ; εὐχή, vœu, prière. EUCOLOGE, s. m. livre de prières. RR. εὐχή, et λόγος, livre.

9. **Passer au feu.**

10. εὐωχέω, traiter, donner un grand repas.

LXVII.

1. Ἔχθος, haine. 2. Ἔχις, la vipère.   εος, τό. 2. ιος, ὁ.
3. Ἐχῖνος, hérisson de terre.   ου, ὁ.
4. Ἐχυρός, fort, lieu sûr, château.   οῦ, ὁ.
5. Ἕψω, cuit , et fait bouillir l'eau.   ἐψέω, ήσω.
6. Ἔχω, σχῶ, j'ai ; (ses sens varie).   f. ἕξω.
* Σχῆμα, mine, habit signifie.   ατος, τό.
7. Ἔω (doux), être, aller, venir.   f. ἔσομαι.
* Ἕω (rude), envoyer, vêtir.   f. ἥσω.
** Ἐσθής, robe, vêtement, VESTE.   ῆτος, ἡ.
8. Ἕωλος, d'hier, mets qui reste.   ος, ον.

DÉRIVÉS.

1. Inimitié, aversion; ἔχθρα, ἔχθημα, id. ἐχθραντέος, haïssable; ἐχθρος, ennemi, qui est haï ou qui hait ; ἐχθραίνω, -θαίρω, -θω, haïr; ἐχθρεύω, être ennemi; εἰδεχθής, hideux à voir.

2. Ἔχιδνα (ἡ), vipère femelle. ECHITE, s. f. plante exotique , dont les semences sont surmontées d'une aigrette, comme la tête de quelques serpens.

3. Quelquefois aussi hérisson de mer, qui se dit proprement βρίσσος, ου (ὁ): d.p. coque hérissée de piquans, ventre des animaux ruminans, mords d'une bride. ECHINE , s. f. ornement d'archit. qui ressemble à des châtaignes ouvertes ; ἐχῖνος, hérisson, châtaigne. ECHINOPHORE , s. f. plante qui porte des fruits hérissés de pointes. RR. ἐχῖνος. et φέρω, porter.

4. ὀχυρός. id. ἐχυρόω, fortifier ; ἐχύρωμα , fortification.

5. Ἕψημα, ce qu'on fait cuire, potage, etc. GYPSE, s. m. plâtre; terre cuite; γύψος. RR. γῆ, terre et ἕψω, cuire ; d'où gypseux.

6. Posséder ; tenir , soutenir; aborder; pouvoir : ἔχομαι,
suivi du géni. entreprendre, engager, cesser de. EPOQUE, s. f. point d'histoire, date; ἐποχή, action de s'arrêter, d'ἀπέχω, retenir. RR. ἐπί, sur, et ἔχω, avoir. ETIQUE, adj. ἑκτικός, habituel, d'ἕξις, habitude ; dérivé d'ἔχω, avoir habitude ; attaqué d'ETISIE ; maigre.

° Extérieur, port ; forme; figure.

7. εἰμί, être, οὐσία, essence, substance; bien; εἶμι, aller. ONTOLOGIE , s. f. traité de l'être en général. RR. ὄντος, g. d'ὤν, être. L. ens , entis, et λόγος, traité. DIÈSE , s. m. division , signe musical qui hausse la note d'un demi-ton; δίεσις, de διΐημι, traverser. RR. διά, à travers, et ἕω, aller; d'où diéser. PARESSE, s. f. πάρεσις, relâchement, de παρίημι, relâcher. RR. παρά, au-delà, et ἵημι, envoyer; de ἕω; d'où paresseux.

°° VESTE, s. f. sorte d'habit court, du latin vestis ; formé d'ἐσθής; d'où vestiaire, s. m. L. vestiarium.

8. Vieux, rance, moisi ; réchauffé.

LXVIII.

* Ζῆτα, *vaut* sept ; ** (ς') σῖγμα ταῦ, six.
1. Ζάω, je respire, je vis.   *f.* ήσω.
2. Ζεύγνυμι, ζεύγω, joint, assemble.   ξω.
* Σύζυγοι, deux liés ensemble.   οἱ, αἱ.
3. Ζεύς, Διός, le dieu Jupiter.   ὁ.
4. Ζέφυρος, ZÉPHYR, un doux air.   ου, ὁ.
5. Ζέω, bouillonne, bout d'envie.   ἐσώ.
6. Ζῆλος, ZÈLE, ardeur, jalousie.   ου, ὁ.
7. Ζημία, perte, détriment.   ας, ἡ.
8. Ζητέω, cherche, va quêtant.   ήσω.

DÉRIVÉS.

* Avec l'accent au-dessous, ζ, vaut sept mille.

** Ce signe numérique (ς'), composé d'un *sigma* final (ς), et de la tête d'un *tau* (τ), en a pris le nom de *sigma-tau*.

1. ζωή, vie, ζῶον, animal ; ζωτικός, qui donne la vie. AZOTE, s. m. gaz qui n'entretient ni la respiration, ni la combustion. RR. α priv. et ζωή, vie. ÉPIZOOTIE, s. f. maladie contagieuse des bestiaux. RR. ἐπί, sur, et ζῶον, animal ; d'où épizootique. ZODIAQUE, s. m. grand cercle de la sphère où les constellations sont représentées sous des figures et des noms d'animaux ; ζωδιακός, de ζωδίον, petit animal ; d'où zodiacal. ZOOGRAPHIE, s. f. description des animaux. RR. ζῶον, et γραφή, description. ZOOLATRIE, s. f. adoration des animaux. RR. ζῶον, et λατρεία, adoration. ZOOLITHE, s. m. substance animale pétrifiée. RR. ζῶον, et λίθος, pierre. ZOOLOGIE, s. f. traité des animaux. RR. ζῶον, et λόγος, traité. ZOONIQUE, adj. (acide) tiré de matières animales. R. ζῶον. ZOOPHYTE, s. m. corps qui tient de l'animal et de la plante. RR. ζῶον, et φυτόν, plante. ZOO-PHYTOLOGIE, s. f. traité des zoophytes. RR. ζῶον, φυτόν, plante, et λόγος, traité. ZOOTOMIE, s. f. dissection des animaux. RR. ζῶον, et τομή, dissection.

2. ζεῦγμα, assemblage ; ζεύγος, g. εος, joug, couple de chevaux ; ζυγός (ὁ), joug, esclavage, banc de rameurs ; balance ; ἄζυξ, υγος (ὁ, ἡ), qui n'est point lié ; fille non mariée. DIOGÈNE, n. prop. d'homme. RR. Διός, et γένος, race ; *né de Jupiter.*

4. ZÉPHYRE, s. m. divinité de la Fable ; ζέφυρος. RR. ζωή, vie, et φέρω, porter ; *vent vivifiant.*

5. ζεννύω, -νυμι, id. ἔκζεμα, ce qui sort par bouillons.

6. ζηλόω, être plein de zèle, d'émulation ; être imitateur ; s'adonner à ; louer ; regarder comme heureux ; envier ; ζηλωτής, jaloux de ; sectateur ; imitateur ; ζηλωτός, imitable.

7. Amende ; punition.

8. En parlant des chiens de chasse ; d. pl. mettre en question ; regretter ; désirer ; s'étudier à ; ζητητής, ου (ὁ), magistrat chargé de faire des enquêtes ; inspecteur, inquisiteur ; ζήτημα (τό), ce qu'on cherche, question ; ζήτησις, εως (ἡ), l'action de chercher ; recherche.

LXIX.

1. Ζιζάνιον, la ZIZANIE. — ου, τό.
2. Ζόφος, le soir ; temps noir de pluie. ου, ὁ.
3. Ζύθος, bière d'orge *tel grain.* ὁ *et* τό.
4. Ζύμη, le ferment, le levain. ης, ἡ.
5. Ζωμός, bouillon, ragoût, friture. οῦ, ὁ.
6. Ζωννύω, ceint ; prend son armure. *f.* ζώσω.
 Ζωστήρ, ceinturon, baudrier. ῆρος, ὁ.
* Ζωνίτης, *est* le ceinturier. ου, ὁ.
7. Ζωρός, vin pur, sans eau mêlée. οῦ, ὁ.
* Ἄζωρος, boisson non trempée. ου, ὁ.

DÉRIVÉS.

1. Ivraie ; *au fig.* discorde.

2. d. p. ténèbres, obscurité; occident ; ζοφόεις, ζόφεος, ζοφώδης, ζοφερός, ténébreux, plein de brouillards, obscur ; ζοφόω, couvrir de ténèbres, obscurcir; ζόφωσις, obscurcissement.

3. *Zythogala,* s. m. boisson composée de bière et d'orge. RR. ζύθος, et γάλα, lait.

4. Faire lever la pâte; aigrir; faire fermenter ; ζυμίζω, avoir l'aigreur du levain; ἄζυμα (τά), fête des AZIMES, chez les juifs. AZYME, adj. ἄζυμος, se dit du pain que mangeaient les Juifs, à leur pâque. RR. ἀ priv., et ζύμη, levain. ZYMOLOGIE, s. f. traité de la fermentation. RR. ζύμη, ferment, et λόγος, traité. ZYMOTECHNIE, s. f. id. R. τέχνη, art.

5. Potage, sauce, viande cuite dans son jus ; ζωμεύω, faire bouillir ; assaisonner au jus; ζωμίδιον, petit potage, petit bouillon.

6. ζώννυμι, ζωννύσκω, ceindre; ζώννυμαι, être ceint, armé, équipé pour la guerre ; ζώνη, L. *zona,* ceinture ; bandelette; armure; robe de pourpre; force, faculté. ZONE, s. f. chacune des cinq divisions de la terre d'un pôle à l'autre ; ἄζωστος, qui n'a point de ceinture; qui n'est point armé ; ἀποζωννύω, -νυμι, ôter la ceinture ; licencier, congédier ; εὔζωνος, ceint élégamment ; dispos, agile, leste ; καταζῶσται (αἱ), sangles. ZONAIRE, adj. cristal entouré d'un rang de facettes ; R. ζώνη, ceinture.

7 Dans quelques *lexiques au contraire,* boisson bien trempée; εὔζωρος, vin pur, bien fort; μελίζωρον, hydromel, boisson fermentée d'eau et de miel. ZOROASTRE, s. m. législateur des Perses. RR. ζωρός, pur et ἄστρον, astre,

* *Dans quelques lexiques,* boisson bien trempée : la plupart, au reste, ont omis ce mot.

LXX.

* Η, huit, huitième (*a divers sens.*)
1. Ηβη, jeunesse, jeunes gens.   ης, ἡ.
2. Ηγέομαι, conduit, ordonne.   ήσομαι.
3. Ηδύς, doux, exquis; d'humeur bonne.   έος, *adj.*
4. Ηθος, mœurs, esprit, lieu, logis.   εος, τὸ.
5. Ηθώ, passe au filtre, au tamis: ήσω *et* ἠθήσω.
6. Ηϊθεος, pur, jeune d'âge.   ου, ὁ.
7. Ηϊών, la rive, rivage.   όνος, ἡ.
8. Ηκω, venir *ou* s'approcher.   ξω.
9. Ηλακάτη, bois pour filer.   ης, ἡ.

DÉRIVÉS.

* Avec l'accent au-dessous à gauche, η vaut *huit mille.*

1. ἡβητήριον, lieu où l'on exerce et instruit la jeunesse; lieu de plaisance; ἡβητής, ἡβη-τήρ, jeune homme; ἡβάω,-άσκω, -υλλιάω, entrer en âge de puberté. HÉBÉ, s. f. déesse de la jeunesse. EPHÈBE, s. m. celui qui est en âge de puberté. RR. ἐπί, dans, sur, et ἥβη, jeunesse.

2. Commander; croire; être d'avis; ἡγηλάζω, ἡγεμονεύω, conduire, servir de guide; commander; ἡγεμονή, ἡγεμονία, commandement; conduite; ἡγεμών, conducteur, guide; chef; général; magistrat; capitaine; ἀφηγούμαι, aller devant; gouverner; raconter; ἐξηγητής, qui se rend le chef; qui explique, interprète; προηγοῦμαι, croître, avancer; aller devant; être le premier.

3. Joyeux, gai; réjoui; ἡδονή, réjouissance, plaisir, volupté; ἡδυσμά, chose agréable, suavité; assaisonnement; parfum; ἧδος, εος (τὸ), douceur, délices, suavité.

4. Naturel, inclination naturelle; συνήθης, accoutumé; familier. ÉTHIQUE, s. m. morale; ἠθικός, moral. R. ἦθος, mœurs; *les éthiques d'Aristote*, son traité de morale. ÉTHOLOGIE, s. f. traité sur les mœurs. RR. ἦθος, et λόγος, traité. ÉTHOPÉE, s. f. peinture des mœurs, des passions de quelqu'un; ἠθοποιία. RR. ἦθος, et ποιέω, faire, écrire, peindre.

5. Plus souvent ἠθέω; ἠθίζω, id. ἠθμός, chausson, couloir. ETHMOÏDE, s. m. os du crâne percé de petits trous, comme un *crible.*

6. Qui n'est pas marié.

8. Appartenir, concerner; καθήκω, toucher; convenir, être bienséant.

9. Quenouille; et quelquefois fuseau; même laine; filasse; tige de roseau, et *par ext.* flèche, mât qui plie.

LXXI.

1. Ἡλάσκω, fuit, erre, est volage.   *poét.*
2. Ἡλεός, niais, sans usage.   ή, όν.
3. Ἡλίθιος, sot, sans vigueur.   α, ον.
4. Ἡλικία, taille, âge en fleur.   ας, ή.
5. Ἡλίκος, quel grand, tel que, frère.   η, ον.
6. Ἥλιος, soleil; jour, lumière.   ου, ό.
7. Ἧλος, clou; poireau, cor aux pieds.   ου, ό.
8. Ἧμαι, κάθημαι, je m'assieds.   *sans f.*
9. Ἡμεκτεῖν, souffre avec colère.   ήσω.
10. Ἡμέρα, le jour, sa lumière.   ας, ή.

DÉRIVÉS.

1. Se détourner, éviter un coup.

2. Fou, folâtre, badin; qui rend sot; qui fait devenir fou.

3. Imbécille, lâche; ἡλιθιάζω, agir, parler en imbécille; folâtrer; ἡλιθιότης, imbécillité.

4. ἧλιξ, et ἀνφῆλιξ, jeune homme, enfant déjà grand; vieillard cassé; ἀφῆλιξ, qui a passé la jeunesse *ou* n'est pas encore pubère.

5. De même âge; aussi grand; *par ext.* frère, dans le sens de pareil; πηλίκος, *interr.* combien grand? quel âge a-t-il? quel est-il?

6. APHÉLIE, s. f. le point le plus distant d'une planète au soleil; et PÉRIHÉLIE, s. f. le point le plus près. RR. ἀπό, loin, περί, près, autour, et ἥλιος. HÉLIADES, s. f. p. ἡλιάδες, filles du soleil. HÉLIANTHE, s. m. plante, genre de corymbifères. RR. ἥλιος, et ἄνθος, fleur. HÉLIOPOLIS, s. f. nom de plusieurs villes de l'Orient. RR. ἥλιος, et πόλις, ville. HÉLIOSCOPE, s. m. instrument pour observer le soleil. RR. ἥλιος, et σκοπέω, regarder. HÉLIOTROPE, s. m.

ἡλιοτρόπιον, *tournesol*, plante qui se tourne vers le soleil. RR. ἥλιος, et τρέπω, tourner.

7. ἔφηλις, id. agrafe; ἡλόω, clouer, percer de clous.

8. κάθημαι, se coucher par terre, être oisif; camper; assiéger.

10. Journée; le temps; la vie; ἦμαρ, id. ἡμέριος, ἡμερινός, ἡμάτιος, du jour, journalier, d'un jour; ἡμερεύω, passer la journée à. ÉPHÉMÈRE, adj. ἐφήμερος, qui ne dure qu'un jour. RR. ἐπί, dans, et ἡμέρα. ÉPHÉMÉRIDES, s. f. pl. journal qui contient les événemens de chaque jour; ἐφημερίς, journal; d. pl. tables astronomiques qui déterminent chaque jour le lieu de chaque planète dans le zodiaque. RR. ἐπί, et ἡμέρα. HÉMÉROCALLE, s. f. lis dont la fleur n'est belle qu'un jour. RR. ἡμέρα, et κάλλος, beauté. HÉMÉROBE, s. m. insecte dont la vie est très courte. RR. ἡμέρα, et βίος, vie. HÉMÉRODROME, s. m. ἡμεροδρόμος, messager grec, qui faisait à pied de grandes journées. RR. ἡμέρα, et δρέμω, courir.

LXXII.

1. Ἥμερος, doux, paisible, aisé.   ος, ον.
2. Ἥμισυς, demi, la moitié.   εια, υ.
3. Ἡμύω, penche, tombe, accable.   ύσω.
4. Ἠνεκής, tendu, long, durable.   ής, ές.
5. Ἡνία, bride des chevaux.   ας, ή.
6. Ἧπαρ, le foie *aux animaux*.   ἥπατος, τό.
7. Ἤπειρος, continent, non île.   ου, ή.
8. Ἤπιος, doux, clément, facile.   α, ον.
9. Ἥρα, reine des dieux, Junon.   ας, ή.
10. Ἥρεμος, doux, tranquille, bon.   ὁ, ή, ον.

DÉRIVÉS.

1. Privé ; apprivoisé; franc, en parlant des plantes. ἡμερότης, douceur ; ἡμέρωμα, adoucissement; ce qu'on apprivoise; ἡμερόω, apprivoiser; ἀνήμερος, sauvage, farouche ; δυσεξήμερος, difficile à apprivoiser.

2. ἡμίονος, *demi âne*, mulet. Hémi. L. *semi*, mot qui signifie *demi*, et entre dans la composition de divers mots français de sciences et d'arts ; il se place au commencement. Hémicycle, s. m. demi-cercle. RR. ἡμι, d'ἥμισυς, et κύκλος, cercle. Hémine, s. f. ἡμίνα, demi-septier. Hémionite, s. f. plante du genre des fougères, recherchée, dit-on, des mulets. RR. ἡμίονος, mulet; d'ἥμισυς, demi, et ὄνος, âne. Hémiptères, s. m. pl. genre d'insectes dont les ailes sont à moitié dans des espèces d'élytres. RR. ἡμι, et πτερόν, aile. Hémisphère, s. f. moitié de sphère. RR. ἥμισυς, et σφαῖρα, sphère. Hémistiche, s. m. moitié d'un vers héroïque. RR. ἥμισυς, et στίχος, vers. Migraine, s. f. douleur qui affecte la moitié de la tête. RR. ἥμισυς, et κρανίον, crâne.

3. Foudre sur.

4. Etendu, continuel; διηνεκής, id.

5. ἡνιάζω, brider; mettre un frein ; ἀφηνιάζω, secouer la bride, prendre le mors aux dents; δυσήνιος, indocile au frein ; impatient; πειθήνιος, qui obéit au frein ; docile.

6. ἡπατηρός, ἡπατίας, ἡπατικός, qui appartient au foie ; Hépatique, adj. Hépatographie, s. f. description du foie. RR. ἥπατος, g. d'ἧπαρ, et γραφή, description. Hépatologie, s. f. traité sur le foie. RR. ἥπατος, et λόγος, traité. Hépatotomie, s. f. dissection du foie. RR. ἥπατος, et τομή.

7. ἠπειρώτης, habitant du continent; ἠπειρωτικός, id. Epire, s. f. région de l'ancienne Grèce ; d'où *Epirotes*, s. m. pl.

8. ἠπιότης, clémence, douceur.

9. L'air, auquel Junon préside. De Ἥρα viennent L. *hera*, maîtresse, *herus*, maître. Hercule, Ἡρακλῆς, demi-dieu, que les persécutions de Junon ont couvert de gloire. RR. Ἥρα, et κλέος, gloire ; d'où Héraclée, n. pr.

10. ἠρεμία, repos; ἠρεμέω, se reposer ; ἠρεμίζω, apaiser.

LXXIII.

1. Ἡρίον, tertre funéraire.   ου, τό.
2. Ἡρως, HÉROS, brave à la guerre.   ωος, ὁ.
3. Ἡσσων, moindre, qui cède aux maux.   ονος, ὁ, ἡ.
4. Ἡσυχος, paisible, en repos.   ὁ, ἡ, *adj*.
5. Ἡτορ, le cœur, l'esprit *et* l'âme.   ορος, τό.
6. Ἡτριον, fil, tissu, la trame.   ου, τό.
7. Ἡφαιστος, Vulcain, forgeron.   ου, ὁ.
8. Ἡχώ, l'ÉCHO ; *Ἡχος, bruit, son.   8. όος-οῦς, ἡ.
    * Ἡχώδης, plein d'échos, sonore.   ης, ες.
9. Ἡώς, levant, l'aube, l'aurore.   ήόος-οῦς, ἡ.

DÉRIVÉS.

1. Tombeau, sépulcre ; monument ; κενήριον, tombeau vide.

2. L. *heros* ; ἡρῶον, L. *heroum*, monument, temple élevé à un héros ; ἡρῶα, festins en son honneur. HÉROÏDE, s. f. épître en vers écrite à ou par un héros. RR. ἥρως, et ὠδή, vers. HÉROÏNE, s. f. femme d'un grand courage ; ἡρωίνη. HÉROÏQUE, adj. qui tient du héros, ἡρωϊκός. HÉROÏSME, s. m. caractère du héros. HÉROÏCOMIQUE, adj. qui tient de l'héroïque et du comique ; de ἡρωϊκός, et κωμικός.

3. Inférieur ; esclave d'une passion ; ἡσσάομαι, et ἡττάομαι, avoir le dessous, succomber ; être abattu ; ἥττημα, perte, défaite ; ἀήττητος, invincible.

4. Tranquille ; ἡσυχαῖος, -χιος, id. ἡσυχῆ, doucement ; ἡσυχία, tranquillité, trève, silence ; sommeil ; ἡσυχάζω, rester en repos, en silence.

6. Laine *ou* filasse employée.

7. Flamme, feu dont il est le Dieu.

8. * Retentissant ; ἠχέω. résonner, faire sonner ; κατηχέω, id. d p. instruire de vive voix ; donner les premières notions d'un art, d'une science ; ἀπήχημα, dissonnance ; son mourant ; restes, vestiges ; contre-coup, *en médecine*. ÉCHO, s. m. ἠχώ, son répercuté. ÉCHOMÈTRE, s. m. instrument pour mesurer les sons. RR. ἠχώ, son, et μέτρον, mesure. CATÉCHISME, s. m. instruction orale sur les principes de la foi ; livre qui la contient ; κατηχισμός, de κατηχίζω, résonner, enseigner de vive voix. RR. κατά, et ἦχος, son ; d'où *catéchiser*, κατηχίζειν, et *catéchiste*, s. m. κατηχιστής. CATÉCHUMÈNE, s. m. celui qu'on instruit pour le disposer à recevoir le baptême ; de κατηχούμενος, part. pas. de κατηχέω, instruire de vive voix ; formé de κατά, et d'ἠχέω, sonner, résonner. R. ἦχος, son.

9. *En prose*, ἕως, ἕος, contr. ἑοῦς, l'aube du jour ; ἠῶθεν, ἑωθεν, dès la pointe du jour ; ἦῶθι, au lever de l'aurore ; ἠῶος, ἕωος, οῦ, matinal ; oriental. Eous, s. m. l'un des quatre chevaux du soleil ; d'ἠῶος, matinal ; forme d'ἠώς, l'aurore.

LXXIV.

* Θῆτα, neuf. 1. Θαιρός, essieu, gond.   1. οῦ, ὁ.
2. Θάλαμος, lit, chambre, maison.   ου, ὁ.
3. Θάλασσα, mer, liquide plage.   ης, ἡ.
4. Θάλλω, pousse, fleurs *ou* feuillage.   θαλῶ.
5. Θάλπω, couve, chauffe, soin prend.   ψω.
6. Θαμά, fréquemment, fort souvent.   *adv.*
7. Θάμβος, l'horreur qui nous étonne.   εος, τό.
8. Θάμνος, buisson, plant qui foisonne.   ου, ὁ.
9. Θάπτειν, enterre, ensevelit.   πτω, ψω.
10. Θάρσος, audace, ferme esprit.   εος, τό.

DÉRIVÉS.

Avec l'accent dessous, θ vaut *neuf mille*.

2. *Proprem.* lit de gens mariés ; place des rameurs sur un vaisseau ; θαλαμία, trou par où passe la rame ; θαλαμίτης, θαλάμιος, θαλάμαξ, rameur placé au dernier rang ; θαλάμαι, narines. EPITHALAME, s. m. chant nuptial. RR. ἐπί, sur, et θάλαμος, lit nuptial.

3. Eau de la mer ; canal, aqueduc ; θαλάσσιος, -ττιος, marin ; θαλασσεύω, fréquenter la mer ; θαλασσόω, submerger.

4. Verdir ; pulluler ; θαλέθω, θαλέω, τηλεθάω, τηλέθω, id. θαλία, rameau. TALLE, s. f. rejeton qui pousse au pied d'un arbre ; θάλος, rejeton ; d'où *taller*, v. pousser des talles. THALIE, s. f. l'une des Grâces et des Muses ; θάλεια, θαλία, joie ; réjouissance.

5. θαλπιάω, s'échauffer ; θάλπος, chaleur.

6 θαμής, θαμειός, θαμινός, fréquent ; θαμίζω, fréquenter.

7. Admiration, stupeur, saisissement ; θαμβός, adj. frappé de stupeur, θαμβέω, être saisi de stupeur, *activ.* frapper de stupeur, d'étonnement.

8. Pépinière, verger ; θαμνίον, petite pépinière ; ἐκθαμνίζω, défricher.

9. Etre saisi d'horreur ; τάφος, sépulcre, tombeau ; repas funèbre ; ταφήϊος, funéraire ; τάφρος, τάφρη, fosse ; fossé ; retranchement. CÉNOTAPHE, s. m. tombeau vide dressé à la mémoire d'un mort. RR. κενός, vide, et τάφος, tombeau. EPITAPHE, s. f. inscription sur une tombe. RR. ἐπί, sur, et τάφος.

10. Confiance, assurance, hardiesse, fermeté, présence d'esprit ; θράσος, audace, θαῤῥέω, θαρσέω, se confier à ; θαρσύνω, θαῤῥύνω, donner, inspirer du courage, de la confiance. THRASYBULE, s. m. Athénien célèbre. RR. θρασύς, hardi, et βουλή, conseil, dessein.

LXXV.

1. Θαυμάζω; j'admire, révère.   άσω.
2. Θεάομαι, voit, considère.   άσομαι.
3. Θείνω, frapper, battre, enfoncer.   ϑένω.
4. Θέλγω, charmér *ou* caresser.   ξω.
5. Θέμηλον, base d'édifice.   ου, τό.
6. Θέμις, loi, droit, THÉMIS, justice.   ιδος *et* ιτος, ἡ.
7. Θέναρ, la paume de la main.   αρος, τό.
8. Θεός, Dieu ; * *d'où* ϑεῖος, divin.   * εῖα, εῖον.
9. Θεράπων, serviteur, escorte.   οντος, ὁ.
10. Θέρος, été, tous fruits qu'il porte.   εος, τό.

DÉRIVÉS.

1. Honorer; faire grand cas; ϑαυμάσιος, admirable. THAUMATURGE, adj. et s. faiseur de miracles ; ϑαυματουργός. RR. ϑαύματος, g. de ϑαῦμα, prodige, et ἔργον, ouvrage. THOMAS, s. m. nom pr. *admirable.*

2. Etre spectateur ; ϑέα, ἡ, aspect, vue ; considération ; spectacle ; ϑεατρίζω, représenter une pièce ; produire sur la scène ; ϑέατρον, l. *theatrum,* THÉATRE, s. m. de ϑεᾶσθαι, regarder; d'où *théatral.* AMPHITHÉÂTRE, s. m. édifice ou les Romains assistaient aux combats des gladiateurs et des bêtes ; parmi nous, lieu élevé vis-à-vis de la scène. RR. ἀμφί, autour, et ϑέατρον.

4. Toucher, émouvoir, assoupir.

5. Soutien ; ϑεμελιόω, fonder, jeter les fondemens.

6. Tribut, impôt ; ϑεμιστός, permis ; ϑεμιστεύω, rendre la justice ; gouverner ; rendre des oracles. THÉMIS, s. f. déesse de la justice.

7. d. p. le pied.

8. ϑεῖος, ου (ὁ), oncle ; τό, ϑεῖον, la divinité ; ἄθεος, ATHÉE, s. m. sans dieu, impie. APO-THÉOSE, s. f. déification ; ἀποθέωσις. RR. ἀπό, de, et ϑεός, dieu. ENTHOUSIASME, s. m. admiration excessive; ἐνθουσιασμός, d'ἐνθουσιάζω, dérivé d'ἔνθεος, inspiré de Dieu, qui a Dieu en soi RR. ἐν, dans, et ϑεός, dieu; d'où *enthousiasmer, enthousiaste.* POLYTHÉISME, s. m. pluralité des dieux, RR. πολύς, plusieurs, et ϑεός; d'où *polythéiste.* THÉOGONIE. s. f. généalogie des dieux. RR. ϑεός, et γόνος, génération. THÉOLOGIE, s. f. science qui a Dieu pour objet. RR. ϑεός, et λόγος, traité ; d'où *théologien,* et *théologique.* THÉOPHILE, s. m. nom d'homme. RR. ϑεός, φίλος, ami. THÉOPHRASTE, s. m. n. pr.

9. ϑεραπεύω, être au service de quelqu'un ; *plus souvent,* lui faire sa cour ; traiter un malade ; guérir. THÉRAPEUTIQUE, s. f. ϑεραπευτικός, partie de la médecine qui a pour objet le traitement des maladies ; THÉRAPEUTES, moines juifs qui menaient une vie contemplative et mortifiée, ϑεραπευταί.

10. ϑερίζω, passer l'été en quelque endroit ; moissonner; ϑεριστής, moissonneur.

LXXVI.

1. Θέρω, rend chaud, sèche, guérit.   ρσω.
2. Θεσμός, loi, coutume, le rit.   οῦ, ὁ.
3. Θέσπις, prophète, prophétesse.   ιος, ὁ, ἡ.
4. Θέω, court, combat *ou* s'empresse.   f. θεύσομαι.
5. Θεωρός, juge, observateur.   οῦ, ὁ.
6. Θήγειν, aiguise, est promoteur.   ξω.
7. Θηλή, bout du sein, la mamelle.   ῆς, ἡ.
8. Θῆλυς, féminin, mou, femelle.   εος, ὁ, ἡ.
9. Θήρ, bête farouche, lion.   θηρός, ὁ.
10. Θής, gagiste, en condition.   θητός, ὁ.

DÉRIVÉS.

1. θέρμη, chaleur; θερμός, chaud; ardent; bouillant; violent, hardi; téméraire; θερμαίνω, θερμάζω, chauffer; animer; θερμεύνεσθαι, vivre délicatement. THERMES, s. m. pl. bains chauds des anciens. THERMAL, adj. se dit des eaux minérales chaudes. THERMOMÈTRE, s. m. instrument pour mesurer la chaleur. RR. θερμός, chaud, et μέτρον, mesure. THERMOPYLES, s. m. p. fameux défilé du mont Æta, dans la Thessalie, où était une source d'eau chaude et une muraille à laquelle les Phocéens, qui la bâtirent, laissèrent des ouvertures. RR. θερμός, et πύλη, porte.

2. θέσμιος, légitime, légal; θεσμοφόρος, législateur. THESMOTHÈTE, s. m. magistrat athénien; θεσμοθέτης, législateur. RR. θεσμός, et τίθημι, établir.

3. θεσπίζω, rendre des oracles, prophétiser; θεσπέσιος, divin.

4. καταθέω, faire des incursions hostiles; parcourir rapidement un pays.

5. Qui assiste à un spectacle, aux jeux publics; qui voyage pour observer les mœurs; qui approche de Dieu; qui offre les sacrifices. THÉORÈME, s. m. proposition énonçant et démontrant une vérité; θεώρημα, ce que l'on considère. THÉORIE, s. f. partie spéculative d'un art, d'une science; θεωρία; d'où *théoricien*, *théorique*, *théoriquement*.

7. θηλάζω, θηλαίνω, donner à téter, téter; sucer; θηλάστρια, nourrice.

8. On décline aussi θῆλυς, εια, υ; efféminé, lâche, mou.

9. θηρίον, id. θηριώδης, farouche; θήρα, chasse; θηράω, chasser. THÉRIAQUE, s. f. remède contre la morsure des bêtes venimeuses; θηριακή. RR. θήρ, bête féroce, venimeuse, et ἀκέομαι, guérir; d'où *thériacal*. PANTHÈRE, s. f. quadrupède très féroce. RR. πᾶν, tout-à-fait, et θήρ, bête féroce.

10. Ouvrier, artisan, mercenaire; θητικός, qui a rapport aux ouvriers; θητεύω, être mercenaire, servir à gages; θῆσσα, servante, ouvrière gagée.

LXXVII.

1. Θησαυρός, trésor *ou* richesse. οῦ, ὁ.
2. Θίασος, chœur, troupe en liesse. ου, ὁ.
3. Θίβη, la corbeille d'osier. ης, ἡ.
4. Θίγω, critiquer, manier. ξω.
5. Θίν, tas, amas, dune, rivage. ινός, ὁ.
6. Θλάω, froisse, brise, saccage. άσω.
7. Θλίβω, presse, étreint, fait souffrir. ψω.
8. Θνήσκειν, ἀποθνήσκειν, mourir. *f.* θανοῦμαι.
9. Θοίνη, festin, viande apprêtée. ης, ἡ.
10. Θολός, bourbe qu'on a troublée. οῦ, ὁ.

DÉRIVÉS.

1. L. *thesaurus*. (θέσθαι εἰς αὔριον, amasser pour l'avenir.) Lieu où l'on serre des choses précieuses; garde-meuble; θησαυρίζω, THÉSAURISER, v. amasser des richesses. L. *thesaurizo;* d'où *trésorier, trésorerie.*

2. Troupe de bacchantes; d. p. assemblée; festin. THIASE, s. f. troupe célébrant les bacchanales.

4. L. *tango.* θιγγάνω, id. εὔθικτος, *activ. et passiv.* facile à toucher, *ou* qui touche adroitement; qui raille, qui plaisante bien. TANCER, v. a. réprimander; de *tangere.*

5. Grève; θήν, θηνός, tas de sable; τὰ ἀκροθίνια, les prémices, c. q. d. τὰ ἄκρα θινός, le sommet du tas; εὐθηνέω, avoir la fortune favorable; εὐθηνία, abondance, prospérité; κακοθηνέω, être malheureux.

6. θλᾶσις, θλάσμα, meurtrissure, contusion, fracture. EUTHLASE, s. f. dépression du crâne avec fracture de l'os; ἐνθλασις, contusion.

7. Affliger, maltraiter; θλίψις, affliction, tribulation. ECTHLIPSE, s. f. élision d'un *m* final dans les vers latins; ἔκθλιψις, élision, d'ἐκθλίβω, rompre, *comp.* d'ἐκ, et de θλίβω, écraser.

8. d. p. choir, périr; θνητός, mortel; θάνατος, la mort; crime capital; θανατάω, souhaiter de mourir; θανατόω, punir de mort; ἀθάνατος, immortel. ATHANASE, s. m. nom d'un patriarche célèbre d'Alexandrie; d α priv. et de θάνατος, mort. R. θνήσκω, mourir. ATHANASIE, s. f. genre d'arbustes corymbifères, d'Afrique; *mêm. rac.*

9. εὔθοινος, grand festin.

10. Limon; liqueur noire que jette la sèche (poisson), lorsqu'elle est poursuivie, afin de troubler l'eau et d'échapper ainsi à son ennemi; θολόω, troubler; brouiller; salir; θολερός, trouble; bourbeux; sale. THOLUS, s. m. L. *tholus* (de θόλος, avec l'acc. aigu sur la première) clé de voûte, dôme d'un bâtiment; édifice voûté, chez les Athéniens, où mangeaient les juges et où l'on gardait les registres; θόλια, chapeau pointu; parasol; dais; coffre dont le dessus est voûté.

LXXVIII.

1. Θοός, prompt, vif, impétueux.   ά, όν.
2. Θόρυβος, bruit tumultueux.   ου, ὁ.
3. Θόρω, saute. 4. Θραύω, fracasse.   σω.
5. Θράομαι, s'assied *ou* se place.   Θρήσομαι.
6. Θρέομαι, pousse des clameurs.   sans *f.*
7. Θρῆνος, lamentation, pleurs.   ου, ὁ.
8. Θρησκεύειν, un culte professe.   σω.
9. Θρίαμβος, hymne, TRIOMPHE, ivresse.   ου, ὁ.
10. Θριγκός, des murs le chaperon.   οῦ, ὁ.
11. Θρίξ, τριχός, cheveu, poil, toison.   ή.

DÉRIVÉS.

1. Agile; θοάζω, se mouvoir avec célérité, agilité; s'élancer sur un siége; s'asseoir; θάκος, θῶκος, siége; φιλόθακος, qui aime à rester assis, fainéant. CYMOTHOÉ, s. f. nymphe de la mer. RR. κῦμα, flot, et θοός, agile. LEUCOTHOÉ, s. f. n. pr. RR. λευκός, blanc, et θοός.

2. Acclamation, cri de joie; θορυβέω, exciter du tumulte; recevoir avec de bruyantes acclamations, *ou* applaudir vivement; θορυβέομαι, id. d. p. avoir l'esprit troublé, agité; être reçu avec acclamation.

3. S'élancer sur, dans; θορέω, id. θοῦρος, impétueux. THURIMAQUE, s. m. roi de Sicyone. RR. θοῦρος, et μάχη, combat.

4. Rompre, pulvériser; θραῦσμα, fragment; θρανύσσω, broyer. COCCOTHRAUSTE, s. m. gros bec, oiseau qui aime les noyaux de cerises, qu'il casse avec son bec. RR. κόκκος, grain, et θραύω.

5. θρανίον, θράνος, siége; selle; chaise percée; escabeau; métier où l'on étend les peaux; banc des rameurs. TRÔNE, s. m. (autrefois thrône) siége royal; θρόνος. L. *thronus.* IN-TRÔNISER, v. a. installer un évêque; ἐνθρονίζειν. RR. ἐν, sur, et θρόνος, siége; d'où *intronisation*, s. f. PROTOTHRÔNE, s. m. titre du premier suffragant d'un Patriarche dans l'église grecque. RR. πρῶτος, premier, et θρόνος, siége.

6. Crier; tempêter; θροέω, id. θρόος, bruit, clameur.

7. πολύθρηνος, lamentable.

8. Mêler au culte des cérémonies, des pratiques superstitieuses; honorer; θρησκεία, culte, religion, vénération, superstition; θρῆσκος, religieux; superstitieux.

9. L. *triumphus, triumphare;* d'où *triomphal, triomphant, triomphateur, triompher;* θριαμβεύω, triompher.

10. Créneau; boulevard; enclos. TRANCHÉE, s. f. RETRANCHEMENT, s. m. *terme de guerre,* ouvrages de fortification.

11. ἔντριχον, τό, perruque; ἔντριχος, qui porte perruque. POLYTRIC, s. m. plante capillaire à tiges menues. RR. πολύ, beaucoup, et θρίξ, cheveux. TRICHODES, s. m. pl. sorte de zoophytes couverts de poils; de τριχώδης, chevelu.

LXXXIX.

1. Θρόμϐος, un caillot. 2. Θρόνος, TRÔNE. 1. 2. ου, ὁ.
3. Θρύλλος, bruit sourd, gagne *et* résonne   ου, ὁ.
4. Θρύπτω, brise, énerve, amollit.   ψω.
5. Θρώσκω, bondit, saute, saillit.   *f.* Θοροῦμαι.
6. Θυγάτηρ, fille, enfant, servante.   τρός, ἡ.
7. Θύελλα, tempête, tourmente.   ης, ἡ.
8. Θύλακος, sac. 9. Θυμός, cœur, sens.   9. οῦ, ὁ.
10. Θυμιᾷν, parfume d'encens.   άειν, *f.* άσω.
11. Θύρα, porte, entrée, ouverture.   ας, ἡ.
12. Θύσανος, frange, une bordure.   ου, ὁ.

DÉRIVÉS.

1. Amas, grumeau ; Θρομϐόω, convertir en grumeaux ; Θρομϐϐομαι, se grumeler. THROMBE *ou* THROMBUS, s. m. tumeur formée par du sang épanché à l'ouverture d'une veine ; de Θρόμϐος, caillot de sang TROMBE autrefois THROMBE, s. f. colonne d'eau et d'air qui s'élève de la mer en tourbillonnant avec une vitesse et un bruit épouvantables.

2. Siége royal. *Voy.* R. Θράω, Θράομαι.

3. Chuchotement; tumulte; confusion; Θρυλλέω, Θρυλέω, répandre un bruit, une nouvelle, divulguer; Θρυλλίζω, murmurer, chuchoter; briser.

4. Fracasser, corrompre de mollesse;Θρύπτομαι,être amolli par les délices ; vivre dans le luxe ; faire le délicat; se faire prier ; τρύψις, l'action de rompre ; d'énerver ; τρυφή, luxe, mollesse; τρυφάω, vivre dans le luxe, la mollesse ; être poli, bien mis, joyeux.

6. Θυγάτριον, petite fille.

7. THYELLA, s. f. une des harpies.

8. Gousse; cosse.

9. Courage ; audace ; présence et vivacité d'esprit ; âme ; vie ; colère ; καταθύμιος, qui est selon notre esprit, qui nous plaît ; Θυμόω, mettre en colère, irriter. ENTHYMÈME, s. m. argument qui n'a que deux propositions, l'antécédent et le conséquent (la mineure est sous-entendue dans l'esprit) ; ἐνθύμημα, pensée. RR. ἐν, dans, et Θυμός, esprit. THYMOLÉON, n. pr. *cœur de lion.* RR. Θυμός, λέων. THYM, s. m. plante odoriféante ; Θύμος, *avec l'aigu sur la première.*

10. Brûler des parfums; encenser; Θυμίαμα, ατος (τό), parfum ; Θυμιατήριον, encensoir ; autel ; ὑποθυμίδες, couronnes, guirlandes de fleurs.

11. Θύραζε, *adv.* dehors; Θυραῖος, qui est de dehors; étranger; Θυροκοπέω, frapper à la porte; Θυρόω, clore au moyen d'une porte; Θυρεός (ὁ), grand bouclier, *prop.* comme une porte. DITHYRAMBE, s. m. autrefois hymne, petit poème en l'honneur de Bacchus, qui, selon la Fable, naquit deux fois; aujourd'hui, espèce d'ode en stances libres. RR. δίς, deux fois, et Θύρα, porte; d'où *dithyrambique.*

LXXX.

1. Θύειν, immoler, se ruer. σω.
* Θυσία, victime à tuer. ας, ἡ.
2. Θῶ, trait, nourrit ; court, punit, pose. *et* Θέω.
3. Θωή, la peine qu'on impose. ῆς, ἡ.
4. Θωμίζω, de cordes lier. ίσω.
5. Θώπτω, flatter, tromper, railler. ψω.
* Θώψ, flatteur, âme fausse et basse. ωπος.
6. Θώραξ, tronc, poitrine, cuirasse. ᾰκος, ὁ.
* Θώρηξις, vin. 7. Θώς, loup-cervier. ιος, ἡ. Θωός, ὁ, ἡ.
8. Θωΰσσω, tempêter, crier. ξω.

DÉRIVÉS.

1. Parfumer ; tuer ; s'emporter ; devenir furieux ; bouillonner ; θύνω, id. θῦμα, θύος, εος, victime, sacrifice, parfum. L. *thus*, encens. THYADES, s. f. pl. θύας, άδος, furieuse, de θύω, être furieux ; surnom des Bacchantes. THYRSE s. m. javelot environné de pampre et de lierre dont les Bacchantes étaient armées ; θύρσος, de θύω, immoler. TUER, v. a. de θύειν, immoler ; d'où *tuerie*. s. f.

2. θῶ, et θῶμαι, faire festin ; voir ; jouir. ANATHÈME, s. m. excommunication ; ἀνάθεμα, offrande suspendue dans un temple ; expiation ; d'ἀνά, en haut ; er θέμα, chose posée. R. θέω, poser ; d'où *anathématiser*, v. frapper d'anathème. ANTITHÈSE s. f. opposition de pensées ou de mots ; ἀντίθεσις, opposition. RR. ἀντί, contre, et θέω APOTHÈME, s. m. perpendiculaire menée du centre d'un polygone régulier à un de ses côtés. RR. ἀπό, loin, et τίθημι, placer. APOTHICAIRE, s. m. ἀποθήκη, boutique ; dépôt ; d'ἀπό, à part, et τίθημι, placer, d'où apothicairerie. s. f. pharmacie, dépôt de drogues. ÉPITHÈTE, s. f. adjectif ; ἐπίθετος, ajouté ; d'ἐπιτίθημι, ajouter. RR. ἐπί, sur, et τίθημι, de θέω, poser. HYPOTHÈSE, s. f. supposition. RR. ὑπό, sous, et θέσις, position. PARENTHÈSE, s. f. interposition ; παρένθεσις. RR. παρά, entre, ἐν, dans, et θέσις. SYNTHÈSE, s. f. méthode de composition ; s'oppose à l'analyse ; σύνθεσις, composition. RR. σύν, avec, et θέσις, position. THÈME, s. m. ter. *gram.* radical d'un verbe ; sujet, matière d'une composition ; θέμα, position de θέω. THÈSE, s. f. proposition d'un principe ; θέσις, position.

3. Punition ; ἀθῶος, non condamné, non puni ; absous ἀθωόω, absoudre.

4. θωρίσσω, id. garrotter ; flageller.

5. θωπεύω, caresser ; θωπεία, flatterie, caresse.

6. Estomac ; θωρήσσομαι, s'armer d'une cuirasse ; boire un confortatif. THORAX, s. m. capacité de la poitrine ; d'où *thorachique*, adj.

LXXXI.

* 1, dix. 1. Ἴα, cri, voix plaintive. ᾶς, ἡ.
2. Ἰαίνω, chauffe, apaise, avive. ἰανῶ.
3. Ἴαλλω, jette, frappe, étend. αλῶ.
4. Ἴαμβος, l'IAMBE mordant. ου, ὁ.
5. Ἰάπτω, blesse, assaillit, lance. ψω.
6. Ἰᾶσθαι, guérit, traite, panse. ἰάσομαι.
7. Ἰαύω, séjourner, dormir. σω.
8. Ἴαχω, crier, retentir. ἰαχήσω.
9. Ἴδιος, propre, domestique. α, ον.
10. Ἰδνόω, courbe, rend oblique. ώσω.

DÉRIVÉS.

* Avec l'accent au-dessous, I vaut *dix mille*.

1. *poét.* bruit.

2. Dissoudre, fondre; amollir; arroser; réjouir; remplir de joie.

3. Courir, voler; ἴαλλος, raillerie; προϊάλλω, tirer, jeter dehors. JAILLIR, v. n. sortir impétueusement.

4. IAMBE, s. m. pied de vers grec ou latin, composé d'une brève et d'une longue; d.p. vers *iambique*, inventé par le poète satirique Archiloque; ἴαμβοι, vers satiriques; ἰαμβίζω, faire des satires en vers iambiques; injurier; ἰαμβηλος, injurieux, insolent.

6. ἰατρεύω, id. ἴαμα, médicament; ἴασις, ἧς, traitement, guérison; ἰατρός, médecin; ἰατρεῖον, maison, cabinet, pharmacie du médecin. IATRALEPTE, s. m. médecin qui emploie les frictions. RR. ἰατρεύω, formé d'ἰατρός, et ἀλείφω, frotter; de là *iatraleptique*, s. f. IATRIQUE, adj. se dit de la médecine ou de ce qui lui appartient; ἰατρική, s. ent. τέχνη, art. HIPPIATRIQUE, s. f. médecine des chevaux. RR. ἵππος, cheval, et ἰατρική, médecine.

7. Demeurer, passer le temps, ἰαυθμός, maison; étable.

8. ἰαχή, ἰάχημα, clameur; ἰαχάζω, crier comme les Bacchantes. IACCHUS, s. m. surnom de Bacchus; ἴαχος, criard; d.p. hymne à Bacchus.

9. Privé; spécial; singulier; ἰδιώτης, un particulier, un homme du peuple; ignorant, idiot; ἰδιωτεύω, mener une vie privée; être ignorant; ἰδιωτεία, vie privée, ignorance. IDIOME, s. m. d'ἰδίωμα, propriété, langue propre à une nation; langage d'une partie d'une nation. IDIOT, s. m. et adj. stupide et imbécille; d'ἰδιώτης, particulier; ignorant; sot. IDIOTISME, s. m. locution propre à une langue; d. p. stupidité; ἰδιωτισμός, d'ἴδιος, particulier. IDIOPATHIE, s. f. maladie particulière à une partie du corps; *en morale*, inclination particulière pour une chose; ἰδιοπάθεια. RR. ἴδιος, et πάθος, affection; d'où IDIOPATHIQUE, adj.

10. ἰδνέομαι, se courber, se baisser.

LXXXII.

1. Ἴδος, * Ἰδρώς, sueur, labeur.   1. εος, τό. * ῶτος, ὁ.
2. Ἰδρύω, place, est fondateur.   ύσω.
3. Ἱέραξ, faucon *ou semblable.*   ακος, ὁ.
4. Ἱερός, sacré, vénérable.   ά, όν.
5. Ἵζω, fait asseoir *ou* s'asseoit.   ἱξήσω.
6. Ἰθύς, sans détour, juste, droit.   εῖα, ύ.
7. Ἱκανός suffisant, capable.   ή, όν.
8. Ἱκέτης, suppliant, coupable.   ου, ὁ.
9. Ἰκμάς, humidité, vapeur.   άδος, ἡ.
10. Ἱκνεῖσθαι vient, est agresseur.   f. ἵξομαι.

DÉRIVÉS.

1. ἴδος, air chaud *et* étouffant; ἰδάλιμος, chaud; sudorifique; ἰδίω, ἰδρόω, ou ώω, suer; ἴδρωσις, émission de la sueur; ἰδρωτικός, qui sue aisément, sudorifique; ἀνιδρωτί, sans travail, sans sueur. HIDROTIQUE, adj. se dit des remèdes qui déterminent la sueur; ἰδρωτικός.

2. Poser; poster; ériger; ἴδρυμι, ἰδρύνω, id. ἴδρυμα, bâtiment; appui, fondement; temple; ἀνίδρυτος, non stable.

3. Tout oiseau de proie.

4. Grand, excellent; consacré; ἱερόν, chose sacrée; sacrifice; victime; temple; ἱερόω, consacrer, dédier; initier; ἱεράομαι, être fait prêtre; exercer les fonctions sacerdotales; ἱερεύω, sacrifier, consacrer; ἱερεύς, prêtre; ἱέρεια, prêtresse. HIÉRARCHIE, s. f. et subordination dans les chœurs des anges, dans l'état ecclésiastique, et, par extension, dans un état quelconque. RR. ἱερός, sacré, et ἀρχή, principauté; d'où *hiérarchique.* HIÉROGLYPHE, s. m. caractère symbolique employé par les anciens prêtres égyptiens. RR. ἱερός, et γλυφή, gravure; d'où *hiéroglyphique.* HIÉROGRAMME, s. m. caractère sacré de l'écriture des prêtres égyptiens. RR. ἱερός, et γράμμα, lettre. HIÉROGRAPHIE, HIÉROLOGIE, s. f. traité des choses sacrées. RR. ἱερός, et γραφή, description, et λόγος, traité. HIÉRONIQUE, adj. se dit de certains jeux des Romains en l'honneur des dieux; ἱερονίκης, de ἱερός, et νίκη, victoire. HIÉROPHANTE, s. m. prêtre qui présidait aux mystères d'Eleusis; ἱεροφάντης. RR. ἱερός, et φαίνω, montrer, manifester.

5. Asseoir. *Voy. Voc. de De Wailly;* ἱζάνω, id. καθίζω, établir; s'asseoir, se mettre à table; épier; assiéger.

6. ἰθύω, aller droit, avec impétuosité; se passionner pour; ἰθύνω, id. d. p. redresser, corriger; punir; ἰθύς, ύος (ἡ), impétuosité.

7. Digne; ἱκανῶς, suffisamment, abondamment.

8. ἱκετηρία, rameau d'olivier que portaient les supplians; prière; ἱκετεύω, supplier.

10. Parvenir, arriver; surprendre; envahir; supplier.

LXXXIII.

1. Ἴκω, vient. 2. Ἴκτερος, jaunisse.   *f.* ἵξω.
3. Ἰλᾶν, est gai, doux *et* propice.   άω, *f.* άσω.
4. Ἴλλος, l'œil. * Ἴλλω, tournoyer.   ὁ. * *s. fut.*
5. Ἰλύς, lie, ordure, bourbier.   ύος, ή.
6. Ἰμάς, lanière dont on fouette.   άντος, ὁ.
7. Ἰμείρω, désire, souhaite.   *sans fut.*
8. Ἰνέω, purge un corps replet.   ήσω.
9. Ἰξός, la glu, gluau, lacet.   οῦ, ὁ.
10. Ἴον, la *douce* violette.   ου, τό.
11. Ἰός, venin ; tout trait qu'on jette.   οῦ, ὁ.

DÉRIVÉS.

1. Et ἰκάνω ; καταπροΐκομαι, passer outre, éviter la punition.

2. Loriot, *oiseau* dont le plumage est jaune ; ἰκτεριάω, ἰκτερόομαι, avoir la jaunisse. ICTÈRE, s. m. jaunisse, maladie causée par la bile répandue, qui jaunit la peau ; ἴκτερος ; d'où *ictérique*, adj. ἰκτερικός, qui a la jaunisse.

3. ἴλαος, et εως, favorable, propice ; ἴλαρος, L. *hilaris*, joyeux. HILARITÉ, s. f. L. *hilaritas*, de ἱλαρός. HILAIRE, s. m. nom de pape et d'évêque.

4. Adj. louche ; ἴλλω, cligner, tourner les yeux, rouler ; lier ; garrotter ; enfermer ; δενδίλλω, regarder de côté et d'autre ; cligner un œil pour viser ; ἐξίλλω, chasser, débusquer ; ἐξούλης δίκη, action intentée contre celui qui chassait quelqu'un de son bien ; σιλλαίνω, railler quelqu'un, s'en moquer en le regardant de travers ; ἰλλώπτω, loucher ; ἰλλαίνω, rouler les yeux.

5. ILIUM, nom de Troie, d'*Ilus*, un de ses premiers rois. R. ἰλύς.

6. Etrivière ; câble ; bandage de roue ; mal de gorge quand elle maigrit et se dessèche ; ἱμάσσω, frapper avec un fouet de cuir ; fouetter, battre ; ἱμάω, tirer, puiser avec une corde. IMANTOPODES, s. m. pl. peuple fabuleux d'Éthiopie dont les jambes étaient tordues (comme une corde). RR. ἱμάς, câble, et πούς, ποδός, pied.

7. ἵμερος, désir, convoitise ; cupidité ; amour ; Cupidon ; charme attrayant des yeux ; ἱμερόεις, désirable, agréable. HIMERUS, s. m. héros fabuleux.

8. Vider, faire évacuer ; ἰνηθμός, évacuation, purgation.

9. Sordide, vilain ; perche d'oiseleur. IXEUTIQUE, s. f. art de prendre les oiseaux à la glu ; ἰξευτικός. IXODE, s. m. insecte qui s'attache fortement à la peau des animaux ; d'ἰξώδης ; visqueux.

11. Rouille ; ἀνίωτος, qui n'est pas sujet à se rouiller ; ἰόω, rouiller. IOLAS, s. m. n. pr. RR. ἰός, trait, et λαός, peuple.

LXXXIV.

1. Ἵππος, *ou* cheval, *ou* jument.	ου, ὁ, ἡ.
2. Ἵπταμαι, dans l'air va volant.	*f.* πτήσομαι.
3. Ἵπτω, blesse, nuit, est funeste.	*f.* ἴψομαι.
4. Ἶρις, flambe, IRIS, l'arc céleste.	ιδος, ιος, ἡ.
5. Ἴς, fibre, nerf. * Ἴνις, enfant.	5. ἰνός, ἡ.
6. Ἵσημι, connaît, est savant.	*sans fut.*
7. Ἰσθμός, ISTHME, détroit, passage.	οῦ, ὁ.
8. Ἴσος, égal, pair, de même âge.	η, ον.
9. Ἵστημι, met, pose, établit.	*f.* στήσω.
10. Ἵστωρ, habile, histoire écrit.	ορος, ὁ.

DÉRIVÉS.

1. d. p. ἡ ἵππος, cavalerie; ἱππάζεθαι, aller à cheval; ἱππασία, équitation. HIPPOCRÈNE, s. f. *fontaine du cheval*, source que le cheval Pégase fit jaillir d'un coup de pied sur le mont Hélicon. RR. ἵππος, et κρήνη, fontaine. HIPPODROME, s. m. lieu destiné aux courses de chevaux. RR. ἵππος, et δρόμος, course. HIPPOPOTAME, s. m. cheval marin, quadrupède amphibie; ἱπποπόταμος. RR. ἵππος, et ποταμός, fleuve; PHILIPPE, n. pr.; *qui aime les chevaux*, guerrier, généreux; φίλιππος. RR. φίλος, ami, et ἵππος.

2. πτηνός, οῦ, oiseau; ailé.

4. d. p. la Renommée. IRIS, n. prop., messagère des dieux; d'εἴρω, annoncer.

5. d. p. Force; • Ἴνις, ιος (ὁ, ἡ), fils *ou* fille.

6. ἴδμων et ἴδρις, savant, expert; ἐπίσταμαι, savoir; ἐπιστήμη, science, art. IDMON, n. pr.

8. Équitable, raisonnable; égal en nombre; ἰσόω, égaler; ἰσότης, égalité. ISÉE, L. *Isæus*, ἰσαῖος, égal, n. pr. ISOCRATE, n. pr. Ἰσοκράτης, εος (ὁ.) RR. ἴσος, et κράτος, force.

9. Dresser, ériger; placer; réprimer; peser; ἵσταμαι, L. *sto*, être debout; tenir ferme, résister; arrêter; ἐφίσταμαι, s'arrêter; fondre sur; surprendre; στάσις, position; consistance; constance. APOSTASIE, s. f. désertion; ἀποστασία; d'ἀφίσταμαι, s'éloigner de; d'où *apostasier*, v. n. *apostat*, s. m. EXTASE, s. f. ἔκστασις, étonnement, d'ἐξίστημι, étonner, mettre hors de soi. RR. ἐξ, hors de, et ἵστημι, établir; d'où *s'extasier*, v. p. STATIQUE, s. f. traité de l'équilibre des solides; στατική, qui arrête. RR. ἵστημι, arrêter. SYSTÈME, s. m. ensemble de principes; méthode; σύστημα, assemblage, de συνίστημι, assembler. RR. σύν, avec, et ἵστημι, placer; d'où *systématique*, adj.

10. Témoin, juge, arbitre. HISTOIRE, s. f. ἱστορία, L. *historia*, connaissance, recherche, narration; de ἵστωρ, savant; d'où *historien*, s. m. *historique*, adj. HISTORIOGRAPHE, s. m. chargé d'écrire l'histoire. RR. ἱστορία, et γράφω, écrire.

LXXXV.

1. Ἴσχις, hanche, os de la ceinture.   εως, ἡ.
2. Ἰσχνός, maigre, sec, sans charnure.   ἡ, όν.
3. Ἰσχύς, force ; * Ἰσχυρός, puissant.   3. ύος, ἡ.
4. Ἰτέα, saule, osier pliant.   ας, ἡ.
5. Ἴτης, hardi, plein d'insolence.   ου, ὁ.
6. Ἴτυς, rond, tour, circonférence.   υος, ἡ.
7. Ἶφι, de grand cœur, vaillamment.   adv.
8. Ἰχθύς, poisson, * où l'on en vend.   ύος, ὁ.
9. Ἴχνος, trace du pied, la plante.   εος, τό.
10. Ἰχώρ, sang limpide, eau sanglante.   ῶρος, ὁ.

DÉRIVÉS.

1. ἰσχίον, haut de la cuisse ; la hanche. ISCHION, s. m. os du bassin. SCIATIQUE, s. f. douleur rhumatismale fixée à la hanche ; et adj. *goutte sciatique*, ἰσχιάς ; L. *ischias* ; ἰσχιαδικός, L. *ischiacus et ischiadicus*, qui a la goutte sciatique. ISCHIA, île du golfe de Naples, renommée par ses bains contre la goutte.

2. ἰσχάς, άδος, figue sèche *ou* sauvage ; olive ; ἰσχναίνω, ἰσχνόω, amaigrir ; dessécher ; ἰσχαλέος, maigre ; décharné.

3. Puissance ; ἰσχύω, être fort ; pouvoir ; ἰσχυρός, robuste ; ἰσχυρίζομαι, s'efforcer, placer sa force dans ; se faire fort de ; affirmer ; ἰσχυροποιέω, ἰσχυρόω, affermir ; κατισχύω, prévaloir contre ; s'efforcer ; *act.* fortifier.

5. Vaillant ; ἰταμικός, ἰταμός, id.

7. ἶφος, fort ; gras ; ἴφθιμος, fort, puissant ; généreux. IPHICRATE, s. m. n. propre. RR. ἶφι, et κράτος, force. IPHIGÉNIE, s. f. n. pr. *race courageuse*. R. ἶφι et γένος, race.

8. * c.-à-d. marché au poisson ; ἰχθύδιον, petit poisson ; ἰχθυώδης, poissonneux. ICHTYOLITHE, s. m. poisson pétrifié ; RR. ἰχθύς et λίθος, pierre. ICHTYOLOGIE, s. f. traité des poissons. RR. ἰχθύς, et λόγος, traité ; d'où *ichtyologique*, *ichtyologiste*. ICHTYOPHAGE, s. m. qui se nourrit de poisson. RR. ἰχθύς, et φάγω, manger.

9. d. p. le pied même ; ἴχνιον, id. ἰχνεύω, chercher, suivre à la piste, à la trace ; ἰχνευτήρ, -τής, celui qui cherche à la piste ; ἴχνευμα, recherche, poursuite ; ἴχνευσις, ἰχνεία, action de rechercher. ICHNEUMON, s m. ou *rat de Pharaon*, mangouste, animal d'Egypte, gros comme un chat, qui fait la chasse aux serpens et aux crocodiles ; ἰχνεύμων, qui suit à la piste. R. ἴχνος. ICHNOGRAPHIE, s. f. plan d'un édifice. RR. ἴχνος, et γραφή, description ; d'où *ichnographique*, adj.

10. ICHOR, t. *méd.* corrompu ; rosée, vapeur légère ; sang qu'Homère, Iliad. V, 416, attribue aux dieux. ICHOREUX, adj. qui ressemble à la sanie d'un ulcère.

3

LXXXVI,

* Κάππα, vingt *en nombre diras*.

1. Καγχάζω, je ris aux éclats.   *f.* άσω.
2. Κάδος, baril, cruche, urne, amphore.   ου, ό.
3. Κάζειν, orne, embellit, décore.   *f. inus.*
4. Καθαίρω, rend la pureté.   αρῶ.
5. Καινός, nouvel, inusité.   ή, όν.
6. Καιρός, temps propre, conjoncture.   οῦ, ό.
7. Καίω, brûle. * Καῦμα, brûlure.   *f.* καύσω.
8. Κακός, méchant, vil, bas, poltron.   ή, όν.
* Κακία, mauvaise action.   ας, ή.

DÉRIVÉS.

* Avec l'accent dessous et à gauche, κ vaut *vingt mille*.

1. L. *cachinnari*, se moquer; καγχλάζω, καγχάομαι, id.

2. L. *cadus*, tout vaisseau pour les liquides; κάδιον, καδίσκος, petit baril, quartaut. CAQUE, s. f. petit baril; d'où *encaquer*, v. a.

3. κεκασμένος, ajusté, paré. CADMUS, s. m. inventeur des lettres et fondateur de Thèbes, de κάζειν, orner.

4. Expier, châtier; κάθαρμα, expiation; purgation, rébut, lie; καθαρός, pur, net, serein; ingénu, sans tache; καθάρσιος, purgatif, expiatoire; lustral; καθαρεύω, être pur, net; καθαρίζω, purifier, nettoyer. CATHARTIQUE, adj. καθαρτικός, purgatif. CATHERINE, s. f. n. pr. de femme, de καθαρά, pure.

5. ἐγκαινία, dédicace; consécration, apprentissage.

6. Occasion; commodité; modération.

7. Allumer; brûler un mort. CAUSTIQUE, s. et adj. *au prop. et au fig.* καυστικός; d'où *causticité*, s. CAUTÈRE, s. m. fer chaud; ulcère artificiel fait avec un caustique; bouton de feu, caustique qui fait cet ulcère; καυτήρ; d'où *cautérisation*, *cautériser*. CAUTÉRÉTIQUE, adj. caustique, *au prop. seul.* m. R. ENCAUSTIQUE, s. f. et adj. peinture faite avec de la cire liquéfiée au feu; ἐγκαυστικός, d'ἐγκαίω, formé d'ἐν, et de καίω. HOLOCAUSTE, s. m. sacrifice où la victime était entièrement brûlée; la victime même; ὁλόκαυστον. RR. ὅλος, tout, et καυστός, brûlé.

8. Pernicieux; lâche, fainéant; inhabile, ignorant; κακίζω, rendre vil, blâmer, mépriser. CACOCHYME, adj. malsain, plein de mauvaises humeurs. RR. κακός, et χυμός, humeur; d'où *cacochymie*, s. CACOGRAPHIE, s. f. mauvaise orthographe. CACOLOGIE, s. f. mauvaise locution. RR. κακός, et γραφή, écriture; λόγος, discours, langage. CACOPHONIE, s. f. son désagréable; voix et instrumens discors. RR. κακός, et φωνή, voix. CACOTHYMIE, s. f. disposition vicieuse de l'esprit. RR. κακός, et θυμός, esprit.

LXXXVII.

1. Κάλαθος, un panier, corbeille.   ου, ὁ.
2. Κάλαμος, canne, herbe pareille.   ου, ὁ.
3. Καλεῖν, appelle, implore, dit.   έω, f. ήσω.
4. Κᾶλον, du bois. * Καλιά, nid.   ου, τό. * ᾶς, ή.
5. Καλός, beau, bon, noble, estimable.   ή, όν.
6. Καλύπτω, couvre. 7. Κάλως, câble. 6. ψω. 7. ω et ωος, ὁ.
8. Κάλυξ, de rose *ou* fleur bouton.   υκος.
9. Κάμαξ, perche, échalas, bâton.   ακος, ή.
10. Κάμηλος, CHAMEAU, câble *indique*.   ου, ὁ, ή.
11 Κάμινος, four à chaux, à brique.   ου, ὁ, ή.

DÉRIVÉS.

1. Vase à rafraîchir les boissons; chapiteau.

2. Roseau, lat. *calamus.* CHALUMEAU, s. m. pipeau; καλάμη, l. mêm. d. p. CHAUME, L, *culmus,* paille, tige des graminées; καλαμίς, tige de roseau pour écrire; ligne de pêcheur; gluau; καλαμίζω, jouer du chalumeau; καλαμεύω, moissonner; pêcher à la ligne.

3. Nommer; κλητεύω, appeler en justice; ἐγκαλέω, id. accuser. CALENDES, s. f. pl. premier jour du mois romain où le peuple était convoqué; *calendæ,* de *calare*; dérivé de καλέω, appeler; d'où *calendrier*, s. m. ÉGLISE, s. f. assemblée des fidèles; ἐκκλησία, assemblée; d'ἐκκαλέω, assembler. RR. ἐκ, et καλέω. ECCLÉSIASTIQUE, s. m. et adj. ἐκκλησιαστικός, qui appartient à l'église; d'ἐκκλησία. L. *ecclesia,* église.

4. Bois sec à brûler.
* d. p. cabane en bois; grenier.

5. κάλλος, -εος, beauté. CALLIGRAPHIE, s. f. art de bien écrire. RR κάλλος, beauté, et γραφή, écriture; d'où *calligraphe*, s. m. CALLIOPE, s. f. muse de la poésie héroïque; Καλλιόπη. RR. κάλλος, et ὄψ, g. ὀπός, voix. CALIXTE et CALISTO, n. pr. καλιστώ, όος, ή; *très belle.*

6. κάλυμμα, voile, couverture; paupière; κέλυφος, écorce. CALYPSO, Καλυψώ, όος, ή, n. pr. APOCALYPSE, s. f. révélation, livre des révélations faites à saint Jean; ἀποκάλυψις, d'ἀποκαλύπτω, découvrir. RR. ἀπό, et καλύπτω.

7. καλώδιον, petit câble; καλωστρόφος, cordier.

8. CALICE, s. m. ou périanthe, enveloppe extérieure de la fleur; κάλυξ.

9. Bois d'une pique.

10. CAMÉLÉOPARD, s. f. ou girafe, quadrupède qui a la tête comme le chameau, et la peau comme la panthère. R. κάμηλος, et πάρδαλις, panthère.

11. Chaleur. L. *caminus*, d'où CHEMINÉE; καμινευτής, forgeron; καμινεύω, faire chauffer au fourneau, au four, à la forge; καμινεύτρια, cuisinière, qui garde le coin du feu.

LXXXVIII.

1. Κάμνω, peine, est las, abattu.   *f.* καμῶ.
2. Κάμπτω, fait courber, rend tortu.   κάμψω.
3. Κάνης, corbeille. 4. Κάννα, CANNE.   3. ητος, ἡ.
5. Κάνναβις, chanvre. 6. Κάνθων, âne.   εως, ἡ. 6. ωνος, ὁ.
7. Κανών, règle ; CANON, décret.   όνος, ὁ.
8. Κάπηλος, qui tient cabaret.   ου, ὁ.
9. Καπνός, fumée *ou* qui s'exhale.   οῦ, ὁ.
10. Κάπρος, sanglier, pourceau mâle.   ου, ὁ.
11. Κάπτειν, avaler, dévorer.   *f.* κάψω.
 * Κάψα, CASSETTE *à tout serrer.*   ας, η.

DÉRIVÉS.

1. Etre las; se fatiguer; faire avec peine ; être malade ; κάματος, fatigue, travail, le fruit du travail; ἀκμής, non fatigué. ACAMAS, s. m. ἀκάμας, héros grec; *infatigable.*

2. Faire des détours; émouvoir; γνάμπτω, κνάμπτω, id. d. p. carder. ACAMPTE, adj. qui ne réfléchit pas la lumière. RR. α priv. et κάμπτω. HIPPOCAMPES, s. m. pl. chevaux marins dont le corps se termine, *se courbe* en queue de poisson. RR. ἵππος, et κάμπτω, courber.

3. L. *canistrum.* CANÉPHORES, s. f. pl. jeunes filles qui portaient dans des corbeilles les choses destinées aux sacrifices. RR. κάνης, et φέρω, porter.

4. L. *canna*, roseau, jonc, natte.

5. Etoupe, vêtement de toile.

6. Gros âne, baudet, d. p. escarbot, scarabée; comme κάνθαρος, qui signifie en outre coupe, vase à boire, L. *cantharus.* κανθαρίς, ίδος (ἡ), mouche CANTHARIDE, scarabée venimeux d'un beau vert doré.

7. CANON, s. m. décision des conciles sur la foi ou la discipline; prière de la messe ; tableau qu'on met sur l'autel; catalogue des livres reconnus pour inspirés ; catalogue des saints évêques et des martyrs; d'où *canoniser, canonial, canonicité, canonique, canoniste.* CHANOINE, s. m. κανονικός, régulier, de κανών, règle ; celui qui possède un canonicat. PROTOCANONIQUE, adj. se dit des livres reconnus comme sacrés avant les canons. RR. πρῶτος, premier et κανών.

8. Cabaretier; brocanteur, trafiquant ; frauduleux ; falsifié ; καπηλεύω, trafiquer ; être cabaretier; frelater ; καπηλεῖον, boutique; cabaret.

9. d. p. vapeur ; καπνοῦχος, tuyau par où monte la fumée.

10. Verrat ; maladie des abeilles.

11. Manger ou boire avidement ; de κάπτω, vient en L. *capio.*

 * CAISSE, s. f. de κάψα; d'où *caissier, caisson*, s. m. CHASSE, s. f. coffre qui contient les reliques d'un saint ; t. *d'arts*, tout ce qui tient une chose enchâssée ; d'où *enchâsser*, v. a. CHASSIS, s. m.

LXXXIX.

1. Καρδία, cœur *le corps anime.*   ας. ἡ.
2. Κάρη, κάρηνον, tête, cime.
3. Καρκαίρω, vibrer, rendre un son.   *f.* αρῶ.
4. Καρκῖνος, cancer, mal; poisson.   ου, ὁ.
5. Κάρος, assoupissement, somme,   ου, ὁ.
6. Καρπός, tout fruit (grain, poire, pomme).   οῦ, ὁ.
7. Κάρσιος, de biais, de guingois.   α, ον.
8. Κάρφω, rend sec. 9. Κάρυον, noix.   *f.* ψω.
10. Καρχήσιον, la hune; tasse.   ου, τὸ.
11. Κασσίτερος, *pour* l'étain *passe.*   ου, ὁ.

DÉRIVÉS.

1. L. cor, cordis; ἀκάρδιος, sans cœur, lâche; εὐκάρδιος, qui a bon cœur; généreux. CARDIA, s. m. l'orifice de l'estomac. CARDIAQUE, adj. qui fortifie le cœur; cordial; καρδιακός. CARDIALGIE, s. f. vive douleur du cardia. RR. καρδία, et ἄλγος, douleur. CARDIALOGIE, s. f. traité du cœur. RR. καρδία, et λόγος. PÉRICARDE, s. m. membrane qui enveloppe le cœur. RR. περί, autour, et καρδία.

2. κράνον, κράνιον, id. CRANE, s m. κράνον. CRANIOLOGIE, s. f. traité des protubérances du crâne humain. RR. κράνιον, et λόγος, traité; d'où craniologue. PÉRICRANE, s. m. membrane qui enveloppe le crâne. RR. περί, autour, et κράνον.

3. Résonner; faire résonner.

4. Crabe. CANCER, s. m. signe du zodiaque; tumeur maligne, qui ressemble aux pieds du cancer.

5. καρόω, assoupir. CAROTIDES, adj. et s. f. pl. les deux artères qui conduisent le sang au cerveau, regardées comme le siège de l'assoupissement, par les anciens; καρωτίδας (αἱ). CAROTIQUE, adj. καρωτικός, qui a rapport au CARUS, profond assoupissement.

6. Semence; utilité; usufruit; jointure de la main avec le bras; καρπόομαι, jouir, tirer avantage; acquérir; venir à bout; épuiser. CARPE, s. m. partie qui est entre le bras et la paume de la main; καρπός. MÉTACARPE, s. m., la partie située entre le carpe et les doigts. RR. μετά, après, et καρπός. PÉRICARPE, s. m. enveloppe extérieure des semences, περί, autour, et καρπός, fruit.

7. ἐγκάρσιος, *plus usité*, oblique. P-R. a fait *biais* d'une seule syllabe; voy. στραγγός, p. 184.

8. Dessécher, faire dépérir; κάρφος, εος (τό), brin de paille ou de bois sec, foin, écorce.

9. Tout fruit qui y ressemble; κασταναïκόν κάρυον, L. *castanea nux*, châtaigne; καρύα (ἡ), noyer.

10. Le haut du mât, la corde qui y passe.

8

XC.

1. Κασσύω, ravaude, recoud.   *f.* ύσω.
2. Καυλός, pousse, tige de chou.   οῦ, ὁ.
3. Καυχάομαι, se glorifie.   ήσομαι.
4. Κέαρ, Κῆρ, CŒUR, courage, vie.   κέατος, τό.
5. Κέγχρος, millet, graine ; brillant.   ου, ὁ.
6. Κεῖμαι, gît, est posé, dépend.   σομαι.
7. Κείρω, tond ; * Κόρση, chevelure.   κερῶ.
8. Κέλαδος, bruit, clameur, murmure.   ου, ὁ.
9. Κελαρύζω, coule avec bruit.   *f.* ύσω.
10. Κέλευθος, chemin qui conduit.   ου, ἡ.

DÉRIVÉS.

1. Intriguer ; ressemeler des souliers ; κασσύμα, cuir *ou* semelle de soulier ; fourberie.

2. L. *caulis*, tige de plantes, des choux, laitues, asperges, etc. d. p. la garde d'une épée ; tuyau de plume ; extrémité pointue du bois d'une pique qu'on emmanche dans le fer. ACAULE, adj. sans tige apparente. RR. α priv. et καυλός.

3. Se vanter, se réjouir ; καύχη, καύχημα, jactance, vanité ; ἐπικαυχάομαι, insulter. CAUCASE, s. m. montagne très élevée, c. q. d. fière de sa hauteur.

4. L. *cor* ; κηραίνω, rouler dans son cœur, dans son esprit ; être inquiet.

5. Sorte de diamant ; grain de la figue ; ornement d'habits ; κεγχρώματα, κέγχροι, petits trous, ou clous dorés autour du bouclier.

6. Être couché ; être mort, enterré ; opprimé ; oisif ; être posé pour axiôme ; être mis en réserve ; consister dans ; dépendre de ; κειμήλιον, objets précieux ; bijou ; immeubles ; διάκειμαι, être établi, résolu ; πρόκειμαι, être proposé, avancé, exposé, objecté.

7. Retrancher, ravager ; manger gloutonnement ; κόρση, κόρρη, tempe, joue, mâchoire ; tête. CIRON, s. m. petit insecte qui s'engendre entre cuir et chair ; de κείρω, ronger. CORSOÏDE, s. f. pierre représentant une chevelure ; κορσοειδής. RR. κόρση, et εἶδος, ressemblance. CURÈTES, s. m. pl. prêtres de Cybèle, qui portaient la tête rase ; κούρητες, de κουρά, rasure.

8. d. p. son musical ; tumulte ; κελαδέω, faire du bruit, du tumulte ; résonner. ENCELADE, s. m. *bruyant*, un des géans qui voulurent escalader le ciel. RR. ἐν, et κέλαδος.

9. κελάρυξις, κελάρυσμα, murmure de l'eau qui coule.

10. *Par mer ou par terre.* route.

XCI.

1. **Κέλης**, coursier, cheval de guerre. ητος, ὁ.
2. **Κέλλειν**, arrive au port, prend terre. κελῶ ou κέλσω.
3. **Κέλειν**, ordonner, engager. f. κελήσομαι.
4. **Κενός**, vide, vain, trop léger. ή, όν.
5. **Κεντέω**, perce, tue ou pique. f. ήσω.
6. **Κέραμος**, terre à potier ; brique. ου, ὁ.
7. **Κεράννυμι**, mêle, adoucit. f. άσω.
8. **Κέρας**, corne, arc. 9. **Κέρδος**, profit. 8. ατος, το. 9. τό.
10. **Κεραυνός**, foudre, éclair, tonnerre. οῦ, ὁ.
11. **Κερκίς**, navette ; une cuillère. ίδος, ή.

DÉRIVÉS.

1. L. ce les. κέλητες, cavaliers qui disputaient le prix de la course.

2. Courir vite ; ὀκέλλω, aborder.

3. Commander; inviter; conseiller; exhorter ; encourager ; κελεύω, *plus usité*. m. sign: κέλευσμα, ordre; cri d'encouragement; chant des rameurs, etc.

4. τὸ κενόν, le vide ; κενόω, vider ; rendre désert ; rendre inutile ; épuiser. CÉNOTAPHE. Voy. 74, 9.

5. Aiguillonner, d. p. travailler à l'aiguille; κέντρον, aiguillon ; tout ce qui pique, épine ; éperon ; centre ; κέντρα, points cardinaux du ciel; κέντρων, ωνος, L. *cento, onis*, s. m. couverture ou habit de plusieurs morceaux; d'où CENTON, s. m. ouvrage de poésie composé de fragmens, de vers empruntés, *disjecti membra poëtæ*, comme dit Horace. CENTRE, s. m. L. *centrum*; κέντρον; d'où *central*, adj. CENTAURES, s. m. pl. cavaliers thessaliens qui chassaient, armés de javelots, les taureaux sauvages ; monstres fabuleux ; κένταυρος, de κεντέω, piquer, et ταῦρος, taureau. HIPPOCEN-TAURE, s. m. monstre fabuleux, moitié homme et moitié cheval ; ἱπποκένταυρος. RR. ἵππος, cheval, κεντέω, et ταῦρος. CENTROSCOPIE, s. f. partie de la géométrie qui traite du centre des grandeurs. RR. κέντρον, centre, et σκοπέω, considérer. CESTE, gantelet en cuir des athlètes garni de fer ou de plomb; κεστός, piqué, fait à l'aiguille ; de κεντέω, piquer.

6. Tuile; vase; κεραμεύς, potier; κεραμεύω, être potier. CÉRAMIQUE, s. m. de κεραμεικός, tuilerie ; quartier, place à Athènes où l'on avait autrefois fabriqué des tuiles.

7. Tempérer ; κρᾶσις, mélange. CRASE, s. f. mélange, *méd.*; synérèse, *gramm.* κρᾶσις. CRATÈRE, s. m. grand vase où les anciens mêlaient l'eau avec le vin, κρατήρ, ῆρος (ὁ).

8. ΑΟΕΡΕ, adj. se dit des insectes sans antennes. RR. α pr. et κέρας. RHINOCÉROS, s. m. gros quadrupède armé d'une corne sur le nez. RR. ῥίν, nez, et κέρας.

9. κερδαλέος, lucratif; utile; fin, rusé.

11. d. p. tissu *fait avec la navette* ; pilon ; κερκίζω, tisser avec la navette.

XCII.

1. Κέρκος, queue. 2. et Κεύθω, cacher. 4. ή. 2. f. σω.
3. Κεῖν, fend; brûle; veut se coucher. sans fut.
4. Κεφαλή, tête; homme; importance. ῆς, ή.
5. Κῆδος, soin, deuil, mal; alliance. εος, τό.
6. Κηλεῖν, charme, attire, est trompeur. ήσω.
7. Κηλίς, tache. 8. Κήλη, tumeur. 7. ῖδος, ή.
9. Κῆπος, jardin. 10. Κημός, frein, bride. ου, ό. οῦ, ό.
11. Κήρ, sort, destin; mort; Parque avide. κηρός, ή.
12. Κηρός, CIRE. 13. Κήρυξ, héraut. οῦ, ό. υκος, ό.
14. Κῆτος, baleine, cachalot. εος, τό.

DÉRIVÉS.

1. d. p. manche ou anse de certains vases et ustensiles.

2. κευθμός, κευθμών, κεῦθος, lieu où l'on se cache; retraite; souterrain; tanière.

3. κείω, id. poét. v. κεῖμαι.

4. κεφάλαιον, tête, haut; principal d'une chose; sommaire; chapitre; origine; κεφαλαία, migraine; κεφαλαιόω, toucher sommairement; réduire par chapitre, article; blesser à la tête; ἐγκέφαλον, cerveau. ACÉPHALE, adj. sans tête. RR. α, priv. et κεφαλή. AUTOCÉPHALE, s. m. évêque grec qui n'était pas soumis à la juridiction du patriarche, *chef par soi-même.* RR. αὐτός, soi-même, et κεφαλή. CÉPHALIQUE, adj. κεφαλικός, qui a rapport à la tête. CÉPHALALGIE, s. f. violent mal de tête, κεφαλαλγία, RR. κεφαλή, et ἄλγος, douleur. CÉPHALONIE, s. f. île de l'Archipel, une des premières de la mer Ionienne. RR. κεφαλή, et Ἰωνία, Ionie. ENCÉPHALE, adj. se dit des vers qui s'engendrent dans la tête. RR. ἐν, dans, et κεφαλή. ENCÉPHALITE, s. f. pierre imitant le cerveau. RR. ἐν, dans, κεφαλή, et λίθος, pierre. MA-CROCÉPHALE, s. m. qui a une longue tête. RR. μακρός, long, et κεφαλή.

5. Affliction; enterrement; κήδομαι, avoir soin, souci; faire des funérailles; κηδεύω, contracter alliance; être parent.

7. Ulcère, cicatrice; déshonneur.

8. Hernie. BRONCHOCÈLE, s. m. goître, tumeur à la gorge. RR. βρόγχος, gorge, et κήλη, tumeur. BUBONOCÈLE, s. m. hernie inguinale. RR. βουβών, aine, et κήλη.

10. Muselière; espèce de nasse.

11. Perte; peste, calamité; αἱ Κῆρες, les Parques; κηραίνω, tuer; corrompre; nuire; périr.

12. L. *cera,* cirage, vernis. CÉRAT, κηρωτός, οῦ (ὁ), onguent composé de cire et d'huile ou de sain-doux.

13. crieur public; κηρύσσω, crier, promulguer; convoquer; vendre à l'encan; divulguer; invoquer.

14. L. *Cetus,* de κῆτος, CÉTACÉE, s. m. et adj. nom commun aux gros poissons du genre de la baleine.

XCIII.

1. Κηφήν, un bourdon, grosse mouche.   ῆνος, ὁ.
2. Κίϐδηλος, non pur, altéré, louche.   ος, ον.
3. Κιϐωτός, BOÎTE, arche, coffret.   οῦ, ἡ.
4. Κίδαρις, tiare, bonnet.   εως, ἡ.
5. Κιδάφη, renard, *ou* finesse.   ης, ἡ.
6. Κιθάρα, de harpe une espèce.   ας, ἡ.
7. Κίκιννος, boucles de cheveux.   ου, ὁ.
8. Κίκυς, force ; homme actif, nerveux.   υος, ἡ.
9. Κινάϐρα, puanteur intense.   ας, ἡ.
10. Κίνδυνος, danger, risque ; chance.   ου, ὁ.

DÉRIVÉS.

1. d. p. vieux radoteur, vieille femme.

2. Falsifié par le mélange d'une substance étrangère; *fig.* trompeur; κιϐδηλεία, altération des métaux; falsification; corruption ; κιϐδηλεύω, altérer un métal ; falsifier ; corrompre ; κιϐδηλία, scorie; dépravation; κιϐδηλιάω, pâlir, *comme l'or blaffart et mélangé;* ἀκίϐδηλος, dégagé de scorie; épuré; franc, sincère.

3. κιϐώτιον, coffret, cassette, petite malle; κιϐωτοποιός, layetier, coffretier.

4. d. p. Sorte de danse. CIDARIS, s. m. tiare ou turban à l'usage des rois persans ou mèdes, mitre de leurs prêtres. L. *cidaris.*

5. κίδαφος, id. et fin, fourbe; κιδαφεύω, tromper.

6. L. *cithara.* CITHARE, s. f. petite harpe, lyre à sept ou neuf cordes des Hébreux et des Grecs; κιθαρίζω, L. *citharizo,* jouer de la harpe; κιθαριστής, ου (ὁ), joueur de harpe; harpiste ; κιθαριστύς, l'art d'en

jouer ; κιθαρῳδέω, chanter en s'accompagnant de la harpe ; κιθαρῳδία, accord de la voix et de la harpe ; κιθαρῳδός, *citharœdus,* chanteur qui s'accompagne de la harpe. GUITARE, s. f. dérivé de κιθάρα, L. *cithara,* instrument moderne à six cordes.

7. L. *cincinnus;* d'où CINCINNATUS, s. m. surnom des Quinctius.

8. κικύω, être robuste; se hâter, avancer.

9. CINABRE, s. m. minéral rouge, composé de soufre et de mercure, qui chauffé exhale une mauvaise odeur; κιννάϐαρι, L. *cinnabaris.*

10. κινδυνεύω, s'exposer à un danger; être en danger ; encourir une disgrace ; être appelé en justice ; sembler ; s'en falloir peu ; κινδυνεύεις ἐπιδεῖξαι σὺ χρηστὸς εἶναι. Xenoph. *Il semble* que vous vouliez faire voir que vous êtes homme de bien; κινδύνευσμα, entreprise périlleuse ; κινδυνευτής, qui brave le danger.

XCIV.

1. Κινέω, mouvoir, agiter. *f.* ήσω.
2. Κινύρομαι, se lamenter. ούμαι.
3. Κίρκος, anneau ; cercle ; théâtre. ου, ό.
4. Κιῤῥός, roux, couleur d'or, jaunâtre. ά, όν.
5. Κίς, ver. 6. Κίσσα, pie *et* dégoût. 5. ιός, ό. 6. ης, ή.
7. Κιχάνω, trouve, vient à bout. *f.* κιχήσομαι.
8. Κίχλη, grive. 9. Κίων, colonne. 9. ονος, ό, ή.
10. Κλάδος, rameau ; jet qui bourgeonne. ου, ό.
11. Κλάζω, crie, *ou* fait bruit perçant. *f.* κλάγξω.
12. Κλαίω, pleure, a remords cuisant. κλαύσω.

DÉRIVÉS.

1. Émouvoir, changer. L *cieo* ; κινδαξ, agile, souple, remuant ; παρακινέω, remuer inutilement ; *neut.* se démener ; ne pas rester en place ; agir avec légèreté, indécence ; être hors de soi, être fou ; corrompre.

2. κινυρός, plaintif, lamentable ; funeste.

3. d. p. Épervier ; cirque ; anneau ; κιρκόω, attacher avec un anneau. CIRCÉ, s. f. magicienne ; *qui fait des cercles magiques* ; de κίρκος. CIRQUE, s. m. enceinte circulaire, destinée aux courses de chevaux et de chars, et aux jeux publics chez les anciens Romains ; de *circus*, formé de κίρκος ; d'où *circuler*.

4. Couleur de feu ; κιῤροειδής, qui tire sur le roux.

5. Ver qui ronge le blé ou le bois.

6. κισσάω, être dégoûté, avoir des envies, des appétits de femme grosse, devenir grosse.

7. ἀκίχητος, incompréhensible.

8. L. *turdus*. TOURD, s. m. TOURDE, s. f. espèce de grive ; famille des grives et des merles ; d. p. le tourd, poisson de mer ; κιχλίζω, se nourrir de grives ; être gros et gras ; rire immodérément ; κιχλισμός, l'action de se nourrir de grives ; bonne chère.

9. Luette ; l'entre-deux des narines ; ἀκροκιόνιον, le haut des colonnes.

10. *propr.* Rameau flexible ; κλαδάω, couper des rameaux ; ébourgeonner la vigne, la tailler ; κλαδαρός, qui a plusieurs rameaux, qui est souple, fragile ; κλαδευτήριον, serpette, sécateur. CLADEUTÉRIES, s. f. pl. fêtes de Bacchus célébrées dans le temps de la taille des vignes.

11. κλαγγή, L. *clangor*, bruit d'une trompette, cri d'une oie, d'une grue.

12. Déplorer ; être puni ; se plaindre ; κλαῦμα, κλαυθμός, κλαυθμονή, pleurs, grands cris, lamentations ; κλαυθμυρίζω, pousser des cris, des sanglots, de grands soupirs. CLAS et GLAS, tintement lugubre d'une cloche après la mort d'une personne.

XCV.

1. Κλάω, brise, rompt ; ébourgeonne.   *f. ἄσω.*
2. Κλείς, CLÉ. ☀ Κλείω, ferme, emprisonne.   *ιδός, ἡ.*
3. Κλέος, gloire. 4. Κλέπτω, piller.   *έους, τό.*
5. Κλῆμα, brin de vigne ; soulier.   *ατος, τό.*
6. Κλῆρος, sort, part, lot ; fonds de terre.   *ου, ὁ.*
7. Κλίβανος, four, réchaud, tourtière.   *ου, ὁ.*
8. Κλίμαξ, degrés. 9. Κλόνος, grand bruit.   *ακος, ἡ.*
10. Κλίνειν, INCLINER ; ☀ Κλίνη, lit.   *f. νῶ.*
11. Κλύζω, baigne, nettoie, inonde.   *ύσω.*
12. Κλύειν, entend, fait bruit au monde.   *ύσομαι.*

DÉRIVÉS.

1. κλάσμα, fragment, éclat, κλάστης, qui rompt ; κλαστάω, rompre. ÉUCLASE, s. f. pierre verte fragile. RR. εὖ, facilement, et κλάω, briser.

2. L. *clavis,* CLEF, d. p. barre ; verrou ; fut. κλείσω ; enferme. CLOÎTRE, s. m. κλεῖθρον, clôture, de κλείω, fermer. OPHICLÉIDE, s. m. serpent à clef, instrument de musique. RR. ὄφις, serpent et κλείς, clé.

3. gén. κλέους ; dat. κλέει ; pl. κλέα. d. p. renommée, haut fait ; κλείω, poét. p. κλείζω, louer, célébrer. CLIO, s.f. muse de l'histoire ; de κλείω, célébrer. THÉMISTOCLE, Θεμιστοκλῆς, έους, ὁ, n. pr. RR. Θέμις, loi, et κλέος, gloire.

4. Voler ; cacher ; supprimer ; dire ou faire à la dérobée ; tromper ; κλέμμα, vol, larcin. CLEPSYDRE, s. f. horloge d'eau ; κλεψύδρα. RR. κλέπτω, dérober, et ὕδωρ, eau ; parce que l'eau qui s'y échappe, disparaît.

6. L. *clerus.* κληρωτὶ, par le sort ; κληρονομέω, hériter, obtenir par la voix du sort. CLERGÉ, s. m. de κλῆρος ; c. à d. l'héri-tage du seigneur ; d'où *clerc, clérical, cléricature.*

7. L. *clibanus.* κρίβανος, le m.

8. κλιμακτήρ, échelon, degré. CLIMATÉRIQUE, adj. chaque sep-tième, et surtout la soixante-troisième année de la vie ; κλι-μακτηρικός, par échelon.

9. Trouble ; agitation ; κλονέω, agiter, émouvoir ; troubler.

10 L. *inclinare* ; abaisser ; plier ; faire plier ; mettre en fuite ; détourner ; décliner ; s'appuyer, s'abaisser ; dimi-nuer. CLIGNER, v. fermer les yeux à demi ; κλίνειν, bais-ser. CLIMAT. s. m. κλίμα, in-clinaison du ciel, *région.* CLI-NIQUE, adj. (baptême) reçu au lit de mort ; (médecine) exer-cée au lit des malades ; κλινικός, de κλίνη, lit. ENCLIN, adj. de *inclinare,* dérivé de κλίνειν. EN-CLITIQUE, adj. particule qui s'appuie sur le mot précédent et ne fait qu'un avec lui ; ἐγ-κλιτικός. RR. ἐν, sur, et κλίνω.

11. CLYSTÈRE, s. m. lave-ment ; κλυστήρ, ῆρος (ὁ).

12. κλυτός, parlant ; réso-nant, célèbre. L. *inclytus.*

XCVI.

1. Κλώθω, filer. 2. Κλών, rejeton. ωνος, ὁ.
3. Κνάπτω, carder. * Κναφεύς, foulon. f. ψῶ.
4. Κνάω, gratte ; pique, stimule. κνήσω.
5. Κνέφας, ténèbres ; crépuscule. φεος-ους, τό.
6. Κνήμη, jambe. 7. Κνημός, hauteur. ης, ἡ. οῦ, ὁ.
8. Κνίσσα, de rôti bonne odeur. ος, ἡ.
9. Κόβαλος, fourbe au beau langage. ου, ὁ.
10. Κόγχη, CONQUE, huitre, coquillage. ης, ἡ.
11. Κοῖλος, concave, creux, profond. η, ον.
* Κοιλία, ventre, estomac, fond. ας, ἡ.

DÉRIVÉS.

1. f. κλώσω, dévider; κλῶσμα, fil autour du fuseau ; κλωστήρ, id. l'action de filer, de tordre ; fuseau; κλώστης, fileur, fileuse. CLOTHO, s. f. celle des trois Parques qui tient la quenouille; κλωθώ.

2. Ou rameau inutile qu'on coupe ; κλωνίζω, élaguer.

3. Peigner le drap; γνάπτω, id. κναφεύς et γναφεύς, έως (ὁ), cardeur.

4. Raser, couper, chatouiller ; κνέω, id. κναίω, id. racler ; fâcher ; détruire ; κνίζω, κνιζείω, κνίζω, id, sacrifier, piquer; κνῆθω, frotter, gratter, égratigner, exciter une demangeaison ; chatouiller ; émouvoir ; irriter ; κνύω, le même; κνυζόω, donner la gale ; rendre difforme et hideux ; κνυζάω, ζέω, grogner, se plaindre, flatter ; κνίδη, ortie

5. dat. κνέφα, d. p. obscurité, nuit.

6. Jambe ; κνημίς, bas, botte; rayon de roue.

7. d. p. colline.

8. κνισσός, friand, alléché par l'odeur du rôti.

9. Charlatan; bouffon; imposteur; flatteur: parasite ; lutin, sorte de démon. CABALE, s. f. κοβαλεία, L. cabala, magie; art chimérique de communiquer avec les esprits imaginaires, les sylphes, gnomes, lutins, etc. De là cabaliste, s. m. savant dans la cabale; cabalistique, adj. CABALE, intrigue; complot; d'où cabaler, cabaleur.

10. L. concha, grande coquille concave ou en spirale. CONCHITE, s. f. coquille pétrifiée. CONCHYLE, s. m. la pourpre, poisson, coquillage qui fournit l'écarlate. CONCHYLIOLOGIE, s. f. science qui traite des coquillages. RR. κόγχος, et λόγος, traité.

11. pl. neut. τὰ κοῖλα, ῶν, les flancs ; κοίλωμα, creux, cavité ; κοιλαίνω, creuser ; κοιλάς, vallée profonde ; κοιλίς, paupière supérieure. CIEL, s. m. L. cœlum, de κοῖλον, concave. CÉLESTE, adj. du latin cœlestis, formé de cœlum.

• Capacité du cœur, du cerveau, etc.; estomac ; intestins ; canal ; cadavre. CÉLIAQUE, adj. se dit d'un flux de ventre chyleux, et d'une artère ; κοιλιακός, chyleux, de κοιλία.

XCVII.

1. Κοιμᾶν, dort, couche; est hors du monde.   ῆσω.
2. Κοινός, commun, vulgaire; immonde.   ή, όν.
3. Κοίρανος, chef, roi, souverain.   ου, ὁ.
4. Κοίτη, lit. 5 Κόκκος, baie *ou* grain.   ης, η, ου, ὁ.
6. Κολάζω, réprime, châtie   άσω.
7. Κόλαξ, flatteur, repas mendie.   ακος, ὁ.
8. Κολάπτω, frappe; entaille; bat   άψω.
9. Κολετρᾶν, foule aux pieds, abat   ήσω.
10. Κόλλα, COLLE; soudure; cire   ης, ἡ.
* Κολλύριον, onguent, COLLYRE.   ου, τό.

DÉRIVÉS.

1. mettre au lit, assoupir; κοιμάομαι, se coucher, dormir, passer la nuit; mourir; κοιμίζω, endormir, assoupir. CiMETIÈRE, s. m. lieu de repos; κοιμητήριον, dortoir.

2. d. p. ordinaire, qui aime à être en compagnie; profane; κοινωνικός, qui aime la vie commune, qui appartient à la communauté; κοινωνός, participant à, compagnon de. Cène, s. f. dernier souper de J.-C. avec ses apôtres, du L. *cœna*, repas commun, dériv. de κοινός. Cénisme, s. m. chez les Grecs, emploi confus de tous les dialectes; de κοινός. Cénobite, s. m. moine qui vivait en communauté; de κοινός et βίος, vie; d'où *cénobitique*, adj. Épicène, adj. (mot) commun aux deux sexes : ex. *enfans*, *parens*.

3. Seigneur, gouverneur; κοιρανίδης, id. κοιρανῶ, commander, régner; exceller.

4. Lit d'une rivière; gîte d'un animal; κοῖτος, id. d. p. sommeil. Coite ou Couette, s. f. lit de plume; de κοίτη.

5. Pepins de grenade; pilule Coques du Levant, baies d'un arbrisseau des Indes.

6. Punir; élaguer; modérer; κόλασμος, châtiment, punition; ἀκόλαστος, intempérant, sans retenue.

7. d. p. parasite; κολακεύω, flatter; κολακεία, flatterie.

8. |κόλαφος, soufflet; ἐγκολάπτω, graver, ciseler; creuser, Colaphiser, v. a. *fam.* κολαφίζω, souffleter.

9. Frapper sur le dos, le ventre.

10. L. *colla*, mastic, cire composée; d. p. cuir du dos d'un bœuf; κολλάω, coller; souder; κολλητής, colleur; κολλητικός, propre à coller; κολλητός, collé. Colle, matière gluante qui sert à coller, κόλλα; d'où *collage, coller, encoller*, vv. Collétique, adj. médicament qui réunit les bords d'une plaie. Chrysocolle, s. f. matière propre à souder l'or et les autres métaux; χρυσόκολλα. RR. χρυσός, or, et κόλλα. Lithocolle, s. f. *colle à pierre*, ciment pour assujétir les pierres précieuses quand on les taille. RR. λίθος, pierre, et κόλλα.

* Collyre, m. Sorte de médicament ou de liniment pour les yeux, L. *collyrium*.

XCVIII.

1. Κολοιός, geai, pie *ou* choucas.   οῦ, ὁ.
* Κολῳός, tumulte, fracas.   οῦ, ὁ.
2. Κόλον, viande. Εὔκολος, commode.   οὐ, τό. ος, ον.
3. Κολοσσός, COLOSSE (*de Rhode*).   οῦ, ὁ.
4. Κολούω, coupe *bras ou main*.   *f.* ούσω.
5. Κολοφών, faîte. 6. Κόλπος; sein.   ῶνος, ὁ. ου, ὁ.
7. Κολυμβᾶν, dans l'eau plonge et nage.   *f.* ήσω.
8. Κολωνός, tertre; haute plage.   οῦ, ὁ.
9. Κόμβος, bourse, houpe, des nœuds*.   ου, ὁ.
10. Κομεῖν, nourrit, orne, est soigneux.   *f.* inus.

DÉRIVÉS.

1. Bruit d'une querelle; κολοσυρτός (ὁ), *poét.* le mêm. d. pl. foule; κολοιάω-ωάω, crier comme des geais ou des choucas qui croassent; se quereller.

2. Mets, nourriture; q.q.f. pour κῶλον, gros boyau *ou* COLON, s. m. εὔκολος, facile à nourrir; accommodant; aisé, facile; δύσκολος, dégoûté, difficile à nourrir *ou* à vivre; fantasque, morose; chagrin. BUCOLIQUE, adj. se dit des poésies pastorales; βουκολικός, pastoral, de βουκόλος, bouvier, pâtre. R. βοῦς, bœuf, et κόλον, nourriture; d. p. s. f. pl. *les Bucoliques de Virgile.* DYSCOLE, adj. δύσκολος, chagrin, surnom de plusieurs personnages.

3. L'une des *sept merveilles* du monde; L. *colossus*; statue plus grande que nature; d'où *colossal*, adj.

4. Amputer, retrancher, écourter, rapetisser, affaiblir; κολοβόω, id. κόλος, κολοβός, estropié, écourté. COLURE, s. m. chacun des deux grands cercles qui coupent l'équateur et le zodiaque. RR. κολούω; et οὐρά, queue.

5. Sommet, comble; achèvement. COLOPHONE, s. f. Κολοφών, ville d'Ionie. COLOPHANE, s. f. κολοφωνία, sorte de résine dont on frotte le crin d'un archet; de κολοφών.

6. Comme L. *sinus*, sinuosité; pli des vêtemens; d. p. ulcère. GOLFE, s. m. baie.

7. κόλυμβος, plongeon, oiseau; d. p. plongeur, nageur; κολυμβητής, οῦ (ὁ), id.

8. hauteur, colline; citadelle; q.q.f. place publique; κολώνη, id. COLONE, nom d'un canton de l'Attique.

9*. D'une tige, ou de rubans; d. p. lieu élevé; κομβόω, orner de nœuds; κόμβωμα, ornement, belle robe; ἐγκομβόομαι, lier; orner,

10. soigner, élever avec soin; κομίζω, id.; d. p. amener, emmener, transporter; porter en terre; se transporter quelque part. *Au moy.* recevoir; acquérir; κομιδή, ῆς (ἡ), soin; transport; arrivée; κομιδῆ, adv. extrêmement, avec grand soin.

XCIX.

1. Κόμη, cheveux, tête ajustée.   ης, ἡ.
2. Κομμός, fard, parure affectée.   οῦ, ὁ.
3. Κόμπος, bruit d'un choc; discours vain.   ου, ὁ.
4. Κομψός, élégant, joli; fin.   ή, όν.
5. Κόναβος, son, bruit *ou* murmure.   ου, ὁ.
6. Κόνδυλος, poing, soufflet; jointure.   ου, ὁ.
7. Κονεῖν, court, sert, lestement fait.   *f. inus.*
8. Κοντός, pieu, croc d'un batelet.   οῦ, ὁ.
9. Κονίς, poussière, cendre; *lente.   εως, ἡ. * ίδος, ἡ.
10. Κόπρος, fumier, excrémens, fiente.   ου, ὁ.

DÉRIVÉS.

1. chevelure; κομάω, soigner, laisser croître sa chevelure; être vaniteux. Comète, s. f. L. *cometa* et *cometes*, étoile chevelue, qui a une queue; κομήτης, chevelu; Cométographie, s. f. traité des comètes. RR. κομήτης et γραφή, traité. Chrysocome, s. f. plante dont les fleurs sont ramassées en bouquets couleur d'or. RR. χρυσός, or, et κόμη.

2. Beauté artificielle; lamentation; dent molaire; κομμόω, parer d'ornemens recherchés; farder.

3. Bruit que fait un sanglier en aiguisant ses dents; que font des gens qui dansent; discours emphatiques, jactance; κομπέω, -άζω, craquer; faire du bruit, se vanter.

4. Bavard; astucieux; fanfaron; κομψεύω, -ομαι, plaisanter agréablement; faire l'agréable, le plaisant; arranger élégamment.

5. Κοναβέω, -ζω, retentir.

6. Coup de poing. Κονδυλίζω, donner des coups de poings; κονδυλόομαι, s'enfler comme les jointures des doigts quand on ferme la main. Condyle, s. m. proéminence de l'extrémité d'un os; doigts; d'où condyloïde, adj.

7. Se hâter. Diacre, s. m. celui qui est promu au diaconat et qui sert le prêtre à l'autel; διάκονος, serviteur, de διακονέω. RR. διά, de côté et d'autre, et de κονεῖν, servir; d'où diaconat, diaconesse; archidiacré, s. m. *premier diacre.*

8. L. *contus.* d. p. épieu.

9. g. εως. L. *cinis,* d. p. lessive; *mais* κονίς, g. ίδος, signifie œufs de pous, de pucerons; κονίω, -ίζω, remplir de poussière; oindre; crépir; se hâter. Conise, s. f. plante aux feuilles de laquelle la poussière s'attache facilement.

10. κοπρών, id. lieu où on dépose le fumier; κοπρόω, -ῶω, -εύω, fumer. Coprophage, s. m. insecte qui vit de fiente. RR. κόπρος, et φάγω, manger.

C.

1. Κόπτω, COUPER, frapper ; lasser.   *f.* ψω.
2. Κόραξ, corbeau ; *d'où* CROASSER.   αχος, ὁ.
3. Κορεῖν, tient propre *ou* rassasié.   ἐσω, *et* ησω.
4. Κόρθυς, monceau, tas *signifie*.   υος, ἡ.
5. Κόρη, vierge ; globe de l'œil.   ης, ἡ.
6. Κόρυζα, morve ; sot orgueil.   ης, ἡ.
7. Κόρυμβος, touffe, grappe ; faîte.   ου, ὁ.
8. Κόρυς, casque ; *anciennement*, tête.   υθος, ἡ.
9. Κορύνη, massue *ou* bouquet.   ης, ἡ.
10. Κορυφή, tête ; fin ; sommet.   ῆς, ἡ.

DÉRIVÉS.

1. Battre, forger, fatiguer, importuner ; κοπίς, épée, couteau ; κόπος, travail, fatigue, peine ; κοπιάω, travailler ; se fatiguer ; supporter avec peine. APOCOPE, s. f. retranchement à la fin d'un mot ; ἀποκοπή. RR. ἀπό, de, et κοπή, coupure. CHOPPER, faire un faux pas en heurtant du pied ; de κοπεῖν, ao. 2. de κόπτω, frapper ; du même *coup, couper, copeau.* COPTER, faire battre le battant d'une cloche. SYNCOPE, s. f. retranchement d'une syllabe, d'une lettre dans le corps d'un mot ; συγκοπή. RR. σύν, avec, et κοπή, retranchement.

2. d. p. marteau de porte, croc, carcan ; machine de guerre. CORACES, s. m. pl. famille d'oiseaux qui comprend le corbeau, la pie, le geai, etc. CROASSER, v. n. se dit du cri du corbeau, des corneilles, etc.

3. d. p. balayer ; κόρος, balai ; κορέννυμι, f. κορέσω, rassasier ; κόρος, satiété, dégoût ; insolence ; d'où κόρις, εως (ὁ), punaise. CORIS, plante, et CORIANDRE, κορίανδρον, plante dont la tige et la graine fraîche sentent la punaise. CORAIL, s. m. plante ou production marine ; κοράλλιον, de κορεῖν, orner, et de ἅλς, mer ; *ornement de la mer.* NÉOCORE, s. m. chargé de l'entretien du temple ; νεωκόρος. RR. ναός, temple, et κορέω, nettoyer.

5. Pupille ou prunelle de l'œil ; d. p. Proserpine.

6. Rhume de cerveau, CORYZA ; κορυζάω, être enrhumé du cerveau, être enchifrené.

7. Pointe, extrémité ; toupet de cheveux ; tige d'asperge ; grappe de fleurs ou de lierre. L. *corymbus* ; CORYMBE, fleurs en grappes horizontales au haut des tiges.

8. d. p. alouette huppée ; L. *corydalis*, κορυδαλλίς, κορυδός (ὁ) ; κορύσσω, armer d'un casque ; armer, exciter.

9. Rejeton noueux d'un arbre ; bouquet de fleurs ; articulation noueuse des membres. CORYNE, s. f. polype charnu dont le corps a la forme d'une massue.

10. d. p. sommaire, récapitulation. CORYPHÉE, s. m. κορυφαῖος, le chef du chœur, chez les anciens ; chef, premier, principal. L. *coryphœus.*

CI.

1. Κορώνη, corneille ; COURONNE, ης, ἡ.
2. Κόσκινον, crible, *ou* poule *donne* ου, τό.
3. Κόσμος, ordre, monde, ornement. ου, ὁ.
4. Κότινος, olivier non franc. ου, ὁ, ἡ.
5. Κότος, haine, soif de vengeance. ου, ὁ.
6. Κοτύλη, creux ; un pot sans anse. ης, ἡ.
7. Κοῦφος, léger, frivole, vain. η, ον.
8. Κόφινος, panier, mannequin. ου, ὁ.
9. Κόχλαξ, petit caillou, pierrette. ακος, ὁ.
10. Κόχλω, tournoie *ou* pirouette. *sans f.*

DÉRIVÉS.

1. L. *corona*, corbeau, plongeon, poule d'eau ; marteau d'une porte ; bout recourbé d'un arc ; *en général*, toute espèce de courbure ; sorte de tresse ; rondeur de la poupe du vaisseau, bout du bois qui est entre les deux bœufs à la charrue; bout rond de l'omoplate; extrémité de l'os des mâchoires; sutures de la tête ; κορωνίς, vaisseau noir ou courbé aux extrémités; figure, marque à la fin des livres; faîte, perfection; corniche. COURONNE, s. f.

2. Table de multiplication ; volailles domestiques.

3. Manière, conduite ; genre humain ; univers, ciel ; κόσμιος, modéré, de bonne vie ; κοσμέω, orner, ordonner, arranger. COSMÉTIQUE, adj. qui embellit la peau ; κοσμήτικος, de κοσμέω, orner. COSMOGONIE, s. f. système de la formation du monde. RR. κόσμος, et γόνος, formation. COSMOGRAPHIE, s. f. description du monde. RR. κόσμος, et γραφή; d'où *cosmographe, cosmographique.* COSMOLOGIE, science des lois qui gouvernent le monde physique ; κοσμολογία. RR. κόσμος, et λόγος, traité; d'où *cosmologique.* COSMOPOLITE , s. m. citoyen de l'univers. RR. κόσμος, univers, et πολίτης, citoyen.

4. Couronne d'olivier, pépins.

5. Ressentiment; κοτέω, -ομαι, être plein de ressentiment ; se fâcher.

6. d. p. la paume des mains; cymbale. COTYLE, s. m. cavité d'un os qui en reçoit un autre. COTYLÉDONS, s. m. pl. lobes séminaux des plantes ; d'où *acotylédone,* adj. sans cotylédon ; *polycotylédone,* qui a plusieurs cotylédons.

7. κουφίζω, soulever ; alléger; consoler.

9. κάχληξ, id. καχλασμα, bruit des cailloux roulés par la mer.

10. κόχλος et κοχλίας, L. *cochlea,* colimaçon. d. p. une vis de pressoir ou autre. COCHLEARIA , s. m. ou *herbe aux cuillers,* de κοχλιάριον, une CUILLER, dont ses feuilles ont la forme.

CII.

1. Κράδη, croc, rameau du figuier. ης, ή.
2. Κράζω, croasser *ou* crier. *f.* κράξω.
3. Κραίνειν, règne, achève une ébauche. ανῶ.
4. Κραιπάλη, CRAPULE, débauche. ης, ή.
5. Κραιπνός, prompt. 6. Κραῖρα, tête, haut. η, ον.
7. Κράμβη, chou. 8. Κράμβος, sec et chaud. ης, η. η, ον.
9. Κράτος, force, pouvoir, puissance. εος, τό.
* Καρτερεῖν, prendre en patience. *f.* ήσω.
10. Κρέκω, fait bruit, touche instrumens. ξω.
11. Κρεμᾶν, suspend, tient en suspens. ύσω.

DÉRIVÉS.

1. Figuier, la feuille; κράδος rameau; maladie du figuier; κραδαίνω, κραδάω, κραδεύω, brandir; ébranler, faire trembler.

2. κραυγή, clameur, vocifération; κραυγάζω, pousser des clameurs. CRAQUER, v. n. d'où craquement, craquerie, craqueur.

3. Accomplir; perfectionner; κριαίνω, id. κράντωρ, roi, prince; κρείων, id.

4. Mal, pesanteur de tête quand on a trop bu; κραιπαλάω, avoir mal à la tête, déraisonner par l'effet de l'ivresse; κραιπαλίζω, se plaire dans la crapule.

5. Rapide, vif, léger.

6. ὀρθόκραιρος, qui a la tête levée.

8. Rôti, grésillé, *en parlant des vignes.*

9. Victoire; κραταιός, fort, vaillant; κραταιόω, fortifier; κρατερόω, consolider; sceller; κρατέω, commander, dominer, être maître de; avoir le dessus; vaincre; exceller; contenir; obtenir; bien retenir; durer; prévaloir; s'établir; καρτερέω, souffrir patiemment, persister; être assidu; prendre courage; κρείσσων, -ττων, plus fort, meilleur; κράτιστος, très fort, très vaillant. ARISTOCRATIE, voy. St. 21. ARISTODÉMOCRATIE, s. f., gouvernement des grands et du peuple. RR. ἄριστοι, les grands, δῆμος, peuple, et κράτος, pouvoir; d'où *aristodémocratique.* AUTOCRATE, souverain absolu. RR. αὐτός, soi-même, et κράτός, pouvoir; d'où *autocratie.* PANCRACE, s. m. exercice composé de cinq exercices gymniques; παγκράτιον, RR. πᾶς, tout, et κράτος, force. THÉOCRATIE, s. f. gouvernement de Dieu. RR. Θεός, et κράτος; d'où *théocratique.*

10. κέρκω, id. CRÉCELLE, s. f. moulinet très bruyant; κρέκελος, et κρέκη, son désagréable.

11. CRÉMAILLÈRE, s. f. instrument de fer à crans, suspendu dans une cheminée de cuisine. L. *cremaster,* croc.

CIII.

1. Κρέμβαλον, hochet *ou* sonnette. ου, τό.
2. Κρήδεμνον, voile, bandelette. ου, τό.
3. Κρημνός, précipices, lieux hauts. οῦ, ὁ.
4. Κρήνη, fontaine, source d'eaux. ης, ἡ.
5. Κρηπίς, la base où l'on s'appuie. ιδος, ἡ.
6. Κριθή, l'orge. 7. Κρίζω, je CRIE. ῆς, ἡ.
8. Κρησέρα, bluteau, sas, tamis. ας, ἡ.
9. Κρίμνον, du son. 10. Κρίνον, le lis. 9. 10. ου, τό.
11. Κρίνω, juge, élit, combat, pense. f. νῶ.
* Κρίσις, choix, jugement, sentence. εως, ἡ.

DÉRIVÉS.

1. Cymbale; κρεμβαλιάζω, -ίζω, jouer des cymbales.

2. Mantelet ou couvercle d'un muid; créneaux d'une muraille.

3. Lieu escarpé; κρημνοί, bords d'une plaie; κρημνίζω, κρημνάω, κρημνήμι, précipiter.

4. κρηνιάδες, nymphes des fontaines. *Hippocrène.* V. ἵππος, St. 84.

5. Pantoufle; sorte de gâteaux; κρηπιδόω, jeter les fondemens, faire un massif; chausser des pantoufles, des patins.

6. CRITHE, s. m. tumeur de la grosseur d'un grain d'orge qui vient au bord des paupières.

7. CRIER, v. n. faire un cri perçant.

8. Grosse farine; grain d'orge.

10. Fleur de citrouille; mendiant.

11. Trier; séparer; discerner; choisir; citer en justice, condamner; examiner; * κρίσις, -εως, d. p. action juridique; procès; fin, décision, issue; ἐκκρίνω, séparer, retrancher; chasser; épuiser, réprouver; approuver; être en suspens; ὑποκρίνομαι, feindre; répondre; prononcer; estimer; penser; interpréter, expliquer; décider. CRISE, s. f. κρίσις changement soudain, entier, décisif. CRITIQUE, s. f. κριτική de κριτικός, qui juge, l'art de juger des ouvrages d'esprit; d'où *critiquer*; *critique*, adj. qui a rapport à la critique; jour critique, où il doit arriver une crise; s. m. celui qui examine les ouvrages d'esprit. HYPOCRISIE, s. f. affectation d'une piété, d'une vertu qui ne sont que feintes; ὑποκρίνομαι, feindre, se déguiser. RR. ὑπὸ, sous, et κρίνω, juger; d'où *hypocrite*, s. m. et adj. L. *hypocrisis, hypocrita, hypocrites.*

CIV.

1. Κριός, bélier ; signe au bélier.   οῦ, ὁ.
2. Κρόκη, trame; sable, gravier.   ης, ἡ.
3. Κρόκος, safran. * Κροκόεις, jaune.   ου, ὁ.
4. Κρόνος, le Temps ; qui déraisonne.   ου, ὁ.
5. Κροσσός, bord, frange d'un habit.   οῦ, ὁ.
6. Κρόταφος, tempe. 7. Κρότος, bruit.   6. 7. ου, ὁ.
8. Κρουνός, source d'eau jaillissante.   οῦ, ὁ.
9. Κρούω, touche, bat, son enfante.   f. σω.
10. Κρύος, glace, froid à geler.   εος, τό.
11. Κρύπτω, cacher; couvrir, céler.   f. ψω.

DÉRIVÉS.

1. Bélier, constellation; machine de guerre; volute de chapiteau corinthien ; vaisseau qui avait un bélier pour enseigne. CRIOPHAGE, s. m. idole à qui on immolait des béliers. RR. κριός, et φάγω, manger.

2. Rivage; trame *du tisserand*; κροκίζω, tramer, tisser.

3. L. *crocus* et *-um*. d. p. jaune d'œuf; κροκίζω, ressembler au safran; κροκόω, teindre en safran, safraner. CROCODILE, s. m. animal amphibie qui craint, dit-on, la vue et l'odeur du safran; κροκόδειλος. RR. κρόκος, et δειλός, craintif.

4. Saturne, vieux fou, radoteur. CRONIES, s. f. fêtes en l'honneur de Saturne.

5. Claquement, applaudissement ; κροτέω, faire claquer, frapper avec bruit ; toucher *un instrument* ; applaudir ; faire sonner bien haut ; marmotter ; συγκροτέω, frapper ensemble, applaudir ensemble, ramasser ; former ; dresser ; convenir d'un lieu, d'une heure ; encourager. CROTALE, s. m. tambour des prêtres de Cy-

bèle ; κρόταλον, de κρότος, bruit. ONOCROTALE , s. m. pélican dont le cri ressemble au braire de l'âne ; ὀνοκρόταλος. RR. ὄνος, âne et κρότος.

8. Conduit, canal, robinet.

9. Toucher fortement ; faire sonner en frappant ; frapper ; ἀνακρούω, et -ομαι, repousser en arrière ; réprimer ; *au moy.* entonner ; παρακρούω, -ομαι, repousser; supplanter; tromper, abuser ; *au pass.* être dupé ; *au moy.* refuser.

10. κρυμός, id. κρυερός, froid, glacé, glacial ; *poét.* affreux , qui glace d'effroi; κρυόω, geler glacer ; κρυμώδης, glacé.

11. Voiler, déguiser, dissimuler. APOCRYPHE, adj. suspect, douteux, inconnu ; ἀπόκρυφος. RR. ἀπό, et κρύπτω. CRYPTE, s. f. souterrain d'une église où l'on enterre des morts; de κρύπτω, cacher. CRYPTOGAME, adj. (plante), dont les organes sexuels sont cachés. RR. κρύπτω, et γάμος, mariage. CRYPTOGRAPHIE, s. f. écriture secrète, chiffres de convention ; RR. κρύπτω, et γραφή, écriture.

CV.

1. Κρύσταλλος, CRYSTAL, verre ; glace.   ου, ἡ ; ὁ.
2. Κρωσσός, un pot. 3. Κρώζω, croasse.   2. ου, ὁ. 3. ξω.
4. Κτᾶσθαι, posséder, acquérir.   κτήσομαι.
5. Κτείνω, tuer, faire mourir.   κτενῶ.
6. Κτείς, un peigne à peigner la tête.   ενός, ὁ.
7. Κτῆνος, monture, bétail, bête.   εος-ους, τό.
8. Κτέρεα, funérailles dit.   ων, τὰ.
9. Κτίζω, bâtit, crée, établit.   f. ίσω.
10. Κτίλος, bélier, chef ; * non sauvage. ου, ὁ. * η, or.
11. Κύαμος, fève, sort, suffrage.   ου, ὁ.

DÉRIVÉS.

1. L. *crystallus*, κρυσταλλίζω, être clair comme le crystal ; κρυσταλλόω, glacer, congeler ; crystalliser ; κρυσταλλοειδής, semblable au crystal. CRYSTAL-LIN, adj. transparent, et s. m. partie de l'œil transparente ; κρυστάλλινος. CRYSTALLOGRAPHIE, s. f. description des crys-taux. RR. κρύσταλλος, et γραφή, description. CRYSTALLOÏDE, s. f. membrane transparente ; RR. κρύσταλλος, et εἶδος, ressemblance. CRYSTALLOTECHNIE, s. f. art de faire crystalliser les sels. RR. κρύσταλλος; et τέχνη, art.

2. Pot à long cou.

3. κρωγμός, croassement.

4. κτῆμα, κτῆσις, acquisition ; possession ; domaine ; κτήματα, biens ; κτητός, qu'on peut acquérir, acheter; possédé ; ἀκτήμων, pauvre ; φιλοκτησία, amour du bien. ÉPICTÈTE, philosophe ; ἐπίκτητος. RR. ἐπί, et κτητός, acquis. PHILOCTÈTE, héros grec. RR. φίλος, ami, et κτητός, acquis.

5. ἀποκτείνω, id. αὐτοκτόνος, adj. suicide. NECTAR, s. m. boisson des dieux ; νέκταρ. RR. νή, priv. et κτέω, le même que κτείνω, faire mourir.

6. Dents de devant; κτένιον, petit peigne ; κτενίζω, -όω, peigner; -νίζομαι, se peigner; κτενωτός, bien peigné.

7. κτηνώδης, de bétail ; grossier ; κτηνοτρόφος, pasteur.

8. κτερείζω, -ρίζω, faire des funérailles; κτεριστής, celui qui ensevelit les morts, *libitinarius.*

9. κτίσμα, créature; établissement; κτίσις, création ; κτιστής, κτίτης, créateur, fondateur.

10. Apprivoisé, doux ; κτιλεύω, -λόω, apprivoiser; adoucir.

° CYATHE, s. m. L. *cyathus*, *petit gobelet*; κυάθιον, petit cyathe.

11. Sort; les anciens se servaient de fèves pour tirer au sort ; κυαμεύω, tirer au sort. JUSQUIAME, s. f. *fève de cochon,* plante narcotique qui donne aux porcs des convulsions et la mort; ὑοσκύαμος. RR. ὑός, gén. de ὗς, porc, et κύαμος, fève.

ΟΥΙ.

1. Κύανος, azur, bleu ; barbeau. *
2. Κυβερνᾶν, GOUVERNE un vaisseau.
3. Κύβη, la tête *représente*.
4. Κύβηλις, la hache *tranchante*.
5. Κύβος, dé, jeu ; CUBE ; os des reins.
6. Κυδοιμός, bruit, trouble; airs hautains.
7. Κῦδος, gloire, honneur ; * infamie.
8. Κυκᾶν, trouble, mélange, allie.
9. Κύκλος, cercle, circuit, contour.
10. Κυλίω, roule, meut autour.

DÉRIVÉS.

1.* ou bluet, *fleur*; barbeau, *poisson*; eau de mer; *pierre précieuse*, la CYANITE, s. f. κυανίτης, pierre bleue, ou tirant sur le bleu.

2. L. *Gubernare*; d. p. diriger, commander, κυβερνήτης, -ντήρ, pilote; gouverneur; GOUVERNER, v. a. d'où *gouvernement, gouvernail*, etc.

3. κυβήβειν, tomber sur la tête; κυβιστάω, sauter sur la tête; faire la culbute.

5. Jeu de dés; pain carré; κύβοι, vertèbres dorsales ou cervicales; κυβεύω, jouer aux dés, à des jeux de hasard; hasarder. CUBE, s. m. solide régulier à six faces carrées; produit d'un nombre multiplié par son carré; de κύβος; d'où *cubature*, s. f. *cuber*, v. a. *cubique*, adj.

6. tumulte; κυδοιμέω, causer du trouble, du tumulte.

7. κῦδος, signifiant *infamie*, prend l'aigu sur la première, et est du *masculin*; φιλοκυδής, qui aime la gloire; κυδαίνω, illustrer; titrer; louer. κυδάλιμος, glorieux, illustre.

8. Troubler; κυκεία, mélange; trouble; κυκεών, mixtion, mélange, potion; confusion.

9. cycle, révolution; circuit; anneau; circonvallation; assemblée; une assiette; ἐγκύκλιος, circulaire; périodique; commun. Circulus, les îles de l'archipel placées autour de celle de Délos; κύκλος de κύκλος. CYCLE, période solaire, lunaire, κύκλος. Cyclope, s. m. géant qui n'avait qu'un œil au milieu du front; κύκλωψ, g. ωπός. RR. κύκλος, et ὤψ. ENCYCLIQUE, adj. circulaire; ἐγκύκλιος; circulaire. RR. ἐν et κύκλος. ENCYCLOPÉDIE, s. f. cercle, enchaînement de toutes les sciences; titre d'un ouvrage qui traite des arts libéraux, industriels, et de toutes les sciences; ἐγκυκλοπαιδεία. RR. ἐν, κύκλος, cercle; et παιδεία, science; d'où *encyclopédique*, adj., *encyclopédiste* s. m.

10. κυλίνδω, κυλίνδω, id. κυλίνδομαι, être roulé et tourné de tous côtés; κύλιξ, CALICE, gobelet, coupe, bouton de rose; κυλιστός, roulé. CYLINDRE, s. m. κύλινδρος, rouleau; d'où *cylindrique*, adj.

CVII.

1. Κυλλός, boiteux. 2. Κύμα, flot *marque*.   ή, όν. ατος, τό.
3. Κύμβος, cavité ; * Κύμβη, barque.   ου, ὁ. ης, ή.
4. Κυπάρισσος, cyprès *fera*.
5. Κύπτω, tête en bas baissera.
6. Κῦρος, l'autorité, l'empire.   εος, τά.
* Κύριος, maître, seigneur, sire.   ου, ὁ.
7. Κυρτός, courbé, bossu, penchant.   ή, όν.
8. Κύρω, trouvé par incident.   σω, ήσω.
9. Κύστις, vessie *ou* vésicule.   εως, ή.
10. Κύτος, cavité ; ventricule.   εος, τό.

DÉRIVÉS.

1. Manchot, estropié ; impotent, κυλλόω, rendre boiteux ; estropier.

2. Vague ; calamité, peste ; κυμαίνω, soulever *les flots* ; *neut.* se soulever, s'enfler ; κυματίζω, κυματόω, agiter, soulever les flots. CYMAISE, s. f. κυμάτων, petit flot ; partie qui termine la corniche. CYMODOCE, s. f. une des nymphes de la mer ; κυμοδόκη. RR. κῦμα, et δέχομαι, recevoir. CYMOPHANE, s. f. pierre transparente à reflets bleuâtres et onduleux. RR. κῦμα, et φαίνω, luire. CYMOTHOÉ, s. f. néréide. RR. κῦμα, et θοός, vite.

3. L *cymba*, nacelle ; κύμβαλον, cymbale ; κυμβαλίζω, jouer des cymbales. CATACOMBES, *ou* CATATOMBES, s. f. pl. carrières où l'on enterrait les morts, surtout les martyrs. RR. κατά, dessous, et κύμβος. CYMBALE, ancien instrument de musique creux, en airain ou en cuivre ; κύμβαλον, de κύμβος, creux.

4. CYPARISSE, s. m. jeune homme qu'Apollon changea en cyprès.

5. regarder en bas ; κυπτάζω, s'arrêter, s'amuser à quelque chose ; ἀνακύπτω, lever la tête *comme* les oiseaux en buvant ; regarder en haut ; reprendre courage ; naître, paraître ; παρακύπτω, regarder de côté en baissant la tête ; regarder en passant, avancer la tête pour regarder.

6. Foi donnée, garantie, gage certain ; capital ; édit ; κυρόω, confirmer, ratifier ; statuer ; κύριος, seigneur. CYRUS, s. m. roi de Perse, Κῦρος. CYROPÉDIE, s. f. éducation de Cyrus ; Κύρου παιδεία. RR. κῦρος, et παιδεία, éducation. KYRIELLE, s. f. longue suite de choses semblables, de κύριε, voc. de κύριος, seigneur, premier mot des litanies. SIRE, s. m. titre qu'on donne aux rois ; de κύριος, seigneur.

7. Creux, convexe ; κυρτόω, courber.

8. Echoir ; rencontrer ; κυρέω, id.

9. Bas ventre. CYSTALGIE, s. f. inflammation de la vessie. RR. κύστις, et ἄλγος, douleur. KYSTE, s. m. κύστις, membrane en forme de vessie, qui renferme des matières contre nature ; d'où *kystique*, adj.

10. Crâne, poitrine, bassin ; κύτινος, L. *Cytinus*, , fleur ou fruit de grenade.

CVIII.

1. Κυψέλη, ruche ; cérumen.   ης, ἡ.
2. Κύω, conçoit, porte en son sein.   f. σω.
3. Κύων, chien, mie ou pain qu'on jette.   κυνός, ὁ, ἡ.
4. Κώδων, bavard ; trompe, clochette.   ωνος, ὁ.
5. Κώθων, coupe, excès de buveurs.   ωνος, ὁ.
6. Κωκύω, lamente, est en pleurs.   f. ύσω.
7. Κῶλον, membre, intestin *s'explique*.   ου, τό.
*. Κωλικός, d'intestin ; COLIQUE.   ή, όν.
8. Κωλύειν, empêche, défend.   f. ύσω.
9. Κωλώτης, lézard gris-noir-blanc.   ου, ὁ.

DÉRIVÉS.

1. L'intérieur de l'oreille ; ordure qui s'y amasse ; vase, mesure à blé ; κυψέλιον et κυψελίς, COFFRET, corbeille, ruche, auge.

2. κυέω, id. κύημα, fœtus, germe ; κυνέω, baiser, embrasser, saluer profondément ; adorer. ALCYON, s. m. oiseau de mer qui fait son nid sur le bord de la mer ; ἀλκυών. RR. ἅλς, mer, et κύω, produire ; d'où *alcyonien*, adj.

3. ἡ κύων, chienne ; le grand chien, *constellation* ; la canicule ; cynique, impudent ; mie de pain roulée qu'on jette aux chiens ; σκύζω, gronder comme un chien. CYNIQUE, s. m. philosophe ancien, mordant et sans pudeur comme les chiens ; d. p. *adj.* impudent ; κυνικός ; d'où *cynisme*. CYNOGLOSSE, s. f. plante dont les feuilles ressemblent à la langue d'un chien. RR. κυνός, gén. de κύων, et γλῶσσα, langue. CYNOREXIE, s. f. faim canine. CYNOSURE, s f. constellation de la Petite Ourse terminée en queue ; RR. κύων, et οὐρά, queue.

4. Embouchure du cor, de la trompette ; κωδωνίζω, faire retentir la trompette ou la sonnette ; faire la ronde avec une trompette ; éprouver.

5. κωθωνίζω, boire à pleines coupes.

6. COCYTE, s. m. fleuve des Enfers (où l'on entend des lamentations), de κωκυτός, pleurs, lamentation.

7. Membres du discours. *COLIQUE, s. f. de κωλικός, dérivé de κῶλον, (s. ent. ὀδύνη), douleur d'intestins. PROTOCOLE, s. m. formulaire pour dresser des actes publics, préambule qui les précède. RR. πρῶτος, premier, et κῶλον, peau, parchemin.

8. κωλυτήριον, obstacle. ACOLYTE, s. m. clerc qui sert le prêtre à l'autel, ἀκώλυτος, non empêché, libre *de tout autre engagement, comme le prescrit le sacerdoce*. RR. α priv. et κωλυτός, empêché.

9. Le STELLION, L. *stellio*, lézard marbré de noir, de blanc, de cendré.

CIX.

1. Κῶμα, sommeil lourd, léthargie. ατος, τό.
2. Κῶμος, festin, débauche, orgie. ου, ὁ.
3. Κώμη, bourg, quartier *ou* chemin. ης, ἡ.
4. Κῶνος, CÔNE, pomme de pin. ου, ὁ.
5. Κώνωψ, cousin, *d'où* CONOPÉE. ωπος, ὁ, ἡ.
6. Κώπη, rame, garde d'épée. ης, ἡ.
7. Κώρυκος, sac de cuir, ballon. ου, ὁ.
8. Κῶς, œil; peau de brebis, toison. κωός, τό.
9. Κωτίλλω, babille, caquète. *f.* ῶ.
10. Κωφός, sourd, sot, bouche muette. ή, όν.

DÉRIVÉS.

1. d. p. leurre, séduction; κωμαίνω, dormir d'un sommeil profond et léthargique; tomber de sommeil; κωματώδης, ης, ες, qui retombe toujours dans un sommeil léthargique, attaqué d'une maladie soporeuse. COMA, s. m. maladie soporeuse; d'où *comateux*, adj. qui tient du coma. L. *coma*.

2. Gaîté, chanson, danse licencieuse; troupe de gens qui se livrent à l'orgie; κωμάζω, célébrer les fêtes de Bacchus, *par des chants, des fêtes, des orgies*; faire une partie de débauche; κωμαστής, ivrogne. COMUS, s. m. L. *Comus*, dieu de la table et des plaisirs.

3. Quartier *d'une ville*; κωμήτης, habitant du même quartier, du même village; villageois; χιλιόκωμος, qui a mille bourgs, villages ou rues.

4. Tout ce qui a la forme à peu près conique, comme une borne, un cimier, un sabot (*jouet d'enfant*); κωνέω, faire tourner, pirouetter; κώνειον, ciguë, de κωνέω. parce qu'elle donner des vertiges. CÔNE, s. m. pyramide ronde, d'où *conique*, adj. κωνικός, qui a la forme d'un cône. CONIFÈRE, adj. (plante qui a son fruit, sa fleur en cône). RR. κῶνος, et φέρω, porter.

5. moucheron. CONOPÉE, s. f. voile pour se préserver des moucherons, κωνωπεῖον.

6. Manche d'un couteau; κώπεα, et κῶπα (τά), collier; κωπεύω, garnir de rames; disposer une armée au combat.

7. κωρυκίς, petite besace, petit ballon. CORYCÉE, s. m. lieu où les anciens jouaient à la paume, au ballon, etc., de κώρυκος, sac de cuir.

8. *poét.* pour κῶας, ατος (τό).

9. κωτίλος, causeur, babillard; flatteur, trompeur; κωτίλας, hirondelle.

10. Stupide; muet; silencieux; qui ne produit aucun effet; qui ne porte pas, *en parlant d'un but*; κωφότης, surdité; κωφόω, rendre sourd; κωφόομαι, devenir sourd; κωφεύω, être sourd, ne rien dire, ἀθέλκωφος, qui fait le sourd; qui ne veut pas entendre. COPHOSE, s. f. κώφωσις, surdité.

CX.

* Λάμβδα (λ) *chiffre, par* trente *on rend.*
1. Λᾶας, pierre. 2. Λάβρος, gourmand.   άαος, ὁ. ος, ον.
3. Λάγηνος, pot, bouteille antique.   ου, ή.
4. Λάγνης, lascif, lâche, impudique.   ου, ὁ.
5. Λαγχάνω, par le sort obtient.   λήξομαι.
* Λῆξις, lot ; λόγχη, lance *en vient.*   εως, ή.
6. Λαγών, flanc ; λαγαρός, mou, vide.   όνος, ὁ, ή. ά, όν.
7. Λαγώς, lièvre ; un homme timide.   ώ et οῦ, ὁ.
8. Λάζομαι, reçoit, saisit, prend.   *poét. p.* λαμβάνω.
9. Λαῖλαψ, un tourbillon, grand vent.   απος, ή.

DÉRIVÉS.

* Avec l'accent au-dessous et à gauche (‚Λ) vaut *trente mille.*

1. *par cont.* λᾶς, caillou, rocher ; λαΐνεος, λάϊνος, de pierre ; λεύω, lapider ; λευσμός, lapidation ; déluge de maux ; λευστήρ, qui lapide, qui mérite d'être lapidé. LATOMIES, s. f. carrières de Syracuse qui servaient de prison ; λατομίαι. RR. λᾶς, et τομή, coupe, taille.

2. Vorace, avide ; λαβράζω, λαβρεύομαι, λαβρύσσω, manger les mots en parlant trop vite. λαβροσύνη, voracité ; insolence.

3. L. *lagena* ; λάγυνος, id.

5. Obtenir, échoir ; faire part ; λαγχάνειν δίκην, intenter un procès ; obtenir, *ou* donner audience ; λαγχάνειν βουλεύειν, être désigné sénateur ; λαχμός, sort. LACHÉSIS, celle des trois Parques qui tenait la quenouille, ou qui mettait le fil sur le fuseau ; λάχεσις, de λαγχάνω.

* λῆξις, λᾶξις, d. p. héritage ; cessation, de λήγω, cesser ; λόγχη, sort ; portion. LEXIARQUES, s. m. pl. magistrats d'*Athènes* chargés de tenir un registre des enfans qui parvenaient à leur majorité, pour les mettre en possession de leur héritage. RR. λῆξις, héritage, et ἀρχός, chef.

6. Entrailles ; cavité ; ouverture ; λαγαρός, lâche, mou, flasque ; maigre ; fluet ; vide ; qui n'a pas de ventre ; λαγαρόομαι, devenir lâche, flasque, vide, maigre, fluet, grêle.

7. *déclin.* λαγώς, -ώ et οῦ, -ῷ, -ῶν et -ώ ; pl. -ῴ, -ῶν, -ῷς, -ώς ; ou -οί, -ῶν, -οῖς, -ούς ; d. pl. duc, ois. λάγιον, λαγώδιον, λαγιδεύς, levraut ; λαγῷος, λάγειος, λαγώειος, de lièvre ; λαγῷα κρέα, chairs de lièvre. LAGOPÈDE, s. m. oiseau ; λαγώπους. RR. λαγώς, 1. m. que λαγωός, et ποδός, g. de πούς, pied. L. *lagopus.* LAGOPHTALMIE, s. f. maladie des paupières qui se retirent, au point que l'œil reste ouvert en dormant. RR. λαγώς, et ὀφθαλμός, œil : le lièvre, dit-on, dort les paupières ouvertes.

8. λάζομαι, id. ἀντιλάζομαι, -ομαι, se saisir ; entreprendre.

CXI.

1. Λαιμός, gosier, faim sans mesure.　οῦ, ὁ.
2. Λαιός, gauche, de triste augure.　ά, όν.
3. Λάκκος, LAC, fosse, puits ; danger.　ου, ὁ.
4. Λαῖφος, vêtement vieux, léger.　εος-ους, τό.
5. Λαλεῖν, causer, trop parler, dire.　ήσω.
6. Λαμβάνω, prend, reçoit, s'attire.　λήψομαι.
7. Λάμπω, luit, brille, a du renom.　ψω.
8. Λαμυρός, disert, gai ; bouffon.　ά, όν.
9. Λάξ, du talon ; λακτίζω. foule.　ίσω.
10. Λαός, λεώς, peuple, la foule.　οῦ, ὁ.

DÉRIVÉS.

1. Fosse, égout, évier; λαιμά-ζω, λαιμάσσω, λαιμάω, manger avec excès ; λαιμάργος, vorace.

3. Citerne ; mort, danger *dans les psaumes.* LAC, s. m. amas d'eau. L. *lacus.*

5. Parler inconsidérément; λάλημα, entretien ; causerie ; λάλος, parleur; bavard ; λάλαξ, λαλαγή, clameur, vocifération.

6. Entreprendre ; surprendre ; envahir; obtenir; venir à bout;acquérir;acheter;prendre sur le fait ; convaincre ; condamner ; λῆμμα, présent qu'on reçoit, gain, émolument ; sujet qu'on veut traiter ; λαβή, prise ; anse, poignée, manche ; εὐλαβής, qui a une bonne anse ; pieux ; circonspect. ÉPILEPSIE, s. f. mal caduc, qui surprend tout-à-coup ; ἐπιληψία; RR. ἐπί, sur, et λῆψις, prise, dérivé de λήβω, prim. de λαμβάνω ; d'où *épileptique*, adj. LEMME, s. m. λῆμμα, *math.* proposition préparatoire; d'où *dilemme*, s. m. loge, argument qui laisse le choix entre deux propositions contraires : δίλημμα. SYLLABE, s. f. συλλαβή, une ou plusieurs lettres comprises en une seule émission de voix. RR. σύν, ensemble, et λαβή, prise ; d'où *syllabaire*, s. m., *syllabique*, adj. DISSYLLABE, s. m. et adj. qui est de deux syllabes. RR. δίς, deux fois, etc. MONOSYLLABE, s. m. et adj. qui n'a qu'une syllabe. RR. μόνος, seul, etc.; d'où *monosyllabique*, adj. POLYSYLLABE, s. m. et adj. qui est de plusieurs syllabes. RR. πολύς, plusieurs, etc.

7. λαμπρός, brillant ; splendide ; illustre ; sonore ; λαμπρότης, éclat ; λαμπρύνω, donner de l'éclat, étaler de la magnificence. LAMPE, s. f. de λαμπάς, flambeau. OLYMPE, s. f. montagne de Thessalie ; *poët.* ciel ; ὄλυμπος. RR. ὅλος, entier, et λάμπω briller. OLYMPIE, s. f. ville de l'Élide; ὀλυμπία,m. R.: d'où *olympien, olympique*,adj.

8. Mauvais plaisant; insolent.

9. λακτίς, fouet; cuiller à pot.

10. LAÏQUE, adj. et s. m. qui n'est ni ecclésiastique, ni religieux ; λαϊκός, de λαός. ἀρχέλαος, gouverneur du peuple, ARCHÉLAÜS, n. pr. LAOMÉDON, s. m. roi de Troie. RR. λαός et μέδων, *part. de* μέδω. commander.

CXII.

1. Λαπίζω, parle en se vantant.   *f. ίσω.*
2. Λάπτω, boit, LAPE avidement.   *ψω.*
* Λαπάζω, vide, amollit, pille.   *άξω.*
3. Λαρινός, gras ; d'humeur gentille.   *ή, όν.*
4. Λάρναξ, coffre. 5. Λαρός, doux, mou.   *ακος, ή.*
6. Λάρυγξ, LARYNX, gosier, le cou.   *υγγος, ό.*
7. Λάσθη, l'insulte, moquerie.   *ης, ή.*
8. Λάσιος, velu. 9. Λάσκειν, crie.   *ος (ό, ή) ον. ξω.*
10. Λάτρις, servante, serviteur.   *ιος, ή, ό.*
11. Λατρεύειν, être adorateur.   *εύσω.*

DÉRIVÉS.

1. λάπισμα, jactance, ferfanterie ; λαπιστής, plein de jactance ; vain , glorieux ; menteur , téméraire , voluptueux ; délicat; effréné.

2. S'enivrer ; vider rapidement les bouteilles ; vider , évacuer. L. *lambo ;* d'où LAMPER, boire de grands verres de vin, *pop.* LAMPÉE, s. f. grand verre de vin. LAPER, boire en tirant l'eau avec la langue, comme le chien.

*Ramollir; amincir; ἀλαπάζω, id. d. p. ravager, démolir; λαπαρός, vide, creux; mou ; délié ; λαπάρη, partie creuse entre les côtes et les flancs ; ἀλαπαδνός, exposé au ravage, au pillage; facile à piller, à ravager, à vaincre. LAPATHUM, s. f. patience, plante émolliente et laxative ; λάπαθον.

3. λαρινεύω, engraisser.

5. Joyeux, agréable ; λάρος ; mouette, poule d'eau ; avare ; sot, stupide.

6. λαρυγγίζω et -γάω, crier à pleine gorge. LARYNX, partie supérieure de la trachée-artère, *le nœud de la gorge.* LA-RYNGOGRAPHIE, s. f. description du larynx. RR. λάρυγγος, g. de λάρυγξ, et γράφη, description. LARYNGOLOGIE, s. f. traité sur le larynx. RR. λάρυγγος, et λόγος, traité. LARYNGOTOMIE, s. f. incision du larynx. RR. λάρυγγος, et τομή incision.

8. hérissé, épais, plein de poil, ce qui est une marque de force, d'où vient que le cœur s'appelle λάσιον (poilu), *plein de courage; pilosus ;* λάσιωνες, lieux pleins de buissons et de halliers; λάσκιον, petit bouclier recouvert de cuir avec son poil.

9. Déchirer par des paroles outrageantes.

10. λάτρις, -ιος (ή), servante; λατρεύειν, servir; s'accommoder à ; vénérer, adorer ; εἰδωλολατρεύω, adorer les idoles ; εἰδωλολάτρης, IDOLATRE, s. et adj. d'où *idolâtrie,* s. f. *idolâtrer,* v. *voy.* stance LIV. LATRIE, s. f. culte qui n'est dû qu'à Dieu seul ; λατρεία, culte, servitude. L. *latria.* ZOOLATRIE, s. f. adoration des animaux. RR. ζῶον, animal, et λατρεία, adoration, culte.

CXIII.

1. Λαῦρος, grand, large ; λαῦρα, place.   α, ον.
2. Λαφύσσω, dépense, est vorace.   f ξω.
3. Λαχαίνω, je creuse, je fouis.   νῶ.
4. Λάχνη, duvet, coton des fruits.   ης, ἡ.
5. Λάω, voit, jouit, dit, profère.   άσω.
6. Λέβης, chaudron, bassin, aiguière.   ητος, ὁ.
7. Λέγω, dit, parle, cueille, unit.   ξω.
8. Λεία, butin, ce qu'on ravit.   ας, ἡ.
9. Λείβειν, verse, épand, sacrifie.   ψω.
10. Λειμών, pré, pelouse, prairie.   ῶνος, ὁ.

DÉRIVÉS.

1. Ample, abondant, copieux ; λαῦρα, rue, chemin.

2. Avaler ; dévorer ; consumer ; λαφυκτής, gourmand ; λάφυρα (τά), dépouilles.

3. λάχανον, herbe potagère, légume ; λαχανεύομαι, vivre de légumes ; cueillir des légumes.

4. Poil follet ; coton des herbes, velouté des fruits ; écume de la mer ; λαχναῖος, -νήεις, couvert de duvet ; cotonneux, velu.

5. λαύω, ἀπολαύω, jouir, avoir l'usufruit ; ἀπόλαυσις, jouissance, usufruit ; plaisir.

7. L. lego, d. p. faire coucher ; λέκτρον, λέχος, L. lectus, lit ; ἀλέκτωρ, coq qui éveille le matin ; λόγος, discours ; bruit, renommée ; entretien ; discussion ; opinion ; livre ; traité ; raison ; ἐκλογή, choix, élection, récolte ; λέξις, diction ; mot, discours ; style, élégance de style. ANALECTES, s. m. pl. fragmens choisis d'un auteur ; d'ἀνάλεκτος, recueilli. RR. ἀνά ; entre, et λεκτός, choisi. ANALOGIE, s. f. rapport, ressemblance ; RR. ἀνά, entre, et λόγος, rapport, d'où analogue, analogique. APOLOGIE, s. f. discours justificatif, ἀπολογία. RR. ἀπό, loin de, et λόγος, discours : discours qui réfute ; d'où apologétique, adj. apologiste, s. m. APOLOGUE, s. f. récit allégorique, détourné ; ἀπόλογος. RR. ἀπό, en dehors, et λόγος, discours. CATALOGUE, s. m. κατάλογος, liste, recensement. RR. κατά, en détail, et λόγος, compte. DIALECTE, s. m. langage particulier à un pays ; διάλεκτος. RR. διά, séparément, et λέγω, parler. DIALECTIQUE, s. f. διαλεκτική, s.-ent. τέχνη, l'art de discuter ; de διαλέγομαι, discuter. RR. διά, entre, avec, et λέγω ; d'où dialecticien, s. m. DIALOGUE, conversation ; διάλογος. RR. διά, entre, avec, et λόγος, discours ; d'où dialogique, adj. dialoguer v. EGLOGUE, s. f. poésie pastorale ; ἐκλογή, pièce choisie. RR. ἐκ, et λόγος, discours. EPILOGUE, s. m. conclusion d'un livre. RR. ἐπί, sur, et λόγος. LEXIQUE, s. m. vocabulaire, dictionnaire abrégé, λεξικόν, de λέξις, mot ; d'où lexicographe. LOGIQUE, s. f. art de raisonner ; λογική, de λόγος, raison ; d'où logicien, adj. logique, s. m.

10*

CXIV.

1. Λεῖος, uni, non raboteux.   α, .ο,
2. Λείπω, laisse, est défectueux.   ψω.
3. Λείχω, lèche ; λιχμάω, crée.   ξω.
4. Λέκιθος, jaune d'œuf; purée.   ου, ή; ὁ.
5. Λέμβος, esquif, vaisseau léger.   ου, ὁ.
6. Λεπρός, LÉPREUX, rude au toucher.   ά, όν.
7. Λεπτός, mince, délié, grêle.   ή, όν.
8. Λέπειν, écorce, écaille, pèle.   f. ψω.
9. Λέσχη, frivoles entretiens.   ης, ή.
* Ἁδόλεσχος, diseur de riens.   ου, ὁ.

DÉRIVÉS.

1. Poli, aplani ; λεῖα (τά), choses broyées ; λεῖα (ἡ), polissoir de tailleur de pierre. LIENTERIE, s. f. λιεντερία, dévoiement dans lequel on rend les alimens en nature ; les anciens l'attribuaient au poli de la tunique interne des intestins qui laissaient trop vite échapper les alimens. RR. λεῖος, et ἔντερον, intestin.

2. L. *linquo*, *neut.* manquer; être de moins, être loin; ἐλλείπω, omettre, manquer, et autres sens de λείπω. ÉCLIPSE, s. f. obscurcissement d'un astre par l'interposition d'un autre; ἔκλειψις, privation, manque *de lumière*. RR. ἐκ, de, et λεῖψις, manque, de λείπω, d'où *éclipser*, v. *écliptique*, adj. ÉCLIPTIQUE, s. m. ligne circulaire que paraît décrire le soleil, sur laquelle ou près de laquelle la lune doit se trouver, pour qu'il y ait une éclipse. — s. m. grand cercle de la sphère; ἐκλειπτικός; RR. ἐκ, et λείπω, défaillir. ELLIPSE, s. f. suppression d'un ou de plusieurs mots ; ἔλλειψις, défaut, RR. ἐν, et λεῖψις, manque: d. p. courbe ovale; d'où *elliptique*, adj. PARALIPOMÈNES, s. m. pl. un des livres de la Bible, qui contient ce qui a été omis dans les autres ; παραλειπόμενα, choses omises. RR. παρά, outre, et λείπω, passer.

3. L. *lingo*. λιχμάζω, -μάω, ῶ. l. mêm.

4. λέκιθος (ὁ), bouillie de pois, de lentilles, de légumes.

5. L. *lembus*, barque, chaloupe.

6. λεπράω, -ιάω, avoir la lèpre ; λεπρόω, rendre dur, écailleux; rendre lépreux. LÈPRE, s. f. ladrerie, sorte de gale qui rend la peau dure et écailleuse. λέπρα, de λεπρός, rude.

7. d. p. maigre, faible, chétif ; transparent ; subtil ; λεπτότης, délicatesse ; subtilité ; transparence ; λεπτύνω, atténuer, rendre mince, transparent.

8. λέμμα, écorce, pelure; λέπισμα, λέπος, λεπίς, écaille. LÉPIDOPTÈRES, s m. pl. insectes à quatre ailes écailleuses et colorées; de λεπίς, écaille, et πτερόν, aile.

9. Entretien, causerie.

* d. p. grand causeur; ἀδολεσχέω, causer, niaiser; louer Dieu; méditer. ἀδολεσχία, causerie, badinage, légèreté.

CXV.

1. Λευκός, blanc. 2. Λέχριος, oblique.   ή, όν. α, ον.
3. Λεύσσω, voit, brille (*est poétique*).   f. σω.
4. Λέων, λέοντος, le LION.   οντος, ὁ.
5. Λήγω, cesse, est sans action.   ξω.
6. Λήθειν, est caché, cèle, oublie.   λήσω.
7. Λήϊον, moisson non mûrie.   ου, τό.
8. Ληκεῖν, fait bruit, craque en rompant.   ήσω.
9. Λήκυθος, burette; ornement.   ου, ἡ.
10. Λῆμα, ferme esprit, énergie.   ατος, τό.
11. Λήμη, l'humeur des yeux, chassie.   ης, ἡ.

DÉRIVÉS.

1. Serein, clair; visible, beau; heureux, favorable; joyeux, agréable; λευκαίνω, λευκόω, blanchir; λευκώλενος, qui a les bras blancs. LEUCOTHÉE, s. f. divinité de la mer. RR. λευκός, blanc, et θεά, déesse.

2. λέχρις, λικριφίς, de travers.

4. L. *leo*, d. p. phoque, lion marin; ladrerie. LÉON, s. m. et LÉONIE, s. f. n. pr. CAMÉLÉON, s. m. espèce de lézard dont la peau est de couleur changeante; χαμαιλέων. RR. χαμαί, à terre, et λέων, lion. LÉOPARD, s. m. bête féroce, qui tient du lion et de la panthère; λεοπάρδαλις. RR. λέων, et πάρδαλις, panthère.

5. Finir; se reposer; faire cesser; λῆξις, fin, cessation. ALECTO, s. f. furie qui ne cesse de poursuivre les méchans, ἀληκτώ. RR. α priv. et λήγω, cesser. CATALECTIQUE, adj. (vers) qui a une syllabe de moins; καταληκτικός. RR. κατά, en bas, et λήγω, cesser, *qui ne va pas jusqu'au bout :* d'où acatalectique, (vers) complet.

RR. α priv. et καταληκτικός.

6. L. *lateo*, de λάθω, doriq. pour λήθω; λανθάνω, être caché, inconnu; λήθη, oubli, abolition; λάθαργος, λαίθαργος, secret, clandestin; chien qui mord en traître; ἀλάστωρ, qui fait des maux dont on se souvient longtemps. ALASTOR, n. p. d'un génie malfaisant. LÉTHARGIE, s. f. assoupissement profond qui ôte la mémoire aux malades qui en sont atteints; ληθαργία. RR. λήθη, oubli, et ἀργός, prompt; d'où *léthargique,* adj. LÉTHÉ, s. m. fleuve des Enfers, dont les eaux avaient la vertu de faire oublier le passé à ceux qui en buvaient; de λήθη, oubli.

7. Moisson, champ de blé.

8. λακίς, fracture, déchirure.

9. L. *lecythus*, d. p. huilier.

10. résolution et force d'esprit : *ou bien* esprit lâche et timide; volonté ferme, dessein; entreprise; ληματόω, donner du cœur, du courage.

11. d. p. chimères *qui aveuglent l'esprit;* λήμη, id. λημάω, avoir les yeux chassieux, *ou* la vue faible.

CXVI.

1. Λημνίσκος, rubans colorés.   ου, ὁ.
2. Ληνός, pressoir ; creux dans les prés.   οῦ, ὁ.
3. Λῆρος, sottise, niaiserie.   ου, ὁ.
4. Λιάζω, court, fait brouillerie.   ασω.
5. Λίβανος, mont LIBAN, l'encens.   ου, ὁ.
6. Λίγγω, rend sons doux, clairs, perçans.   ξω.
7. Λίγδην, à fleur. 8. Λιγνύς, la suie.   ύος, ἡ.
9. Λίθος, pierre, âme abâtardie.   ου, ὁ, ἡ.
10. Λιλαίομαι, veut. 11. Λικμός, van.   σομαι.
12. Λιμήν, port. 13. Λίμνη, lac, étang.   ένος, ὁ.

DÉRIVÉS.

1. Bandelette de couleur qui pendait des couronnes de fleurs; bande pour les blessures.

2. Table ou fond de pressoir, une mai ; d. p. fossé; marais; coffre ou caisse d'un chariot; ληναῖος, LENÆUS, surnom de Bacchus, de ληνός, pressoir. SILÈNE, s. m. n. pr. L. Silénus, Σειληνός, le nourricier de Bacchus.

3. d. p. chose ou homme frivole; ληρέω, déraisonner, radoter.

4. Se hâter trop, troubler; séparer; ἀλίαστος, inévitable, qui ne cesse ou ne diminue point; violent.

5. d. p. L'arbre qui produit l'encens ; λιβανωτός, le même. LIBAN, s. m. montagne de Syrie où croissent une grande quantité d'arbres à encens. LIBANIE ou LIBANOTIS, s. f. λιβανωτίς, sorte de romarin dont la racine a une odeur d'encens. RR. λίβανος, encens.

6. λιγύς, ύος, stridulus, qui fait un petit bruit agréable.

7. A la superficie; en effleurant, en passant.

9. Caillou, rocher; pierre précieuse; calcul; ancre; λίθοι, gens stupides ; λίθαξ, lieu pierreux; λιθιάω, avoir la pierre.

LITHARGE, s. f. oxide de plomb demi-vitreux ; λιθάργυρος, RR. λίθος, pierre, et ἄργυρος, argent. LITHIASIS, s. f. formation de la pierre dans la vessie; λιθίασις. LITHOGRAPHIE, s. f. l'art d'imprimer avec les pierres. RR. λίθος, et γράφω, écrire ; d'où lithographe, s. m. lithographier, v. a. LITHOLOGIE, s. f. traité des pierres. RR. λόγος, traité, etc. ; d'où lithologue, s. m. lithophage, s. m. petit ver qui ronge l'ardoise. RR. φάγω, manger, etc. LITHOTOMIE, s. f. la taille ou l'opération de la pierre dans la vessie. RR. τομή, incision, etc.; d'où lithotome, s. m. instrument pour la taille. LITHOTOMISTE, s. m. celui qui fait cette opération. LITHOTRITIE, s. f. l'art de broyer la pierre dans la vessie. RR. τρίβω, broyer, etc.

10. ποέι. Désirer vivement ; s'efforcer d'atteindre.

11. λικμάω, vanner, cribler, nettoyer.

12. λιμενίζω, être dans le port.

13. Marais; mer calme; λιμνάζω, croupir. LIMNÉES, LIMNIADES, LIMNIAQUES, nymphes des lacs et des étangs. L. limne, étang ; d'où limus, LIMON-

CXVII.

1. Λιμός, faim, disette, famine. οῦ, ὁ, ή.
2. Λιπαρής, pressant, qui s'obstine. ης (ὁ, ή), ες.
3. Λίπος, graisse ; λιπαρός, gras. εος, τό.
4. Λίπτω, souhaite. 5. Λίσπος, ras. ψω. η, ον.
6. Λίσσομαι, λίττομαι, supplie. λίσομαι.
7. Λισσός, LISSE, surface unie. ή, όν.
8. Λιτός, vil. 9. Λίτρα, livre *on rend*. η, όν.
10. Λιχανός, l'*index*, doigt montrant. οῦ, ὁ.
11. Λοβός, LOBE ; bout de l'oreille. οῦ, ὁ.
12. Λοιγός, mort ; mal grand *à merveille*. οῦ, ὁ.

DÉRIVÉS.

1. λιμαίνω, λιμώττω, avoir faim; λιμώδης, λιμηρός, affamé; βούλιμος, qui a grand'faim ; ἔκλιμος, exténué par la faim, par les jeûnes ; amaigri. BOULIMIE, s. f. faim excessive accompagnée de faiblesse, de βουλιμία, formé de βοῦ, particule augmentative, et de λιμός, faim.

2. Assidu; constant; continuel ; λιπαρέω, être assidu ; persévérer; demander instamment ; ἀρχολίπαρος, qui brigue assidûment une charge.

3. Gros et gras ; onctueux ; brillant d'huile, de santé; bien fait; heureux; λιπάω, être gras; être en pleine végétation.

6. λιτάζομαι, id. λιτή, prière; procession ; λιτανεύω, le même que λίττομαι; τρίλλιστος, demandé trois fois ; fort désiré. LITANIES, s. f. pl. λιτανεία, prière, supplication.

7. LISSER, v. a. polir, rendre lisse ; de λισσός, lisse.

8. Simple ; négligé ; mesquin; λιτότης, ητος (ή), simplicité ; frugalité ; diminution. LITOTE, s. m. trope ou figure de rhétorique, qui affaiblit l'expression en laissant toute la force à la pensée. *Va, je ne te hais point,* pour *je t'aime.* Corneille, *Le Cid.* Act. III. sc. 4.

9. L. *libra.* LITRE, s. m. nouvelle mesure de capacité, cinquante pouces cubes; λίτρα, ancienne mesure grecque pour les liquides ; d'où *litron,* seize pouces cubes, ancienne mesure pour les grenailles. DÉCALITRE, s. m. mesure de dix litres. RR. δέκα, dix, et λίτρα. HECTOLITRE, s. m. mesure de cent litres. RR. ἑκτόν, pour ἑκατόν, cent, et λίτρα. KILOLITRE, s. m. mesure de mille litres. RR. χίλιοι, mille, et λίτρα.

10. λίχνος, qui lèche ses doigts, friand, gourmand; λιχνεία, gourmandise; λίχνευμα, friandise. *Voy.* λείχω, st. CXIV.

11. Cosse ; ἐλλόβιον, pendant d'oreille. LOBE, s. m. le bout de l'oreille ; se dit aussi d'une portion détachée de certains viscères, tels que le cœur, le foie. ANTILOBE, s. m. partie de l'oreille opposée au lobe. RR. ἀντί, contre, et λοβός.

12. λοιγατος, lugubre, funeste ; λοιγίεις, pernicieux ; fatal; βροτολοιγός, qui cause la mort aux hommes; homicide; perte du genre humain ; λευγαλέος, pernicieux, fâcheux ; difficile; méchant ; misérable; faible, infirme.

CXVIII.

1. Λοίδορος, grossier, médisant.   ος (ὁ, ἡ), ον.
2. Λοιμός, peste ; homme pestilent.   οῦ, ὁ.
3. Λοίσθιος, le dernier *s'explique*.   α, ον.
4. Λοξός, tortu, non droit, oblique.   ή, όν.
5. Λούω, baigner ; Λουτρόν, un bain.   σω. οῦ, τό.
6. Λόφος, cou, crête, hauteur, crin.   ου, ὁ.
7. Λόχος, embûche, troupe en guerre.   ου, ὁ.
8. Λύγη, ténèbres. 9. Λύγδος, pierre.   ης, ἡ. ου, ὁ.
10. Λυγρός, fâcheux. 11. Λύγος, osier.   ά, ον. ου, ἡ.
12. Λύζω, sanglotter *et* crier.   ξω.

DÉRIVÉS.

1. Qui injurie; qui tient de mauvais propos ; λοιδορία, injure, médisance, diffamation ; λοιδορέω, faire des reproches injurieux ; invectiver ; diffamer ; outrager ; réprimander ; ἀλοιδόρητος, qui est à l'abri des outrages; que l'injure ne peut atteindre.

2. λοιμεύω, infester de la peste ; λοιμικός, λοιμώδης, pestilentiel ; mortel ; λοιμώττειν, être attaqué de la peste.

3. λοίσθημα, fin, terme.

4. λοξεύω, -όω, courber, tortuer. LOXODROMIE, s. f. route, course oblique d'un vaisseau. *t. de mar.* RR. λοξός, et δρόμος, course ; d'où *loxodromique*, adj.

5. Baigner ; λούομαι, être lavé; se baigner ; λουτήρ, bassin à laver ; λούτριον, eau dans laquelle on s'est lavé ; λουτρόν, lavoir, eau du bain, du lavoir; le baptême, dans le Nouveau-Testament. LOUTRE, s. f. quadrupède amphibie, de la grosseur du renard ; du L. *lutra*, dérivé de λουτρόν, lavoir, eau dans laquelle on se baigne.

6. Huppe *des oiseaux* ; aigrette ; λόφουρος, remarquable par son aigrette ; qui lève la tête ; superbe, orgueilleux ; λοφάω, avoir une crête, une houppe ; un panache, une aigrette ; λοφέω, -ίζω, relever, exalter.

7. λοχός, οῦ (ἡ), *signif.* une accouchée. λοχίζω, ranger par compagnies, par cohortes; mettre en embuscade; λοχάω, dresser des embûches ; λόχμη, bois propre aux embuscades. ANTILOQUE, s. m. n. pr. héros grec, fils de Nestor. R. ἀντί, contre, λόχος, cohorte.

8. Obscurité; λυγαῖος, obscur.

9. LYGDUS, pierre très blanche, plus estimée que le marbre et l'albâtre.

10. Difficile ; affligeant, triste ; pernicieux ; funeste.

11. Saule; baguette; houssine ; λυγόω, λυγίζω, plier, rendre souple; vaincre, surmonter; λύγισμα, souplesse, agilité, contorsion.

12. L. *lugeo*; λύττω, -σσω, id. λυγμός, λύγξ, g. γγος, sanglot; λύγδην, *adv.* en sanglottant, avec sanglots.

CXIX.

1. Λύθρον, sang, poussière, souillure. ου, τό.
2. Λύκος, loup. 3. Λῦμα, toute ordure. ου, ὁ. ατος, τό.
4. Λύμη, fléau, perte, malheur. ης, ἡ.
5. Λύπη, chagrin, peine, douleur. ης, ἡ.
6. Λυπρός, maigre, sec. 7. Λύρα, LYRE. ας, ἡ.
8. Λύσσα, rage des chiens; délire. ης, ἡ.
9. Λύχνος, lampe, torche qui luit. ου, ὁ.
10. Λύω, délie, ôte, affranchit. σω.
11. Λῶ, veut; λώβη, l'affront, dommage. ης, ἡ.
12. Λωφᾶν, respire, se soulage. άω, f. ήσω.

DÉRIVÉS.

1. Sang mêlé de poussière ; λυθρόω, ensanglanter.

2. Mors pour les chevaux rétifs ; instrument de cuisine ; pastille astringente; λυκέω, dévorer. LYCANTHROPE, s. m. loup-garou, homme qui erre la nuit comme les loups. RR. λύκος, et ἄνθρωπος, homme ; d'où *lycanthropie*, s. f. maladie du lycanthrope. LYNX, s. m. espèce de chat sauvage qui a la vue très perçante ; λύγξ, de λύκη, lumière ; dérivé de λύκος.

3. λυμαίνω, purifier, purger.

4. Outrage ; ordures ; λυμαίνω, nuire ; gâter ; infecter ; ruiner; déshonorer; maltraiter; λυμαντήρ, pernicieux.

5. λυπηρός, douloureux, fâcheux ; odieux; λυπέω, affliger ; nuire.

7. L. *lyra*; λυρίζω, jouer de la lyre. LYRIQUE, adj. λυρικός.

8 Frénésie: λυσσαλέος, enragé; λυσσάω, avoir la rage ; être furieux.

9. L. *lychnus*; λυχνία, chandelier. LYCHNIS, s. f. plante dont la feuille servait de mèche de lampe aux anciens ; λυχνίς.

10. L. *solvo*; dételer ; dénouer ; lâcher ; délivrer ; résoudre; délayer. L. *diluo*; justifier; dissoudre; lever l'ancre; ἄλυσις, chaîne. ANALYSE, s. f. résolution d'un corps dans ses principes ; — *d'un discours*, sa réduction en parties principales ; — méthode de résolution opposée à la synthèse ; ἀνάλυσις; d'où *analyser, analyste, analytique, analytiquement.* PARALYSIE, s. f. privation, diminution considérable du sentiment *ou* du mouvement; παράλυσις, relâchement; παρά, contre, et λύσις, de λύω.

10. λώϊστος, λῷστος, très bon. LOTOS, ou LOTUS, s. m. arbrisseau; λωτός. LOTOPHAGES, s. m. pl. peuples d'Afrique qui se nourrissaient de lotos. RR. λωτός, et φάγω, manger.

11. Honte; perte; λωβάομαι, outrager; défigurer; gâter.

12. Se reposer; cesser; faire cesser, apaiser.

CXX.

1. M′, quarante. 2. Má, non vraiment.   *adv. nég.*

3. Μάγγανον, charme, enchantement.   ου, τό.

4. Μάγειρος, qui fait la cuisine.   ου, ὁ.

5. Μάγος, un MAGE, *ou* qui fascine.   ου, ὁ.

6. Μάγνης, l'aimant *ferrugineux*.   ητος, ὁ.

7. Μᾶζα, pain. 8. Μαδός, sans cheveux. ης, ή. ή, όν.

9. Μαζός, la mamelle *doit faire*.   οῦ, ὁ.

10. Μαῖα, sage-femme, grand' mère.   ας, ή.

11. Μαίνομαι, se mettre en fureur.   *f.* μανήσομαι.

12. Μαίομαι, cherche avec ardeur.   *f. inus.*

DÉRIVÉS

1. Avec l'accent inférieur à gauche , ͵μ, il vaut *quarante mille*.

2. Μά, *négation* avec serment. Précédée de Ναί, oui, elle-devient affirmative.

3. Magie; subtilité; tour de passe-passe ; μαγγανεύω, user de prestiges, d'enchantemens.

4. Cuisinier, *q.fois*, boucher; μαγείρισσα, cuisinière ; μαγειρεῖον, cuisine.

5. d. p. MAGICIEN , sorcier. L. *magus*. MAGE, prêtre ou philosophe chez les Perses, réputé savant dans l'art magique. MAGIE, s. f. art par lequel on prétend produire des effets surnaturels; μαγεία ; d'où *magique*, adj. *magicien*, *magicienne*, s. et *magisme*, s. m. religion des mages.

6. d. p. Magnésien, ancien peuple de l'Asie mineure. MAGNÉSIE, s. f. terre très fine et très blanche qui happe à la langue; μαγνησία. MAGNÉTIQUE, adj. qui a rapport à l'aimant ; de μάγνης; d'où *magnétisme*, s. m. *magnétiser*, v. a. *magnétiseur*, s. m.

7. Galette, gâteau ; biscuit de mer ; μαζάω, faire des galettes.

8. Chauve; d. p. sans poil, glabre.

9. d. p. nourrice.

10. Nourrice, terme de politesse envers les femmes âgées. MAÏA, Μαῖα, s. f. mère de Mercure.

11. *On dit aussi f.* 2. μανοῦμαι. être fou, passionné pour quelque chose; μανικός, fou, insensé; ἱππομανής, passionné pour les chevaux; καρπομανής, qui produit excessivement de fruit ; ξενομανής, passionné pour les choses étrangères. MANIE, s. f. μανία, fureur, folie; d'où *maniaque*, s. et adj. MÉNADE, s. f. bacchante qui célébrait les fêtes de Bacchus en se livrant à toutes sortes de folies ; μαινάς, g. μαινάδος, furieuse, de μαίνομαι, se mettre en fureur. MÉNALE, s. m. montagne d'Arcadie consacrée à Bacchus et à ses orgies ; μαίναλον, de μαίνομαι, être en fureur. MÉTROMANIE, s. f. manie de faire des vers. RR. μέτρον, mesure, vers, et μανία, manie ; d'où *métromane*, s. et adj.

CXXI.

1. Μάκαρ, riche, heureux. 2. Μαίρω, luire. 1. αιρα, αρ.
3. Μαλάσσω, mollit ; Μάλθα, cire. ξω. ας, ή.
4. Μάλη, *par* l'aisselle *se rend*. ης, ή.
5. Μάλκη, froid, engourdissement. ης, ή.
6. Μάλλος, cheveux, toison, crinière. οῦ, ὁ.
7. Μαλός, tendre. 8. Μάμμη, grand' mère. οῦ, ὁ.
9. Μαμμᾶν, du pain. 10. Μανδάκη, peau. ης, ή.
11. Μάνδρα, parc, étable à troupeau. ας, ή.
12. Μανθάνειν, étudie, apprendre. μαθήσομαι.
13. Μανός, clair *et* lâche ; mou, tendre. ή, όν.

DÉRIVÉS.

1. μακάριος, id. μάκαρες (οἱ), les dieux ; μακαρία, séjour de la félicité ; μακαρίζω, estimer heureux. MACARON, s. m. sorte de pâtisserie ; de μάκαρ, c. à d. *mets des heureux.*

3. -ττω, amollir ; μαλάχη, mauve ; μαλακός, mou ; doux ; accommodant ; efféminé ; paresseux ; μαλθακόω, amollir ; μαλθόω, amollir ; pétrir comme de la cire. MALACIE, s. f. affaiblissement de l'estomac ; de μαλακία, mollesse. MALACTIQUE, adj. (médicamens) émolliens ; μαλακτικός. MALAXER, v. pétrir des drogues pour les amollir.

5. μαλκέω, -είω, -ιάω, -έω, être transi de froid.

6. Chevelure longue; moustaches. MALLOPHORE, s. f. μαλλοφόρος, surnom de Cérès, qui a appris à se servir de la laine des brebis.

7. Blanc ; pernicieux.

8. μάμμα, μαμμαία, id. L. *mamma.* MAMAN, s. f. terme enfantin. MAMELLE, s. f. diminutif de *mamma.* MAMMIFÈRES, s. m. pl. classe des animaux vivipares. RR. *mamma,* mamelle, dérivé de μάμμα, et *fero,* de φέω, je porte.

9. *ou plutôt* Namman, mot

des petits enfans qui demandent à manger.

11. Caverne; pressoir. ARCHIMANDRITE, s. m. supérieur d'un monastère ; ἀρχιμανδρίτης. RR. ἀρχή, primauté, et μάνδρα troupeau.

12. μαθητής, disciple; μαθητεύω, être disciple ; enseigner ; ἀμαθής, sans instruction ; grossier ; δυσμαθής, qui apprend difficilement ; difficile à apprendre ; εὐμαθής, qui apprend facilement ; qui s'apprend vite ; νομομαθής, qui connaît les lois ; πολυμαθής, très instruit ; χρηστομαθής, qui a appris des choses utiles ; qui recueille de beaux passages. MATHÉMATIQUES, s. f. pl. science qui a pour objet la grandeur et ses propriétés ; μαθηματικός, de μάθημα, science ; *science* par excellence ; d'où *mathématique,* adj. *mathématiquement,* adv. *mathématicien,* s. m. PHILOMATHE, s. m. qui aime à s'instruire. RR. φίλος, ami, et μαθέω, prim. de μανθάνειν.

13. μανόω, rendre lâche, clair ; μανάκις, rarement. MANOMÈTRE, s. m. instrument pour mesurer la raréfaction de l'air. RR. μανός, et μέτρον, mesure.

CXXII.

1. Μάντις, un devin ; qui prédit.	εας, ὁ.
2. Μαραίνω, dessèche, flétrit.	f. μαρανῶ.
3. Μάργος, fou, tête extravagante.	ος ou η, ον.
4. Μαρίλη, cendre, braise ardente.	ης, ἡ.
5. Μάρη, main ; εὐμαρής, aisé.	ης, ἡ. ής, ές.
6. Μαρμαίρω, luit, donne clarté.	μαρμαρῶ.
7. Μάρναμαι, combat *et* s'efforce.	sans fut.
8. Μάρπτω, prend, saisit avec force.	μάρψω.
9. Μάρτυρ, un témoin, un MARTYR.	υρος, ὁ, ἡ.
10. Μασᾶσθαι, manger, engloutir.	ήσομαι.

DÉRIVÉS.

1. μαντοσύνη, l'art de prédire, divination ; μαντεύομαι, rendre des oracles, prédire ; conjecturer ; augurer ; μαντικός, qui concerne les devins ; fatidique. NÉCROMANCIE, s. f. art prétendu d'évoquer les âmes des morts, pour les consulter sur l'avenir, νεκρομαντεία ; RR. νεκρός, un mort, et μαντεία, divination ; d'où *nécromancien*, s. m. *nécromant*, s. m. qui exerce la nécromancie.

2. Faner ; consumer peu-à-peu ; μαραίνομαι, se flétrir, tomber en consomption ; μάρανσις, flétrissure, dépérissement. AMARANTE, s. f. fleur qui se conserve long-temps sans se flétrir, ἀμαράντον. RR. α. priv. et μαραίνω. MARASME, s. m. consomption, maigreur extrême ; μαρασμός, de μαραίνω.

3. Impertinent, libertin ; μαργαίνω, μαργάω, être fou, insensé ; μαργοσύνη, folie.

4. μαριλεύω, travailler auprès de la braise ; μαριλοπότης, qui avale de la cendre, *épith. de Vulcain*..

6. μαίρω, *Stance précéd.* le même ; μάρμαρος, blanc : l'éclat du marbre ; morceau de marbre ; μαρμάρεος, -εεος, -ινος, -οτις. L. *marmoreus,* de marbre ; blanc comme le marbre. MARBRE, s. m. pierre calcaire, dure et susceptible d'un beau poli, μάρμαρον, et μάρμαρος, L. *marmor.* d'où *marbrer*, v. *marbrier*, s. m.

9. dat. pl. μάρτυσι ; μάρτυς, et μάρτυρος (ου), l. m. μαρτυρία, témoignage ; éloge ; μαρτύριον, témoignage ; témoin ; indice, preuve ; lieu où sont les reliques des martyrs ; μαρτύρομαι, témoigner. MARTYR, s. m. L. *martyr,* qui a souffert la mort pour la foi. d'où *martyre*, s. m. mort soufferte pour la foi, L. *martyrium ;* d'où *martyriser*, v. *martyrologe*, s. m. catalogue ou histoire des martyrs. RR. μαρτύρ, et λόγος, discours ; d'où *martyrologiste*, s. m. auteur d'un martyrologe.

10. μάσησις, action de manger. MACHER, v. a. broyer avec les dents, d'où *mâcheur*, s. m. *mâchoire*, s. f. *mâchelières*, adj. et s. (dents), qui servent à broyer les alimens. MOUSTACHE, s. f. de μύσταξ, mâchoire, et lèvre supérieure.

CXXIII.

1. Μάσσω, pétrit, palpe, manie.   *f.* ξω.
2. Μαστεύω, cherche, inspecte, envie.   εύσω.
3. Μάστιξ, fouet; châtiment, fléau.   ιγος, ἡ.
4. Μασχάλη, l'aisselle; rameau.   ης, ἡ.
5. Μάτην, en vain, à la légère.   *adv.*
6. Μάχαιρα, sabre, cimeterre.   ας, ἡ.
7. Μάχλος, lascif, incontinent.   ος, ου.
8. Μάχομαι, combat vivement.   ήσομαι.
9. Μάω, veut, cherche, met en peine.   *sans fut.*
10. Μεγαίρω, porte envie *ou* haine.   αρῶ.

DÉRIVÉS.

1. μάγμα, marc, résidu ; μάκτρα, pétrin; baignoire; mortier. MASSAGE, s. f. pression exercée avec la main sur les membres. MASSER, v. exercer cette pression. MATER, v. dompter, subjuguer, de μάττειν, *att.* pour μάσσειν, broyer.

2. ματεύω, id. μαστεύτης, μαστήρ, qui recherche. MASTÈRE, s. m. inquisiteur, huissier, *chez les Athéniens.*

3. Lanière, sangle, étrivières; châtiment de Dieu, fléau de la colère divine; μαστίγιας, qui se fait fouetter sans cesse ; μαστιγιάω, avoir besoin d'être fustigé, battu de verges ; μαστιγόω, μαστίω, châtier ; fouetter. HOMEROMASTIX, surnom de Zoïle, critique injuste d'Homère. RR. Ὅμηρος, Homère, et μάστιξ, fléau.

4. Epaule; creux entre le tronc et les branches de l'arbre; grue, *machine.* L. *axilla,* aisselle ; μασχαλίζω, mutiler, couper les extrémités des membres.

5. μάψ, l. mêm. sans sujet ; μάταιος, vain; fou ; chétif; ματαιότης, vanité.

6. L. *machœra,* d. p. épée, coutelas, poignard. R. μάχομαι.

8. μάχη, bataille, combat, escarmouche; dispute; ἄμαχος, incontestable ; indomptable ; qui ne combat point. GIGANTOMACHIE, s. f. combat des géans contre les dieux. RR. γίγας, géant, et μάχη, combat. ICONOMAQUE, s. m. hérétique qui combat le culte des images. RR. εἰκών, image, et μάχομαι. LOGOMACHIE. s. f. dispute de mots, λογομαχία. RR. λόγος, mot, et μάχη. NAUMACHIE, s. f. spectacle d'un combat naval chez les Romains, ναυμαχία. RR. ναῦς, vaisseau, et μάχη. TÉLÉMAQUE, n. pr. RR. τῆλε, loin, et μάχομαι ; *qui combat au loin.*

9. Désirer passionnément ; μαιμάω, -άσσω, -ώσσω, -όω, id. d. p. se précipiter avec fureur. AUTOMATE, s. m. machine qui a en soi le principe de son mouvement et qui imite celui des corps animés, d'αὐτόματος, spontané, qui agit de soi-même. RR. αὐτός, soi-même, et μάω, vouloir.

10. Avoir égard ; respecter ; ôter, priver; ἀμέγαρτος, sans envie, qui n'excite pas l'envie. MÉGÈRE, s. f. l'une des trois Furies, Μεγαίρα.

CXXIV.

1. Μέγας, grand ; * μέγεθος, grandeur.   άλη, μέγα.
2. Μέδω, commande, est empereur.   *sans fut.*
3. Μέθυ, vin doux ; * Μέθη, l'ivresse.   υος, τό. ης, ἡ.
4. Μεῖδος, doux sourire, allégresse.   εος, τό.
5. Μειλίσσειν, flatte, est engageant.   ίξω.
6. Μεῖραξ, jeune homme, jeune enfant.   ακος, ὁ, ἡ.
7. Μείρομαι, tient du sort ; partage.   *sans fut.*
* Μοῖρα, part, destin, apanage.   ας, ἡ.
8. Μείων, *est moindre, inférieur.*   (ὁ, ἡ), ον.
9. Μέλας, noir ; μελασμός, noirceur.   αινα, αν.

DÉRIVÉS.

1. d. p fort, puissant ; *comp.* μείζων, *superl.* μέγιστος ; μεγαλύνω, agrandir ; exagérer ; vanter. MÉGACÉPHALE, s. f. insecte coléoptère à grande tête ; RR. μέγας, et κεφαλή, tête. MÉGALOGRAPHIE, s. f. tableau dont le sujet est grand. RR. μεγάλη, grande, et γραφή, peinture. MÉGALOPOLIS, s. f. nom de plusieurs villes. RR. μέγας, et πόλις, ville.

* g. εος (το). Hauteur ; taille ; véhémence ; grandeur d'âme ; dignité, majesté ; sublimité ; μέγαρον, maison ; palais ; hôtel d'un grand.

2. Régner, avoir soin : μεδέω, -εύω, id. εὐρυμέδων, dont la domination s'étend au loin. EURYMÉDON, n. pr.

3. μεθύω, être ivre, *au prop,* et *au fig.* μεθύσκω, enivrer. arroser largement. AMÉTHYSTE, s. f. ἀμέθυστος, pierre précieuse violette, à laquelle les anciens attribuaient la propriété de préserver de l'ivresse ceux qui la portaient au doigt. RR. α priv. et μεθύω.

4. Μειδιάω, -δάω, sourire, rire doucement ; être riant ; ἀμειδής, qui ne rit jamais ; φιλομειδής, qui aime à rire ; καταμειδάω, se rire, se moquer.

5. d. p. apaiser ; μείλιχος, doux ; gracieux ; flatteur.

6. μειρακίον, μειρακίσκος, *dimin.* petit jeune homme ; μειρακιεύομαι, -κεύομαι, agir en jeune homme ; faire l'enfant, l'espiègle.

7. d. p. trouver, obtenir ; μέρος, μερίς, part, partage ; parti ; μόρος, portion, sort, destinée ; mort ; malheur ; supplice.

* d. p. degrés des cercles de la sphère, μοιραῖος, fatal ; μοιράομαι, partager ; ἀμείρω, priver : ἄμοιρος, à qui il n'est rien échu ; μεμψίμοιρος, qui se plaint de son sort. MÉROPE, s. f. n. pr. d. p. une des Pléiades. RR. μέρος, part, et ὄψ, g. ὄπος, voix.

8. *comp. irrég.* d'ἐλίγος ; μειόω, diminuer ; μειοῦσθαι, être diminué ; être moindre, au-dessous ; μείωσις, diminution.

9. μέλαν (τό), encre ; κελαινός. noir ; obscur. MÉLANCOLIE, s. f. bile noire ; tristesse, amour de la rêverie, de la solitude ; μελαγχολία ; RR. μέλας, et χολή, bile ; d'où *mélancolique.* MÉLANIE, s. f. n. pr. *brune,* de μελανία, noirceur. MÉLASSE, s. f. sirop noir, résidu du sucre raffiné : de μέλας, ou μέλι, miel.

CXXV.

1. Μέλδω, fait fondre, liquéfie.   *sans fut.*
2. Μέλεθρον, piége, ce qui lie.   ου, τό.
3. Μέλεος, sot, vain, étourdi.   α, ον.
4. Μέλει, s'occupe, prend souci.   *f.* μελήσει.
* Μελετάω, médite; veille.   ήσω.
5. Μέλι, MIEL; Μέλισσα, l'abeille.   ιτος, τό. ης, ἡ.
6. Μελία, frêne; lance, dard. *   ας, ἡ.
7. Μέλλω, doit faire, est en retard.   *f.* ήσω.
8. Μέλος, membre, vers, MÉLODIE.   εος, τό.
9. Μέλπω, chante hymne, versifie.   ψω.

DÉRIVÉS.

1. d. p. amortir; consumer; faire dépérir.

3. d. p. malheureux; qui est sans effet.; μέλεον, adv. en vain, sans effet.

4. μέλει, impers.; *curæ est,* on a soin, on a à cœur; μέλομαι, j'ai soin; μελέδημα, μελεδών, μελεδώνη, soin; inquiétude; sollicitude; ΄ μελετάω, penser; avoir soin; exercer; s'exercer; déclamer; ἀμελής, qui n'a point de soin; négligent; ἐπιμέλεια, grand soin; diligence; affection; μεταμελέομαι, se repentir; μεταμέλεια, repentir; ἀμελέτητος, inhabile; ignorant. MÉLÉAGRE, s. m. fils d'Althée, que la chasse du sanglier de Calydon a rendu fameux. RR. μελεῖν, et ἄγρα, chasse. MÉLIBÉE, s. m. nom de bouvier, de berger; *Meliboeus.* RR. μελεῖν, et βοῦς, bœuf.

5. L. *mel, mellis,* μελιτόω, confire dans du miel; emmieller. HYDROMEL, s. m. breuvage composé d'eau et de miel. RR. ὕδωρ, eau, et μέλι. MÉLIANTHE, s. m. plante. RR. μέλι, et ἄνθος, fleur. MÉLILOT, s. m. plante. RR. μέλι, et λωτός, *lotus,* plante. MÉLISSE, plante que les abeilles aiment beaucoup; de μέλισσα, abeille. MELLITHE, s. f. ou *pierre de miel,* minéral. RR. μέλι, et λίθος, pierre.

6. ΄ *Propr.* de bois de frêne.

7. S'arrêter; cesser; paraitre; sembler; μελλητής, lent; lambin; -τιάω, lambiner.

8. μελίζω, dépecer; chanter mélodieusement; moduler; mesurer des vers; μέλισμα, chant, chanson. MÉLODIE, s. f. μελῳδία, chant harmonieux. RR. μέλος, harmonie, et ᾠδή, chant; d'où *mélodieux.* MÉLODRAME, s. m. drame mêlé de chants. RR. μέλος, chant, et δρᾶμα, drame. MÉLOMANIE, s. f. manie de la musique. RR. μέλος, et μανία, manie; d'où *mélomane,* s. m. MÉLOPÉE, s. f. déclamation notée des anciens; μελοποιία. RR. μέλος, et ποιέω, faire. PHILOMÈLE, s. f. L. *Philomela,* fille de Pandion, changée en rossignol; *qui aime le chant.* RR. φίλος, ami, et μέλος, chant.

9. μολπή, chant, hymne, chœur, musique. MELPOMÈNE, s. f. muse de la tragédie; μελπομένη, de μέλπω, chanter.

CXXVI.

1. Μέμφομαι, je blâme, reprends.   *f.* ψομαι.
2. Μένος, fougue, âme, emportemens.   εος-ους ; τό.
3. Μένω, demeure ; attend ; endure.   μενῶ.
4. Μέρδω, voit ; prive ; fait·injure.   μέρσω.
5. Μερίμνα, soin, peine d'esprit.   ης, ή.
6. Μερμαίρω, pense, réfléchit.   *sans f.*
7. Μέσος, au milieu, neutre, au centre.   η, ον.
8. Μεστός, rempli, gros, à plein ventre.   ή, όν.
9. Μετέωρος, haut, en suspens.   ος, ον.
10. Μέτρον, mesure (en tous ses sens).   ου, τό.

DÉRIVÉS.

1. Accuser; blâmer; μέμψις, accusation; ἄμεμπτος, irrépréhensible.

2. L. *mens* ; d. p. courage bouillant; colère; force; impétuosité ; μενεαίνω, être entraîné par la passion; δυσμενής, ennemi ; εὐμενής, bienveillant ; EUMÈNE, n. pr. EUMÉNIDES, s. f. pl. les Furies, ainsi nommées par ironie ; Εὐμενίδες. RR. εὖ, bien, et μένος, esprit.

3. L. *maneo*, μίμνω, id. μονή, demeure; ὑσμίνη, combat. MÉNÉLAS, s. m. frère d'Agamemnon. RR. μένω, soutenir, et λαός, peuple. MÉNIL, s. m. vieux mot, habitation de village; d'où *Ménilmontant*, etc.; de μένω, demeurer.

4. σμέρδω, voir ; σμερδνός, σμερδαλέος, terrible à voir.

5. Inquiétude, μεριμνάω, être inquiet; songer à.

6. Songer avec inquiétude ; penser fortement ; être en peine; μέρμερος, -ρος, curieux; rêveur; μερμερίζω, m. sig. que μερμαίρω, d. p. inventer; imaginer.

7. Médiocre ; moyen ; τὸ μέσον, la moitié ; MÉSOPOTAMIE, s. f. contrée de l'Asie ancienne, située entre le Tigre et l'Euphrate. RR. μέσος, milieu, et ποταμός, fleuve.

8. μεστόω, remplir.

9. Sublime ; qui s'élève en l'air ; superficiel ; qui est en pleine mer ; indécis ; flottant ; qui va tête levée ; μετεωρίζω, élever en haut, aller en haut, prendre l'essor, relever. MÉTÉORE, voy. p. 8, v. 8. MÉTÉOROLOGIE, s. f. traité des météores ; μετεωρολογία, de μετέωρος, et λόγος, traité ; d'où *météorologique*, adj.

10 μέτριος, médiocre ; modeste; modéré; retenu. MÈTRE, s. m. de μέτρον. DIAMÈTRE , s. m. ligne droite qui passe par le centre d'un cercle. RR. διά, à travers, et μέτρον, mesure. PÉRIMÈTRE, s. m. circonférence d'une figure. RR. περί, autour, et μέτρον. SYMÉTRIE , s. f. proportion de grandeur et de figure des parties d'un corps entre elles et avec leur tout ; συμμετρία, rapport, mesure commune. RR. σύν, avec, et μέτρον; d'où *symétrique*, adj. et *symétriser*, v. n.

CXXVII.

1. Μῆδος, conseil, dessein, prudence. εος, τό.
* Μήδομαι, médite, a soin, pense. μήσομαι.
2. Μηκάομαι, s'en va bêlant. ήσομαι.
3. Μῆκος, longueur; * μακρός, long, grand. εος, οῦς, τό.
4. Μήκων, pavot, suc pour le somme. ωνος, ή, ὁ rar.
5. Μηλέα, pommier ; μῆλον, pomme. ας, ή.
6. Μήν, mois. 7. Μήνη, lune croissant. μηνός, ὁ.
* Νουμηνία, mois commençant. ας, ή.
8. Μῆνις, la colère envieillie. ιος et ιδος, ή.
9. Μηνύειν, apprend, certifie. ύσω.

DÉRIVÉS.

1. μήδομαι, avoir soin; consulter ; machiner ; tramer. MÉDÉE, s.f. magicienne, μηδεία, de μῆδος, machination, PROMÉTHÉE, s. m. n. pr. Προμηθεύς, de προμηθής, prévoyant. RR. πρό, et μῆδος, soin.

2. μηκάζω, id. μηκάδες, chèvres; petits agneaux.

3. μηκύνω, allonger; prolonger; être long; *fig.* discourir longuement. MÉCOMÈTRE, s.m. instrument pour mesurer les longueurs. RR. μῆκος, et μέτρον, mesure.

* Haut; de longue durée ; profond; μάττων, pour μακρότερος, plus long, plus grand. MACROCÉPHALE , s. m. qui a la tête longue. RR. μακρός, et κεφαλή, tête. MACROPTÈRE, adj. qui a les ailes longues. RR. μακρός, et πτερόν, aile. MACROURE, s. f. famille de crustacés décapodes *à longue queue*. RR. μακρός, et οὐρά, queue.

4. Opium, graine de pavot; μηκωνικός, de pavot. MÉCONIUM, s. m. suc de pavot desséché, μηκώνιον.

6. Toute espèce de fruit. L.

malus, arbre, et malum, pomme, fruit en général; μῆλα (τά), les joues ; μῆλον, brebis, chèvre, bœuf. CAMOMILLE , s. f. plante du genre des corymbifères , qui s'élève peu et a l'odeur de pomme. RR. χαμαί, à terre, et μηλέα, pommier.

6. L. mensis. MÉNIANTHE, ou trèfle d'eau, s. m. μήνανθος. RR. μήν, mois, et ἄνθος, fleur. MÉNOLOGE, s. m. calendrier de l'église grecque. RR. μηνός, g. de μήν, et λόγος, livre.

7. μηνοειδής , en forme de croissant. MÉNISQUE, s.m. verre de lunette convexe d'un côté, et concave de l'autre; μηνίσκος, petit croissant ; de μήνη, lune.

* NÉOMÉNIE, s. f. nouvelle lune. RR. νέος , nouveau , et μήνη.

8. Animosité ; μηνίω, avoir une haine cachée, une secrète aversion; manger, mâcher.

9. Donner des renseignemens ; μήνυμα, indice; découverte ; indication ; signe ; renseignement ; μήνυτρον, récompense de celui qui a découvert, ou découvrira une chose que l'on veut connaître.

CXXVIII.

1. Μηρός, cuisse, jambe, jambon. οῦ, ὁ.
2. Μηρύω, roule en peloton. ύσω.
3. Μητήρ, mère, *aime avec tendresse*. ερος, ρος, ἡ.
4. Μῆτις, conseil, ruse, sagesse. ιδος, ἡ.
5. Μηχανή, MACHINE, art, complot. ῆς, ἡ.
* Ἀμήχανος. simple, idiot. (ὁ, ἡ), ον.
6. Μιαίνω, teint, fait tache, souille. ανῶ.
7. Μίγνυμι, mêle, confond, brouille. *f.* μίξω.
8. Μικρός, petit, de peu de nom. ά, όν.
9. Μίλτος, minium, vermillon. ου, ἡ.

DÉRIVÉS.

2. Dévider; μήρυμα, -υσμα, fil qu'on roule autour du fuseau; μηρύκω, -κάζω, -κίζω, -κάομαι, ruminer, remâcher ce qu'on a avalé.

3. μήτρομήτωρ, grand'mère maternelle. MÉTROPOLE, autrefois église, ou ville capitale d'une province; ville archiépiscopale; μητρόπολις. RR. μήτηρ, g. μητρός, mère, et πόλις, ville; d'où *métropolitain*, adj.

4. μητίστης, qui donne conseil; prudent; μητίζομαι, délibérer; s'aviser de faire une chose.

5. Adresse; artifice; invention; μῆχος, μῆχαρ, id. MÉCANIQUE, subs. μηχανικός (ἡ), s. ent. ἐπιστήμη, science des lois du mouvement, des machines, etc. adj. (art) qui a besoin du secours des mains; d'où *mécanicien*, s. m. *mécaniquement*, adv. *mécanisme*, s. m.

* qui n'a point d'adresse, qui ne sait rien inventer; fam. qui est au bout de son rôle; qu'on ne peut prendre par adresse; méchant; malicieux.

6. Souiller; profaner; μίασμα, -σμός, souillure; μιαρός, souillé; impur; scélérat; d'où MARAUD, s. m. coquin, fripon MIASMES, s. m. pl. exhalaisons morbifiques et contagieuses; de μίασμα, souillure. AMIANTE, s. m. minéral fibreux incombustible. RR. α priv., et μιαίνω, corrompre.

7. d. p. confondre; mettre ensemble; μιγνύω, id. προσμίγνυμι, approcher une chose d'une autre; attacher à; se joindre avec; engager le combat.

8. De peu de valeur; peu; en petit nombre; σμικρός, id. MICROSCOME, s. m. petit monde; *l'homme est un microscome*. RR. μικρός, et κόσμος, monde. MICROGRAPHIE, s. f. description des petits objets vus au microscope. RR. μικρός, et γραφή, description. MICROLÉPIDOTE, adj qui a de petites écailles. RR μικρός, et λεπίς, λεπιδός, écailles MICROMÈTRE, s. m. instrument pour mesurer les diamètres des astres, ou les petites distances. RR. μικρός, et μέτρον, mesure. MICROSCOPE, s. m. instrument d'optique qui grossit les petits objets. RR. μικρός, et σκοπεῖν, examiner; d'où *microscopique*, adj.

CXXIX.

1. Μιμεῖσθαι, contrefait, imite.   *f.* ήσομαι.
2. Μισθός, loyer, prix du mérite.   οῦ, ὁ.
3. Μινυός, Μινυρός, petit.   ά, όν.
   * Μινύθω, décroît, affaiblit.   θήσω.
4. Μῖσος, haine *ou* ce qu'on rejette.   εος, τό.
5. Μιστύλλειν, hâche, déchiquette.   υλῶ.
6. Μίτος, trame du tisserand.   ου, ὁ.
7. Μίτρα, MITRE; bandeau, turban.   ας, ή.
8. Μνᾶσθαι, se souvient, recommande.   ήσομαι.
   * Μνηστήρ, une épouse demande.   ῆρος, ὁ.

DÉRIVÉS.

1. μῖμος. L. *mimus*, qui contrefait; bouffon. MIME, s. m. celui qui contrefait les actions ou les discours d'autrui; d'où *mimique*, adj. PANTOMIME, s. m. acteur dont les gestes suppléent la parole; παντόμιμος, RR. παντός, g. de πᾶς, et μῖμος; — s. f. art d'imiter par le geste, sans employer la parole.

2. Récompense; salaire; μίσθιος, mercenaire; μισθόω, donner à loyer; affermer.

* Diminuer; μινυνθάδιος, qui est de courte durée. MINUTE, s. f. soixantième partie de l'heure, *ou* de chaque degré d'un cercle; original des actes publics; d'où *minuter*, v. a.

4. μισέω, haïr, avoir en aversion; μισητός, odieux; μισητίζω, rendre odieux; θεομισής, haï de Dieu; θεομίσης, qui hait Dieu. MISANTHROPE, s. m. qui hait les hommes; μισάνθρωπος. RR. μισέω, et ἄνθρωπος, homme; d'où *misanthropie*, s. f.

5. Couper en petits morceaux; émietter.

6. μίτοι, cordes d'instru-

mens; μιτόω, tendre la trame d'un tisserand; monter les cordes d'un instrument.

7. Baudrier; ruban. MITRE, s. f. ornement de tête des prélats; d'où *mitré*, adj.

8. d. p. raconter; faire mention; avoir soin; demander en mariage; rechercher; μνῆμα, ce qui sert à rappeler le souvenir; souvenir; monument; tombeau; μνημονεύω, savoir par cœur; retenir; faire mention; μνηστεύω, rechercher; demander en mariage; acquérir. AMNISTIE, s. f. pardon accordé par le souverain aux rebelles; ἀμνηστία, oubli. RR. ἀ priv., et μνῆστις, souvenir. MNÉMON, surnom d'un Artaxerce, roi de Perse, qui avait une mémoire peu commune; μνήμων, qui se souvient. MNÉMONIQUE, s. f. art d'aider la mémoire par des signes; μνημονικός (ή), (s.-ent. τέχνη, art.), qui concerne la mémoire. MNÉMOSYNE, s. f. déesse de la mémoire, mère des Muses; μνημοσύνη, mémoire. R. μνάομαι.

CXXX.

1. Μόγος, travail, affliction.   ου, ὁ.
2. Μόθαξ, serf né dans la maison.   ακος, ὁ.
3. Μόθος, μόλος, travail, misère.   ου, ὁ.
4. Μοιχός, impudique, adultère.   οῦ, ὁ.
5. Μολγός, BOUGETTE, sac de cuir.   οῦ, ὁ.
6. Μολεῖν, aller, venir, courir.   *sans f.*
7. Μόλιβδος, plomb ; lourd et stupide.   ου, ὁ.
8. Μολοβρός, parasite, avide.   οῦ, ὁ.
9. Μολύνω, salir *ou* souiller.   υνῶ.
10. Μόνος, seul, désert, singulier.   η, ον.

DÉRIVÉS.

1. μογερός, -ηρός, laborieux ; malheureux ; μογέω, être en peine ; souffrir ; être las, abattu ; μόγις, et μόλις, *vix*, à peine.

2. μόθων, laquais, d. p. vain ; fanfaron ; importun.

3. Guerre ; combat ; tumulte.

4. μοιχάς, g. άδος ; μοιχαλίς, g. ίδος, femme adultère ; μοιχεία, l'adultère, *subst.* ; μοιχεύω, commettre un adultère.

5. μολγός, L. *bulga*, valise ; μολγής, méchant ; corrompu.

6. αὐτομόλος, qui va de lui-même, transfuge ; ἀντιμολέω, marcher contre ; ἀπομολέω, venir de ; arriver ; ἐκμολέω, sortir de ; προμολέω, s'avancer.

7. μέλιβος, id. μολιβοῖς, et -υβοῖς, g. ίδος. L. *moles*, boule, masse ou lame de plomb. MOLYBDÈNE, s. m. μολύβδαινα, plombagine, mine de plomb, sorte de crayon noir. MOLYBDITE, s f. pierre minérale qui contient du plomb ; de μόλυβδος.

9. μολυσμός, μόλυνσις, tache, souillure.

10. Unique ; abandonné ; séparé de ; μονάς, άδος, unité ; μοναδόν, seulement ; μονάζω, vivre solitairement. MOINE, s. m. religieux qui vit dans la solitude ; μονός, solitaire, de μόνος, seul ; d'où *monacal*, adj.

monachisme, s. m. ANTIMOINE, s. m. demi-métal blanc purgatif. RR. ἀντί, contre, et μόνος ; d'où *antimonial*, adj. *antimonié*, adj. MONADE, s. f. élément simple des corps, suivant Leibnitz ; de μονάς, g. μονάδος, unité. MONASTÈRE, s. m. μοναστήριον, maison religieuse. RR. μόνος, seul ; d'où *monastique*, adj. μοναστικός. MONOCÉROS, s. m. se dit de quelques animaux qui n'ont qu'une corne. RR. μόνος, et κέρας. MONOCHROMATE, s. m. peinture d'une seule couleur. RR. μόνος, et χρῶμα, couleur. MONOCLE, s. m. lunette qui ne sert que pour un œil. RR. μόνος, et L. *oculus*, œil. MONOGRAMME, s. m. chiffre composé des lettres d'un nom. RR. μόνος, et γράμμα, lettre. MONOLOGUE, s. m. scène où un acteur parle seul. RR. μόνος, et λόγος, discours. MONOPÉTALE, adj, (fleur) qui n'a qu'un pétale. RR. μόνος, et πέταλον, feuille, MONOSYLLABE, s. m. d'une seule syllabe ; de μόνος, et de συλλαβή, syllabe ; de là *monosyllabique*, adj. MONOTONE, adj. qui est toujours sur le même ton. RR. μόνος, et τόνος, ton, de τέτονα, p. moy. de τείνω, tendre ; d'où *monotonie*, s. f.

CXXXI.

1. Μορμύρω, fait doux bruit, MURMURE.   *f. ρω.*
2. Μορμώ, spectre affreux. 3. Μόρον, MÛRE.   *όος. οῦς, ἡ.*
4. Μορύσσω, rend sale, infecté.   *ύξω.*
5. Μορφή, FORME, mine, beauté.   *ῆς, ἡ.*
6. Μόσσυν, mur, tour en bois bâtie.   *υνος, ὁ.*
7. Μόσχος, veau; MUSC. 8. Μότος, charpie. *ου, ὁ, ἡ. ου, ὁ.*
9. Μοῦσα, MUSE; chanson; des vers.   *ης, ἡ.*
 *   Μουσική, MUSIQUE, art des airs.   *ῆς, ἡ.*
10. Μόχθος, travail; misère; peine.   *ου, ὁ.*
11. Μυδάζομαι, sent forte haine.   *f. ξομαι.*

DÉRIVÉS.

1 μορμυρίζω, imiter le bruit d'un ruisseau qui coule entre des cailloux. MURMURE, s. m. L. *murmur*; d'où *murmurer*, v.

2. *propr.* figure hideuse de femme; épouvantail; μορμολύττομαι, faire peur, épouvanter; *sens neut.* avoir peur; μορμολυκεῖον, spectre; large masque de théâtre. MARMOT, s. m. MARMOUSET, diminutif de marmot, petite figure grotesque ou hideuse. MARMOTTER, v. n. parler entre ses dents.

3. L. *morum*; d. p. mûrier, L. *morus.*

5. μορφήεις, beau; μόρφωσις, formation; μεταμορφόω, transformer. FORME, L. *forma*, tiré de μορφή, *par transposition:* d'où *former, déformer, transformer*, v. v., *difforme*, etc. * MÉTAMORPHOSE, s. f. changement de forme, *transformation*; μεταμόρφωσις. RR. μετά, marq. changement, et μόρφωσις, formation; de μορφή; d'où *métamorphoser*, v. a. MORPHÉE, s. m. dieu du sommeil et des songes, qu'il présente sous diverses figures; Μορφεύς.

6. Fort: cabane en bois; d. p. estrade en planches.

7. Génisse, tout jeune ani-
mal; rejeton; bouture, marcotte; pris *adj.*, jeune, tendre. MUSC, s. m. parfum, et sorte de chevreuil qui le produit; μόσχος; d'où *musquer*, v. *muscat*, s. m. sorte de raisin et de vin du midi; *adj.*, qui a un parfum de musc. *muscade*, s. f. noix du muscadier, *arbre*. MOSCHUS, n. pr., poète bucolique.

9. L. *Musa*; μουσόω, mettre en vers ou en musique; cadencer; donner de la grâce; instruire; ἄμουσος, ignorant, grossier; qui ne sait pas chanter. MUSE, n. générique de chacune des neuf déesses qui présidaient aux sciences et aux arts libéraux. MUSÉE ou MUSÉUM, s. m. lieu destiné à l'étude, lieu où l'on rassemble les monumens des beaux-arts. • MUSIQUE, s. f. science qui traite des rapports et de l'accord des sons; μουσική, s. f. de μουσικός, *musical*, s.-ent. τέχνη, art; d'où *musicien*, s. m. παραμούσος, qui ne s'accorde pas; dissonant; qui ne sait pas la musique; mal appris.

10. μοχθηρός, laborieux; pénible; misérable; méchant; pervers; μοχθηρία, méchanceté.

11. et μυσάττομαι, détester, exécrer, abhorrer. R. μῖσος.

CXXXII.

1. Μυδᾷν, pourrit en moisissant.	*f.* ήσω.
2. Μύδρος, fer rouge, incandescent.	ου, ὁ.
3. Μυελός, la MOELLE, cervelle.	οῦ, ὁ.
4. Μυεῖν, choses saintes révèle.	ήσω.
5. Μύζω, suce; grogne, gémit.	ύξω.
6. Μῦθος, fable; discours, récit.	ου, ὁ.
7. Μυῖα, mouche, insecte diptère.	ας, ή.
8. Μυκάω, MEUGLER, beugler; braire.	ήσομαι.
9. Μύκης, champignon, *ou* pommeau.	ητος, ὁ,
10. Μυκτήρ, nez, narine, museau.	ῆρος, ὁ.

DÉRIVÉS.

1. Se moisir; sentir le relent; μυδαλέος, humide; moisi, μυδαίνω, humecter; pourrir.

2. Boule de feu; braise ardente; charbons incandescens.

3. μυελλόεις, moelleux; plein de moelle; μυελώδης, semblable à la moelle; μυελόω, remplir de moelle. MOELLON, s. m. pierre pour garnir l'intérieur dans un mur.

4. d. p. Sacrer; conférer les ordres sacrés; enseigner les choses saintes; initier aux mystères; μυστήριον, MYSTÈRE, s. m. chose cachée ou difficile à comprendre; de μυέω, dérivé de μύω, fermer, taire; d'où *mystérieux*, adj. MYSTIQUE, adj. figuré, caché; μυστικός, mystérieux; de μύστης. L. *mysta*, initié; d'où *mysticité*, s. f *mystiquement*, adv. MYSTAGOGUE, s. m. qui initie aux mystères. RR. μύστης, de μύω, et ἀγωγός, conducteur, guide; dérivé d ἄγω, conduire.

5. μυχθίζω, gémir; soupirer.

6. Entretien; conte fait à plaisir; conseil; persuasion; sédition; faction; μυθέομαι, dire, raconter; s'entretenir; μυθητής, orateur; parleur; μυθίζω, parler; dire; gronder; μυθεύω, faire un conte, un récit fabuleux. MOT, s. m. une ou plusieurs syllabes exprimant une idée; μῦθος. MYTHE, s. f. trait, récit mythologique; μῦθος. MYTHOLOGIE, s. f. histoire fabuleuse des dieux; μυθολογία. RR. μῦθος, et λόγος, traité; d'où *mythologique*, adj. *mythologiste* ou *mythologue*, s. m.

7. μυῖαι, vers que les mouches déposent sur la viande.

8. Il se dit aussi des ânes, des chameaux et autres bêtes; μύκημα, mugissement; μυκήτης, meuglant.

9. d. p. suie épaisse qui s'amasse à la mèche d'une lampe, que les Latins appellent aussi *fungus*. MYCÈNE, n. pr.

10. d. p. trompe d'éléphant; raillerie, moquerie; σμυκτήρ, le même; σμυκτηρίζω, se moquer; railler.

CXXXIII.

1. Μύλη, MEULE pour la farine. ης, ἡ.
2. Μυλλός, louche, tors, qui s'incline. * οῦ, ὁ, ἡ.
3. Μύνομαι, s'excuse *ou* défend. f. οῦμαι.
4. Μύξα, MUCUS du nez coulant. ης, ἡ.
5. Μυρίος, sans nombre, dix mille. α, ον.
6. Μύρον, parfum de baume *ou* d'huile. ου, τό.
7. Μύρτος, MYRTE 8. Μύρμοι, fourmis. ου, ὁ.
9. Μύρω, coule. 10. Μῦς, rat, souris. μυός, ὁ.
11. Μῦσος, crime horrible, exécrable. εος, τό.
* Μυσαρός, affreux, détestable. ά, όν.

DÉRIVÉS.

1. L. *mola*. d. p. sorte de galette qu'on mettait sur la tête des victimes qu'on allait immoler ; rotule du genou. MOLE, s. f. faux germe, μύλη. μυλιάω, casser avec les dents ; faire claquer ses dents de froid. AMYDON et AMIDON, s. m. ἄμυλον, farine faite sans meule. RR. α priv. et μύλη, meule; d'où amidonnier, s. m.

2°. Qui s'incline, c. à d. courbé.

3. μύνη, prétexte ; excuse.

4. Morve, pituite; fluxion; l'humeur qui se trouve dans les huîtres ; champignons d'une mèche.

8. μυρίος, infini ; très haut; très grand ; μύριοι, innombrables; μύριοι, dix mille. MYRIADE, s. f. nombre de dix mille, de μυριάς,-άδος. MYRIAGRAMME, s. m. poids de dix mille grammes. RR. μύριος, au n. pl. n. μύρια, et γράμμα, gramme. MYRIAMÈTRE, s. m. mesure de longueur de dix mille mètres ; μύρια, et μέτρον, mètre.

6 MYROBOLAN, s. m. sorte de noix aromatique des Indes, de la forme du gland. RR. μύρον, et βάλανος, gland.

7. L. *myrtus*.

8. μύρμος, -ου (ὁ), et μύρμηξ, -ηκος (ὁ), fourmi; μυρμηδών, fourmilière. MYRMÉCIE, s. f. verrue, qui, lorsqu'on la coupe, fait éprouver une démangeaison semblable à celle que produit la piqûre de la fourmi ; de μύρμηξ, fourmi. MYRMIDONS, s. m. pl. habitans de l'île d'Egine qui de fourmis étaient devenus des hommes ; de μυρμηδών, fourmilière.

9. μύρομαι, id. d. p. pleurer, gémir. MYRRHE, s. f. L. *myrrha*. Sorte de gomme odoriférante, qui découle d'un arbre de l'Arabie ; μύρρα.

10. L. *mus*. d. p. MUSCLE, s. m. partie organique composée de fibres charnues, et destinée à exécuter les mouvemens du corps ; du L. *musculus*, petit rat, dér. de μῦς, parce qu'on a trouvé que les muscles ressemblaient à des rats écorchés; d'où musclé, musculaire, muscleux, adj. MYOGRAPHIE. s. f. description des muscles. RR. μυός, g. de μῦς, et γραφή, description. MYOLOGIE, s. f. RR. μῦς, et λόγος traité. MYOTOMIE, s. f. dissection des muscles. RR. μῦς, et τομή, dissection.

11. μῦσος, -ου, abominable: scélérat : μυσάζω, souiller par un crime : détester.

CXXXIV.

1. Μύσσω, trompe, est fin, est adroit.   *f.* μύξω.
2. Μυχός, réduit ; golfe, détroit.   οῦ, ὁ.
3. Μύω, se tait, ferme l'œil, cligne.   ύσω.
* Σκαρδαμύσσω, des yeux fait signe.   ύξω.
4. Μωκᾶν, moquer ; μῶκος, MOQUEUR.   ήσω.
5. Μῶλος, combat, trouble, frayeur.   ου, ὁ.
6. Μῶλυς, sot, lâche, âme hébétée.   υς, υ.
7. Μώλωψ, des coups marque restée.   ωπος, ὁ.
8. Μῶμος, blâme, opprobre infamant.   ου, ὁ.
9. Μωρός, sot, fat, extravagant.   ά, όν.

DÉRIVÉS.

1. ἀπομύσσω, -ττω, *emungo,* moucher ; tromper ; attraper par adresse ; tirer quelque chose d'une personne par artifice.

2. d. p. golfe ; ἐνδόμυχος, intérieur ; interne ; caché ; couvert.

3. Fermer la bouche, les yeux ; clignoter ; se fermer ; καταμύω, καμμύω, id. MYOPIE, s. f. vue courte, qui oblige à cligner les yeux. RR. μύω, et ὠπός, g. d'ὤψ, œil, d'où *myope,* s. m. et adj.

* Faire semblant de ne pas voir ; cligner des yeux ; ἀσκαρδαμκυτεί, d'un œil fixe.

4. μωχάω, μωχάειν, μωχᾶν, se moquer, μωχία, *moquerie.*

5. Guerre ; μωλέω, combattre ; μῶλος, MÔLE *d'un port,* logement pour les nautonniers sur le bord de la mer ; port creusé par la main des hommes.

6. Ignorant ; paresseux ; languissant ; imbécile ; μώλυξ, μωλύτης, id. μωλύνω, émousser ; affaiblir ; rendre lâche.

7. Marque des coups de fouet ; meurtrissure.

8. Honte ; tache ; opprobre, reproche ; blâme ; μῶμος, railleur ; μωμέομαι, μωμεύω, blâmer ; railler ; μώμημα, répréhension ; raillerie ; ἀμώμος, irrépréhensible. MOMUS, s. m. dieu de la raillerie ; μῶμος. MOMERIE, s. f. autrefois mascarade ; affectation ridicule d'un sentiment qu'on n'a pas ; choses concertées pour faire rire ; R. μῶμος.

9. Insensé ; μώρωσις, folie ; μωραίνω, être fou ; faire des sottises ; μωραίνομαι, devenir fou, sot, extravagant ; μωρασοφέω avoir une sotte ou une folle sagesse ; être follement sage.

CXXXV.

N, cinquante. 1. Ναίειν, réside. *f.* νάσομαι.

Νάω, couler ; ναρός, limpide. ά, όν.

2. Νάκος, toison. 3. Νάνος, un NAIN. εος, τό.

4. Ναός, temple, niche en lieu saint. οῦ, ὁ.

5. Νάπος, forêt, grand bois *s'explique*. εος, τό.

6. Νάπυ, moutarde, *en langue attique*. νος, τό.

7. Νάρθηξ, férule qui punit. ηκος, ὁ.

8. Νάρκη, la torpille *engourdit*. ης, ἡ.

9. Νάσσειν, foule ; aplanit, rabote. *f.* ξω.

10. Ναῦς, vaisseau, NEF ; ναύτης, pilote. νέως, ἡ. ου, ὁ.

DÉRIVÉS.

* Avec l'accent dessous (, ν) vaut cinquante mille.

1. ναιετάω, id. NAÏADE, s. f. nymphe des fleuves et des fontaines ; ναϊάς, g. άδος.

* νᾶμα, νασμός, source, ruisseau ; origine ; ἀείναος, qui coule toujours ; intarissable.

2. Peau garnie de son poil.

3. L. *nanus.* νανοφυής, νανώδης, qui est naturellement d'une petite taille.

4. att. νεώς, ώ ; chapelle ; πρόναος, situé devant le temple ; πρόναον, vestibule du temple ; portique ; parvis. NÉOCORE, s. m. officier chargé de l'entretien des temples. RR. νεώς, et κορέω, nettoyer.

5. Colline, vallée boisée. NAPÉES, s. f. pl. nymphes des bois ; ναπαῖαι. L. *napææ*. NAPOLÉON, n. pr. *Lion de la forêt*.

7. Plante ou arbrisseau à moelle ; baguette de férule qui servait à châtier les enfans ; éclisse en bois de férule ; ναρθήκιον, boîte à mettre des onguens ; livre qui traite des remèdes.

8. L. *torpedo*, poisson de mer qui engourdit les poissons ou les mains qui veulent le saisir ; d. p. engourdissement ; assoupissement ; ναρκάω, être engourdi ;

NARCISSE, s. m. fleur dont l'odeur a la propriété d'assoupir. νάρκισσος d. p. n. pr. NARCOTIQUE, adj. assoupissant ; ναρκωτικός. R. νάρκη.

9. ναστός, bien battu ; pressé, uni, épais, massif ; espèce de pain d'épice.

10. L. *navis*, ναυτιάω, -σιάω, avoir le mal de mer ; ARGONAUTE, s. m. espèce de coquillage ; au pl. héros grecs qui s'embarquèrent sur le navire *Argo*, pour la conquête de la Toison d'or. RR. ἀργώ, nom de navire, et ναυτής, navigateur. NAVIRE, s. m. du L. *navis*, dérivé de ναῦς ; d'où *navigateur*, s. m. *navigation*, s. f. *naviguer*, v. n. *navigable*, adj. NAUFRAGE, s. m. perte d'un vaisseau sur mer. RR. ναῦς, et *frango*, de ῥάγω, *inus.* briser. NAULAGE, s. m. prix du passage sur un vaisseau ; ναῦλον, de ναῦς ; en L. *naulum*. NAUMACHIE, s. f. spectacle d'un combat naval chez les Romains ; ναυμαχία, combat naval. RR. ναῦς, et μάχη, combat. NAUSÉE, s. f ναυσία, envie de vomir à laquelle on est sujet sur mer ; d'où *nauséabonde*, adj. NAUTIQUE, adj. qui concerne la navigation ; ναυτικός.

CXXXVI.

1. Νεβρός, un faon. 2. Νεκρός, un mort. 1. 2. οῦ, ὁ.
3. Νεῖκος, débat, brouille, discord. εος, τό.
4. Νεμεσᾶν, s'indigne, s'irrite. f. σήσω.
5. Νέμω, donne; paît; règle; habite. μῶ.
* Νομεύς, pasteur, ou qui régit. έως, ὁ.
6. Νέννος, oncle; * sot, sans esprit. ου, ὁ.
7. Νέος, nouveau, dans le jeune âge. α, ον.
* Νεανίσκος, jouvenceau; page. ου, ὁ.
8. Νεοσσός, poussin, le petit. οῦ, ὁ.
9. Νεῦρον, force de corps, d'esprit. ου, τό.

DÉRIVÉS

1. νεβρίς, -ίδος. L. nebris; peau de jeune cerf ou de faon;

2. νέκυς,-υος, id. νεκρόω, faire mourir; mortifier; νεκάς, -άδος, monceau de cadavres; νεκυία, évocation des morts. NÉCRO-LOGE, s. m. registre où l'on inscrit les noms des morts, la date des décès, etc. RR. νεκρός, et λόγος, livre. NÉCROLOGIE, s. f. notice sur un mort. M. R.

3. Différend, querelle; πρού-νεικος, querelleur; φιλόνεικος, id. d. p. jaloux; rival.

4. d. p. décrier; craindre la réprimande; craindre; νε-μεσάω, -ομαι, id. d. p. révérer; νέμεσις, indignation; juste réprimande; vengeance divine. NÉMÉSIS, s. f. déesse de la vengeance indignée contre le crime.

5. d. p. distribuer; posséder; cultiver; νέμησις, distribution; partage; νομή, id. d. p. pâturage; νομός (ό). NOME ou gouvernement en Egypte; d. p. distribution; pâturage; d'où L. nemus. Voy. νόμος, loi, p. 158°; νομάς, qui pâture; qui vit dans les pâturages. NOMADES, s. et adj.; νομάδες, peuples pasteurs, toujours errans pour chercher de nouveaux pâturages.

6. Signifiant sot, il s'écrit νεννός, de νε, négation, et νόος, esprit.

7. νεότης, jeunesse. NÉOGRA-PHISME, s. m. nouvelle manière d'écrire les mots. RR. νέος, et γράφω, écrire; d'où néographe, s. m. NÉOLOGIE, s. f. emploi de termes nouveaux. RR. νέος, et λόγος, mot. NÉOLO-GISME, s. m. habitude et affectation de néologie. M. R. d'où néologique, adj. et néologue, s. m. NÉOPHYTE, s. m. nouveau baptisé; νεόφυτος, nouvellement né. RR. νέος, et φύω, naître. NÉOTÉRIQUE, adj. L. neotericus, nouveau, moderne, de νεώτερος, plus jeune, compar. de νέος.
* d. p. jeune adolescent, jouvenceau.

9. NERF. L. nervus; d. p. corde d'instrument; νευρά, ᾶς (ή), id. νευρόω, fortifier; νευρώ-δης, nerveux; robuste. NÉ-VRALGIE, s. f. douleur des nerfs. RR. νεῦρον, nerf, et ἄλγος, douleur. NÉVROGRAPHIE, s. f. description des nerfs. NÉVRO-LOGIE, s. f. traité des nerfs. NÉVROTOMIE, s. f. dissection des nerfs. RR. νεῦρον, et γραφή, λόγος, τομή.

CXXXVII.

1. Νεύω, penche, accorde, s'incline.   *f.* σω.
2. Νέφος, nuage ; humeur chagrine.   εος, τό.
3. Νεφρός, reins. 4. Νηδύς, estomac.   οῦ, ὁ. ύες, ὁ.
5. Νέω, nage ; file ; vient, va.   νήσω.
6. Νήπιος, enfant, imbécile.   ος et α, ον.
7. Νῆσος, île, *et parfois* presqu'île.   ου, ἡ.
8. Νηρός, humide, humble, coulant.   ά, όν.
9. Νῆστις, à jeun, sans aliment.   εως, ὁ, ἡ.
10. Νῆσσα, canard, *de* Νήχω, nage.   ης, ἡ.
11. Νήφω, véille, est *ou* sobre, *ou* sage.   νήψω.

DÉRIVÉS.

1. Faire un signe de tête ; faire signe ; promettre ; tourner vers ; tendre à. L. *annuo, innuo,* etc. ; νεῦμα, *nutus,* inclination ; signe de tête ; νεῦσις, inclination de tête ; pente ; νευστάζω, pencher; avertir par un signe de tête.

2. d. p. foule, multitude ; tristesse ; νεφέλη, -ης, nuage ; nuage sur le front; nuage ; air sombre, triste ; urine trouble ; mort ; συννεφέω, assembler les nuées, devenir sombre ; συννεφόω, rendre sombre. NÉPHÉLINE, s. f. pierre transparente qui, plongée dans l'eau-forte, devient comme nébuleuse.

3. NÉPHRÉTIQUE, adj. (douleur) de reins ; νεφριτικός, de νεφρῖτις, douleur de reins. NÉPHROGRAPHIE, s. f. description des reins. RR. νεφρός, et γραφή, description. NÉPHROLOGIE, s. f. traité sur les reins. RR. νεφρός, et λόγος, traité. NÉPHROTOMIE, incision faite aux reins ; d. p. dissection des reins. RR. νεφρός, et τομή, incision.

4. Ventre; d. p. creux; concavité; νηδυΐα, intestins.

5. L. *neo,* devider ; amasser; νευστός, νευστικός, qui nage ou peut nager ; νήχω, -ομαι, nager. NECTOPODE, adj. se dit d'une sous-classe de mammifères à *pieds palmes,* qui comprend les amphibies et les cétacés. RR. νηκτός, nageur; et πούς, ποδός, pied.

6. Fou, badin ; νηπιάζω, faire l'enfant ; νηπίαχος, νηπύτιος, m. sig. que νήπιος.

7. d. p. Robe bordée de pourpre; χερρόνησος ou χερσόνησος. CHERSONÈSE, s. f. presqu'île. RR. χέρσος, terre, et νῆσος, île. PÉLOPONÈSE, s. m. aujourd'hui MORÉE, province et presqu'île de la Grèce, à laquelle le roi Pélops donna son nom. RR. πέλοψ, g. -οπος, et νῆσος.

8. Quelquefois pour νεαρός, récent.

9. Qui n'a rien pris ; d. p. le *jejunum,* le second intestin grêle qui est toujours vide ; νηστεύω, jeûner ; faire abstinence.

11. νηφάλιος, sobre; vigilant, prudent, circonspect; attentif; νηφαίνω, m. sig. que νήφω, ἀνανήφω, revenir à la sobriété, en son bon sens; se repentir. NÉPHALIES, s. f. pl. sacrifices dans lesquels les libations se faisaient sans employer le vin; de νηφάλιος, sobre.

12*

CXXXVIII.

1. Νικάω, surmonte, est vainqueur.   *f. ήσω.*
2. Νίπτω, lave, ôte la noirceur.   *νίψω.*
3. Νίφω, neiger, mouiller *exprime.*   *νίψω.*
4. Νόθος, bâtard, illégitime.   *η ου ος, ον*
5. Νόμος, loi, coutume ; airs *ou* chants.   *ου, ὁ.*
6. Νόος, νοῦς, esprit, raison, sens.   *νόου et νοῦ, ὁ.*
7. Νόσος, maladie *ou* dommage.   *ου, ἡ.*
8. Νοστεῖν, retourne ; part, voyage.   *ήσω.*
9. Νόσφι, sans, à part, de côté.   *adv.*
10. Νοτίς, moiteur, humidité.   *ίδος, ἡ.*

DÉRIVÉS.

1. Gagner sa cause ; l'emporter, prévaloir ; νίκημι, id. νίκημα, νίκη, victoire ; νικητήριον, palme ou prix de la victoire. NICÉPHORE, s. m. n. pr. RR. νίκη, victoire, et φέρω, remporter.

2. νίζω, id. νίπτομαι, se laver les mains. NITRE, s. m. L. *nitrum*, salpêtre, espèce de sel qui sert à nettoyer ; νίτρον, de νίζω, laver ; d'où *nitreux, nitrique,* adj. *nitrate,* s. m.

3. Humecter ; arroser ; νιφάς, -άδος, neige qui tombe à gros flocons ; rosée.

4. L. *nothus,* νοθεύω, abâtardir ; corrompre ; tromper ; flatter ; ὀθνεῖος, étranger, c. q. dir., νοθεῖος. NOTHUS, surnom donné à Darius second, neuvième roi de Perse ; de νόθος.

5. De νέμω, νόμω ; νομίζω, ordonner ; faire une loi ; former ; νόμιμος, légitime ; équitable ; νόμισμα, coutume ; monnaie qui a cours. L. *numisma,* νοῦμμος, *nummus,* argent monnoyé ; d'où NUMISMATIQUE. s. f. et adj. science des médailles antiques. AUTONOME, adj. (ville grecque) qui se gouvernait par ses propres lois. RR. αὐτός, soi-même, et νόμος. ECONOMIE, s. f. ordre dans la conduite et la dépense d'une maison ; οἰκονομία. RR. οἶκος, maison, et νόμος, règle ; d'où économe, s. m. économat, s. m. économique, adj. économiser, v. économiste, s. m. qui s'occupe d'économie politique.

6. Intelligence ; vivacité ; intention ; sentiment ; cause ; νοέω, avoir dans l'esprit ; comprendre ; imaginer ; penser ; avoir du bon sens ; διάνοια, agitation d'esprit ; pensée ; entendement ; sens ; sentence ; νουθετέω, avertir ; corriger.

7. Perte ; vice, défaut ; νοσέω, être malade ; affligé ; passionné pour. NOSOGRAPHIE, s. f. description des maladies. RR. νόσος, et γραφή, description. NOSOLOGIE, s. f. traité des maladies. RR. νόσος, et λόγος, traité.

8. νόστος, retour ; νόστιμος, qui est de retour ; doux ; agréable. NOSTALGIE, s. f. mal du pays. RR. νόστος, retour, et ἄλγος, ennui.

9. Et νόσφιν, séparément, à l'écart ; νοσφίζομαι, être à part ; abandonner ; haïr ; priver ; ôter.

10. νοτίζω, mouiller, humecter ; νοτέω, être moite, humide.

CXXXIX.

1. Νότος, midi, vent chaud ; rosée.   ου, ὁ.
2. Νύμφη, bru, nouvelle épousée.   ης, ἡ.
3. Νύξ, la nuit ; νύκτωρ, nuitamment.   κτος, ἡ.
4. Νύσσω, pique *et* blesse en perçant.   ξω.
5. Νυός, femme du fils, du frère.   οῦ, ἡ.
6. Νυστάζω, dort, néglige affaire.   σω *et* ξω.
7. Νώγαλα, tout mets doux, friand.   ων, τά.
8. Νωθής, tardif, stupide, lent.   ής, ές.
9. Νωλεμής, assidu, de suite.   ής, ές.
10. Νῶτος, dos ; νωτίζω, prend fuite.   ου, ὁ.

DÉRIVÉS.

1. L. *notus.* Le Notus, vent pluvieux ; dérivé de νοτίς, humidité ; νότιος, méridional, austral.

2. d. p. nymphe : fourmi ailée, petite guêpe, abeille, ou mouche semblable, qui commence à avoir des ailes ; bouton de rose qui commence à éclore ; creux de la lèvre inférieure ; extrémité du soc de la charrue ; νύμφιος, νυμφευτήρ, époux ; νυμφεύω, marier sa fille ; νυμφευτρία, *pronuba*, celle qui accompagne la nouvelle mariée. NYMPHES, s. m. pl. divinités fabuleuses des fleuves, des bois, des montagnes ; au sing. *poét.* jeune fille ou femme belle et bien faite ; second degré de la métamorphose des insectes. NYMPHÉE, s. m. bains publics des anciens ornés de grottes, de fontaines, etc., de νυμφαῖον, temple des nymphes.

3. L. *nox.* νύχος, id. νυκτερίς, -ίδος, chauve-souris ; poisson qui ne va que la nuit : νύχιος, nocturne ; νύχευμα, veille de nuit. NYCTALOPE, adj. qui voit mieux la nuit que le jour : νυκτάλωψ. RR. νύξ, g. νυκτός, et ὤψ, ὦπος, œil ; d'où NYCTALOPIE, s. f.

νυκταλωπία, infirmité du nyctalope. NYCTÉRIENS, s. m. pl. oiseaux qui volent la nuit ; de νύκτερος, nocturne.

4. Pousser ; heurter ; κατάνυξις, componction ; regret ; νύσσα, *meta*, fin de la carrière vers laquelle les coureurs approchant, piquent leurs chevaux plus fort ; but qu'on se propose. DIONYSIAQUES, s. f. pl. fêtes de Bacchus, surnommé *Dionysius*, parce que, suivant la fable, il sortit de la cuisse de Jupiter. RR. Διός, g. de Ζεύς, Jupiter, et νύσσω, percer.

5. L. *nurus*, bru ou belle-sœur ; d. p. épouse.

6. L. *nuto*, dormir en laissant aller la tête ; s'endormir dans une affaire, être négligent ; νυσταγμός, -μα, assoupissement ; νυστακτής, -τικός, qui dort ; sujet à s'endormir,

7. Sauce, assaisonnement. NOUGAT, s. m. gâteau d'amandes ou de noix au caramel.

8. Paresseux ; νωθρός, id. νωθρεύω, être lent, paresseux.

10. νωτίζω, *terga verto*, tourner le dos ; d. p. faire tourner le dos, poursuivre ; laisser derrière.

CXL.

* Ξ. *Pour* soixante *il faut chiffrer.*

1. Ξαίνω, carder *ou* déchirer.   f. ξάνω.
2. Ξανθός, blond, fauve, roux, orange.   ή, όν.
3. Ξένος, étranger, hôte ; étrange.   ου *ou* η, ον.
4. Ξέω, râcle, taille en gravant.   έσω.
* Ξύειν, *en vient,* polir, *se rend.*   ύσω.
5. Ξηρός, sec ; de chère exiguë.   ά, όν.
6. Ξίφος, épée, une arme aiguë.   εος, τό.
7. Ξύλον, bois coupé ; cotonnier.   ου, τό.
8. Ξυνός, commun, non singulier.   ή, όν.

DÉRIVÉS.

* Avec l'accent au-dessous à gauche (,ξ), il vaut *soixante mille.*

1. Peigner ; asséner un coup ; blesser ; ξανάω, se lasser à carder la laine ; être fatigué ; ξαίνιον, et ξάνιον, peigne à carder ; table de cuisine sur laquelle on coupe la viande.

2. Jaune, couleur de feu ; brillant. XANTHE, s. m. fleuve célèbre de la Troade ; ξανθός.

3. Barbare ; ξένον (τό), inouï, nouveau ; ξενία,-ας, hospitalité ; ξενεύω, être étranger, ξενόω, donner l'hospitalité ; loger ; traiter avec bienveillance ; ξενίζω, le m. ; d. p. affecter des mœurs étrangères. PROXÈNE, s. m. magistrat à Athènes chargé de recevoir les étrangers ; de πρόξενὸς, qui loge les étrangers. PROXÉNÈTE, s. m. entremetteur ; προξενετής, de προξενέω, procurer ; être agent d'affaires. RR. πρό, et ξένος. EUXIN (le Pont), Πόντος εὔξεινος, mer hospitalière, ainsi appelée par antiphrase. RR. πόντος, mer, εὖ, bien, et ξένος, hôte. Voy. st. 68.

4. Polir ; aplanir ; d. p. biffer ; ξέσις, action de racler, de polir, *et autres sens du verbe* ; ξέσμα, et ξύσμα, raclure, sciure. XYSTE, s. m. lieu d'exercice des athlètes, dont le terrain était aplani ; ξυστός, poli, de ξύω, aplanir. XYSTARQUE, s. m. chef du xyste ; de ξυστός, et ἀρχός, chef.

5. ξηρά (γῆ), s.-ent. la terre ; ξηραίνω, sécher, v. act. ; ξήρανσις, sécheresse, aridité. XÉRASIE, s. f. maladie des cheveux ; de ξηρασία, sécheresse. XÉROPHAGIE, s. f. dans la primitive église, usage du pain et des fruits secs pendant le carême. RR. ξηρός, sec, et φάγω, manger. XÉROPHTALMIE, s. f. inflammation sèche des yeux. RR. ξηρός, et ὀφθαλμός, œil.

6. Épée ; poignard ; dague ; pointe ; glaïeul, *herbe pointue* ; ξιφίζω, sauter en étendant la main en forme d'épée.

7. Morceau de bois, tout ce qui est en bois, planché, etc. XYLON, cotonnier en arbre, coton. XYLOPHAGE, adj. insecte qui ronge le bois. RR. ξύλον, et φάγω, manger.

8. ξυνόω, allier ; communiquer ; dire *ou* faire en commun.

CXLI.

* O' *vaut* septante. 1. Ὄαρ, la femme.   ὄαρος, ἡ.
2. Ὀβελός; broche; trait pour blâme.   οῦ, ὁ.
3. Ὀβολός, OBOLE (*en argent*).   οῦ, ὁ.
4. Ὀγκάομαι, brait, va criant.   ήσομαι.
5. Ὄγκος, tumeur, faste, avantage.   ου, ὁ.
6. Ὁδός, route, chemin, voyage.   οῦ, ἡ.
7. Ὀδύνη, douleur. 8. Ὀδούς, dent.   όντος, ὁ.
9. Ὀδύρομαι, crie en pleurant.   οῦμαι.
10. Ὄζος, branche. nœud qui bourgeonne.   ου, ὁ.
11. Ὄζω, sent odeur, forte *ou* bonne.   *f.* ήσω.

DÉRIVÉS.

' Avec l'accent au-dessous et à gauche (‚ο) vaut soixante et dix mille.

2. L. *obelus*, d. p. marque dont on se servait pour indiquer une chose à corriger dans un ouvrage, *comme une virgule ou un coup d'ongle*. ὀβελίζω, faire des notes critiques. OBÉLISQUE, s. m. pyramide étroite et longue, *comme une broche*; d'ὀβελίσκος, petite broche.

3. Petite monnaie, moitié d'un denier; ὀβολιστική, l'art d'exercer l'usure.

4. ὀγκηθμός, le cri de l'âne.

5. *Au fig.* faste, orgueil; *en bonne part*, majesté; gravité; crochet; saillie; avancement. ὄγκη, *uncus*, hameçon; ὀγκόω, enfler, agrandir; élever; ὀγκόλλομαι, s'élever, s'enfler; marcher la tête levée; se vanter.

6. méthode, moyen; conduite de vie; secte; provisions de voyage; embûches; départ; voyage; ὁδόω, guider; montrer le chemin. ÉPISODE, s. m. action subordonnée à l'action principale d'un poëme, d'un roman, etc. RR. ἐπί, sur, εἰς, dans, et ὁδός, chemin; d'où *épisodique*, adj. EXODE, s. m. livre de Moïse, qui contient la sortie d'Egypte; ἔξοδος, sortie. RR. ἐξ, hors de, et ὁδός, chemin. MÉTHODE, s. f. manière de faire ou de dire quelque chose d'après un certain ordre; habitude, usage. RR. μετά, par, et ὁδός, voie; d'où *méthodique*, adj. *méthodiste*, s. m. sectaire d'Angleterre. SYNODE, s. m. assemblée du clergé; σύνοδος. RR. σύν, avec, ensemble, et ὁδός, route; d'où *synodal*, adj.

7. ὠδίς, -ῖνος (ἡ), douleur de l'enfantement. ANODIN, adj. calmant; ἀνώδυνος. RR. α priv. et ὀδύνη.

8. d. p. pilon; ὀδάξ, à belles dents; ὀδαξέω, éprouver une douleur causée par une morsure; sentir des picotemens; mordre. ODONTALGIE, s. f. douleur de dents. RR. ὀδούς, et ἀλγός, douleur. ODONTOLOGIE, s. f. traité sur les dents. RR. ὀδούς, g. ὀδόντος, et λόγος, traité.

9. Se lamenter; gémir; déplorer; raconter en pleurant.

10. Rameau; massue.

11. *Fut.* q. fois -έσω. sentir bon ou mauvais; ὀσμή, odeur quelconque. OZÈNE, s. m. ulcère du nez qui exhale une odeur infecte; ὄζαινα.

CXLII.

1. Οἴ, hélas ! cri d'affliction.   *interj*.
2. Οἴαξ, gouvernail, le timon.   ακος, ὁ.
3. Οἴγειν, ouvre, fait l'ouverture.   οἴξω.
4. Οἰδεῖν, s'enfle ; οἴδημα, l'enflure.   ησω.
5. Οἰζύς, fâcheux accident.   ύος ή.
6. Οἶκος, maison, bien, bâtiment.   ου, ὁ.
7. Οἶκτος, pitié, pleurs. 8. Οἴμη, rue.   7. ου, ὁ.
9. Οἰμᾶν, (d'οἶμα, l'élan), se rue.   ήσω.
10. Οἶνος, le VIN ; * οἰνών, cellier.   * ῶνος, ὁ.
11. Οἷς (ἡ), brebis ; οἷς (ὁ), bélier.   g. οἰός, rar: ὁ.

DÉRIVÉS.

1. οἴ *hei !* hélas ! οἰμώζω, se lamenter ; pleurer ; être puni ; οἰμωγή, οἰμωγμα, pleurs, gémissemens.

2. Barre du gouvernail ; οἰακίζω, gouverner; diriger; régir ; οἰάκιον, petit gouvernail.

3. ἀνοίγω, -γνύω, id. d. p. aller en pleine mer. PITHÉGIE, πιθοιγία, *l'ouverture des tonneaux* , s. f. fête de Bacchus, pendant laquelle on offrait du vin à tous venans. RR. πίθος, tonneau, et οἴγω.

4. οἴδημα et οἶδμα ; d. p. tumeur ; orgueil ; haute mer. L. *œdema*, ŒDÈME, s. m. tumeur molle ; d'où *œdémateux*. ŒDIPE, s. m. roi de Thèbes, qui ayant eu les pieds percés à sa naissance, les eut toujours enflés depuis; οἰδίπους. RR. οἰδεῖν, et πούς, pied.

6. Famille ; οἰκέω, habiter, vivre quelque part ; gouverner; οἰκεῖος, domestique ; ami ; parent ; propre ; διοικέω, demeurer séparément ; placer ; établir ; instituer, juger. DIOCÈSE, s. m. étendue de pays sous la juridiction spirituelle d'un évêque ; διοίκησις, juridiction, de διοικέω, administrer, formé de διά, et οἰκέω ; d'où *diocésain*, s. et adj. ŒCONOME, V. stance 138, 5. ŒCUMÉNIQUE , adj. universel, en parlant d'un concile ; οἰκουμένη (γῆ), la terre habitable ; d'οἰκέω ; d'où *œcuménicité*, s. f. *œcuméniquement*, adv. PAROISSE, s. f. territoire soumis à la conduite spirituelle d'un curé. παροικία, réunion d'habitations voisines. RR. παρά, proche, et οἰκία, maison ; d'où *paroissien*, s. m. et *paroissial*, adj. SOLÉCISME, s. m. faute grossière contre la syntaxe; σολοικισμός, de Σόλοικοι, habitants de Soles où s'altéra la pureté de la langue ; composé de Σόλοι, Solès, colonie d'Athènes et οἰκέω, habiter.

7. Miséricorde ; οἰκτίζω, οἰκτείρω, avoir compassion.

8. οἶμος, id. sentier ; baguette ; rangée, cercle ; οἰμάω, se jeter avec impétuosité ; οἴμη, chant, chanson ; parole ; παροιμία, proverbe ; προοίμιον, L. *præmium*, exorde.

10. L. *vinum*, οἰνάς, οἰνιας, pigeon ramier d'un rouge de vin.

11. *ou* ὄις, L. *ovis*. οἴα, ῶα, ἐα, peau de brebis; frange d'une robe; cormier, *arbre*.

CXLIII.

1. Ο῏ος, quel ! * οῐος, seul, unique. — α, ον.
2. Οῖστρος, taon ; fureur poétique. — ου, ὁ.
3. Οῖτος, malheur ; le sort ; trépas. — ου, ὁ.
4. Οῐχομαι, va ; part d'ici-bas. — ήσομαι.
5. Οῖμαι, pense, croit ; conjecture. — οἰήσομαι.
6. Οἰωνός, oiseau, signe, augure. — οῦ, ὁ.
7. Ὀκλάζω, se mettre à genoux. — άσω.
8. Ὀκρίβας, lieu haut *vu de tous*. — αντος, ὁ.
9. Ὄκνος, lenteur, crainte, paresse — ου, ὁ.
10. Ὄλβος, prospérité, richesse. — ου, ὁ.

DÉRIVÉS.

2. Aiguillon ; L. *œstrum* ou -*us* ; οἰστρόω, tourmenter, rendre furieux ; οἰστράω, οἰστρέω, être tourmenté par le taon ; être mis en fureur par sa piqûre ; être saisi de frénésie. OEstre, s. m. genre d'insectes diptères, astômes (sans bouche apparente), d'οῖστρος, taon.

3. Calamité, infortune ; fatalité. OEta, s. m. montagne entre la Thessalie et la Macédoine, qui peut avoir pris son nom de la mort d'Hercule consumé sur un bûcher ; d'οῖτος, mort, deuil. OEtus, s. m. n pr, géant qui désola la Grèce.

4. S'en aller ; s'évanouir ; disparaître ; mourir ; ἐποίχομαι, ἐποιχνέω, aller contre *ou* vers ; se jeter sur ; attaquer.

5. Soupçonner ; espérer ; οἴημα, opinion ; pensée ; fantaisie. οἴομαι, id. est encore le moyen de οἴω, *porter*, inusité, dont φέρω emprunte le futur οἴσω. OEsophage, s. m. canal qui *porte* les alimens du gosier à l'estomac. RR. οἴσω, fut. de φέρω, porter, et φάγω, manger ; d'où *œsophagien*, adj. OEsophagotomie

s. f. incision faite à l'œsophage. RR. οἰσοφάγος, et τομή, incision.

6. οἰωνίζομαι, augurer ; οἰωνικός, augural ; οἰωνική (ἐπιστήμη), science des augures ; οἰώνισμα, auspice ; augure ; οἰωνιστής, haruspice. OEonistice, l'art de deviner les choses futures par le chant, le vol et l'appétit des oiseaux ; d'οἰωνιστική, f. d'οἰωνιστικός, augural.

7. Plier, succomber ; perdre courage ; ὀκλαστί, ὀκλάξ, ὀκλαδόν, à genoux.

8. Estrade ; chevalet ; échelle ; bélier sauvage.

9. ὀκνέω, paresser ; être craintif, se comporter en lâche. Ocnus, n. pr. paresseux célèbre, occupé, dans les Enfers, à tordre une corde de jonc qu'une ânesse rouge à mesure, sans qu'il se donne la peine de la chasser ; d'où est venu le proverbe : *Ocnus funiculum torquet*, contre ceux qui se donnent une peine inutile.

9. ὄλβιος, bienheureux ; riche ; ὀλβίζω, rendre ou estimer heureux.

CXLIV.

1. Ὀλίγος, petit, peu nombreux.　　　η, ον.
2. Ὄλισθος, chute, cas fâcheux.　　　ου, ὁ.
3. Ὄλλυμι, ruiner, détruire.　　　ὀλέσω.
4. Ὀλολύζω, crie *et* soupire.　　　ύξω.
5. Ὅλος, tout. 6. Ὀλόπτω, pincer.　　　η, ον.
7. Ὀλοφύρομαι, lamenter.　　　οῦμαι.
8. Ὁμαλός, plat, surface unie.　　　ή, όν.
9. Ὅμηρος, ôtage. 10. Ὄμβρος, pluie.　　　ου, ὁ.
11. Ὅμιλος, peuple réuni.　　　ου, ὁ.
* Ὁμιλεῖν, converse, est ami.　　　ήσω.

DÉRIVÉS.

1. d. p. délié; menu; ὀλί-γον (τό), peu; presque; peu s'en faut; ὀλίγοι, les grands; les premiers; ὀλιγωρέω, avoir peu de soin; ὀλίγωρος, négli-gent. OLIGARCHIE, s. f. état gouverné par un petit nombre ὀλιγαρχία; RR. ὀλίγος, petit nombre, et ἀρχή, autorité; d'où OLIGARCHIQUE, adj.

2. Glissement; glissade; ὀλισ-θαίνω, -θέω, glisser, tomber; s'échapper de.

3. ἀπόλλυμι, ἀπολλύω, id. ὀλετήρ, destructeur; ὄλεθρος, perte; destruction; mort; ὀλοός, ὀλώϊος, pernicieux.

4. ὀλολυγή, -υγμα, -υγμός, hurlement; clameur; sanglots.

5. Tout entier; univer-sel; pur; sans mélange; ὅλως, entièrement. CATHOLI-QUE, adj. καθολικός, universel. RR. κατά, par, et ὅλος, tout, partout; d'où *catholicisme*, s. m. *catholicité*, s. f. HOLOCAUS-TE, s. m. sacrifice chez les Juifs, où la victime était entiè-rement brûlée; ὁλόκαυστον. RR. ὅλος, tout, et καυστός, brûlé. OLOGRAPHE, adj. (testament), écrit en entier par le testateur. RR. ὅλος, entier, et γράφω, écrire.

6. f. ψω, d. p. peler, écorcer; écorcher, égratigner.

7. Crier, pleurer; déplorer; plaindre; ὀλοφύζω, id.

8. ὁμαλής, id. ὁμαλίζω et -ύνω, aplanir; égaler; être égal. ANOMAL, -ALE, adj. irré-gulier; ἀνώμαλος. RR. α priv. et ὁμαλός, égal. ANOMALIE, s. f. irrégularité des déclinaisons ou des conjugaisons; irrégula-rité quelconque; ἀνωμαλία. RR. α priv. et ὁμαλός, égal; pa-reil.

9. Gage; nantissement. ὅμη-ρον, id. ὁμηρεύω, être donné en ôtage; ὁμηρέω, convenir; s'as-sembler. HOMÈRE, s. m. poète qui servit d'ôtage dans une guerre que se firent entre eux les habitans de Smyrne et de Colophon; d'ὅμηρος, ôtage. D'autres dérivent ὅμηρος, de μη ὁρᾶν, ne pas voir, parce que ce poète était aveugle.

10. L. *imber*. OMBROMÈTRE, s. m. instrument pour mesurer la quantité de pluie qui tombe chaque année. RR. ὄμβρος, pluie, et μέτρον, mesure.

11. Multitude; foule; ὁμι-λία, assemblée; fréquentation; entretien; prédication, haran-gue. HOMÉLIE, s. f. instruction familière faite au peuple as-semblé; d'ὁμιλία, entretien.

CXLV.

1. Ὀμίχλη, brouillard, nue obscure.   ης, ἡ.
2. Ὄμνυμι, (comme ὀμόω), jure.   όω; όσω.
3. Ὁμός, pareil, semblable, égal.   ή, όν.
4. Ὀμφαλός, nombril, point central.   οῦ, ὁ.
5. Ὀμόργνυμι, nettoie, imprime.   ξω.
6. Ὄμφαξ, verjus, fruit vert *exprime*.   ακος, ἡ.
7. Ὀμφή, voix, oracle divin.   ῆς, ἡ.
8. Ὄναρ, sommeil, un songe vain.   *indéc.*
9. Ὄνειδος, un reproche infame.   εος, τό.
10. Ὄνημι, sert, donne aide ; blâme.   ήσω.

DÉRIVÉS.

1. Trouble; désordre; confusion; ὁμιχλώδης, nébuleux; ténébreux; couvert de brouillards.

2. ἀπόμνυμαι, -νυμι, -νυω, dénier avec serment; abdiquer; διόμνυμι, jurer, pour nier ou pour assurer; ἐπωμοσία, serment; protestation.

3. ὁμόω, -οειν, inf. -οῦν, unir; ὁμοῖος, comme ὁμός; d. p. utile; propre; proportionné; ὅμαδος, rassemblement; bruit qu'il fait; ὁμῶς, pareillement; ὅμως, toutefois; ὁμοῦ, ensemble; en même temps; en même lieu; presque; environ. HOMOGÈNE, adj. de même nature; ὁμογένης. RR. ὁμός, et γένος, nature; d'où *homogénéité*, s. f. HOMOLOGUE, adj. se dit des côtés qui, dans des figures semblables, se correspondent, et sont opposés à des angles égaux : *géom*. RR. ὁμός, et λόγος, rapport. HOMOLOGUER, v. a. confirmer par autorité de justice; ὁμολογεῖν, approuver; RR. ὁμός, et λέγω, dire; d'où *homologation*. HOMONYME, adj. se dit des mots pareils exprimant des choses différentes; ὁμώνυμος, de même nom. RR. ὁμός, et ὄνομα, nom; d'où *homonymie*, s. f. HOMOPHONIE, s. f. concert de voix à l'unisson; ὁμοφωνία. RR. ὁμός, et φωνή, son.

4. OMBILIC; d. p. centre d'une armée, d'un bouclier; nœud d'une figue; d'une pomme, etc. clef de voûte. HYDROMPHALE, s. f. hydropisie du nombril; ὑδρόμφαλον. RR. ὕδωρ, eau, et ὀμφαλός. OMPHALOCÈLE ou EXOMPHALE, hernie au nombril. RR. ὀμφαλός, et κήλη, tumeur. OMPHALODE, s. m. petite consoude, *ou* herbe aux nombrils, plante. OMPHALOTOMIE, s. f. amputation du nombril. RR. ὀμφαλός, et τομή, section.

5. Essuyer; empreindre; remplir.

6. Raisin vert, olive verte; fruit vert quelconque.

7. ὀμφήεις, prophétique.

8. ὄνειρος, songe; ὀνειρώττω, songer. ONIROMANCIE, s. f. art d'interpréter les songes. RR. ὄνειρος, et μαντεία, divination.

9. Honneur, louange; ὀνειδίζω, blâmer; diffamer.

10. ὀνίνημι, ὀνίσκω, id. ὄνησις, ὄνειαρ, aide, utilité, fruit; ὀνοστός, répréhensible; ὀνοτάζω, κατονέω, blâmer.

ΟΧΙΥΙ.

1. Ὄνθος, le gras fumier des bœufs.   ου, ὁ.
2. Ὄνομα, nom, mot, nom fameux.   ατος, τό.
3. Ὄνος, un ANE ; opiniâtre.   ου, ὁ, ἡ.
4. Ὄνυξ, ongle; crochet ; albâtre.   υχος, ὁ.
5. Ὀξύς, aigre, aigu, prompt, tranchant.   εῖα, ύ.
6. Ὀπάζω, suit, donne, est suivant.   σω.
7. Ὀπή, trou, fente ; voix humaine.   ὅπος, ἡ.
9. Ὄπις, vengeance, soin *ou* peine.   ιδος, ἡ.
10. Ὀπίσω, par derrière, après.   *adv.*
11. Ὅπλον, arme ; instrument ; agrès.   ου, τό.

DÉRIVÉS.

1. ὀνθηλεύω, fumer.

2. Célébrité ; prétexte, ἐπονομάζω, surnommer ; εὐώνυμος, qui a un beau nom ; célèbre ; gauche. ANONYME, s. et adj. sans nom ; dont l'auteur n'est pas connu ; ἀνώνυμος. RR. α priv., et ὄνομα. ANTONOMASE, s. f. emploi de l'épithète pour le nom ; *ex.* l'Orateur romain, pour Cicéron ; ἀντονομασία. RR. ἀντί, pour, et ὄνομα. MÉTONYMIE, s. f. figure de rhétorique qui prend la cause pour l'effet, le sujet pour l'attribut, le contenant pour le contenu, la partie pour le tout ; μετονυμία, changement de nom. RR. μετά, qui marque changement et ὄνομα. ONOMANCIE, s. f. divination par le nom. RR. ὄνομα, et μαντεία, divination. ONOMATOPÉE ; s. f. formation d'un mot dont le son est imitatif ; *ex.* glouglou, cliquetis, murmure; ὀνοματοποία, action de forger des noms, *ou* des mots. RR. ὄνομα, et ποιέω, faire. SYNONYME, s. et adj. (mot —) qui a la même *ou* à peu près la même signification qu'un autre ; συνώνυμος. RR. σύν, avec

et ὄνυμα *Eol.* pour ὄνομα.

3. *L. asinus;* ὄνος (ἡ), Ânesse; d. p. espèce de sauterelle ; essieu; tourniquet. ONAGRE, s. m. âne sauvage ; ὄναγρος. RR. ὄνος, et ἄγρος, champ.

4. Nacre de perle ; petit arbrisseau ; ὀνυχίζω, couper ses ongles ; marquer de l'ongle ; examiner avec une rigueur scrupuleuse. ONYX, s. m. agate dont la partie laiteuse est d'un blanc couleur d'ongle.

5. Acide ; colère ; ὀξύνω, aiguiser ; aiguillonner ; animer ; faire aigrir ; aigrir, *neut.* OXYMEL, s. m. mélange de miel et de vinaigre ; ὀξύμελι. RR. ὀξύς, d'où vient ὄξος, vinaigre, et μέλι, miel.

6. ὀπαδός, valet de pied ; ὀπάζομαι, être poursuivi ; se faire suivre ; ὀπαδέω, ὀπηδέω, ὀπηδεύω, suivre, accompagner.

7. Comme ὄψ, V. stance 182; ὀπεύς, ὀπήτιον, alène.

9. ὀπίζομαι, respecter ; révérer ; avoir égard à.

10. ὄπισθεν, par derrière.

11. ὁπλίζω, armer. HOPLITE, s. m. soldat pesamment armé; ὁπλίτης, de ὅπλον.

CXLVII.

1. Ο'πός, suc que d'un arbre on tire.   οῦ, ὁ.
3. Ο'πτᾷν, fait rôtir, griller, cuire.   ήσω.
3. Ο''πτομαι, voir, avoir égard.   ὄψομαι.
* Ο'φθαλμός, œil, vue *ou* regard.   οῦ, ὁ.
4. Ο'πώρα, l'automne, vieil âge.   ας, ἡ.
5. Ο'ράω, voit, pèse, envisage.   άσω.
* Τιμωρέω, venge, défend.   ήσω.
7. Ο''ργανον, ORGANE, instrument.   ου, τό.
8. Ο'ργᾷν, veut avec véhémence.   ήσω.
* Ο'ργή, colère, violence.   ῆς, ἡ.

DÉRIVÉS.

1. d. p. benjoin; suc laiteux du figuier; ὀπίζω, faire une incision à un arbre, pour en recueillir le suc. OPIUM, s. m. suc épaissi du payot blanc somnifère; ὄπιον, d'ὀπός.

2. ὀπτάνιον, cuisine, rôtisserie.

3. ὄμμα, vision; spectacle; aspect; vue; œil; ὄψις, -εως, action de voir; songe et autres signif. du précédent; ὤψ, ὀπή, œil. AUTOPSIE, s. f. action de voir par soi-même; *méd.* ouverture d'un cadavre pour reconnaître la cause d'une mort; αὐτοψία. RR. αὐτος, soi-même, et ὄψις, vision. DIOPTRIQUE, s. f. traité de la réfraction de la lumière; διοπτρικός. RR. διά, à travers, et ἔπτομαι, voir. OPHTHALMIE, s. f. inflammation des yeux; ὀφθαλμία, d'ὀφθαλμός; d'où ophthalmique, adj. qui concerne les yeux; ὀφθαλμικός. OPHTHALMOGRAPHIE, s. f. description de l'œil. RR. ὀφθαλμός, et γραφή, description. OPHTHALMOLOGIE, s. f. traité des yeux. RR. ὀφθαλμός, et λόγος, traité. OPHTHALMOTOMIE, s. f. dissection de l'œil. RR. ὀφθαλμός, et τομή, dissection. OPTIQUE, adj. visuel; ὀπτικός; science de la lumière et des lois de la vision; ὀπτική, f. d'ὀπτικός, sous-ent. ἐπιστήμη, science; d'où opticien, s. m.

SYNOPTIQUE, adj. qui se voit d'un même coup d'œil. RR. σύν, avec, et ὀπτικός, visuel.

4. Fruits de l'automne; q.-f. été; ὀπωρίζω, cueillir les fruits d'automne; manger des fruits; ὀπώρινος, automnal.

5. ὅραμα, vision; vue. DIORAMA, s. m. sorte de panorama éclairé, comme aux diverses parties du jour, par une lumière mobile. RR. Ζεύς, διός, ciel, jour, et ὅραμα, vue. ÉPHORES, s. m. pl. magistrats de Sparte; ἔφορος, qui inspecte. RR. ἐπί, sur, et ὁράω, voir.

‹ Secourir; protéger; punir.

7. ORGANE, s. m. partie du corps qui sert aux sensations, aux opérations de l'animal; d'ὄργανον, instrument; d'où organique, organisation, organiser.

8. Fermenter; ὀργάζω, exciter; rendre prompt; *pl. souv.* amollir; délayer; imbiber. ORGASME, s. m. mouvement des humeurs qui cherchent à s'évacuer; ὀργασμός, d'ὀργάω, désirer vivement.

‹ Naturel; inclination; ὀργίζω, irriter; *m. sig.* que ὀργάζω. ORGIES, s. f. pl. fêtes de Bacchus, où l'on se livrait à toutes sortes de désordres et d'emportemens; ὄργια, d'ὀργή, colère.

CXLVIII.

1. Ὀρέγω, présenter, offrir. ... ξω.
* Ὄρεξις, appétit, désir. ... εως, ἡ.
2. Ὀρθός, droit, qui ne dissimule. ... ή, όν.
3. Ὄρθρος, point du jour, crépuscule. ... ου, ὁ.
4. Ὅρκος, serment, engagement. ... ου, ὁ.
5. Ὁρμαθός, ordre, enchaînement. ... οῦ, ὁ.
6. Ὁρμή, choc, lutte qui s'engage. ... ῆς, ἡ.
7. Ὅρμος, collier ; port, bon mouillage. ... ου, ὁ.
8. Ὄρνις, volaille, poule, oiseau. ... ιθος, ὁ, ἡ.
9. Ὄρος, haut, montagne, coteau. ... εος, τό.

DÉRIVÉS.

1. Étendre la main, donner; frapper avec la main; ὀρέγομαι, désirer; ὀρεκτός, long, étendu ; ὀρεκτικός, qui désire.

* ANOREXIE, s. f. manque d'appétit. RR. α priv. et ὄρεξις.

2. ὀρθόω, dresser; relever; rendre droit; pousser en ligne droite; κατορθόω, ériger, redresser; réussir dans une entreprise; κατόρθωμα, succès; heureuse entreprise; πτόρθος, rameau; rejeton; jet; scion. ORTHODROMIE, s. f. route en ligne droite d'un vaisseau. RR. ὀρθός, et δρόμος, course. ORTHOGONAL, adj. rectangle, perpendiculaire. RR. ὀρθός, et γωνία, angle. ORTHOPNÉE, s. f. oppression qui empêche de respirer étant couché. RR. ὀρθός, et πνέω, je respire. ORTHODOXE, -IE, V. stance 50. ORTHOGRAPHE, d'où orthographier, orthographique. V. stance 41.

3. ὀρθρεύω, -ίζω, faire quelque chose au point du jour; ὀρθρινός, du matin.

4. ὀρκόω, -ίζω, faire jurer; ὅρκιον, traité scellé par un serment. EXORCISER, v. a. adjurer les démons de sortir d'un corps; d'ἐξορκίζειν, adjurer. RR. ἐξ, hors de, et ὀρκίζω; d'où exorcisme, s. m. ἐξορκισμός, adjuration, et exorciste, s. m. ἐξορκιστής, qui adjure.

5. Suite, tresse; traînée.

6. Impétuosité; départ; début; désir; inclination, passion; ὁρμάω, se jeter sur; fondre; s'appliquer à ; acti. exciter.

7. ὁρμέω, être à l'ancre; mouiller.

8. L'ornithon, volière. ORNITHOLITHES, s. f. pl. pétrification, incrustation d'oiseaux. RR. ὄρνιθος, g. d'ὄρνις, et λίθος, pierre. ORNITHOLOGIE, s. f. traité sur les oiseaux. RR. ὄρνιθος, g. d'ὄρνις, et λόγος, traité; d'où ornithologiste. ORNITHOMANCIE, s. f. divination par le vol ou le chant des oiseaux. RR. ὄρνιθος, g. d'ὄρνις, et μαντεία, divination.

9. Plafond; toit; coup de pied; ὀρεύς, -έως, mulet, animal propre aux voyages dans les montagnes; ὀρεινός, montagneux; montagnard. ORÉADES, s. f. pl. nymphes des montagnes; ὀρειάδες.

CXLXIX.

1. Ὅρος, fin, but, règle précise.   ου, ὁ.
* Ὁρίζω, je borne, divise.   ίσω.
2. Ὀῤῥός, serum; lait qui s'aigrit.   οῦ, ὁ.
3. Ὄρτυξ, caille. 4. Ὀρυμαγδός, bruit.   υγος, ὁ.
5. Ὀρύσσω, creuse, enfouit, déterre.   ύξω.
6. Ὀρφανός, sans père et sans mère.   ή, όν.
7. Ὄρφνη, nuit, ténèbres, le soir.   ης, ἡ.
8. Ὀρχεῖσθαι, danser, se mouvoir.   ήσομαι.
9. Ὄρχος, rang d'arbres, pépinière.   ου, ὁ.
10. Ὄρω, pousse, meut, porte à faire.   ρῶ et ρσω.

DÉRIVÉS.

1. Borne; frontière; extrémité; poteau planté pour marquer les bornes; définition; loi; réglement.
• Terminer; borner; définir; juger; estimer; fixer; statuer; séparer; joindre ensemble. Aoriste, s. m. prétérit indéfini; ἀόριστος, indéfini. RR. α priv. et ὁρίζω, borner. Aphorisme, s. m. sentence, maxime générale énoncée en peu de mots; d'ἀφορίζω, je définis. RR. ἀπο, et ὁρίζω, borner. Horizon, s. m. grand cercle qui coupe la sphère en deux parties; cercle, point qui borne notre vue, où le ciel et la terre semblent se toucher; ὁρίζων, part. prés. d'ὁρίζω; d'où horizontal, adj.

2. Petit-lait; mais ὄῤῥος, ou ὄρος; l'accent sur la première, le croupion; ὀῤῥόω, faire tourner en petit-lait; ὀῤῥωδέω, avoir peur; redouter.

3. Ortygie, s. f. nom de l'île de Délos, dû à la multitude de cailles qui s'y trouvaient.

5. Tirer de la terre; planter; percer; ὀρυγή, fouille; ὄρυγμα, fosse; ὀρυκτός, creusé; fossile; ἀντορύσσω, contreminer; διορύσσω, percer un mur mitoyen; κατορύσσω, enterrer. Oryctérope, s. m. ou cochon de terre, genre de quadrupède édenté; d'ὀρυκτήρ, fossoyeur, et ὀπή, trou. Oryctographie, s. f. description des fossiles; d'ὀρυκτός, fossile, et de γραφή, description. Oryctologie, s. f. traité des fossiles; d'ὀρυκτός, et λόγος, traité.

6. Orphelin; privé de; ὀρφανόω, rendre orphelin, priver de.

7. μορφνός, id. d. p. blond, jaune; sorte d'aigle.

8. S'agiter; se remuer; faire sauter en haut. Orchestre, s. m. la partie la plus basse du théâtre, où s'exécutaient les danses; ὀρχήστρα, d'ὀρχέομαι, danser.

9. Jardin; rangs de ceps de vigne.

10. L. ruo; ὀρώρω, ὄρνυμι, ὀροθύνω, id. ὀρούω, irruo, se ruer, se précipiter.

CL.

1. Ὅσιος, saint, juste, innocent.   α, ον.
2. Ὄσσα, voix. 3. Ὅσος, combien grand. ης, ἡ. η, ον.
4. Ὀστοῦν, os. 5. Ὄστλιγξ, étincelle.   ιγγος, ἡ.
6. Ὄστρακον, un vase, vaisselle.   ου, τό.
7. Ὄστρεον, HUÎTRE, sa couleur.   ου, τό.
8. Ὀσφραίνομαι, sentir odeur.   ὀσφρήσομαι.
9. Ὀσφῦς, reins. 10. Ὀτοβός, tapage.   ϛος, ἡ.
11. Ὀτρύνω, pousse, excite, engage.   υνῶ.
12. Οὖς, oreille; anse pour lever. ατος et ὠτός, τό.
13. Οὐδός, seuil, porte; *οὖδας, plancher. οῦ, ὁ. εος, τό.

DÉRIVÉS.

1. Profane; public; ὁσιότης; sainteté; piété; ὁσία, -ας, id. d. p. justice divine; chose juste; funérailles; expiation; ἀφοσιόομαι, expier; dédier; faire des funérailles; s'acquitter d'un vœu; faire négligemment; détester; payer une dette. Hosies, s. m. pl. prêtres de Delphes; de ὅσιος, saint.

2. Renommée; oracle; présage; ὄσσομαι, deviner, prédire; inventer; prévoir; ὄσσεία, divination; superstition; ὀσσεύομαι, présager, augurer.

3. *Interrogatif.* πόσος, combien? lequel? quantième; ποσός, quelque peu; τόσος, tel, si grand; τοσοῦτος, tant, si grand.

4. *Contrac. pour* ὀστέον. Os-TÉOGONIE, s. f. traité de la génération des os: RR. ὀστέον, et γόνος, génération. OSTÉOGRAPHIE, s. f. description des os. RR. ὀστέον, et γραφή, description. OSTÉOLITHES, s. f. pl. os pétrifiés. RR. ὀστέον, et λίθος, pierre. OSTÉOLOGIE, s. f. traité des os. RR. ὀστέον, et λόγος, traité. OSTÉOTONIE, s. f. dissection des os. RR. ὀστέον, et τομή, dissection.

6. L. *ostrea*, d. p. coquille de poisson ou d'œuf. L. *ostrum*, pourpre, ὀστρακίζω, condamner en jetant des coquilles dans l'urne; ὀστρακόω, rendre dur comme une écaille; durcir. OSTRACISME, s. m. ὀστρακισμός, loi qui condamnait à dix ans d'exil un citoyen athénien que son mérite ou sa puissance rendait suspect : les votans écrivaient le nom de l'accusé sur une coquille. OSTRACÉ, adj. (poissons) recouverts d'écailles dures. R. ὄστρακον.

9. Épine du dos; vertèbres; flancs.

10. Tumulte; son; fracas.

12. Anse des vases; ἄμφωτις, pot à deux anses; ἀμφωτίς, oreillettes; παρώτιον, pendant d'oreilles; coin de l'œil du côté de l'oreille. OTALGIE, s. f. douleur d'oreille. RR. ὠτός, g. d'οὖς, et ἄλγος, douleur. OTOGRAPHIE, s. f. OTOLOGIE, description, traité de l'oreille. RR. ὠτός, g. d'οὖς, et γραφή, description, et λόγος, traité.

13. ὀδός, seuil; entrée; * le pavé.

CLI.

1. Οὖθαρ, la mamelle *on doit rendre*.   ατος, τό.
2. Οὖλος, sain, entier ; frisé, tendre.   η, ον.
3. Οὐρά, queue ; * αἴλουρος, un chat.   ᾶς, ἡ. ου, ὁ.
4. Οὐρανός, ciel ; l'air, le climat.   οῦ, ὁ.
5. Οὖρον, l'urine ; οὐρέω, pisse.   f. ήσω.
6. Οὖρος, gardien ; le vent propice.   ου, ὁ.
7. Οὐτάω, frapper fort, blesser.   ήσω.
8. Ὀφείλω, devoir, s'acquitter.   ήσω.
9. Ὀφέλλειν, accroît, rend service.   λῶ.
* Ὄφελος profit, bénéfice.   εος, τό.

DÉRIVÉS.

1. Fertilité ; fécondité, abondance.

2. οὖλος, *subst.* tas de gerbes ; hymne de Cérès ; οὐλή, cicatrice ; orge ; οὐλόω, cicatriser ; οὖλον, gencive ; οὐλότης, cheveux crépus ; moelleux *d'une étoffe*. ÉPULIE, s. f. excroissance qui vient sur les gencives. RR. ἐπί, sur, et οὖλον.

3. Arrière-garde ; queue de l'armée ; poupe ; οὐραγέω, conduire l'arrière-garde ; être à la queue.
* κόλουρος, courtaud ; sans queue. COLURE. Voy. pag. 98.

4. Le ciel, *père de Saturne* ; l'air ; palais de la bouche ; οὐρανόσε, dans le ciel. URANIE, s. f. muse de l'astronomie ; οὐρανία, céleste ; d'οὐρανός, ciel. URANOGRAPHIE ; s.f. description du ciel. RR. οὐρανός, et γραφή, description. URANOSCOPE, οὐρανοσκόπος, s. m. poisson de mer qui a les yeux placés sur la tête, et tournés vers le ciel. RR. οὐρανός, et σκοπέω, regarder.

5. L. *urina*, d. p. borne, limite, lorsqu'il est pris pour οὖρος. DIURÉTIQUE, adj. διουρητικός, qui fait uriner. RR. διά, à travers, et οὐρέω. DYSURIE, s. f. difficulté d'uriner ; δυσουρία, de δυσουρέω. RR. δύς, difficilement, et οὐρέω, d'οὖρον, uriner. ISCHURIE, s.f. rétention d'urine ; ἰσχουρία, d'ἴσχω, arrêter, et οὖρον, urine ; d'où *ischurétique*, adj. STRANGURIE, s. f. sortie de l'urine goutte à goutte ; στραγγουρία, de στράγξ, g. στραγγός, goutte, et οὖρον, urine. URÉTÈRE, s. m. canal double qui porte l'urine des reins à la vessie ; οὐρητήρ. RR. οὖρον, et τηρέω, conserver.

6. Bonne fortune, occasion favorable ; φρουρός, gardien ; φρουρά, garde, prison ; θυρωρός, portier.

7. Frapper ; οὔτησις, blessure ; ὠτειλή, plaie.

8. d. p. pour *debeo*, et *oportet* ; être mis à l'amende ; la payer ; l'avoir méritée ; ὄφλω, ὀφλίσκω, et -άνω, mêm. signif.

9. Accumuler ; aider ; être utile, et *aussi* devoir, comme ὀφείλω.

CLII.

1. Ὄφις, serpent ; mal ; bracelet.   ιος, εως, ὁ.
2. Ὀφρύς, sourcil ; hauteur ; sommet.   ύος, ἡ.
3. Ὀχετός, canal, ru ; conduite. *   οῦ, ὁ.
4. Ὄχθη, rivage. 5. Ὀχθεῖν, s'irrite.   ήσω.
6. Ὀχλεύω, mouvoir, soulever.   σω.
* Μοχλός, verrou ; barre, levier.   οῦ, ὁ.
7. Ὄχλος, foule ; trouble, ennui, peine.   ου, ὁ.
8. Ὄχος ; voiture ; amarre, chaîne.   ου, ὁ.
9. Ὄψ, voix. 10. Ὀψέ, tard, hors de temps.   ὀπός, ἡ.
11. Ὄψον, mets ; assaisonnemens.   ου, τό.

DÉRIVÉS.

1. Anguille ; astre ; ὀφιώδης, de serpent. OPHIASE, s. f. maladie qui fait tomber les cheveux dans différens endroits de la tête, laquelle paraît mouchetée comme la peau d'un serpent ; ὀφίασις. OPHIUSSE, s. f. ὀφιοῦσσα, nom que porta d'abord l'île de Rhodes. OPHIDIENS, s. m. pl. ordre de reptiles de la nature des serpens ; d'ὀφίδιον, petit serpent. OPHIOGÈNES, s. m. pl. race d'hommes qui se disaient issus d'un serpent ; RR. ὄφις, et γένος, race. OPHIOGLOSSE, s. f. plante dont le fruit a la forme d'une langue de serpent. RR. ὄφις, et γλῶσσα, langue. OPHIOLOGIE, s. f. traité des serpens. RR. ὄφις, et λόγος, traité. OPHIOPHAGE, adj. (peuple) d'Egypte qui se nourrissait de serpens.

2. d. p. tertre, colline ; bord élevé d'une rivière ; ὀφρυώδης, qui ressemble aux sourcils ; ὀφρυόεις, sourcilleux, arrogant ; plein de collines et de rochers ; haut, élevé.

3. ° D'eau ; ru ou ruisseau ; aqueduc ; égout.

4. ὄχθος, id. d. p. bord escarpé ; colline, hauteur ; tumeur ; bords d'une plaie durs et relevés ; travail.

6. ὀχλίζω, remuer ; soulever avec le levier ; ὀχλεύς, μοχλός, levier ; gond ; lien ; barre, verrou.

7. ὀχλικός, populaire, turbulent ; ὀχλέομαι, être ému, troublé ; ὀχληρός, turbulent ; fâcheux. OCHLOCRATIE, s. f. gouvernement du bas peuple. RR. ὄχλος, peuple, et κράτος, pouvoir.

8. moyen de transport quelconque, par terre ou par eau, chariot, barque ; le cours de l'eau ; ὀχέω, faire voiturer ; supporter ; aller à cheval ; ὄχημα, chariot, voiture ; ὄχησις, transport sur une voiture.

9. Chant ; présage ; augure ; ἔλλοψ, muet ; un poisson ; ἤνοψ, harmonieux, clair ; ἐπεροπεύω, tromper ; enjôler par de belles paroles ; μέροψ, qui a la voix articulée, *épithète de l'homme* ; φύλοπις, combat ; cri militaire. CALLIOPE, voy. pag. 87.

10. ὄψιμος, ὄψιος, tardif, du soir.

11. *obsonium*. d. p. poisson ; marché d'Athènes ; ὄψημα, ce qu'on mange avec le pain ; viande. OPSONOME, s. m. magistrat de police à Athènes, chargé de veiller sur la qualité des denrées. RR. ὄψον, denrée, et νόμος, loi.

CLIII.

* Π, quatre-vingts. 1. Πάγη, rets, ruse.   ης, ἡ.
2. Παίζω, raille, joue *et* s'amuse.   σω *et* ξω.
3. Παῖς, jeune esclave ; fils, enfant.   δός, ὁ, ἡ.
4. Παίω, frappe, agit prestement.   σω.
5. Παλάθη, le cabas de figues.   ης, ἡ.
6. Παλάμη, PAUME, art, main, intrigues.   ης, ἡ.
7. Παλεύω, trompe en alléchant.   σω.
8. Πάλη, lutte ; fleur de froment.   ης, ἡ.
9. Πάλλαξ, jeune, en l'adolescence.   ακος, ὁ.
10. Πάλλω, secoue, agite, lance.   παλῶ.

DÉRIVES.

Avec un accent au-dessous, à gauche (͵*), vaut quatre-vingt mille.

2. παίγμα, jeu ; παίγνια (τά), délices ; παιδία, -ας, récréation ; amusement.

3. Petits des animaux. ἐν παισί, dans l'enfance ; παιδικός, qui a rapport aux enfans, puéril, niais ; παιδεία, instruction, éducation, science ; châtiment ; παιδεύω, instruire, châtier. Pédagogue, s. m. précepteur d'enfant ; παιδαγωγός. RR. παιδός, g. de παῖς, et ἀγωγός, conducteur ; d'où *pédagogie*, s. f. et *pédagogique*, adj. PÉDANT, s. m. qui instruit les enfans ; adj. qui affecte le savoir, la supériorité. ORTHOPÉDIE, s. f. art de corriger, chez les enfans, les difformités du corps ; RR. ὀρθός, droit, et παιδός, g. de παῖς.

4. Secouer, agiter ; manger. ANAPESTE, s. m. pied de vers : deux brèves et une longue, dont la mesure se marquait et se battait d'une manière opposée à celle du dactyle ; ἀνάπαιστος, d'ἀναπαίω, frapper à contre-sens. RR. ἀνά, en arrière, et παίω, frapper ; d'où *anapestique*, adj. PÉAN, s. m. surnom d'Apollon. RR. παῖε, impér. de παίω, et ἄνα, voc. d'ἄναξ, seigneur, m. à m. frappez, seigneur ; παῖε, ἄνα ; comme on lui criait lorsqu'il combattait le serpent Python. d'où *péans*, s. m. pl. hymnes en l'honneur d'Apollon et même des autres dieux.

6. L. *palma*. d. p. machination ; παλαμάομαι, machiner ; produire ; exécuter ; παλαμναῖος, qui a les mains souillées de sang ; meurtrier. PALME, s. f. mesure romaine de παλάμη. PALAMÈDE, s. m. n. d'homme.

8. παλύνω, arroser ; mêler ; saupoudrer de farine ; ἀντίπαλος, adversaire ; ennemi ; envieux ; égal en force. PALESTRE, s. f. chez les anciens, lieux publics pour les exercices du corps ; παλαίστρα, de πάλη, lutte d'où *palestrique*, adj.

9. παλλακή, jeune fille.

10. trembler de frayeur ; πάλος, agitation, secousse ; sort ; παλάσσω, jeter au sort ; παλτόν, trait, dard ; παλμός, agitation, palpitation. CATAPULTE, s. f. machine de guerre à lancer des traits ; du L. *catapulta* ; καταπέλτης. RR. κατά, contre, et πάλλω, lancer. PALLAS ; s. f. Minerve, prise pour la déesse de la guerre ; de πάλλω, lancer des traits ; d'où *Palladium*, s. m. statue de Pallas, gage de la conservation de Troie.

CLIV.

1. Πάππας, PAPA; πάππος, aïeul.   ου, ὁ.
2. Παπταίνω, cherche en tournant l'œil.   f. ανῶ.
2. Παρθένος, vierge, jeune fille.   ου, ἡ.
4. Πάσσαλος, pieu, pal, clou, cheville.   ου, ὁ.
5. Παρειά, joue. 6. Ἅπας, πᾶς, tout.   ασα, αν.
*   Πᾶν (τό), l'univers, le grand tout.   τός, τό.
7. Πάσσω, poudre, diversifie.   f. πάσω.
8. Πάσχω, je souffre, endure, essuie.   πείσομαι.
9. Πατάσσειν, avec bruit frapper.   άξω.
10. Πατεῖν, fouler, se promener.   έσω, ήσω.

DÉRIVÉS.

1. παππάζω, caresser son père; l'appeler papa. « d. pl. duvet, coton; barbe naissante de la lèvre inférieure. PAPAS, s, m. prêtre grec en Orient. PAPE, s. m. chef de l'église catholique; de πάππας, père; d'où *papal, papauté, papisme, papiste.* ANTIPAPE, s. m. faux pape. RR. ἀντί, contre, et πάππας, pape.

2. Voir, considérer.

3. παρθενεία, virginité; παρθένειος, de vierge, virginal. L. *parthenius;* παρθένευμα, appartement de jeunes filles. L. *Parthenope,* s. f. *Naples.* RR. παρθένος, et ὄψ, visage. PARTHÉNON, s. m. temple de Minerve à Athènes; παρθενών.

5. Proue de vaisseau; καλλιπάρῃος, aux belles joues.

6. PANORAMA, s. m. tableau circulaire qui représente un horizon entier. RR. πᾶν, tout et ὅραμα, vue. PANTHÉON, s. m. temple consacré à tous les dieux. RR. πᾶς, et θεός, dieu. PANTOGRAPHE, s. m. instrument pour copier les estampes. RR. παντός, g. de πᾶς, et γράφω, tracer.

7. Asperger; tâter; ἐμπάσσω, -ττω, saupoudrer; répandre sur.

8. L. *pati, patior;* de πατεῖν, ao. 2. inf. de πάσχω. d. p. être en telle ou telle disposition; εὖ πάσχειν, être bien; être à son aise; Πάθος, -εος (τό), ce qu'on souffre; passion; accident. ANTIPATHIE, s. f. aversion naturelle; ἀντιπάθεια. RR. ἀντί, contre, et πάθος, passion; d'où *antipathique,* adj. APATHIE, s. f. insensibilité de l'Ame; indolence; ἀπάθεια. RR. α priv. et πάθος, passion; d'où *apathique,* adj. PATHÉTIQUE, adj. παθητικός, qui émeut; RR. de πάθος, émotion. PATHOLOGIE, s. f. traité des maladies. RR. πάθος, affection, et λόγος, traité. PATHOS, s. m. chaleur de style fausse et déplacée, de πάθος. SYMPATHIE, s. f. convenance; rapport d'humeur, d'inclination, συμπάθεια, RR. σύν, avec; et πάθος, affection; d'où *sympathique,* adj. et *sympathiser,* v. n.

9. haleter, palpiter; παταγέω, faire du bruit; craquer.

10. Feuilleter; manier souvent; πάτημα, ce qu'on foule. PÉRIPATÉTICIENS, s. m. pl. philosophes de la secte d'Aristote, qui disputaient dans le Lycée, en se promenant. RR. περί, autour, et πατεῖν, se promener.

CLV.

1. Πατηρ, père ; * ἀπάτωρ, sans père.   τρός, ὁ. ορος.
2. Παύω, finit, cesse de faire.   f. σω.
3. Πάχνη, le givre, les frimas.   ης, ἡ.
4. Παχύς, riche, épais, gros et gras.   εῖα, ὑ.
5. Πάω, goûte ; acquiert, *ou* s'allie.   άσομαι.
6. Πέδη, chaîne qui les pieds lie.   ης, ἡ.
7. Πέδιλον, soulier, brodequin.   ου, τό.
8. Πέδον, le sol, logis, terrain.   ου, τό.
9. Πέζα, plante du pied ; bord ; plage.   ης, ἡ.
10. Πείθω, conseille, pousse, engage.   f. πείσω.

DÉRIVÉS.

1. πατέρες, les pères. c. à d.
les aïeux ; πατρίς, -ίδος, patrie ;
πατριά, -ας, famille, maison,
tribu ; πατραλοίας, parricide.
PATRIARCHE, s. m. Voy. ἀρχή ;
d'où *patriarcal*,adj. *patriarcat*,
s. m. dignité de patriarche.
PATRIE, s. f. le pays où l'on est
né, du L. *patria*, f. de *patrius*,
paternel, πατήρ, s. ent. terra,
terre de nos pères ; d'où *patriote*, s. m. *patriotique*, adj. *patriotisme*, s. m. EXPATRIER, v.a.
obliger à quitter sa patrie ; RR.
ἐξ, hors ; et πατρίς, patrie ; d'où
expatriation, s. f. PATRONYMI-
QUE, adj. (nom) commun à
tous les descendans d'une
race, tiré de celui du père ;
πατρονυμικός. RR. πατρός, g. de
πατήρ, et ὄνομα, nom. PHILO-
PATOR, surnom de quelques
rois d'Egypte et de Syrie ; φιλο-
πάτωρ, qui aime son père. RR.
φίλος, ami, et πατήρ.

2. Faire cesser ; délivrer ;
παῦλα, fin, repos ; ἀνάπαυσις,
ἀνάπαυλα, repos, récréation ;
sommeil. PAUSE, s. f. cessation
d'action ; du L. *pausa*, de παῦσις, repos, dériv. de παύω. d'où
pauser, v. n. appuyer sur une
syllabe en chantant. PAUSI-
CAPE, s. f. cylindre creux et
étroit, dans lequel on enfer-

mait un criminel à Athènes ;
muselière des chevaux et des
esclaves. RR. παῦσις, et κάπτω,
je mange.

3. παχνόω, geler ; condenser ; δροσοπάχνη, gelée blanche.

4. πάχος, -εος, grosseur, épaisseur ; ordure ; stupidité. PACHY-
DERME, s. m. ordre des mammifères à cuir épais. RR. παχύς, et δέρμα, peau.

5. Manger de quelque cho-
se ; παός, parent, allié ; πάμμα,
πᾶσις, possession ; παμπησία,
possession universelle ; πῶυ, -εος
et -υος (τό), troupeau.

6. Fers aux pieds, entraves ;
πεδάω, mettre des entraves ;
enchaîner ; empêcher ; πέδιον,
petit lien.

7. Talonnières de Mercure.

8. πέδιον, plaine ; dessus du
pied ; ἔμπεδον, ἐμπέδως, ferme-
ment ; ἀπεδανός, boiteux ; faible ; idiot.

9. Frange ; région ; πεζός,
fantassin, piéton ; bas, vulgaire ; πεζὸς λόγος, la prose.

10. Persuader ; πείθομαι,
être persuadé ; croire ; obéir,
parf. moy. πέποιθα, je me per-
suade ; πίστις, foi, confiance,
autorité ; preuve ; πιστός,
croyable ; certain ; fidèle.

CLVI.

1. Πείκω, PEIGNER, tondre ; outrager. *f.* ξω.
2. Πεῖνα, faim, besoin de manger. *ης, ἡ.*
3. Πεῖρα, l'essai, preuve, entreprise. *ας, ἡ.*
* Πειρᾷν, tente, s'efforce, vise. *f. ἡσω.*
4. Πείρω, perce ; passe *où* franchit. *ερῶ.*
* Πόρος, trajet, PORE, conduit. *ου, ὁ.*
5. Πέλαγος, la mer, l'onde amère. *εος, τό.*
6. Πελαργός, cigogne *aime père.* *οῦ, ὁ.*
7. Πέλας, près ; πλησίος, prochain. *adv. α, ον.*
8. Πέλεκυς, la hache, un merlin. *υος et εως, ὁ.*

DÉRIVÉS.

1. L. *pecto, pecten,* d. p. carder; πέκω, πεκτέω, id, πέκχος, ποκός; πόξ, toison; ποκάζω, -ίζω, tondre, arracher.

2. πεινάλέος, affamé.

3. Expérience ; tentative ; tentation *du démon;* ἐμπειρία, expérience, habileté; ἔμπειρος, expérimenté; habile. EMPIRIQUE, s, m. et adj. médecin qui n'a que l'expérience, sans étude; d. p. charlatan; ἐμπειρικός, savant par expérience RR. ἐν, dans, et πεῖρα, expérience ; d'où *empirisme,* s. m, pratique non éclairée.

* Sonder; éprouver ; πειραστής, tentateur. PIRATE, s. m. corsaire; πειρατής, de πεῖρα, entreprise, d'où *piraterie,* s. f. πειρατεία, *pirater,* v. n. πειρατεύω; *piratique,* adj. πειρατικός.

4. * Gué d'une rivière ; canal; tuyau; moyen; gain; utilité ; secours; πορεύω, passer; transporter; envoyer; πορίζω, ouvrir un passage; chercher; inventer; préparer; fournir; πορεία, passage ; départ; progrès;

avancement ; pas ; marche ; façon de vivre; πορθμός, trajet, détroit; πορθμίον, bac, bateau ; prix du passage ; πορθμεύω, être passeur, nautonnier; πορθμεύς, batelier. PORE, s, m. ouverture imperceptible d'un corps quelconque, de πόρος, ouverture; d'où *poreux,* adj. *porosité.* s. f.

6. L. *pelargus,* oiseau qui, dit-on, nourrit son père et sa mère dans leur vieillesse; πελαργικός (νόμος), loi qui oblige les enfans à nourrir leur père et leur mère.

7. πελάω, -άζω, approcher, faire approcher ; πλάω, -άθω, id. πλησιάζω, s'approcher de, fréquenter ; vivre familièrement avec; ressembler. ERYSIPÈLE, voy. p. 63.

' οἱ πλησίον, les proches, c. à d. les parens, les amis.

8. πέλυξ, πέλυς, id. d. p. bassin; casque; πέλεκκον, -manche de hache; πελεκίζω, frapper de la hache; décoller. PÉLÉCOÏDE, s. f. figure en hache ; RR. πέλεκυς, et εἶδος, figure.

CLVII.

1. Πελεμίζειν, meut, épouvante.   *f. ίξω.*
2. Πέλμα, dessous du pied, la plante.   ατος, τό.
3. Πελός, noir, brun, couleur de plomb.   ή, όν.
4. Πέλτη, bouclier demi-rond.   ης, ή.
5. Πέλωρ, prodige, monstre énorme.   *indécl.*
6. Πέμπω, j'envoie *ou* mande, informe.   ψω.
* Πομπή, POMPE, envoi, mission.   ης, ή.
7. Πέμφιξ, vent, bulle d'air, bouton.   ιγος, ή.
8. Πέντε, cinq. 9. Πενθερός, beau-père.   οῦ, ὁ.
10. Πένθος, deuil, chagrin, peine amère.   εος, τό.

DÉRIVÉS.

2. Semelle de soulier; κατα-πελματόω, ressemeler des souliers.

3. πέλειος, πέλιος, πέλλος, πελιδνός, id. πελία, πελίδνωμα, lividité; πελιδνόω, rendre livide; πέλεια, -ας, πελειας, -άδος, pigeon noirâtre, ramier.

4. L. *pelta*, PELTE, s. f. petit bouclier échancré; κατα-πελτάζω, attaquer avec la catapulte (*V.* St. CLIII, 10.), ou avec des troupes légères. PELTASTES, s. m. pl. soldats armés de peltes, πέλτασται.

5. πέλωρος, πελώριος, monstrueux; effroyable; *qq. f.* merveilleux; admirable.

6. Congédier; laisser aller; transporter.

* d. p. Impulsion; inspiration; cortége; marche triomphale; parade; ostentation; faste; πομπεύω, envoyer; transporter; faire porter; marcher en pompe, fièrement; se rengorger. POMPE, s. f. appareil magnifique; somptuosité; style relevé. L. *pompa*; de πομπή; d'où *pompeux, pompeusement.* POMPE, s. f. machine pour élever l'eau; d'où *pomper*, v. a. *pompier*, s. m. fabricant de pompes, ou qui les fait jouer.

7. Rayon du soleil; πομφόλυξ, id.

8. πεντήκοντα, cinquante; πεντακόσιοι, cinq cents; πεντηκοττός, cinquantième; πεντηκοντήρ, commandant de cinquante hommes. PENTACORDE, s. m. lyre à cinq cordes. RR. πέντες, et χορδή, corde. PENTAÈDRE, s. m. solide à cinq faces. RR. πέντε, et έδρα, base. PENTAGONE, adj. (figure) qui a cinq angles et cinq côtés. RR. πέντε, et γωνία, angle. PENTAMÈTRE, adj. s. m. vers de cinq pieds. RR. πέντε, et μέτρον, mesure. PENTARCHIE, s. f. gouvernement de cinq. RR. πέντε, et ἀρχή, pouvoir. PENTATEUQUE, s. m. les cinq livres de Moïse. RR. πέντε, et τεῦχος, livre. PENTECÔTE, s. f. fête qui arrive le cinquantième jour après Pâques; πεντηκοστή (ἡμέρα), cinquantième jour. PENTATHLE, s. m. πένταθλον, exercice chez les anciens, composé de cinq combats; *la lutte, la course, le saut, le disque, et le javelot* ou *le pugilat.* RR. πέντε, et ἄθλος, combat.

9. πενθερά, belle-mère.

10. Funérailles; πενθέω, pleurer, être dans le deuil; πενθήσιος, πένθιμος, triste, éploré.

CLVIII.

1. Πένομαι, fait ; est indigent.   *sans f.*
* Πένης, pauvre, manquant d'argent.   ητος, ὁ.
2. Πέπλος, voile de femme, poêle.   ου, ὁ.
* Ἄπεπλος, sans manteau, sans voile.   ος, ον.
3. Πέπτω, cuit, digère ; mûrit.   ψω.
4. Πέρα, plus loin, outre *on traduit*.   *adv.*
5. Πέρας, fin, but ; terme, limite.   ατος,
6. Περᾷν, passe, vend ; porte ; évite.   άσω, ήσω.
* Πορνεύω, se prostituer.   *f.* σω.
7. Πέρθω, piller ; rompre ; tuer.   πέρσω.

DÉRIVÉS.

1. Apprêter ; être pauvre ; πενέστης, domestique ; manouvrier ; πενία, pauvreté ; πόνος, travail ; ouvrage ; besogne ; affaire ; fatigue ; peine ; traverses ; maladie ; douleur ; mal ; πόνος σελήνης, éclipse de lune ; πονέω, travailler ; faire ; s'appliquer ; supporter le travail ; succomber à la fatigue ; être malade, affligé. PENIA, s. f. déesse de la pauvreté.

2. πέπλον, id. L. *peplum* et *peplus*, drap mortuaire ; manteau.

5. d. p. guérir ; πέπων, cuit ; mûr ; mou ; doux, agréable ; πέμμα, tout ce qui est cuit ; pâtisserie. APEPSIE, s. f. impossibilité de digérer ; ἀπεψία. RR. α priv. πέψις, coction, digestion. BRADYPEPSIE, s. f. βραδυπεψία, digestion lente, imparfaite. RR. βραδύς, lent, et πέψις. DYSPEPSIE, s. f. digestion laborieuse, δυσπεψία. RR. δύς, difficilement, et πέψις. EUPEPSIE, s. f. bonne digestion. RR. εὖ, bien, et πέψις. PÉPASME, s. m. coction ou maturité des humeurs ; πεπασμός. PEPASTIQUE ou PEPTIQUE, adj. remède) qui mûrit les humeurs ; qui facilite la digestion ; πεπαστικός, πεπτικός.

4. Outre mesure ; au-dessus, au-delà ; πέραν, id. *mais ne s'emploie qu'avec un nom de lieu* ; περάτη, fin, terme ; περαῖος, περαίτερος, plus éloigné.

5. *Adverb.*, enfin ; περατεύω, -όω, finir ; περαίνω, id. d. p. accomplir ; achever ; conclure ; *neut.*, avancer ; faire du progrès.

6. Vaincre ; πρήσσω, *par sync.* de περήσω, passer par ; διαπρήσσω, id. πέρασις, passage ; fin ; issue ; πρᾶσις, vente ; enchère ; encan ; πιπράσκω, *fait par redoublement de* πράω, *pour* περάω, vendre.

6* πόρνη, une prostituée.

7. πορθέω, id. πέρσις, πόρθησις, ravage, sac, pillage, ruine ; πορθήτωρ, πορθητής, destructeur ; πτολίπορθος, preneur et destructeur de villes. PERDRE, v. a. du L. *perdere*, dériv. de πέρθω ; d'où *perdition*, *perdable*. PERTE, s. f. privation d'une chose que l'on avait ; dommage, ruine ; de πέρσις. PERSÉE, s. m. fils de Jupiter ; περσεύς, de πέρσις, destruction. R. πέρθω.

CLIX.

1. Περί, pour, au-dessus, à cause. *prép.*
* Περισσόν, excellente chose. οῦ, τό.
2. Περιστερά, ramier, pigeon. ας, ή.
3. Πέρκος, bleu-noir ; πέρκη, poisson. η, ου.
4. Περόνη, boucle ; esse de roue. ης, ή.
5. Πέρπερος, léger, qui se joue. ος, ον.
6. Πέρυσι, dans cet an dernier. *adv.*
7. Πεσσός, dames, jeu de damier. οῦ, ό.
8. Πετᾷν, ouvre, *et marque* étendue. άσω.
9. Πέτομαι, vole ; court, se rue. πτήσομαι.

DÉRIVÉS.

1. Autour ; à l'égard de ; vers ; environ. PÉRISTYLE, s. m. sorte de galerie couverte, soutenue par des colonnes. RR. περί, autour, et στύλος, colonne. PERIÆCIENS, s. m. pl. peuples qui habitent sous le même parallèle ; περί, sur, et οἰκέω, habiter. PÉRIPÉTIE, s. f. changement inopiné de fortune d'un héros ; etc. dénouement d'une pièce de théâtre, d'un poème. RR. περί, contre, et πίπτω, tomber. PÉRIPHÉRIE, s. f. circonférence. RR. περί, autour, et φέρω, je porte. PÉRISCIENS, s. m. pl. habitans des zones froides, dont l'ombre fait le tour de l'horizon. RR. περί, autour, et σκιά, ombre.

* περισσοτής, -ήτος, excellence, avantage ; περισσεία, abondance ; περισσεύω, abonder ; être de trop ; croître.

2. περιστερός, se dit aussi pour le mâle ; περιστερεών, -ῶνος, colombier.

3. Tacheté ; περκάζω, commencer à noircir, *neut. et act.* PERCHE, s. f. poisson qui a des taches noires, πέρκη.

4. Agrafe ; περονάω, agrafer. PÉRONÉ, s. m. L. *peronæus,* l'os extérieur de la jambe ; de περόνη.

5. D'où en L. *perperàm* et *perperè*, adv. d. p. badin ; grand parleur ; περπερία, témérité ; propreté recherchée.

7. πεσσεία, -ττεία, jeu de dames, d'échecs ; πεσσεύω, -ττεύω, πεττειάω, jouer aux dames, aux échecs.

8. Étendre ; développer, éclore ; περιπέτασμα, voile ; tapisserie ; rideau ; sens mystique et couvert. PÉTALE, s. m. pièce qui compose le calice des fleurs ; πέταλον, feuille ; de πετάω, ouvrir, éclore ; d'où *pétalé,* et *apétale,* adj. sans pétale. RR. α priv. et πέταλον, pétale. DIPÉTALE, adj. qui a deux pétales. RR. δίς, deux fois, et πέταλον. MONOPÉTALE, adj. qui n'a qu'un pétale. RR. μόνος, seul. et πέταλον. POLYPÉTALE, adj. qui a plusieurs pétales. RR. πολύς, plusieurs, et πέταλον. PÉTASE, s. m. chapeau à larges bords des anciens ; πέτασος. L. *petasus.*

9. On dit aussi, *fut.* πετήσομαι, πετάομαι, ποτάομαι, id. πετεινός, oiseau ; qui a des ailes, *poét.* πετεηνός.

CLX.

1. Πέτρος, πέτρα, pierre, rocher.   ου, ὁ. ας, ἡ.
2. Πεύκη, pin, poix-résine ; amer.   ης, ἡ.
3. Πηγή, source, eau qui sort de terre.   ῆς, ἡ.
4. Πηγνύω, fiche, assemble, serre.   f πήξω.
5. Πηδᾷν, bat, bondit, va par sauts.   ήσω.
5. Πῆδος, bois, rame des vaisseaux.   ου, ὁ.
7. Πήληξ, casque, de tête armure.   ηκος, ἡ.
8. Πηλός, la boue, argile ; injure.   οῦ, ὁ.
9. Πῆμα, perte, mal, tout fléau.   ατος, τό.
10. Πῆνος, toile, tissu ; fuseau.   ου, ὁ.

DÉRIVÉS.

1. L. *petra* ; πετρόω, lapider ; changer en pierre ; EMPÊTRER, v. a. embarrasser le pied (comme quand on marche dans les pierres), RR. ἐν, dans, et πέτρα. PÉTRÉE, adj. f. pleine de pierres ; l'Arabie pétrée ; de πέτρα. RR. PÉTRIFIER, v. a. changer en pierre. RR. πέτρα, et *facere* en L. faire, rendre ; d'où *pétrification.*

2. ἐμπευκής, -έος, amer ; περιπευκής, très amer; πευκεδανός, amer ; dangereux ; ἐχεπευκής, amer ; mortel.

3. Origine ; principe ; πηγάζω, faire jaillir; répandre abondamment. PÉGASE, s. m. cheval ailé, qui fit jaillir d'un coup de pied la fontaine d'Hippocrêne ; πήγασος. PÉGASIDES, s. f. pl. surnom des Muses ; πηγασίδες.

4. Composer; bâtir; fermer; faire cailler ; πήγνυμι, πήσσω, -ττω, id.; πῆγμα, ce qui est pris et caillé; assemblage ; πηγάς, glace, rocher ; πηγός, serré; blanc comme la glace ; πηκτίς, -ίδος, gelée ; πάγη, -ης, παγίς, -ίδος, rets, filet ; πάγος, hauteur, colline; glace, gelée, sel; πάγιος, fixe; ferme; solide; παγίως, solidement ; παγιόω, rendre fixe; consolider; affermir.

5. πηδύω, πιδύω, id. πιδύεις, πιδακόεις, rempli de sources. DIAPÉDÈSE, s. f. éruption de sang par les pores des vaisseaux; διαπήδησις. RR. διά, à travers, et πήδησις, saut, éruption.

6. πηδάλιον, gouvernail ; πηδαλιουχέω, être pilote ; πηδαλιοῦχος, pilote.

8. Bourbe; limon; vase; mortier; glaise; πηλακίζω, couvrir de boue; déshonorer. PÉLUSE, s. f. ville d'Egypte située sur une des embouchures du Nil où s'amasse beaucoup de limon. RR. πήλος, et οὐσία, existence.

9. Défaite; malheur; πημαίνω, blesser, nuire.

10. πηνίζω, filer ; πήνισμα, -ατος, fil.

CLXI.

1. Πήρα, besace; gueuserie.   ας, ἡ.
2. Πηρός, sot, en paralysie.   ά, όν.
3. Πῆχυς, coudée, *ou* coude, *ou* bras.   εως, ό.
4. Πίδαξ, source, eau qui sourd d'en bas.   ακος, ό, ἡ,
5. Πιέζω, presse, serre, outrage.   έσω.
6. Πικέριον, beurre *ou* fromage.   ου, τό.
7. Πίθηξ, singe. 8. Πίθος, tonneau.   ηκος, ό. ου, ό.
9. Πικρός, amer. 10. Πῖλος, chapeau.   ά, όν. οῦ, ό.
11. Πιμελή, l'embonpoint, la graisse.   ῆς, ἡ.
12. Πίναξ, table de toute espèce.   ακος, ό.

DÉRIVÉS.

1. L. *pera.* d. p. sac; poche.

2. Muet; aveugle; impotent; πηρόω, estropier; ἄπηρος, qui n'est point estropié; qui n'a pas de poche, dér. de πήρα.

3. Equerre; manche de luth; partie de l'arc qui soutient la flèche; πηχυῖος,-χυαῖος, long d'une coudée. PÉCHIAGRE, s. f. goutte qui attaque le coude. RR. πῆχυς, et ἄγρα, prise.

4. πιδακόεις, -κόεσσα, aqueux, plein de sources; εὐπίδαξ, qui a de belles fontaines.

5. Tourmenter: tenir ferme; πιεζέω, πιάζω, id. ὑποπιέζω, presser; exprimer en pressant. ÉCPIESME, s. f. fracture du crâne dans laquelle les esquilles de l'os compriment les membranes du cerveau; ἐκπίεσμα, d'ἐκπιέζω.

7. L. *pithecium,* guenon. d. p. petit homme: πίθηκος. id. πιθηκίζω, faire des singeries; faire des caresses insidieuses.

8. L. *pithœus,* météore enflammé, de la forme d'un tonneau.

9. Fâcheux, déplaisant; πικρότης, πικρία, amertume; πικρόω, πικραίνω, rendre amer, aigrir; πικρίζω, devenir amer. PICROCHOLE, adj. qui abonde en bile amère. RR. πικρός, et χολή, bile.

10. L. *pileus,* et *-eum.* d. p. feutre, chaussons; tapis; pourpoints piqués; balle; coussinets de selle; πιλέω,-όω, piler, fouler; presser. PILE, s. f. amas de choses rangées les unes sur les autres; de πίλος, laine entassée; d'où *pilier, pilastre; pilotis; pilori.* PILER, v. a. broyer avec le pilon; πιλεῖν; d'où *pilon.* EMPILER, v. a. mettre en pile. RR. ἐν, en, et πιλεῖν, piler, presser.

11. πιμελής, πιμελώδης, gras; ὑπίμελος, -ής, maigre.

12. Ais: tablettes à écrire; table d'un livre; écriteau; plat à servir la viande; πινάκιον, petite planche, très petites tablettes, à peu près de la grandeur de nos jetons: πινακοθήκη, lieu où l'on garde les archives de l'état.

CLXII.

1. Πίνος, crasse ; homme dégoûtant. ου, ὁ.
2. Πίνω, boit, prend avidement. f. πίομαι.
3. Πίπτω, tombe. 4. Πίσσα, résine. πεσοῦμαι.
5. Πίτυλος, bruit de l'eau marine. ου, ὁ.
6. Πίτυρον, du son. 7. Πίτυς, pin. ου, τό. υρς, ἡ.
8. Πλάδον, humeur. 9. Πίων, gras, plein. ου, το. ὁ, ἡ, ον.
10. Πλάγιος, de travers ; bizarre. α, ον.
11. Πλάζω, je fais errer, j'égare. πλάγξω.
12. Πλάνη, l'égarement, l'erreur. ης, ἡ.
13. Πλάσσω, feint, forme, est modeleur. άσω.

DÉRIVÉS.

1. Grossièreté, rusticité ; simplicité antique, *en bonne part ;* πινόω, salir, encrasser.

2. L. *poto,* et *potus ;* de πόω, *inus. dont* πίνω *emprunte le parf.* πότον, boisson ; πότος, festin ; πόσις, -εως (ἡ), boisson ; (ὁ), époux ; ποτήριον, coupe ; tasse ; πότης, buveur ; ποτίζω, πιπίσκω, faire boire ; προπίνω, boire avant, à la santé ; livrer, trahir.

3. Périr ; succomber ; tomber sur ; μεταπίπτω, tomber d'un autre côté ; retomber ; changer en bien ou en mal ; προσπίπτω, tomber sur ; se jeter aux genoux ; arriver ; rencontrer. SYMPTÔME, s. m. signe qui indique une maladie dans un individu, une révolution dans un état ; σύμπτωμα, ce qui tombe avec autre chose. RR. σύν, avec, et πτῶμα, chute ; de πτόω, auquel πίπτω emprunte plusieurs temps ; d'où *symptomatique,* adj. SYMPTOMATOLOGIE, s. f. traité des symptômes. RR. συμπτώματος, g. de σύμπτωμα, et λόγος, traité.

4. PESSE ou PICEA, *arbre résineux ;* πισσίζω, ressembler à la poix ; πισσόω, enduire de poix ; πιττάκιον, tablette de poix pour écrire ; emplâtre.

5. Claquement, agitation.

6. Crasse farineuse de la tête ; dartre farineuse ; teigne. πιτυώδης, abondant en pins.

8. πλαδαρός, trop humide ; fade ; lâche, mou, flasque.

9. πιώδης, πιήεις, πιαλέος, πίαλος, id. πίος, -εος ; πιότης, ητος ; πίαρ, -αρος, graisse.

10. Oblique, transversal. FLAGEOLET, s. m. sorte de flûte traversière ; πλαγίαυλος. RR. πλάγιος, et αὐλός, flûte.

11. πλαγκτός, errant ; fou, lunatique.

12. PLANÈTE, s. f. πλανήτης, astre errant qui emprunte sa lumière du soleil ; de πλανή, erreur ; d'où *planétaire,* adj. (système.)

13. d. p. Façonner ; modeler ; imaginer ; feindre ; πλάσμα, ouvrage ou figure d'argile ; fiction ; faux semblant. CATAPLASME, s. m. emplâtre pour fomenter, fortifier. RR. κατά, dessus, et πλάσμα, de πλάσσω, enduire. EMPLATRE, s. m. ἔμπλαστρον, d'ἐμπλάσσω, enduire par-dessus. RR. ἐν, sur, et πλάσσω, enduire. PLASME, s. f. émeraude broyée pour médicamens ; πλάσμα, de πλάσσω. PLASTIQUE, adj. qui peut former. *phil.* s. f. l'art de modeler des figures πλαστικός, de πλάσσω, former.

CLXIII.

1. Πλατύς, large, ample de carrure.   εῖα, ύ.
2. Πλέθρον, arpent, PLÈTHRE, mesure.   ου, τό.
3. Πλέκειν, enlacer, joindre ; ourdir.   ξω.
4. Πλέος, plein ; Πληρόω, remplir.   α, ον. ώσω.
5. Πλευρά, côté, la PLÈVRE, côte.   ῆς, ἡ.
6. Πλέω, navigue, vogue *ou* flotte.   πλεύσω.
7. Πλήσσω, frappe ; Πλήστιγξ, plateau.   ξω. γγος, ἡ.
8. Πλίνθος, tuile, brique *ou* carreau.   ου, ἡ.
9. Πλίσσω, va, marche avec souplesse.   ξομαι.
10. Πλοῦτος, dieu de l'argent, richesse.   ου, ὁ.

DÉRIVÉS.

1. L. *latus*. d. p. grand ; spacieux ; πλάξ, table ; plaine, plateau, πλακόεις, -εντος, *contr.* πλακοῦς, large, plat, comme une croûte, d'où le L. *placenta*, gâteau ; πλατύτης, largeur ; grande étendue ; πλατύνω, élargir ; étendre. OMOPLATE, s. m. os large et plat de l'épaule. RR. ὦμος, épaule et πλατύς, large. PLATANE, s. m. arbre à larges feuilles ; πλάτανος. L. *platanus* ; de πλατύς. PLATON, pr. n. philosophe grec.

3. L. *plecto*, tresser ; πλέγμα, tissure ; enlacement ; πλεκτάνη, id. πλοκή, nœud tissu ; composition ; artifice ; πλόκος, touffe de cheveux. IMPLIQUER, v. a., du L. *implicare*, formé d'ἐμπλέκειν, embarrasser. RR. ἐν, dans, et πλέκω, enlacer ; d'où *implication*.

4. πλήθω, πληθορέω, remplir, combler ; πλῆθος, plénitude ; grandeur ; multitude. PLÉTHORE, s. f. réplétion d'humeurs ; πληθόρα, de πλήθω.

5. πλευρόν, id. PLEURÉSIE, s. f. inflammation de la plèvre, membrane qui garnit intérieurement les côtes ; πλευρῖτις, s. ent. νόσος, maladie, de πλευρά, plèvre ; d'où *pleurétique*. PLEUROPNEUMONIE, s. f. pleurésie avec inflammation de la plèvre et des poumons. RR. πλευρά, et πνεύμων, poumon.

6. πλώω, πλώμι, πλωΐζω, -έζομαι, id. πλόος, navigation ; route, expédition ; πλοῖον, vaisseau. PLÉIADES, s. f. pl. six, autrefois sept étoiles (*la Poussinière*) dans le signe du Taureau, qui marquent le temps propre pour la navigation ; πλειάδες, de πλέω. *Pléiade poétique*, sept poètes célèbres.

7. rompre ; pleurer. L. *plango* ; πλῆκτρον, fouet ; archet ; langue ; ergot ; πληγή, L. *plaga*, PLAIE ; blessure, coup ; défaite. APOPLEXIE, s. f. maladie du cerveau avec privation subite du mouvement et du sentiment ; ἀποπληξία, L. *apoplexia*. RR. ἀπό, et πλήσσω, frapper ; d'où *apoplectique*, adj. BLESSER, v. a. πλήσσειν, frapper, d'où *blessure*.

8. Πλινθέω, bâtir en briques ; carreler. PLINTHE, s. f. ter. d'archit. socle ou petite table carrée, dans les colonnes : πλίνθος.

9. Aller l'amble ; battre la terre des pieds.

10. πλούσιος, riche ; πλουτέω, être riche. PLUTUS, s. m. dieu des richesses. PLUTON, Πλούτων (ὁ), dieu des Enfers, que l'on prend parfois pour Plutus.

CLXIV.

1. Πλύνω, lave ; * Πλυντήρ, laveur.　　*f.* νῶ; ῆρος, ὁ.
2. Πνέω, souffle, exhale une odeur.　　*f.* πνεύσω.
3. Πνίγειν, étouffe, étrangle *ou* serre.　　ίξομαι.
4. Πόα, l'herbe, gazon ; bruyère.　　ας, ἡ.
5. Πόθος, désir, amour, regret.　　ου, ὁ.
6. Ποικίλος, divers. 7. Ποιῶ, fait.　　η, ον. ήσω.
8. Ποιμήν, pasteur ; chef. 9. Ποινή, peine.　　ένος, ὁ. ῆς, ἡ.
10. Πόλεμος, la guerre *inhumaine.*　　ου, ὁ.
11. Πόλειν, tourne ; PÔLE *en est pris.*　　ήσω.
12. Πολιός, blanc, à cheveux gris.　　ά, όν.

DÉRIVÉS.

1. Blanchir le linge ; laver la tête à quelqu'un, c. à d. lui faire des reproches ; injurier ; souiller ; * d. p. lavoir ; πλυντής, -οῦ, id.

2. Respirer ; vivre ; respirer *la guerre, le crime,* etc. πνεῦμα, vent, souffle ; esprit ; πνευστιάω, souffler ; être essoufflé ; avoir la courte haleine. PÉRIPNEUMONIE, s. f. inflammation du poumon ; RR. περί, autour, et πνεύμων, poumon, dériv. de πνέω, respirer. PNEUMATIQUE, adj. (machine), instrument de physique pour faire le vide en pompant l'air d'un vase ; πνευματικός, qui agit par le moyen de l'air, du vent, de πνεῦμα, air. PNEUMATOLOGIE, s. f. traité des substances spirituenses. RR. πνεῦμα, esprit, et λόγος, traité. POUMON, s. m. organe de la respiration, du L. *pulmo,* dériv. de πνεύμων ; d'où *époumoner,* v. *pulmonie* ou *pneumonie,* s. f. *pulmonique,* adj. PNEUMONOTOMIE, s. f. dissection du poumon. RR. πνεύμων, et τομή, dissection.

3. πνιγμός, suffocation.

5. Passion ; ποθέω, aimer.

6. Varié ; de diverses couleurs ; rusé ; ποικίλλω, varier.

7. Créer ; faire des vers ; composer, écrire ; feindre ; supposer. POÈME, s. m. ouvrage en vers ; ποίημα, -ατος. POÉSIE, s. f. art des vers ; qualité des bons vers ; ποίησις, composition, de ποιέω, faire des vers. POÈTE, s. m. auteur qui fait des vers ; ποιητής, L. *poeta.* M. R. POÉTIQUE, s. f. traité de l'art de la poésie ; ποιητική, s.-ent. τέχνη, art, f. de ποιητικός, qui concerne la poésie ; et *poétique,* adj. PROSOPOPÉE, s. f. figure par laquelle on fait parler un personnage feint, un être inanimé ; προσωποποιία. RR. πρόσωπον, personne, et ποιέω, supposer.

8. ποιμαίνω, paître ; conduire ; avoir soin.

10. Combat ; POLÉMARQUE, s. m. général d'armée grec ; RR. πόλεμος, et ἀρχός, chef. POLÉMIQUE, subst. *et* adj. πολεμικός, qui concerne la dispute.

11. d. p. labourer, paître ; πόλος, -ου (ὁ), PÔLE du monde, de πόλειν, tourner, parce que les anciens croyaient que le ciel tournait. De là *polaire,* adj.

12. d. p. pâle, blême, jaunâtre.

CLXV.

1. Πόλις, ville. 2. Πόλτος, bouillie.   εως, ή. ου, ό.
3. Πολύς, maint, fréquent, qui varie.   λή, ύ.
4. Πόντος, mer. 5. Ποππύζω, siffler.   ου, ό.
6. Πόρπη, l'agrafe pour fixer.   ης, ή.
7. Πόρτις, veau ; génisse meuglante.   ιος, ό; ή.
8. Πορφύρα, la POURPRE éclatante.   ας, ή.
9. Ποσειδῶν, le Dieu du Trident.   ωνος, ό.
10. Ποταμός, un fleuve, un torrent.   οῦ, ό.
11. Πότερος, lequel des deux? quelle?   α, ον.
12. Πότμος, sort ; chose casuelle.   ου, ό.

DÉRIVÉS.

1. πολίτης, citoyen; πολιτεύω, administrer la république, être magistrat; régir. *Neut.* être gouverné. POLICE, s. f. L. *politia*, ordre établi dans une ville, société, de πόλις, ville ; d'où *policer*, v. POLITIQUE, L. *politica*, s. f. art de gouverner ; πολιτική, s. ent. τεχνή, fém. de πολιτικός, qui concerne le gouvernement ; d'où *politique*, adj. et *politiquer*, v.

2. Potage à la purée.

3. Beaucoup ; nombreux ; considérable ; ample ; οἱ πολλοί, la multitude ; le vulgaire ; les ignorants ; πλείων, et πλέων, *comp.* πλείονες, un plus grand nombre de personnes ; οἱ πλείονες, la multitude ; d. p. les morts, comme *plures* dans Plaute, c. à d. les plus nombreux ; πλειών, l'année. PLÉONASME, s. m. redondance de mots inutiles ; addition de mots pour donner plus d'élégance à la phrase ; πλεονασμός surabondance ; de πλεονάζω, surabonder. POLYACANTHE, adj. qui a plusieurs aiguillons. RR. πολύς, et ἄκανθα, épine. POLYGRAPHE, s. m. qui a écrit sur plusieurs matières. RR. πολύς, et γράφω, écrire. POLYDIPSIE,

s. f. soif excessive. RR. πολύς, et δίψα, soif.

4. L. *pontus.* HELLESPONT, s. m. détroit de mer entre l'Asie et l'Europe, dans lequel tomba Hellé, fille d'Athamas, roi de Thèbes. RR. Ἕλλης, gen. d'Ἕλλη, Hellé, et πόντος, mer. PONT-EUXIN, s. m. mer d'Asie, πόντος εὔξεινος, c. à d. mer hospitalière, par ironie, parce que les habitans de ses côtes tuaient ceux qui y abordaient.

5. flatter un cheval en sifflant.

6. Anneau du bouclier ; πόρπαξ, id. πορπακίζω, πορπάζω, -πάω, -πόω, agrafer.

8. πορφύρα, pourpre ; poisson dont on tirait autrefois la teinture appelée pourpre. PORPHYRE, s. m. sorte de marbre rouge ; de πορφύρα ; d'où *porphyriser*, v. c, *porphyrisation*, s. f. *porphyrion*, s. m. oiseau pourpré.

10. ποταμηδόν, comme un fleuve ; ποτάμιος, de fleuve ; παραποτάμιος, voisin d'un fleuve.

12. Mort ; destin ; βαρύποτμος, malheureux ; ταχύποτμος, qui meurt vite ; qui cause une mort prompte.

CLXVI.

1. Πούς, πόδος, pied, patte ; sabot.　　　ό.
* Ποδίζω, marcher en pied-bot.　　　ισω.
2. Πότνιος, auguste, honorable.　　　α, όν.
3. Πρᾶος, doux, bon, clément, affable.　　　εία, ον.
4. Πραπίδες, entrailles, le cœur.　　　ων,
5. Πράσον, porreau, vert en couleur.　　　ου, τό.
6. Πράσσω, fait, agit, traite, exige.　　　άξω.
7. Πρέμνον, souche, tronc d'arbre; tige.　　　ού, τό.
8. Πρέπειν, excelle ; est beau, séant.　　　sans f.
9. Πρέσβυς, vieillard, député, grand.　　　εως, ό.

DÉRIVÉS.

1. L. *pes, pedis*, pied d'une table, d'une montagne, d'un vers ; jambage d'une lettre ; gouvernail; pied, *mesure de quatre palmes* ; χειρί καὶ ποδί, des pieds et des mains, de toutes ses forces ; ἀνὰ πόδα, à reculons ; ἐκποδός, sur - le-champ ; ἐκποδών, loin; ἐν ποσί, devant les pieds ; κατὰ πόδα, pied à pied ; sur les talons. ANTIPODES, s. m. pl. lieux, habitans de pays de la terre diamétralement opposés. PODOMÈTRE s. m. instrument pour compter les pas ; RR. ποδός, et μέτρον, mesure. PODOPHYLLES, s. m. pl. famille de renoncules; RR. ποδός, et φύλλον, feuille. POLYPE, s. m. ver aquatique semblable à une plante, terminé par des filets qui lui servent de pieds. RR. πολύς, plusieurs, et πούς, pied.

2. ποτνιάω, prier ; implorer; ποτνιάομαι, id. d. p. s'indigner, murmurer.

3. πρᾶος, ι souse. πραύς, id.

5. πρασώδης, vert de porreau.

6. Administrer ; passer sa vie; être de telle profession ; exiger; πρᾶξις, action, négoce ; condition, sort; trahison; πρᾶγμα, chose faite; chose ; affaire, procès. PRATIQUE, s. f. usage; exercice; πρακτική, f. de πρακτικός, capable d'agir, de πράττω ; d'où *praticable*, adj. *praticien*, s. m. *pratiquer*, v. PRAGMATIQUE (-SANCTION), adj. f. réglement en matière ecclésiastique ; s. f. acte contenant la disposition de certains souverains; de πραγματικός, qui concerne les affaires, de πράσσω, et du L. *sanctio*, ordonnance.

7. πρεμνός, id. fondement ; extrémité du blanc de l'œil ; πρεμνίζω, arracher le tronc avec la racine.

8. πρέπει, il convient; il est à propos ; τό πρέπον, l'honnêteté, la bienséance ; θεοπρεπής, divin ; θεοπρόπος, id. d. p. devin; θεοπροπέω, prophétiser.

9. Ambassadeur ; πρεσβεύω, être ambassadeur, député. PRÊTRE, s. m. de πρεσβύτερος, *comp.* de πρέσβυς, vieillard, parce que le sacerdoce n'était confié qu'à des vieillards; d'où *prêtrise*, s. f. PRESBYTE, s. qui ne voit que de loin, de πρέσβυς, vieillard; d'où *presbyopie*, s. f. *presbytisme*, s. m. PRESBYTÈRE, s. m. maison du curé; πρεσβυτέριον, de πρέσβυς, vieillard, prêtre; d'où *presbyteral*, adj. PRESBYTÉRIEN, adj. protestant d'Angleterre qui méconnaît l'épiscopat. M. R.

CLXVII.

1. Πρήνης, tête en avant se jette.   *ής, ές.*
2. Πρίαμαι, je loue *ou* j'achète.   *sans f.*
3. Πρήθω, brûler, incendier.   *σω.*
4. Πρίνος, chêne. 5. Πρίω, scier.   *ου, ή. σω.*
6. Πρό, devant ; * πρωτεύω, commande.   *prép. σω.*
7. Πρόβατον, tout bétail en bande.   *ου, τό.*
8. Προίξ, dot, présent *ou* cadeau.   *κός, ή.*
9. Πρυμνός, au bout ; poupe ; le haut.   *ή, όν.*
10. Πρύτανις, chef, président, maître.   *εως, ή.*
11. Πρῷ, matin, quand le jour va naître.   *adv.*

DÉRIVÉS.

1. Penché ; qui est près de tomber ; πρηνίζω, πρανίζω, précipiter la tête la première.

2. Prendre à bail ; entreprendre ; ἐκπρίαμαι, racheter, délivrer ; corrompre par argent.

3. Souffler, enfler ; πρηστήρ, -ῆρος, qui brûle ; météore brûlant, trombe avec éclairs.

5. d. p. serrer, étrangler ; πρίζω, id. πρίων, ονος, ὁ, scie ; argument captieux ; πρίστης (ὁ), scieur ; πρίσμα, sciure. PRISME, fig. et terme de géom. [s. m.]; morceau épais triangulaire de verre qui colore les objets en décomposant la lumière ; d'où *prismatique*, adj.

6. L. *pro*; πρότερος, *prior*; πρῶτος, *primus*, le premier ; πρόσθεν, devant, par-devant, en présence ; πρόσω, -σσω, πόῤῥω, en devant ; loin ; dans l'éloignement. PROGRAMME, s. m. placard pour inviter à un exercice, proposer des prix, exposer le plan d'une fête etc. RR. πρό, avant, et γράμμα, écrit. PROLÉGOMÈNES, s. m. pl. discours préliminaire ; προλεγόμενα. RR. πρό, avant, et λεγόμενα (choses) dites. PROLOGUE, s. m. avant-propos ; préface ; prélude d'une pièce dramatique ; RR. πρό, avant, et λόγος, discours. PRONOSTIC, s. m. L. *prognosticum*, jugement et conjectures ; présage ; προγνωστικόν, RR. πρό, avant et γινώσκω, connaître ; d'où *pronostiquer*, v. a. PROPHÉTIE, s. f. prédiction de l'avenir. RR. πρό, et φημί, dire ; d'où *prophète, prophétesse*, ss. *prophétique*, adj. *prophétiser*, v. PROPLASTIQUE, adj. (art) de faire les moules pour fondre. RR. πρό, avant, et πλαστικός, *plastique*, qui concerne les ouvrages en argile, en plâtre, etc. PROTE, s. m. ouvrier en chef qui dirige les travaux d'une imprimerie ; πρῶτος, premier. PROTOTYPE, s. m. original, modèle ; premier exemplaire ; RR. πρῶτος, premier, et τύπος, modèle.

πρωτεῖον, primauté.

7. Toute bête à quatre pieds ; le *pl. souv.* brebis.

8. πρόϊκα, gratuitement.

9. πρύμνα, id. d. p. navire ; πρυμνήτης, pilote ; chef.

10. Gouverneur, préfet ; protecteur ; πρυτανεύω, administrer, régir ; pourvoir. PRYTANE, s. m. magistrat ; juge athénien ; πρύτανις ; d'où *prytanat*, s. m. dignité des prytanes. PRYTANÉE, s. m. édifice où s'assemblaient les prytanes.

11. πρώ et πρωΐ, id. de matin ; πρώϊος, matinal ; hâtif.

CLXVIII.

1. Πρώρα, PROUE *et* bec ; pointe, front. — αϛ, ἡ.
2. Πτέρνα, talon, bas, pied d'un mont. — ηϛ, ἡ.
3. Πταίρω, πτάρνυμαι, j'éternue. — πταρῶ,
4. Πταίω, tombe ; πταῖσμα, bévue. — ίσω.
5. Πτερόν, plume, aile, rame ; oiseau. — οῦ, τό.
6. Πτίσσω, pile, fait du gruau. — ίσω.
7. Πτοέειν, épouvante, trouble. — ήσω.
8. Πτύσσω, plie ; δίπτυχος, double. — ξω.
9. Πτύω, crache. 10. Πύθω, pourrit. — σω. σω.
11. Πύκα, dru. 12. Πύλη, porte *on dit*. — adv. ηϛ, ἡ.

DÉRIVÉS.

1. d. p. visage ; sommet ; καλλίπρωρος, qui a une belle proue ; qui a un beau visage.

2. Fondement ; pied *d'un mât* ; croc en jambes ; πτερνίζω, donner un coup de pied ou de talon ; supplanter.

3. πτάρνυμαι, id. πταρμική, plante sternutatoire. PTARMIQUE, adj. sternutatoire ; πταρμικός.

4. Heurter ; vaciller ; être frustré ; προσπταίω, heurter contre ; broncher ; πταῖσμα, choc ; chute ; blessure ; offense ; accident.

5. Voile de vaisseau ; aile d'un bâtiment ; parasol ; pavillon ; πτέρυξ, le mêm. πτερόω, donner des ailes ; garnir de rames. DIPTÈRE, adj. (insecte) à deux ailes ; RR. δίς, deux fois, et πτερόν, aile.

6. monder. PTISANE, ancienne orthographe, aujourd'hui TISANE, s. f. de πτισάνη, orge pilé dont les Anciens faisaient leur tisane ; de πτίσσω, piler.

7. πτοιάω, -έω ; πτύρω, id. πτόα, πτόησις, πτυρμός, terreur, crainte ; πτήσσω, πτώσσω, se cacher de peur ; effrayer.

8. Remplier ; πτυχή, pli, repli ; sinuosité ; anfractuosité ; δίπτυχος, plié en deux ; mis en double. DIPTYQUES, s. m. pl. registre des noms des magistrats, des morts ; tablettes à deux feuillets. RR. δίς, deux fois, et πτύσσω, plier.

9. Rejeter, vomir ; conspuer ; rejeter dédaigneusement ; πτυαλίζω, cracher souvent ; saliver ; πτύαλον, crachat. PTYALAGOGUE, adj. qui provoque la salivation. RR. πτύαλον, crachat, et ἄγω, pousser. PTYALISME, s. m. πτυαλισμός, salivation continuelle.

10. PYTHON, s. m. serpent engendré de la corruption de la terre après le déluge de Deucalion ; de πύθων, dériv. de πύθω.

11. Épais ; prudemment ; πυκνός, épais ; fréquent ; solide ; sensé ; πυκνόω, épaissir ; condenser ; réitérer. PYCNOTIQUE, adj. qui épaissit les humeurs ; πυκνωτικός, de πυκνόω.

12. L. *pyla*. πυλίς, guichet ; πυλών, portail ; πυλόω, mettre des portes.

CLXIX.

1. Πυνθάνομαι, sait *ou* demande.   *f.* πεύσομαι.
2. Πύξ, du poing. 3. Πῦρ, feu; fièvre grande.   πυρός, τὸ.
4. Πύργος, la tour. 5. Πυρήν, noyau.   ῆνος, ὁ.
6. Πυρός, froment, blé le plus beau.   οῦ, ὁ.
7. Πώγων, la barbe; un fer de pique.   ωνος, ὁ.
8. Πωλεῖν, colporte, vend, trafique.   ﹍ι, ήσω.
9. Πῶλος, POULAIN, pouliche; ânon.   ου, ὁ, ἡ.
10. Πῶμα, couvercle; pot; boisson.   ατος, τὸ.
11. Πῶρος, durillon; deuil, misère.   ου, ὁ.
12. Πῶϋ, troupeau d'une bergère.   εος, τὸ.

DÉRIVÉS.

1. Apprendre; interroger, s'informer; πύστις, ouï-dire, bruit; nouvelle; question; πεῦσις, demande; interrogation; πευστής, questionneur; πυστός, connu, célèbre. PYTHIE, s. f. prêtresse qui rendait les oracles d'Apollon; πυθία, de πυθέσθαι, aor. 2. de πυνθάνομαι, interroger. PYTHIEN, s. et adj. surnom d'Apollon; πύθιος, de πυθέσθαι. PYTHIENS, (jeux) en l'honneur d'Apollon; πύθια, ων.

2. πυγμή, poing; πυκτεύω, se battre à coups de poing; πύκτης, qui se bat à coups de poing. PYGMÉE, s. m. race d'hommes qui, suivant la fable, n'avaient qu'une coudée de haut, πυγμαῖος; *fam.* nain, R. πυγμή, mesure du coude au poing.

3. πυρόω, enflammer; πύρωσις, cuisson; πυριάω, fomenter, πυρσός, flambeau; πυῤῥός, roux; πυρετός, fièvre; inflammation; πυρεῖον, matière inflammable; un poêle. EMPYRÉE, s. m. et adj. le ciel le plus élevé; *pris métaph.* séjour des bienheureux RR. ἐν, dans, et πῦρ, feu, EMPYREUME, s. m. odeur et goût d'une chose trop long-temps exposée au feu; ἐμπύρευμα, charbons pour rallumer le feu. PYRAMIDE, s. f. solide à plusieurs côtés qui s'élève en diminuant, *comme la flamme;* πυραμίς, de πῦρ; d'où *pyramidal,* adj. PYRÉNÉES, s. f. pl. montagnes entre la France et l'Espagne; πυρηναῖος, de πῦρ, feu, à cause de leurs volcans. PYRÉTOLOGIE, s. f. traité des fièvres. RR. πυρετός, fièvre, et λόγος, traité. PYROMÈTRE, s. m. instrument pour mesurer les degrés du feu. RR. πῦρ, et μέτρον, mesure. PYROTECHNIE, s. f. art des feux d'artifice.

4. L. *pyrgus,* d. p. citadelle; πυργόω, flanquer de tours. BOURG, s. m. gros village; du L. *burgus,* de πύργος, tour, parce que les bourgs étaient autrefois munis de tours; d'où *bourgade, bourgeois, bourgeoisie.*

5. Pépin, grain; perle.

6. σπυρός, le même. πύρινος, πύρνος, de froment.

7. πωγωνίας, -νιήτης, barbu.

8. βιβλιοπώλης, L. *bibliopola,* libraire. MONOPOLE, s. m. privilége ou droit de vendre seul; μονοπώλιον. RR. μόνος, seul, et πωλεῖν, vendre.

9. πωλεύω, élever, dompter des poulains.

10. d. p. datte, mûre; πωμάζω, mettre un couvercle.

11. POIRREAU, s. m. durillon, πῶρος; *mais* πωρός, οῦ (ὁ), *signifie* aveugle.

12. *prop.* de moutons.

CLXX.

* Ῥῶ, *pris pour chiffre, vaut* un cent.　　　　　　　
1. Ῥάϐδος, verge, bâton, sarment.　　　ου, ἡ.
2. Ῥάδιος, aisé ; bon, facile.　　　α, ον.
3. Ῥαίνω, mouille, arrose, distille.　*f.* ῥανῶ.
4. Ῥαίω, gâte, brise, détruit.　　σω.
5. Ῥάμνος, ronce-épine à noir fruit.　ου, ἡ.
6. Ῥαπίς, baguette, une houssine.　ίδος, ἡ.
7. Ῥάπτω, coud, ravaude ; machine.　*f.* ψω.
8. Ῥάσσω, briser *et* renverser.　ξω.
9. Ῥέζω, faire. 10. Ῥέγχω, ronfler.　ξω. ξω.

DÉRIVÉS.

* Avec l'accent au-dessous (,ρ), il vaut cent mille.

1. Baguette; rameau; hampe de pique ou de javelot; gluau, petite verge enduite de glu pour prendre les oiseaux; ῥάϐδοι, veines *dans les mines* ; faisceaux chez les Romains. RABDOÏDE, adj. en forme de verge; se dit de la seconde suture du crâne. RR. ῥάϐδος, et εἶδος, forme. RABDOLOGIE, s. f. calcul fait avec des baguettes sur lesquelles on écrit des nombres. RR. ῥάϐδος, et λόγος, discours; supputation. RABDOMANCIE, s. f. divination par le moyen d'une baguette. RR. ῥάϐδος, et μαντεία, divination.

2. Enclin à ; *comp.* ῥαίων, ῥάων, *sup.* ῥᾷστος; ῥαστώνη, facilité ; relâchement ; bonté ; oisiveté ; indolence ; ῥαστωνεύω, languir dans l'oisiveté; s'abandonner à la paresse ; ῥαΐζω, recouvrer la santé.

4. ῥαιστήρ, -ῆρος (ὁ), maillet.

5. Sorte d'arbrisseau, soit l'*aubépine*, à baies rouges; soit plutôt le *bourg-épine*, à baies noirâtres (*noirprun*); soit la *ronce épineuse*; ὅρμανος, petit rameau.

6. d. p. sandale, pantoufle; boucle ; ῥαπίζω, frapper avec une baguette; souffleter ; ῥάπισμα, coup de baguette; soufflet. RAPIÈRE, s.f. vieille et longue épée; de ῥαπίς, baguette.

7. ῥάμμα, couture; trame; fil ; lacet; ῥαφίς, aiguille. ENTÉRORAPHIE, s. f. suture de l'intestin. RR. ἔντερον, intestin, et ῥαφή, couture. GASTRORAPHIE, s.f. suture pour réunir les plaies du bas-ventre. RR. γαστρός, g. de γαστήρ, ventre, et ῥάπτω. RAPSODE, s. m. celui qui allait de ville en ville chanter des *rapsodies*, c.-à-d. des morceaux détachés des poésies d'Homère. RR. ῥάπτω, et ᾠδή, chant; d'où *rapsoder*, v. a. raccommoder mal et sans soin, et *rapsodiste*, celui qui ne fait que des rapsodies, de mauvais ramas.

8. Ruiner; καταράκτης, cascade, chute d'eau. CATARACTE, s. f. chute impétueuse et bruyante d'une masse d'eau.

9. Sacrifier; ἔρδω, id. καταρέζω, flatter *de la main* ; συνέρδω, travailler ensemble; aider. CARESSER, v. a. καρρέζειν, le même que καταρέζειν. RR. κατά, et ῥέζω.

10. ῥέγχος, ῥόγχος, ῥόγχος, ῥέγξις, ronflement.

CLXXI.

1. Ῥέμβω, fait tourner; inquiète.   *sans f.*
2. Ῥέπω, penche, incline; souhaite.   ψω.
3. Ῥέω, parle; coule, répand.   ῥεύσω.
4. Ῥήσσω, rompt, force; pousse; fend.   ξω.
5. Ῥητίνη, gomme, la RÉSINE.   ης, ἡ.
6. Ῥῖγος, froid vif. 7. Ῥίζα, racine.   εος, τὸ. ης, ἡ.
8. Ῥικνός, courbé; ridé du front.   ἡ, όν.
9. Ῥίνη, lime. 10. Ῥίον, cap, mont.   ης, ἡ. ου, τὸ.
11. Ῥινός, peau. 12. Ῥίς, *pour* nez *s'usite.* οῦ, ἡ. ῥινος, ἡ.
13. Ῥίπτω, jette; abat; précipite.   ῥίψω.

DÉRIVÉS.

1. Rouler; entortiller; irriter; chanceler; ῥόμβος, rond; roue; sabot; toupie; rouet; fuseau; ῥέμβομαι, errer à l'aventure; rôder; ῥεμβάζω, rêvasser; avoir l'esprit égaré. RHOMBE, s. m. losange, ῥόμβος; d'où *rhomboïde*, s. m. *rhomboïdal*, adj.

2. ῥοπή, inclinaison; trait de la balance; poids d'un corps; danger; moment critique; importance; force impulsive; ῥόπαλον, massue; bâton; ἰσόρροπος, en équilibre; égal; ἀντίρροπος, qui penche de l'autre côté; qui fait contrepoids.

3. ῥῆμα (τὸ), mot, sentence; poème; ῥεῦμα, courant d'eau; îlot; fleuve; fluxion; RHUME; ῥόος, cours ou courant d'eau; ῥοικός, courbé; ῥύσις, flux; courant; fluxion; chute; bras de rivière. CATARRHE, s. m. fluxion sur une partie du corps; κατάρροος. RR. κατά, en bas, et ῥέω, couler; d'où *catarrhal*, adj. *catarrheux*, adj. DIARRHÉE, s. f. flux de ventre διάρροια. RR. διά, continuellement, et ῥέω, couler. RHÉE, s. f. Cybèle, ou la terre d'où *coulent* tous les biens; ῥέα, de ῥέω. RHÉTEUR, s. m. ῥήτωρ, L. *rhetor*, orateur, ou celui qui enseignait l'éloquence; de ῥέω, parler. RHÉTORIQUE, s. f. l'art de bien parler; ῥητορική, f. de ῥητορικός, qui concerne l'art oratoire, s.-ent. τέχνη, art; d'où *rhétoricien*. RHUMATISME, s. m. douleur dans les muscles; ῥευματισμός, fluxion; de ῥευματίζω, avoir une fluxion. R. ῥέω, couler; d'où *rhumatismal*, adj.

4. Frapper avec force; teindre; ῥώξ, rupture; pépin; sable; rocher; ῥάχις, ῥαχία, l'épine du dos; l'écliine; RACHITIS, s. m. maladie et courbure de l'épine et des os longs; d'où *rachitique* (enfant, membre) noué; *rachitisme*, s. m. nouure. d. p. Rocher; bord de l'eau plein de gravier; bruit de la mer.

7. RHIZOPHAGE, adj. qui vit de racines. RR. ῥίζα, et φάγω, manger.

8. Voûté; ratatiné; vieillot; ῥικνόομαι, être tout rompu, disloqué.

9. ῥινέω, ῥινάω, limer.

10. Promontoire; sommet d'un mont.

11. Cuir; bouclier.

12. ῥίν, *moins usité.* d. p. bec, museau, groin; q. fois, narine.

13. RIPHÉES, s. f. pl. montagnes où les vents sont impétueux; de ῥιπή, impétuosité; dériv. de ῥίπτω.

CLXXII.

1. Ῥοά, grenade *et* grenadier.   ᾶς, ἡ.
2. Ῥόδον, ROSE ; ῥόδη, rosier.   ου, τό ; ης, ἡ.
3. Ῥόθος, bruit des flots *ou* dans l'onde.   ου, ὁ.
4. Ῥοῖζος, bruit qui siffle *ou* qui gronde.   ου, ὁ.
5. Ῥοφεῖν, dévore, avale *l'eau*.   *f.* ήσω.
6. Ῥύγχος, bec ; groin, muffle, museau.   εος-ους, τὸ.
7. Ῥυθμός, RHYTHME, l'ordre, harmonie.   οῦ, ὁ.
8. Ῥύπος, saleté ; vilenie.   ου, ὁ.
9. Ῥύω, traîne, en sûreté met.   ῥύσομαι.
10. Ῥωννύω, rend fort, ROME *fait*.   ύσω.

DÉRIVÉS.

1. ῥοία, id. ῥοῖσκοι, pommes de grenade qui étaient au bas du vêtement du grand-prêtre.

2. ῥοδαρός, de rose ; vermeil ; ῥόδεος, id. ῥοδωνία, ῥοδών, lieu planté de rosiers. CYNORRHODON, s. m. rosier sauvage appelé vulgairement *rose de chien*. RR. κύων, g. κυνός, chien, et ῥόδον. RHODES, s. f. île de la Méditerranée qui produisait autrefois beaucoup de roses.

3. L. *rota*, d. p. tumulte ; agitation ; impétuosité ; ῥοθέω, être porté avec impétuosité ; ῥοθιάζω, ramer avec une grande vitesse. ῥοχθέω, faire un bruit rauque, *comme les flots de la mer*.

4. ῥοῖβδος, id. ῥοιζέω, bruire, gronder, aboyer ; ῥοιβδέω, id. ; d. p. engloutir ; ῥοίβδησις, l'action de siffler.

5. d. p. puiser ; épuiser ; ῥοφάνω, ῥοφάω, id. ῥόφησις, l'action d'avaler ; ῥόφημα, ce qu'on avale ; potion ; bouillon ; breuvage.

6. ῥυγχομαχέω, combattre à coups de bec. MACRORHYNQUE, s. m. genre de poissons distingués par un long museau. RR. μακρός, long, et ῥύγχος, museau.

7. Cadence ; mesure ; ἄῤῥυθμος, qui manque de rhythme, de cadence ; de nombre ; ῥυθμίζω, rendre nombreux, cadencer ; régler ; ordonner. EURYTHMIE, s. f. bel ordre, proportion, harmonie d'un tout ; εὐρυθμία. RR. εὖ, bien, et ῥυθμός, ordre, accord. RHYTHMIQUE, adj. qui appartient au rhythme ; ῥυθμικός.

8. Crasse qui se forme au bout des ongles ; avarice sordide ; cire à cacheter les lettres ; ῥυπαρός, vilain, sale, sordide ; ῥυπάω, -όω, être sale ; ῥυπαίνω, salir ; tacher ; décrier. RHYPTIQUE, adj. (médicament) qui déterge et entraîne les humeurs corrompues ; ῥυπτικός, de ῥύπτω, nettoyer ; dérivé de ῥύπος.

9. Et mieux ῥύομαι, d. p. conserver ; protéger ; défendre ; ῥύω, couler, de ῥέω ; ῥύμα, trait, traînée ; corde à tirer ; ῥύμη, chemin ; RUE ; ῥυσσός, ridé ; ῥυσσόω, rider le front ; ῥυτιδόω, devenir ridé.

10. Et mieux ῥώννυμι ; ῥώμη, force, puissance ; ῥωμαλέος, fort. ROME, s. f. L. *Roma*, ville, ῥώμη ; d'où *romain*, adj.

CLXXIII.

* Σῖγμα, deux cents. 1. Σάγος, la saye.   ου, ὁ.

2. Σαίρω, montre les dents; balaie.   f. σαρῶ.

3. Σάλος, mer ; agitation.   ου, ὁ.

4. Σάλπιγξ, la trompette *ou* clairon.   ιγγος, ἡ.

5. Σανίς, planche, ais. 6 Σάρξ, chair; corps; l'homme.

7. Σάττω, charger bête de somme.   f. σάξω.

8. Σαφής, clair, évident; certain.   ής, ές.

9. Σβεννύειν, use, épuise ; éteint.   σβέσω.

10. Σέβω, craint, honore ; révère.   s. *fut*.

11. Σειρά, chaîne, corde, lanière.   ᾶς, ἡ.

DÉRIVÉS.

* Avec l'accent au-dessous (,σ), il vaut deux cent mille ; σίζω, siffler ; σιγμός, sifflement.

1. *ou* sayon; *L. sagum*, sorte de casaque ou capote militaire des Perses, des Romains, des Francs.

2. Rire; nettoyer; σαρόω, balayer; σαρός, balai; σάρωσις, balayures ; action de balayer ; σάρωμα, balayures.

3. Balancement d'un vaisseau par les flots; mouillage; d. p. tempête ; souci, inquiétude ; σαλεύω, être à l'ancre; être agité par les flots, flotter ; agiter.

4. d. p. cornet; surnom de Minerve, inventrice de la trompette ; nom d'un poisson et d'un oiseau; σαλπίζω, σαλπίγγω, sonner de la trompette.

5. g. -ίδος (ἡ). Construction en planches; porte.

6. g. σαρκός (ἡ); pulpe; σαρκάζω, ôter la chair; décharner un os; brouter; montrer les dents à quelqu'un pour se moquer de lui. SARCASME, s. m. raillerie piquante et injurieuse; σαρκασμός. SARCOPHAGE, s. m. tombeau où les anciens mettaient les corps qu'ils ne brûlaient pas; de nos jours, cercueil ou sa représentation dans les cérémonies funèbres. RR. σάρξ, g. σαρκός, chair, corps, et φάγω, manger, engloutir.

7. Combler ; fouler ; farcir ; presser; σάγμα, charge; bât; selle ; tas ; étui d'armes ; σάκκος, SAC, s. m. *L. saccus;* d'où *sachet,* s. m. *sachée,* s. f. *sacoche,* s. f. sac double.

8. σαφέω, manifester; expliquer. SAPHÈNE, s. f. veine apparente du pied; de σαφηνής, le même que σαφής, manifeste, apparent.

9. Étouffer ; détruire. ASBESTE, s. m. ἄσβεστος, inextinguible, minéral, dont l'amiante est une variété, que les anciens croyaient propre, à cause de son incombustibilité, à faire des lampes perpétuelles. RR. α priv. et σβέννυμι, éteindre.

10. σεβαστός, vénérable ; auguste; εὐσεβής, pieux, religieux; EUSÈBE, s. m. nom prop. d'homme. RR. εὖ, et σέβω; εὐσεβέω, être pieux.

11. σειρίς, id. σειράζω, σειρεύω, lier, enchaîner. SERRURE, s. f. L. *sera,* de σειρά, parce que les anciens, avant l'invention des serrures, fermaient les portes avec des cordes ou des liens. SIRÈNES, s. f. pl. monstres marins qui attiraient les passans, et les enchaînaient, en quelque sorte, par leurs chants mélodieux; σειρήν, de σειρά.

CLXXIV.

1. Σείειν, ébranler, remuer.   *f.* σείσω.
* Σαίνω, meut ; σεύω, se ruer.   αινῶ.
2. Σέλας, clarté, flamme éclatante.   αος, τὸ.
* †Σελήνη, la lune brillante.   ης, ἡ.
3. Σέλινον, l'ache *ou* persil *fait*.   ου, τὸ.
4. Σελίς, interligne; feuillet.   ίδος, ἡ.
5. Σεμνός, grave; saint, vénérable.   ή, όν.
6. Σηκός, lieu clos ; nid ; temple ; étable.   οῦ, ὁ.
7. Σῆμα, signe ; étendard ; tombeau.   ατος, τὸ.
8. Σήπω, pourrit ; σής, * vermisseau.   * σητός, ὁ.

DÉRIVÉS.

1. Faire trembler ; intriguer ; σεισμός, agitation; tremblement de terre; SISTRE, s. m. instrument dont les anciens se servaient pour battre la mesure; σεῖστρον, de σείω. SISYPHE, s. m. fils d'Eole tué par Thésée ; de σείω, et ὑφός, courbé, sans doute à cause de la nature de son supplice.

* σαίνω, secouer, émouvoir; troubler ; remuer la queue, flatter ; σήθω, cribler ; σινιάζω, id. σεύω, -ομαι, ébranler ; agiter; mettre en fuite. σόω, σώω, chasser, faire courir ; σῶθρον, tour d'une roue ; θεόσσυτος, poussé par l'esprit de Dieu.

2. Lumière ; éclat; météore de feu ; σέλασμα, éclat ; σελάω, -αγέω, -αγίζω, briller.

* L. *selene;* σελήνιον, clair de lune; σεληνιάζω, -ομαι, être lunatique. PARASÉLÈNE, s. f. image de la lune réfléchie dans un nuage. RR. παρά, près, et σελήνη. SÉLÉNITE, s. f. chaux sulfatée à lames brillantes ; de σελήνη; d'où *séléniteux,* adj. SÉLÉNOGRAPHIE, s. f. description de la lune. RR. σελήνη, et γραφή, description; d'où *sélénographique,* adj. SÉLÉNOSTATE, s. m. instrument pour observer la lune. RR.

σελήνη, et ἵστημι, arrêter.

3. Grand persil ; σελινουσία, sorte de chou frisé qui ressemble au persil.

4. Espace entre les lignes ; page ; livre ; carène.

5. Honorable; honnête; magnifique; d. p. empesé, qui affecte un air grave, qui a de la morgue ; σεμνόω, -νύνω, rendre vénérable ; embellir ; ajuster; constituer en dignité; σεμνεῖον, lieu où les Scythes célébraient leurs mystères ; lieu saint ; cellule.

6. Parc; écurie; logis ; chapelle; tombeau; balance; poids; σηκόω, peser, balancer.

7. Indice ; signalement ; prodige; marque honorifique; écusson; médaille; σημεῖον, id. d. p. statue ; conjecture ; point; cachet; σημειόω, marquer ; rendre visible ; remarquer; σημαίνω, donner le signal, signifier ; commander ; σημαντήρ, -τώρ, qui donne le signal ; commandant ; chef; ordonnateur; régulateur.

8. σαπρός, pourri ; moisi ; carié; vieux, ranci ; mauvais; σαθρός, vieux, languissant ; mourant. SEPTIQUE, adj. (médicament) qui fait pourrir les chairs sans douleur ; σηπτικός.

CLXXV.

1. Σθένω, peut, a force *et* puissance.   *sans f.*
2. Σιγᾷν, se tait; σίγη, silence.   ήσω.
3. Σιαγών, *pour* mâchoire *on prend.*   όνος, ή.
4. Σίαλον, salive *se rend.*   ου, τὸ.
5. Σίδηρος, fer; glaive *ou* cuirasse.   ου, ὁ.
6. Σίκυς, concombre; calebasse.   υος, ὁ.
7. Σικχός, dégoûté, délicat.   ή, όν.
8. Σιμός, camus, au nez trop plat.   ή, όν.
9. Σίνω, blesse, gâte, déforme.   *f.* οῦμαι.
10. Σιπαλός, laid, hideux; difforme.   ή, όν.

DÉRIVÉS.

1. σθένος, force, puissance, vigueur; ἀσθενής, infirme; imbécille; ἀσθένεια, faiblesse; imbécillité; maladie; ἀσθενέω, être faible, languissant; ἀσθενόω, rendre faible et languissant; ἐρισθενής, très fort. ASTHÉNIE, s. f. débilité ou relâchement des muscles; ἀσθένεια. RR. α priv. et σθένος, force. DÉMOSTHÈNE, s. m. n. pr. RR. δῆμος, peuple et, σθένος, force : *force du peuple.*

2. σιγαλέος, silencieux; σιγάζω, imposer silence; σιγημονάω, garder le silence. σιγηλός, muet, silencieux; SIGALÉON, n. p. le même qu'Harpocrate, dieu du silence. RR. σιγᾷν, et λεώς, peuple, multitude.

4. Bave; crachat; σιαλίς, id. σίαλος, porc engraissé; saindoux; σιαλίζω, cracher; σιαλόω, engraisser; bigarrer; σιαλιστήρια (τὰ), mors d'une bride, *à cause de l'écume qu'il fait venir à la bouche du cheval.*

5. Acier; toute arme en fer; soc de charrue; σιδηρεύω, travailler en fer; forger; -ίζω, avoir la couleur du fer; σιδηρίτης, qui a rapport au fer; la pierre d'aimant qui attire le fer; σιδηρῖτις, mine de fer. SIDÉROTECHNIE, s. f. et SIDÉRURGIE, s. f. σιδηρουργία, art de travailler le fer. RR. σίδηρος, et τέχνη, art; ἔργον, ouvrage.

6. d. p. Melon, citrouilles; courge; σίκυος, ου (ὁ), id. σίκυα, (ἡ), calebasse; ventouse; σικυών, couche de concombres, de citrouilles; SICYONE, s. f. ville d'Achaïe renommée par la fertilité de son sol; dériv. de σίκυος.

7. Sans appétit; faible; fluet; σικχαίνω, avoir du dégoût; σικχαντός, fastidieux; σικχασία, dégoût, répugnance.

8. ou épaté. d. p. escarpé, qui monte; σιμόω, aplatir; recourber; ἀνάσιμος, plat; laid; ἀποσιμόω, rendre camard; élever.

9. σίντης, nuisible; σίνος (τό), perte; σίνις, malencontreux, qui porte malheur. SINON, s. m. Grec célèbre par sa perfidie; de σίνω, nuire.

10. Infirme; σιφλός, id. σίφλος (ὁ), réprimande, moquerie; σιφλόω rendre difforme; injurier; affaiblir; σιφλώζω, injurier; SIFFLER; ἐπισίφλιος, qui mérite les sifflets.

CLXXVI.

1. Σῖτος, blé, pain; provision.   ου, ὁ.
2. Σίφων, tuyau, pompe, SIPHON.   ωνος, ὁ.
3. Σιωπᾷν, garder le silence.   ήσω.
4. Σκάζω, boite; est sot. 5. Σκαίρω, danse.   σω, ρῶ.
6. Σκάλλω, 7. Σκάπτω, creuser, fouir.   σκάλω, ψω.
*. Σκάφη, barque; huche à pétrir.   ης, ἡ.
8. Σκάριφος, le poinçon qui trace.   ου, ὁ.
9. Σκεδᾷν, répand; dissipe; chasse.   άσω.
10. Σκέλλω, dessèche, *ou* sécher fait.   σκελῶ.
11. Σκέλος, jambe, genou, jarret.   εος-ους, τὸ.

DÉRIVÉS.

1. Des vivres, tout ce qui sert à la nourriture; pension alimentaire; σιτέομαι, manger, être nourri; σιτεύω, σιτέω, σιτίζω, nourrir, engraisser; σιτιστός, nourri, engraissé. PARASITE, s. m. d'abord, chez les Grecs, intendant des blés sacrés; écornifleur, qui va manger à la table d'autrui; παρασίτος. RR. παρά, près, et σῖτος, blé. SITIOLOGIE, s. f. traité des alimens; de σιτίον, aliment, et λόγος, traité.

2. σιφωνίζειν, tirer dehors; verser; transvaser.

3. *act.* taire; σιωπή, silence; calme; σιωπηλός, silencieux; τὸ σιωπηλόν, taciturnité.

4. σκαιός, gauche, maladroit; sot; de mauvais augure; occidental; ombragé; obscur; σκαμβός, qui va de travers, courbé. SCANDALE, s. m. occasion de chute, de péché; parole, action honteuse; de σκάνδαλον, piége, pierre d'achoppement; d'où *scandaleux*, adj. *scandaliser*, v. SCALÈNE, adj. (triangle), dont les côtés sont inégaux; σκαληνός, boiteux. SCAZON, s. m. ou *iambe boiteux*, vers latin; σκάζω, boiter.

5. Sauter, bondir; trépigner des pieds, σκαρίζω, σκιστάω; id. συσκιρτάω, sauter avec, féliciter;

congratuler.

6. Sarcler; gratter, *comme font les poules*. *Fig.* sonder; faire de profondes réflexions; σκαλιστήριον, sarcloir.

7. SCAMANDRE, *fouissement du héros*, n. pr. fleuve de la Troade, dont Hercule, pressé de la soif, fit sortir la source en creusant la terre. RR. σκάμμα, fouissement, dérivé de σκάπτω, et ἀνδρός, gén. d'ἀνήρ, homme.

* σκάφη, L. *scapha*, barque, petit vaisseau; fosse; σκαφεύω, fouir, creuser la terre.

8. Burin, style *dont se servaient les anciens pour écrire*. SCARIFIER. v. déchiqueter la peau, y faire des incisions, σκαριφεῖν, ράομαι et σκαριφεύω, rayer; d'où *scarification*, s. f.

9. d. p. disperser; σκεδάζω, σκεδάω, -ιάζω; κεδάω, κίδνημι, id.

10. σκλέω, σκλῆμι, id. σκελετός, sec; desséché; σκληρός, dur, âpre, cruel. SQUELETTE, s. m. cadavre desséché; os décharnés, joints dans leur situation naturelle; *fig.* personne très décharnée; de σκελετός, desséché.

11. Os de la jambe; σκελίς, ίδος, jambon; gigot; ISOSCÈLE, adj. *à jambes égales*, triangle qui a deux côtés égaux. RR. ἴσος, égal, et σκέλος, jambe.

CLXXVII.

1. Σκέπαρνον, doloire; bandage.　ου, τὸ.
2. Σκέπτομαι, j'observe, envisage.　*f.* ψομαι.
3. Σκέπω, couvre, abrite, défend.　*sans f.*
4. Σκεῦος, meuble; vase; armement.　εός-οῦς, τὸ.
5. Σκήπτω, s'appuie; élance; invente.　*f.* ψω.
6. Σκιά, l'ombre, mort. 7. Σκηνή, tente.　ᾶς. ῆς.
8. Σκῖρος, de marbre *ou* bois fragment.　ου, ὁ.
9. Σκολιός, oblique; non franc.　ά, όν.
10. Σκόλοψ, broche, pal, pieu qui perce.　οπος, ὁ.
11. Σκορπίζω, dissipe, disperse.　ίσω.

DÉRIVÉS.

1. Hache, serpe; ligature, *terme de chirurgie*; σκεπαρνίζω, couper; aplanir avec la doloire.

2. regarder autour de soi; considérer avec attention; méditer; σκοπεύω, id. d. p. guetter; épier; σκοπός, but; d. p. espion; intendant, préfet; σκοπή, L. *specula*, lieu d'où l'on découvre au loin; SPÉCULATION; méditation; σκοπελός, L. *scopulus*, lieu élevé, rocher dans la mer; ἐπισκοπέω, visiter, inspecter; ἐπίσκοπος, inspecteur; L. *episcopus*, évêque. ÉPISCOPAT, s. m. dignité d'évêque; de ἐπισκοπή, visite, inspection; d'où *épiscopal*, adj. SCEPTIQUE, s. m. et adj. qui doute de tout, veut tout examiner; pyrrhonien; σκεπτικός, contemplateur; d'où *scepticisme*. s. m.

3. Voiler; prétexter, σκεπάω, -άζω, m. signif. σκεπή, voile; couverture; vêtement; prétexte.

4. d. p. habits; équipement, agrès; σκεύω, σκευάζω, préparer, disposer, accommoder; achever; ἀποσκευάζω, plier bagage; emporter; aller à la selle; éloigner; exiler; détruire; réfuter.

5. Tomber avec impétuosité, comme la foudre; σκήπων, L. *scipio*; bâton d'appui, σκηπτός (ὁ), la foudre tombant avec fracas. SCEPTRE, s. m. L. *sceptrum*, bâton de commandement; marque de royauté; σκῆπτρον.

6. d. p. compagnon de celui qui est convié, comme en latin *umbra*; σκιάζω, ombrager, couvrir. ANTISCIENS, s. m. pl. peuples qui, habitant le même méridien en deçà et au delà de l'équateur, ont à midi leur *ombre opposée*. RR. ἀντί, contre, et σκιά. ASCIENS, s. m. pl. habitans de la zône torride qui sont sans ombre quand le soleil est perpendiculaire sur leur tête. RR. α priv. et σκιά.

7. Pavillon; cabane dressée à la hâte; scène; σκῆνος, εος, id. d. p. un voile. SCÈNE, s. f. partie du théâtre où jouent les acteurs; σκηνή, tente; L. *scena*; parce que les premières représentations de pièces eurent lieu sous des tentes, des berceaux, etc. d'où *scénique*, adj. SCÉNOGRAPHIE, s. f. représentation en perspective d'un objet projeté sur un plan horizontal; de σκηνή, scène, et γραφή, description; d'où *scénographique*, adj.

8. ou σκίῤῥος, blocailles; moellons; souche de bois. SQUIRRE, s. m. L. *scirrus*, tumeur dure, sans douleur; d'où *squirreux* adj.

9. Tortu, courbé; fourbe.

10. Tout corps pointu; aiguillon; écharde.

CLXXVIII.

1. Σκορπίος, SCORPION, son dard. . . . . ου, ὁ.
2. Σκότος, ténèbres, nuit, brouillard. ου, ὁ, *et* εος, τὸ.
3. Σκύβαλον, fumier, lie, ordure. . . . . . . ου, τὸ.
4. Σκύδμαίνω, se fâche, murmure. . . . . . ανῶ.
5. Σκύλλω, vexe; arrache la peau. . . . . σκυλῶ.
6. Σκύμνος, petit * ; faon; lionceau. . . ου, ὁ.
7. Σκύτος, cuir, peau du cou, lanière. . . εος, τὸ.
8. Σκώληξ, un ver. 9. Σκύφος, un verre. . ηκος, ὁ.
10. Σκώπτω, raille, fait le plaisant. . . *f.* ψω.
11. Σμαραγεῖν, fait bruit éclatant. . . . ήσω.

DÉRIVÉS.

1. L. *scorpius*; signe du zodiaque; plante épineuse dont la racine ressemble au scorpion; machine de guerre propre à lancer des traits; moustache, boucle de cheveux. σκορπιώδης, qui tient du scorpion; facile à irriter; venimeux; pernicieux.

2. Obscurité; σκοτεινός, σκότιος, ténébreux; σκοτόω, obscurcir; couvrir de ténèbres; éblouir; aveugler; σκοτώμα, vertige; éblouissement; ἐπισκοτέω, couvrir de ténèbres. SCOTODINIE, s. f. vertige avec obscurcissement de la vue; σκοτοδινία. RR. σκότος, et δῖνος, vertige.

3. Excrément; σκυβαλίζω, rejeter comme de l'ordure.

4. En vouloir à quelqu'un; le fâcher; σκύθομαι, id. σκυθρός, σκυθρωπός, rechigné; hargneux, bourru; triste.

5. Tourmenter; importuner; fatiguer; molester; égratigner; mettre en pièces. SCYLLA, s. f. héroïne des temps fabuleux changée en un rocher entouré de chiens aboyans, de σκύλαξ, petit chien, dérivé de σκύλλω.

6. * d'un animal quelconque.

7. σκυτάλη, fouet de cuir; bâton; massue; σκυταλόω, donner la bastonnade; σκυτεύω, être cordonnier, savetier, corroyeur. Ecu, s. m. sorte de bouclier de cuir de nos anciens cavaliers, L. *scutum*, formé de σκύτος, cuir; d'où *écusson*, s. m. écu d'armoiries; *écussonner*, enter en écusson. SCYTALE, s. f. rouleau de bois sur lequel on appliquait des bandes de cuir où l'on écrivait les dépêches; il était en usage à Lacédémone; σκυτάλη, fouet de cuir.

8. σκωληκιάω, fourmiller de vers; engendrer des vers; σκωληκίζω, ressembler à un ver; σκωληκίζομαι, remuer comme un ver; σκωληκόω, infecter de vers.

9. L. *scyphus*, d. p. tasse.

10. σκῶμμα, raillerie; σκωπτικός, railleur; mordant, caustique.

11. σμαραγίζω, id. ἐρισμάραγος, qui querelle et fait grand bruit; πυρισμάραγος, qui pétille dans le feu.

CLXXIX.

1. Σμάειν, frotte, rend chose nette.   ήσω.
2. Σμῆνος, essaim. 3. Σμίλη, lancette.   εος-ους, τό.
4. Σμύχω, brûle, mine, corrompt.   ξω.
5. Σμώχω, mange, frotte, bat, rompt.   ήσω.
6. Σοβεῖν, chasse, repousse, agite.   ξω.
 * Σοβαρός, altier; qui va vite.   ά, όν.
7. Σόλοικος, incorrect; grossier.   ος, ον.
8. Σόος, * σῶς, sain et sauf, entier.   ος, ον. * ῶς, ῶν.
9. Σορός, bière, urne funéraire.   οῦ, ό.
10. Σοφός, sage, instruit; salutaire.   ή, όν.

DÉRIVÉS.

1. Frotter; oindre; nettoyer; purifier; σμήχω, id. ἀποσμάω, essuyer, ôter en frottant.

2. Ruche; essaim; *métaph.* multitude.

3. Ciseau de sculpteur, de tailleur de pierres; tranchet; scalpel; canif; couteau. Amphismile, scalpel à deux tranchans. RR. ἀμφίς, des deux côtés, et σμίλη, lancette.

4. Consumer; user; exténuer; σμυγερός, malheureux; ἀποσμύχω, dévorer; consumer par le feu.

5. Frapper; briser; polir, fourbir.

6. Mettre dehors; écarter; faire ôter de devant soi; marcher vite; σόβη, chasse-mouches; panache de crin.
 * Actif; fier; dédaigneux; insolent.

7. d. p. maladroit. Soles, Σόλοι, nom d'une ville, colonie Athénienne en Cilicie, où l'on parlait un grec corrompu. Solécisme. s. m. manque aux règles du langage; σολοικισμός, faute, maladresse.

8. *Ion.* pour σῶος, parfait; σόω, σώζω, σώω, sauver; guérir; défendre; σωτήρ, sauveur, conservateur. Diasostique, s. f. médecine préservative; δια-σωστικός, qui conserve, de δια-σώζω, conserver. RR. διά, et σώζω. Soter, surnom donné à plusieurs princes; de σωτήρ, sauveur.

9. *métaph.* vieil homme, vieille femme; σορόπληκτος, qui est sur le bord de la fosse; σορηδόν, en forme de bière *ou* de tombeau; en tas. Sorodoemones, s. m. pl. génies des tombeaux. RR. σορός, et δαίμων, génie.

10. σοφίζω, rendre sage; enseigner la sagesse; -ομαι, être instruit dans la sagesse, dans un art; méditer profondément; inventer quelque ruse; imposer par des sophismes; tromper. Philosophie, s. f. étude de la sagesse; φιλοσοφία. RR. φίλος, ami, et σοφία, sagesse (d'où Sophie, n. pr.) de σοφός, sage; d'où *philosophe*, s. m. *philosopher*, v. *philosophique*, adj. *philosophisme*, s. m. *philosophiste*, s. m. Sophisme s. m. raisonnement captieux; σόφισμα, invention heureuse, astucieuse; d'où *sophiste*, s. m. celui qui trompe par des argumens captieux; σοφιστής, sage, savant; trompeur; de σοφίζω; d'où *sophistique*, adj. et *sophistiquer*, v. n.

CLXXX.

1. Σπάθη, SPATULE *à pharmacien*.   ης, ή.
* Σπαθᾷν, fait toile; perd son bien.   ήσω.
2. Σπαίρω, se débat, meurt; palpite.   αρῶ.
3. Σπανός, rare, de prix, d'élite.   ή, όν.
4. Σπαράσσω, déchire en morceaux.   άξω.
5. Σπάργανον, langes *ou* drapeaux.   ου, τό.
6. Σπαργᾷν, est gonflé, plein de sève.   ήσω.
7. Σπᾷν, tire, avale; arrache, enlève.   σπάσω.
8. Σπεῖρα, tresse; entortillement.   ας, ή.
9. Σπείρω, sème, éparpillé, épand.   σπερῶ.

DÉRIVÉS.

1. d. p. instrument de tisserand pour serrer les fils de la toile; épée; dague; σπάθαι, les os des côtes; branches de palmier. SPATHE, s. f. enveloppe pointue d'une fleur, jusqu'à ce qu'elle s'épanouisse; de σπάθη, lance; d'où *spathacé*, adj. SPATULE, s. f. sorte de cuiller plate, instrument rond par un bout et plat par l'autre; *chir. pharm.* du L. *spathula*, dim. de *spatha*, formé de σπάθη; d'où *spatulé*, adj. en forme de spatulé.

* Se livrer à la débauche; dépenser sa fortune; dilapider; σπατάλη, délices, bonne chère.

2. *Se dit propr.* de ceux qui sont à l'agonie; sauter; frétiller; rendre les derniers soupirs.

3. Clair-semé; σπανίζω, être rare; manquer de.

4. σπαράγμα, morceau, loque; σπαραγμός, -ράξις, déchirure.

5. Bande avec laquelle on entoure les langes; σπαργανίζω, -νόω, emmaillotter. SPARGANE, s. f. plante dont les feuilles ont la figure d'une bande; de σπάργανον, large bande.

6. Se dit *métaph.* comme *tumere* en latin, de toute passion violente.

7. Retirer; attirer; humer. PAMER, v. n. et SE PAMER, v. pr. tomber en défaillance, autrefois *pasmer*; d'où *pâmoison*, s. f. défaillance; de σπάσμα, ou σπασμός, convulsion, SPASME, s. m. mouvement convulsif des nerfs; de là *spasmodique*, adj. SPASMOLOGIE, s. f. traité des spasmes. RR. σπάσμα, de σπάω, et λόγος, traité.

8. L. *spira*. d. p. replis d'un serpent; câble. SPIRALE, s. f. ligne courbe qui tourne en rond en s'éloignant de plus en plus de son centre, de σπεῖρα, tour.

9. σπέρμα, semence, graine, fruit; postérité; SPERME, s. m. σπαρτός, semé, produit. SPORADES, s. f. pl. îles éparses de l'Archipel; d. p. étoiles éparses çà et là dans le ciel, hors des constellations; σποράδες, de ἔσπορα, p. m. de σπείρω. SPORADIQUE, adj. (maladie) qui attaque diverses personnes en différens temps et en différens lieux; σποραδικός, dispersé.

CLXXXI.

1. Σπένδω, fait pacte *ou* sacrifice.   σπείσω.
2. Σπέος, caverne ; précipice.   έεος, τὸ.
3. Σπέρχω, hâte, excite; est pressant.   ξω.
4. Σπίζειν, ouvre, élargit; étend.   σω.
5. Σπεύδω, se hâte, a promptitude.   εύσω.
* Σπουδάζειν, a soin, met étude.   άσω.
6. Σπῖλος, roc, mont ; tache aux habits.   ου, ὁ.
7. Σπινθήρ, *pour* étincelle *est mis*.   ῆρος, ὁ.
8. Σπλάγχνον, entrailles ; amour tendre.   ου, τὸ.
9. Σπλήν, la rate. 10. Σποδός, la cendre.   ηνός, ὁ. οῦ, ἡ.

DERIVES.

1. Faire des libations ; immoler ; σπένδομαι, faire une trève, un traité; σπονδεῖος, employé dans les libations. SPONDÉE, s. m. pied de deux syllabes longues, dans les vers grecs ou latins , qu'on employait souvent dans les chants qui accompagnaient les sacrifices ; σπονδεῖος, de σπονδή, libation ; d'où *spondaïque*. DISPONDÉE , s. m. double spondée ou quatre longues ; RR. δίς, deux fois, et σπονδεῖος, spondée.

2. Antre ; σπήλαιον, id. L. *specus* et *spelœum*.

4. d. p. gazouiller ; σπίδης, σπίδιος', σπιδόεις, ample , large ou long, étendu.

5. Presser, hâter ; σπεύδομαι, exhorter, exciter; σπουδή, hâte, diligence, empressement; étude ; désir; passion , zèle ; le sérieux, dans les actions *ou* dans les paroles.

* σπουδάζω, travailler activement; s'empresser; s'étudier à ; agir, parler sérieusement.

6. Rocher ; σπιλόω, souiller; salir; *au prop. et au fig.*

8. Le cœur; compassion ; σπλαγχνεύω , toucher, prendre les entrailles des victimes pour confirmer un serment; consulter les entrailles; σπλαγχνίζομαι, être touché de compassion. SPLANCHNOGRAPHIE, s. f. SPLANCHNOLOGIE, s. f. description , traité des viscères. RR. σπλάγχνον, viscère, et γράφη, description ; λόγος, traité. SPLANCHNOTOMIE, dissection des viscères. RR. σπλάγχνον, et τομή ; dissection.

9. d. p. emplâtre pour la rate; plumasseau pour mettre sur une plaie ; σπληνιάω, avoir des douleurs de rate. SPLEEN, s. m. (prononcez *spline*, à l'anglaise) ; état de consomption causée par la mélancolie, dont la rate passe pour être le siége ; de σπλήν, rate ; d'où *splénique*, adj. qui appartient à la rate, σπληνικός. SPLÉNOGRAPHIE, s. f. description de la rate. RR. σπλήν, et γραφή, description. SPLÉNOLOGIE , s. f. SPLÉNOTOMIE, s. f. traité , dissection de la rate. RR. σπλήν, et λόγος , traité ; et τομή, dissection.

10. Poussière; σποδίζω, chauffer ou cuire sous la cendre; σποδέω, id. d. p. ôter la poussière. SPODOMANCIE , s. f. divination par la cendre. RR. σποδός, et μαντεία, divination.

CLXXXII.

1. Σπόγγος, ÉPONGE *eau retenant*.   ου, ὁ.
2. Στάζω, filtre, tombe en gouttant.   άξω.
3. Στάμνος, cruche, broc, jarre, aiguière.   ου, ὁ *et* ἡ.
4. Σταυρός, poteau; croix *salutaire*.   οῦ, ὁ.
5. Σταφίς, raisin sec et hâlé.   ίδος, ἡ.
6. Στάχυς, épi, *surtout* de blé.   υος, ὁ.
7. Στέγω, couvre; contient; endure.   έξω.
8. Στείβω, foule; * στοιβή, verdure.   ἴψω, ἡ.
9. Στείχω, va, marche, avance en rang.   ίξω.
10. Στέλεχος, tronc d'arbre *se rend*.   εος, τὸ.

DÉRIVÉS.

1. σπόγγοι, amygdales de la gorge; σπογγίζω, ÉPONGER; σπογγώδης, *spongieux*, adj.

2. σταλάζω, id. στάγμα, goutte; στακτή, eau de cendre ou de lessive; σταλαγμός, filtration, distillation. STALAGMITE et STALACTITE, s. f. concrétion pierreuse formée par l'eau filtrant dans les souterrains; de σταλακτός, qui tombe goutte à goutte.

3. κατασταμνίζω, verser dans un vase ou tonneau; serrer.

4. Pieu; pal; σταυρόω, planter un pieu; faire des palissades; crucifier. STAUROLATRES, s. m. pl. hérétiques arméniens qui n'adoraient que la croix. RR. σταυρός, croix, et λάτρης, adorateur.

5. σταφιδόω, faire cuire des raisins au soleil; σταφυλή, raisin, grappe de raisin; grappe; plomb suspendu pour marquer le niveau; enflure de la luette. STAPHISAIGRE, s. f. ou *herbe aux poux*, plante à feuilles découpées comme celles de la vigne sauvage. RR. σταφίς, raisin, et ἄγριος, sauvage. STAPHYLE, s. f. luette, qui pend en forme de grappe, σταφυλή; d'où *staphylin*, adj. STAPHYLOME, s. m. tumeur sur la cornée, qui ressemble à un

grain de raisin; σταφύλωμα. R. σταφίς, raisin.

6. L'épi, étoile brillante dans le signe de la Vierge; épi *fleuri*, plante médicinale; ἄσταχυς, id. σταχυολογέω, glaner; σταχυόομαι, épier, monter en épi.

7. L. *tego*, cacher; défendre, mettre à couvert; supporter, souffrir; στέγος (τὸ), toit, maison; στέγη, id. στεγανός, couvert, caché; massif. STÉGANOGRAPHIE, s. f. écriture cachée, en signes ou en chiffres, dont le correspondant a seul la clef. RR. στεγανός, caché, et γραφή, écriture.

8. Fouler aux pieds; marcher sur; fouler *à la manière des foulons*; στιβεύς (ὁ), un foulon; d. p. chien qui quête; στίβος, sentier, chemin battu; d. p. herbe, mousse pour des matelas; στοιβάς et στιβάς, lit d'herbe, de feuillage.

9. Aller en ordre; venir; στίχος, στοῖχος, rang, rangée; ligne; vers; στοιχεῖον, élément, principe; lettre de l'alphabet; style d'un cadran. ACROSTICHE, s. m. *voy.* ἄκρος, st 15. 5. DISTIQUE, s. m. *voy.* st. 49, 5. HÉMISTICHE, s. m. *voy.* st. 72, 2.

10. Souche; racine; στελεχόω, pousser une tige.

CLXXXIII.

1. Στέλλειν, équipe, envoie; arrête. /. λῶ.
2. Στέμβω, raille; opprime, maltraite. sans f.
3. Στενός, étroit; στένω, gémit. ή, όν. * f. στενῶ.
4. Στέργειν, aime en père, chérit. ξω.
5. Στερεός, solide; immobile. ά, όν.
6. Στερεῖν, prive; et *στεῖρα, STÉRILE. ήσω.
7. Στέρνον, poitrine, l'os STERNON. ου, τὸ.
8. Στῆθος, poitrine, le teton. εος, τὸ.
9. Στέφω, ceint; orne; emplit; couronne. ψω.
10. Στήλη, borne, cippe, colonne. ης, ἡ.

DÉRIVÉS.

1. Conduire; préparer; mettre en état de; armer *un vaisseau*; habiller, parer; replier, carguer *les voiles*; réprimer; resserrer, *ter. de méd.* τὰ στέλλοντα, les astringens; στόλος, départ, voyage; navigation, expédition navale; flotte; ἀποστέλλω, envoyer en mission, en ambassade, diriger un vaisseau; emmener; bannir; διαστέλλω, envoyer des courriers de tous côtés; enjoindre; mander; séparer; fixer; dilater. APÔTRE, s. m ἀπόστολος, envoyé en mission, d'ἀποστέλλω. RR. ἀπό, de, et στέλλω; d'où *apostolat*, s. m. et *apostolique*, adj· ÉPÎTRE, s. f. lettre missive des anciens; ἐπιστολή, L. *epistola*. RR. ἐπί, vers, et στέλλω; d'où *épistolaire*, adj. DIASTOLE, s. f. διαστολή, dilatation du cœur par l'afflux du sang; SYSTOLE, s. f. contraction du cœur qui pousse le sang dans les artères. συστολή. RR. διά, à travers, σύν, avec, et στέλλω, envoyer.

3. d. p. resserré; στενόω, mettre à l'étroit; στένω, στείνω, στενάζω, soupirer, déplorer; στεναγμός, gémissement. STÉNOGRAPHIE, s. f. art d'écrire en abrégé. RR. στενός, étroit, et γραφή, écriture; d'où *sténographe*, s. m.

4. Se plaire à; se contenter de; souhaiter.

5. d. p. entier; dur, ferme; robuste; inébranlable; grave; στερεόω, consolider, fortifier; endurcir. STÈRE, s. m. mesure de solidité; de στερεός, solide. STÉRÉOGRAPHIE, s. f. art de représenter les corps solides sur un plan. *géomét.* RR. στερεός, et γραφή, description, représentation; d'où *stéréographique*, adj. STÉRÉOMÉTRIE, f. traité de la mesure des solides. RR. στερεός, et μέτρον, mesure. STÉRÉOTOMIE, s. f. science de la coupe des solides. RR. στερεός, et τομή, section, coupe. STÉRÉOTYPER, v. convertir par la soudure en formes solides des planches d'impression en caractères mobiles. RR. στερεός, et τυπῶ, former; d'où *stéréotype*, adj. *stéréotypage*, s. m. *stéréotypie*, s. f.

6. στερίζω, et -ίσκω, id. *Mais στεῖρα (ἡ), signif. carène ou quille d'un vaisseau.

7. d. p. le cœur, la pensée.

8. Partie charnue à la poitrine, sous le pied, en dedans de la main vers le pouce.

9. στέμμα, couronne, bandelette de laine des supplians; στέφανος, couronne; rond. STÉPHANE, m. STÉPHANIE, f. nn. pr.

CLXXXIV.

1. Στηρίζω, rend ferme, soutient. *f.* ξω.
2. Στίζω, piquer ; STIGMATE *en vient.* ξω.
3. Στοά, portique. 4. Στίλβω, brille. ᾶς, ἡ. *f.* ψω.
5. Στόμα, bouche. 6. Στλεγγίς, étrille. τό. ίδος, ἡ.
7. Στόμαχος, ESTOMAC *se dit.* ου, ὁ.
8. Στορεῖν, à terre étend, fait lit. έσω.
9. Στοχάζομαι, vise *et* s'applique. σομαι.
10. Στραγγός, tortu, biaisant, oblique. ός, όν.
11. Στράγξ, goutte exprimée en tordant. γος, ἡ.
12. Στρατός, troupes, armée *on rend.* οῦ, ὁ.

DÉRIVÉS.

1. Établir solidement, assurer; στηρίζω, *neut.* s'arrêter; stationner ; στήριγμα, στήριξ, appui, soutien.

2. *d. p.* ponctuer; mettre un point *dans une phrase*; imprimer une marque avec un fer chaud ; flétrir, diffamer; στιγμή, point, moment. STIGMATE, s. m. marque faite avec un fer rouge ; στίγμα (τὸ), flétrissure. R. στίζω; de là *stigmatiser,* v. a.

3. Galerie; στοαί, greniers à blé. STOÏCIENS, s. m. pl. anciens philosophes, disciples, sectateurs de Zénon, qui donnait ses leçons sous un portique à Athènes. R. στοά, portique; d'où *stoïcisme,* s. m. et *stoïque,* adj.

4. *d. p.* rendre brillant, donner du lustre ; avoir un visage brillant de santé ; στίλβη, éclat, lustre, luisant ; lumière; miroir.

5. Orifice; ouverture, embouchure; parole; ἀναστομόω, ouvrir la bouche ; resserrer; aiguiser, donner le fil *ou* la trempe. ANASTOMOSE, s. f. abouchement de deux vaisseaux ; ἀναστόμωσις, d'ἀναστομόω, ouvrir. RR. ἀνά, par, et στόμα, bouche; d'où *s'anastomoser,* v. CHRYSOSTOME, s. m. Père de l'Église, renommé par son éloquence; RR. χρυσός, or, et στόμα, bouche; *bouche d'or.*

6. Strigile *avec lequel les athlètes se frottaient avant de se frotter d'huile* ; στελγίς, id. στλεγγίζω, frotter avec un strigile; étriller.

7. STOMACHIQUE, adj. στομαχικός, et STOMACAL, adj. bon pour l'estomac.

8. Abattre ; στρωννύω, -υμι, étendre ; στρῶμα, couverture ; lit; matelas.

9. Se proposer de; conjecturer.

10. στραγγαλίζω, -λόω, tondre ; ÉTRANGLER. L. *strangulare, strangulatio, strangulatus.*

11. στραγγίζω, -γεύω, presser, exprimer ; faire dégoutter.

12. στρατεία, expédition, service militaire; στρατιώτης (ὁ), soldat ; στράτευμα, armée en campagne; στρατηγός, général. STRATÉGIE, s. f. στρατηγία, science des mouvemens d'une armée en campagne; d'où *stratégique,* adj. STRATAGÈME, s. m. ruse de guerre ; στρατήγημα. RR. στρατός, armée, et ἄγω, conduire.

CLXXXV.

1. Στρέφω, tord, tourne; use d'adresse.   *f. ψω.*
2. Στρῆνος, luxe, faste, mollesse.   ου, ὁ.
3. Στρογγύλος, rond, plein; gros rouleau.   η, ον.
4. Στροῦθος (ἡ), l'autruche; (ὁ), moineau.   ου, ἡ, ὁ.
5. Στυγεῖν, hait, craint, d'horreur frissonne.   ήσω.
6. Στύλος, STYLE; poteau, colonne.   ου, ὁ.
7. Στύππος, ÉTOUPE; tronc; billot.   εος, τὸ.
8. Στύραξ, pointe; arbre; javelot.   ὁ, ἡ, τὸ.
9. Στύφειν, durcit; στυφλός, sévère.   ψω.
10. Συκῆ, figuier; pin; mal; ulcère.   ῆς, ἧς.

DÉRIVÉS.

1. d. p. retourner; courber; torturer, tourmenter; faire tourner le dos; rouler dans son esprit; user de détours, de finesse; στροφή, tour; retour, repli; couplets, versets d'une ode ou d'une hymne, STROPHE, s. f. conversion; fourberie; στρεβλός, courbe, tortu; tortueux; *fig.* fourbe, qui use de détours; στρεβλόω, tourmenter; torturer; tordre; dépraver; στροβέω, tourner; lancer à tour de bras; agiter, tourmenter. ANTISTROPHE, s. f. stance ou couplets que les chœurs grecs chantaient en tournant à gauche de l'autel, par opposition à la *Strophe* précédente qui se chantait en allant à droite. RR. ἀντί, contre, et στροφή. APOSTROPHE, s. f. *gramm.* petit signe d'élision ( ); *rhét.* partie du discours détournée de l'auditoire, et qui s'adresse à quelqu'un; ἀποστροφή. RR. ἀπό, et στρέφω, tourner. CATASTROPHE, s. f. événement qui termine une tragédie; issue, événement funeste; καταστροφή. RR. κατά, de haut en bas, et στρέφω, tourner.

2. et -εος (τὸ), d. p. joie, ébat; délices.

3. Arrondi; rond et long; cylindrique. στρογγυλόω, arrondir; STRONGYLE, une des îles Éoliennes, στογγύλη.

4. L'autruche se dit aussi στρουθο et -ιοκάμηλος; mais στρουθίον, et -άριον, signif. moineau.

5. d. p. s'attrister; στυγνός, στυγερός, odieux; horrible, triste. STYX, s. m. un des fleuves de l'enfer; στύξ, horreur.

6. STYLE, s. m. poinçon dont les anciens se servaient pour écrire sur des tablettes de cire; aiguille d'un cadran solaire; *fig.* manière d'écrire, de composer; de στύλος, aiguille; d'où *styler*, v. *stylet*, s. m. STYLOBATE. s. m. base d'une colonne; soubassement d'un édifice; στυλοβάτης. RR. στύλος, et βαίνω, poser sur.

7. Et στύπη (ἡ), filasse; στύππος, d'étoupe.

8. ὁ, pique; ὁ et ἡ, styrax, *arbre*; τό, gomme résineuse. STORAX OU STYRAX, s. m. résine odoriférante; onguent.

9. Épaissir; condenser; στυφελός, στυφρός, στυππός, dur, sévère; difficile; turbulent; rude. STYPTIQUE, adj. (remède) qui resserre; στυπτικός.

10. σῦκον, figue; SYCOMORE, s. m. sorte d'érable qui tient du figuier par son fruit, et du mûrier par ses feuilles. RR. συκῆ, et μορέα, mûrier.

CLXXXVI.

1. Σύλη, la dépouille, butin.   ης, ἡ.
2. Σύρβη, foule ; TROUBLE, bruit, train.   ης, ἡ.
3. Σύριγξ, roseau ; flûte rustique.   ηγος, ἡ.
4. Σῦς, sanglier, porc domestique.   συός, ὁ, ἡ.
5. Σύρω, balayer et traîner.   συρῶ.
6. Σφαδάζω, s'aigrir, trépigner.   άσω.
7. Σφάζειν, égorge, immole ; assomme.   ξω.
8. Σφαῖρα, boule, balle de paume.   ας, ἡ.
9. Σφάλλω, supplante, abat ; séduit.   κλῶ.
10. Σφάραγος, du gosier le bruit.   ου, ὁ.

DÉRIVÉS.

1. d. p. proie, pillage ; rapine ; spoliation ; συλάω, -εύω, dépouiller ; piller ; enlever ; ravir ; ἄσυλος, qui est en sûreté, à couvert du pillage. ASYLE, s. m. lieu de sûreté ; ἄσυλον. RR. α priv. et σύλη.

2. τύρβη, id. L. turba; étui de flûte ; συρβάω, faire du tumulte ; συρβήνης, L. turbulentus, TURBULENT ; συρβηνεύς, mauvais joueur de flûte.

3. d. p. chalumeau; canne ; tuyau, SERINGUE, s. f.; d'où seringuer ; v. συρίσσω, et συρίττω, jouer du chalumeau; chasser à coups de sifflets ; συρίζω, id. SERINGAT ou mieux SYRINGA, s. m. arbrisseau ; de σύριγξ, flûte. SYRINX, s. f. nymphe que le dieu Pan changea en roseau ; σύριγξ.

4. L. sus ; σῦς ἄγριος, sanglier ; ὗς, id. HYÈNE, s. f. quadrupède féroce qui ressemble au loup, et a le dos hérissé de poils comme le sanglier; ὕαινα, de ὗς, le même que σῦς.

5. d. p. entraîner, tirer vers; ramasser au râteau ; balayer ; σύρμα, robe traînante ; σύρματα, paille, chaume, ordures que l'on balaie ou ratisse. SYROP, L. syrupus, et mieux SIROP, s. m. liqueur sucrée, épaisse et visqueuse; d'où sirupeux, adj. de la nature du sirop, ténace ; t. de méd. R. σύρω, traîner. SYRTES, s. f. pl. écueils sur la côte d'Afrique, appelés aujourd'hui sèches de Barbarie, où les navires sont entraînés par les vagues et les vents; σύρτις, de σύρω, entraîner.

7. σφαγή, massacre ; gorge, gosier ; entrailles ; φάσγανον, épée, couteau.

8. L. sphæra, SPHÈRE, globe; d'où sphérique ; σφαιρόω, arrondir en forme de balle; rouler en peloton ; σφαιρωτός, arrondi comme une boule ; σφαιρίζω, jouer à la balle ; σφαιροπαίκτης, joueur de balle. SPHÉRICITÉ, s. f. état de ce qui est sphérique; de σφαῖρα. SPHÉROÏDE, s. m. corps qui a l'apparence d'une sphère. RR. σφαῖρα, et εἶδος, apparence, forme. ATMOSPHÈRE, masse d'air qui entoure le globe ou d'autres corps. RR. ἀτμός, vapeur, et σφαῖρα, sphère ; de là, atmosphérique.

9. Faire tomber ; tromper ; au pass. FAILLIR, se tromper ; σφάλμα, chute, faux pas; faute; délit.

10. Gargouillement ; le gosier même.

CLXXXVII.

1. Σφενδόνη, fronde *ou* pour suspendre. * ης, ή.
2. Σφήξ, guêpe. 3. Σφήν, un coin pour fendre. ηκός, ὁ. ηνός, ὁ.
4. Σφίγγω, serré ; *et* σφίγξ, étranglant. γξω. ἡ.
5. Σφραγίς, sceau. 6. Σφοδρός, violent. ῖδος, ἡ.
7. Σφριγᾶν est plein de suc, de sève. ήσω.
8. Σφύζω, palpite ; bat, s'élève *. ύξω.
9. Σφύρα, houe ; *et* marteau, maillet. ας, ἡ.
10. Σχᾶν, incise ; relâche ; omet. άσω.
* Σχαστήριον, scalpel, lancette. ου, τὸ.
11. Σχαλίς, fourche à filets* ; fourchette. ίδος, ἡ.

DÉRIVÉS.

1. * Suspensoir ; écharpe ; jarretière; chaton d'une bague; bourse ; σφενδονάω, faire tourner la fronde ; lancer comme avec une fronde ; σφενδονήτης, frondeur.

2. Frelon ; σφηκός, οῦ, étranglé par le milieu du corps ; qui a le ventre serré ; svelte, élancé ; *subst.* aigrette du casque ; σφηκόω, se rétrécir ; amincir ; ceindre ; serrer ; réunir étroitement.

3. Instrument de torture ; σφηνόω, fendre avec un coin ; tamponner ; serrer ; torturer. SPHÈNE, s. m. pierre cristallisée dont les divisions sont obliques; de σφήν, coin. SPHÉNOÏDE, adj. os du crâne qui s'emboîte comme un coin. RR. σφήν, et εἶδος, figure.

4. Presser; lier; embrasser ; contraindre ; σφίγξις, action de serrer. SPHINX, s. m. monstre fabuleux qui embarrassait les voyageurs par des questions énigmatiques ; sorte de papillon ; σφίγξ, -γος, qui parle par énigmes.

5. Cachet, anneau dont on se sert pour cacheter ; son empreinte; σφραγίζω, cacheter; sceller.

6. Impétueux ; vif, prompt ; σφόδρα, beaucoup, fort ; tout-à-fait.

7. Être plein de lait, *en parlant* des mamelles ; être plein de vigueur ; être bouffi d'orgueil.

8. 'Comme le pouls; désirer avec ardeur ; σφυγμός, pouls, pulsation des artères; tremblement de terre ; σφύξις, battement du pouls ; palpitation ; ἀσφυκτέω, avoir le pouls faible; n'en avoir plus ; ἄσφυκτος, qui a le pouls faible, chez qui il ne bat plus. ASPHYXIE, s. f. privation subite du pouls, de la respiration et des signes extérieurs de la vie. RR. α priv. et σφύξις, pouls ; d'où *asphyxié*, adj. frappé d'asphyxie.

9. σφυρόν, cheville du pied, talon ; le pied et la jambe ; le pied d'une montagne.

10. Scarifier; battre; lâcher; laisser aller ; σχάζω, le même, d. p. retirer ; abattre; supprimer ; arrêter, empêcher.

* Bistouri; d. p. partie d'un vaisseau : lèvre ou port.

11. 'c.-à-d. pieu fourchu propre à soutenir des filets: στάλιξ. id. : σχαλίδωμα, id. σχαλιδόω, tendre sur des pieux des filets de chasse, des panneaux.

CLXXXVIII

1. Σχεδόν, près ; σχέδιον, billet.   *adv.* ου, τὸ.
* Σχεδιάζω, sur-le-champ fait.   άσω.
2. Σχέτλιος, méchant ; misérable.   α, ον.
3. Σχίζω, fend ; σχιστός, séparable.   σω. ή, όν.
4. Σχοῖνος, jonc ; mesure, longueur.   ου, ὁ.
5. Σχολή, loisir, repos ; lenteur.   ῆς, ή.
* Σχολάζω, soigner ; ne rien faire.   ὐσω.
6. Σωλήν, canal, tuyau ; faîtière.   ῆνος, ὁ.
7. Σῶμα, corps ; εὔσωμος, fort, gras.   ατος, τὸ.
8. Σωρός, tas, charge ; comble ; amas.   οῦ, ὁ.

DÉRIVÉS.

1. De près ; presque, à peu près; σχεδόντι, peut-être; σχέδιος, proche ; fait à la hâte, sur le champ ; simple, sans art ; σχεδία, navire fait à la hâte ; σχέδη, L. *scheda*, CÉDULE, mémoire, billet ; σχέδιον, σχεδάριον, *dim.* livret, tablettes, agenda.

° Faire à la hâte ; agir précipitamment ; ébaucher ; improviser; αὐτοσχεδιάζω, id. d. p. faire à sa tête, sans prendre conseil.

2. Digne de pitié; dur, cruel; hardi, entreprenant ; intraitable ; σχετλιάζω, se plaindre ; se lamenter ; s'indigner.

3. d. p. diviser ; séparer; σχίδαξ (ή), σχίδος (τὸ), σχίδιον, σχίζα,-ζη, éclat, copeau ; planchette ; σχίσμα, ce qui est fendu, divisé ; fente ; scission; SCHISME, s. m. séparation du corps et de la communion d'une religion; d'où *schismatique*, adj. qui est dans le schisme; σχισματικός. SCHISTE, s. m. pierre qui se sépare par lames, comme l'ardoise ; de σχιστός, fendu ; d'où *schisteux*, adj. de la nature du schiste.

4. *qfois* ή. d. p. corde, natte, corbeille en jonc. SCHÈNE, arpent ; d. p. soixante stades, chez les Perses.

5. L *schola*. d. p. pièce travaillée à loisir ; σχολαῖος, lent, tardif ; paresseux.

° d. p. être de loisir ; s'appliquer à quelque chose ; ἀσχολέω, donner de l'occupation ; détourner de l'oisiveté ; *neut.* être occupé. ECOLE, autrefois ESCHOLE, s. f. lieu où l'on enseigne les sciences, les lettres, les arts ; σχολή, loisir, qui est nécessaire à l'étude ; d'où *écolier*. SCOLAIRE, adj. qui appartient aux écoles. SCOLASTIQUE, n. pr. f. c.-à-d. *studieuse, appliquée*; et SCHOLASTIQUE, adj. qui appartient à l'école ; σχολαστικός ; d'où *scolastiquement*, adv. SCOLIE, s f. note pour servir à l'intelligence d'un auteur classique; σχόλιον, commentaire ; d'où *scoliaste*, s. m. commentateur.

7. σώματα, domestiques, serviteurs; esclaves; σωματικός, corporel, charnel ; grossier. SOMATOLOGIE, s. f. traité des parties solides du corps ; de σῶμα, g. σώματος, et λόγος, traité.

8. σωρηδόν, par monceaux ; σωρεύω, entasser; accabler. SORITE, s. m. argument composé de propositions entassées, pour ainsi dire, les unes sur les autres ; σωρείτης, de σωρός, tas.

CLXXXIX.

* T *vaut* trois cents. 1. Ταγγή, le rance.   ῆς, ἡ.

2. Ταλᾶν, τλᾶν, prendre en patience.   τλάσω.

3. Τάλαντον, balance ; TALENT.   ου, τὸ.

4. Ταμίας, questeur ; intendant.   ου, ὁ.

5. Ταπεινός, bas, d'humble posture.   ή, όν.

6. Τάπης, TAPIS *ou* couverture.   ητος, ὁ.

7. Ταράσσω, trouble. 8. Τάρϐος, peur.   *f.* άξω. εος, τὸ.

9. Τάρφος, des forêts l'épaisseur.   εος, τὸ.

10. Τάριχος, salaison fumée.   ου, * ὁ.

11. Τάσσω, règle ; range une armée.   τάξω.

DÉRIVÉS.

.*Avec l'accent au-dessous et à gauche , τ, marque trois cent mille.

1 Le moisi ; d. p. scrofules.

2. ταλάω, τλάω, endurer, supporter ; oser ; ὀτλέω, -εύω, souffrir ; τυλαός, τάλας, -ανος, misérable ; ἄτλητος, insupportable ; παντλήμων, παντάλας, accablé de tous les maux. AT-LAS, s. m. roi de Mauritanie, qui , selon la Fable, soutenait le ciel sur ses épaules; d. p. recueil de cartes géographiques, parce qu'il porte en quelque sorte le monde entier comme Atlas. RR. α augm., et τλάω.

3. Poids de ce qu'on pèse ; poids de cinquante-trois livres; somme de 60 mines (environ 5500 francs) chez les Athéniens ; ταλαντόω, peser ; balancer ; tenir en suspens.

4. Économe; trésorier ; modérateur ; arbitre ; ταμίευμα, économie; administration; ταμιεύω, être questeur ; intendant ; épargner ; tempérer ; régler; ménager ses forces.

5. Bas, petit ; vulgaire. TA-PINOIS (EN), adv. en cachette ; de ταπεινός, humble.

6. ταπίς, -ιδος (ἡ), et δαπίς, le même. De TAPIS viennent *tapisserie*, s. f. *tapisser*, v. a. *tapissier*, *ère*, s. m. et f. L. *tapes*, *tapete*, *tapetium*, *tapetum*.

7. Inquiéter; vexer; τάραξις, ταραχή, ταραχός, ταραγμός, trouble ; émotion ; θράσσω, troubler ; inquiéter ; harceler. ATARAXIE, s. f. calme de l'âme. RR. α priv. et τάραξις, trouble. TARTARE, s. m. l'enfer des anciens, séjour de trouble et d'horreur; de τάρταρος, dériv. de ταράσσω.

8. Effroi ; épouvante ; ταρϐέω, avoir peur; inspirer de la crainte ; révérer, dans *Sophocle.*

10. * et εος (τό) ; *principal.* poisson salé et séché ; chose confite.

11. d. p. mettre en ordre ; ordonner ; établir ; régir ; mettre à la tête de ; définir, déterminer; mettre un prix *à une marchandise.* ATAXIE, s. f. dérangement dans les crises de fièvres ; αταξία. RR. α priv. et τάξις, ordre, de τάσσω. SYN-TAXE , s. f. construction des mots et des phrases suivant les règles ; σύνταξις, construction. RR. σύν, avec , et τάξις, ordre. TACTIQUE , s. f. art de ranger les troupes en bataille, et de les faire manœuvrer ; τακτική, de τακτικός, rangé; d'où *tacticien,* s. m. habile dans la tactique. TAXER , v. a. de τάσσειν, régler; d'où *taxe,* s. f. τάξις, règlement.

CXC.

1. Ταῦρος, TAUREAU : 2. Ταχύς, vif, prompt.   2. εῖα, ύ.
3. Ταώς, paon. 4. Τέγγω, mouille ; fond.   ώ, ὁ. *f* ξω.
5. Τείνω, tend, tâche ; étend ; dirige.   τενῶ.
6. Τείρω, bat, broie ; opprime, afflige.   τερῶ.
7. Τεῖχος, rempart, muraille, mur.   εος, τὸ.
8. Τεκμάρ, borne, fin ; signe sûr.   *indécl.*
9. Τέλλω, faire naître, produire.   *f.* τελῶ.
* Ἀνατολή, Levant *s'en tire*.   ῆς, ἡ.
10. Τέλος, fin ; impôt ; magistrat.   εος, τὸ.
11. Τέμνω, coupe, fend ; pille ; abat.   τεμῶ.

DÉRIVÉS.

1. L. *Taurus* ; d. p. signe du zodiaque. TAURUS, s. m. haute montagne et fleuve de l'Asie Mineure

2. Vite, léger à la course ; rapide, ardent ; bref ; ταχινός, id. ταχύ, -έως, vite ; τάχα, id. d. p. peut-être ; τάχος (τό), vitesse ; promptitude ; activité. TACHYGRAPHIE, s. f. art d'écrire aussi vite que la parole. RR. ταχύς, et γραφή, écriture ; d'où *tachygraphique,* adj. et *tachygraphe,* s. m.

4. Arroser ; délayer ; amollir, fléchir ; τέναγος (τὸ), lieu humide et vaseux, boue.

5. d. p. aller ; s'étendre ; s'appliquer ; serrer ; bander ; τόνος, tension ; application ; effort ; INTONATION ; accent tonique ; TON ; d'où *tonique,* adj. τονόω, renforcer. ATONIE, s. f. faiblesse, relâchement des fibres ; ἀτονία. RR. α priv. et τόνος. DIATONIQUE, adj. qui procède par les tons naturels de la gamme. RR. διά, par, et τόνος.

6. d. p. dompter ; abattre ; τέρην, -ενος, L. *tener,* TENDRE, mou ; frêle, délicat.

7. τείχισμα, id. τειχέω, entourer de remparts.

8. Témoignage ; prodige ; mort ; τεκμαίρω, prouver par des signes ; *moy.* conjecturer ; τεκμήριον, signe ; preuve.

9. Lever ; ἐντέλλω, -ομαι, recommander ; enjoindre ; donner commission.

° Lever du soleil ; ANATOLIE, s. f. ἀνατολή, partie de l'Asie Mineure, à l'orient de la Grèce.

10. d. p. frais, dépense ; arrêt ; magistrature ; corps de troupes ; cérémonie religieuse ; εὐτελής, frugal ; simple ; à bon marché ; τελέω, finir ; faire ; perfectionner ; initier ; payer.

11. Aller son chemin ; sanctionner une alliance en tuant des victimes ; dédier. TOME, s. m. portion d'un ouvrage, volume ; τόμος, morceau. ANATOMIE, s. f. art de disséquer, dissection, ἀνατομία. RR. ἀνά, à travers, et τομή, incision ; d'où *anatomique,* adj. *anatomiser,* v. *anatomiste,* s. m. ENTAMER, v. a. faire une petite coupure ; ἐνταμεῖν, ao. 2 d'ἐντέμνω. ENTOMOLOGIE, s. f. traité des insectes ; de ἔντομον, insecte ; neut. d'ἔντομος, coupé, et λόγος ; de là *entomologiste,* s. m. ÉPITOME, s. m. abrégé. RR. ἐπί, dans, en, et τομή. TMÈSE, s. f. division d'un mot partagé en deux ; τμῆσις, de τμῆστω, le même que τέμνω, couper.

CXCI.

1. Τένδω, mange, est friand à table.   *f.* ᵖ
2. Τέρας, prodige, monstre ; fable.   ατος, τὸ.
3. Τερεῖν, perce ; τερηδών, ver.   *f.* ἐσω.
* Τορεύειν, pénètre ; rend clair.   σω.
4. Τέρμα, TERME, fin ; but ; frontière.   ατος, τὸ.
5. Τέρπω, réjouir, charmer, plaire.   ψω.
6. Τέρσω, sèche ; *et* * ταρσός, claie *a.*   *sans f.* ου, ὁ.
7. Τέσσαρες, quatre, *et* τέσσαρα.   οἱ *et* αἱ, τά.
8. Τέττιξ, cigale *poétique* *.   ιγος, ὁ.
9. Τεύχω, travaille en bois; fabrique.   ξω.

DÉRIVÉS.

1. τένθω, ρεύω, id. savourer les mets ; τένθης, friand, gourmand ; τενθεία, voracité.

2. Signe ; phénomène ; pronostic ; τέρατα, merveilles ; miracles; τερατώδης, τερατικός, τερατείος, τεράστιος, monstrueux ; prodigieux ; miraculeux ;. τερατουργέω, faire des prodiges.

3. Tourner au tour ; faire un trou ; blesser, comme venant de τείρω ; τερηδών (ἡ), ver, *prop.* qui perce le bois ; τέρετρον, TARIÈRE. L. *terebra.* TARAUDER, v. faire un trou propre à recevoir une vis ; de τερεῖν.

4. Extrémité de la carrière; fin de la vie; pied d'une montagne; plante du pied; TERME, s. m. τερματίζω, TERMINER.

5. τερπνός, agréable, plaisant ; τέρψις, plaisir. EUTERPE, s. f. muse qui préside à la musique ; εὐτέρπη, d'εὐτερπής, qui plaît. RR. εὖ, bien, et τέρπω, plaire. TERPSICHORE, s. f. muse de la danse ; τερψιχόρη, de τερψιχόρος, qui aime la danse. RR. τέρψις, de τέρπω, et χορός, chœur *ou* danse.

6. *Sans fut.* dessécher ; faire sécher *au soleil.*

* Claie *sur laquelle on met* sécher *diverses choses, des* fruits, *du fromage,* etc. clayon; aile d'oiseau ; plat de la rame; paume de la main. TARSE, s. m. partie du pied ayant les doigts, de ταρσός, parce que les nerfs qui forment le tarse ont la forme d'une claie ; d'où MÉTATARSE, s. m. partie du pied entre le tarse et les orteils, *coude-pied.* RR. μετά, après, et ταρσός, tarse.

7. τεσσαράκοντα, quarante ; τεταρταῖος, qui arrive ou qui fait quelque chose le quatrième jour. TÉTRAGONE, s. m. figure à quatre angles. RR. τέτρα pour τέτταρα, et γωνία, angle. TÉTRARQUE, s. m. gouverneur de la quatrième partie d'un état ; τετράρχης. RR. τέτρα, et ἀρχή, gouvernement ; d'où *tétrarchie,* s. f.

8. * Homère, Anacréon l'ont chantée.

9. τεύχομαι, être fait ; être armé ; τευκτός, fait, fabriqué; τεῦχος, εος, vase, instrument ; livre; τέκτων, menuisier, charpentier. ARCHITECTE, s. m. celui qui exerce l'art de bâtir, constructeur en chef ; ἀρχιτέκτων. RR. ἀρχή, primauté, et τέκτων, ouvrier, charpentier; de là ARCHITECTURE, s. f. ἀρχιτεκτονία (ἡ).

CXCII.

1. Τέφρα, cendre; *τεφρός, cendreux.   ας, ἡ. ά, όν.
2. Τέχνη, ruse, art industrieux.   ης, ἡ.
3. Τήκω, sèche, fond, liquéfie.   — ξω.
4. Τῆλε, loin, de loin *signifie*.   *adv.*
5. Τηρεῖν, garder, emprisonner.   *f.* ήσω.
6. Τητᾷν, priver; *ou* TATONNER.   ήσω.
7. Τιθασσός, doux, privé; traitable.   ός, όν.
8. Τίθημι, pose; fait; rend stable.   *f.* θήσω.
9. Τίκτω, mettre au monde un enfant.   τέξω.
* Τόκος, usure; enfantement.   ου, ὁ.

DÉRIVÉS.

1. Cendré, de cendre; couvert de cendre; τεφρίζω, être de couleur cendrée; τεφρόω, réduire en cendres.

2. d. p. métier; science; profession savante; fourberie; artifice; τέχνημα, travail de l'artiste; artifice; τεχνίζομαι, faire avec art; user de ruse; τεχνίτης, artisan; τεχνιτεύω, τεχνάω, -άζω, machiner; faire; inventer; ἀτέχνως, sans art; sans malice; ἀτεχνῶς, franchement; vraiment. TECHNIQUE, adj. propre à un art; τεχνικός, de τεχνή, art. TECHNOLOGIE, s. f. traité des arts. RR. τέχνη, art, et λόγος, traité. POLYTECHNIQUE, adj. qui embrasse plusieurs arts ou plusieurs sciences; *Ecole Polytechnique*. RR. πολύς, beaucoup, et τέχνη, art, science.

5. Amollir; τήκομαι, se fondre, se faner, se flétrir; τακερός, liquéfié; mou, délicat.

4. TÉLÉGRAPHE, s. m. machine qui sert à transmettre rapidement par des signaux, des nouvelles d'un pays éloigné. RR. τῆλε, et γράφω, écrire. TÉLESCOPE, s. m. instrument d'astronomie, lunette à réflexion, qui grossit et rappro-che les objets éloignés. RR. τῆλε, loin, et σκοπέω, regarder.

5. Conserver; mettre en réserve; observer, épier. ARTÈRE, vaisseau qui porte le sang du cœur aux veines, vers les extrémités; ἀρτηρία, d'ἀήρ, air, et τηρέω, conserver. Mais la *trachée-artère* seule conserve l'air qu'elle porte dans les poumons.

6. τήτη, privation; pauvreté.

7. Apprivoisé; cultivé.

8. Procurer; proposer; attribuer; mettre en gage, en dépôt; établir, fonder; être d'avis; priser; décréter; poser en fait; ἀποτίθημι, déposer; abdiquer; ἐπιτίθημι, mettre sur, imposer; ajouter; μετατίθημι, transposer. HYPOTHÈQUE, s. f. droit qu'un débiteur a affecté sur ses biens à son créancier; ὑποθήκη. RR. ὑπό, et τίθημι; d'où *hypothécaire*, adj. *hypothéquer*, v. MÉTATHÈSE, s. f. μετάθεσις, transposition. RR. μετά, après, et θέσις, position. Voy. pag. 80. θῶ, et ses dérivés.

9. Enfanter; accoucher; τεκνόω, id. τοκεύς, le père; τέκος, portée; τέκνον, id. enfant.

* d. p. produit, portée; τοκάω, être sur le point d'accoucher; τοκίζω, prêter à usure.

CXCIII.

1. Τίλλω, pique, arrache ; divise.   *f.* λῶ.
2. Τινάσσω, brandit, darde; brise.   άξω.
3. Τίτανος, plâtre, chaux ; enduit.   ου, ή.
4. Τιτθός, mamelle, qui nourrit.   οῦ, ὁ.
5. Τιτρᾶν, perce à jour comme un crible.   ήσω.
* Τρανός, clair, éclatant, visible.   ή, όν.
6. Τιτρώσκω, blesse, perce, nuit.   τρώσω.
7. Τίω, paie ; honore ; punit.   ίσω.
8. Τοῖχος, mur ; * τοιχοῦν, un mur faire.   ου, ὁ; ώσω.
9. Τόλμα, l'audace téméraire.   ης, ή.

DÉRIVÉS.

1. Tirer; épiler: τίλμα, τιλμά-τιον, charpie; τιλτός, arraché; déchiré; mis en charpie. TIL-LER, v. a. détacher à la main les filamens du chanvre; τίλ-λειν, arracher.

2. τίναγμα et -μός, secousse.

3. gypse; poudre dont sont couverts les sculpteurs et les tailleurs de pierre. τιτανόω, enduire de plâtre, de chaux.

4. τιτθή, mamelle *et* nour-rice; τιτθίς, nourrice, tante maternelle; τήθη, TANTE, et grand'mère; τιθή et τιθήνη, nourrice; τιθηνέω, nourrir; ca-resser; τιτθεύω, allaiter; τιτθίζω, TÉTER. TITHYMALE, s. m. ou EU-PHORBE (*bonne pâture*, de εὖ, et φοβή, par antiphr.), s. m. plante à suc laiteux et caustique, de τιθύμαλος. RR. τιτθός, mamelle, et μαλός, tendre, blanc.

5. d. p. cribler; τράω, id. TROUER. TRÉMA, s. m. deux points qu'on met sur une voyelle, pour avertir de la prononcer séparément de la voyelle précédente; τρῆμα, trou, parce que ces points pa-raissent comme de petits trous.

* τρανής, id. τρανόω, -έω, rendre clair et visible; décla-rer; expliquer; illustrer.

6. τρῶμα, τραῦμα, TROU, plaie, blessure; calamité; perte; accident; τρωτός, blessé, ou qui n'est pas invulnérable. TRAU-MATIQUE, adj. (médicament) propre à guérir les blessures; τραυματικός.

7. faire cas; venger; rendre la pareille; τιμή, peine, ven-geance; amende; tribut; im-pôt; culte; honneur; puissance; prix, estimation; τιμάω, hono-rer; estimer; juger digne; τί-μημα, prix, estimation; amen-de, punition; τίνω, τιννύω, et -υμι, payer, rendre; τιταίνω, punir; τιέω, tourmenter. THÉO-TIME, n. pr. *qui honore Dieu*; de θεός, Dieu, et τιμή, honneur. TISIPHONE, s. f. une des trois furies; de τίσις, vengeance, et φόνος, meurtre. PHILOTIME, n. pr. φιλότιμος, *qui aime les hon-neurs*. RR. φίλος, ami, et τιμή, honneur.

8. τεῖχος (τὸ), rempart; V. St. 190, 6. Les côtés d'un vaisseau, d'un vase, du corps.

* bâtir un mur; ἀνατοιχέω, être ballotté par le roulis d'un vaisseau.

9. fermeté; patience; τολμάω, oser; se montrer hardi; τόλ-μημα, action hardie, témérité.

17

CXCIV.

1. Τόξον, arc ; τόξα, l'arc et le trait.   ου, τό.

2. Τόπος, lieu, place, endroit ; sujet.   ου, ὁ.

3. Τράγος, bouc ; son odeur mauvaise.   ου, ὁ.

4. Τράπεζα, table ; *d'où* TRAPÈZE.   ας, ἡ.

5. Τραυλός, bègue. 6. Τράχηλος, cou.   ή, όν. ου, ὁ.

7. Τραχύς, rude, âpre ; dur, non mou.   εἶα, ύ.

8. Τρεῖς, trois ; * Θρίον, feuille diverse.   εῖς, ια.

9. Τρέπω, tourne, agite, renverse.   ψω.

 * Τρόπος, les mœurs. 10. Τρέφω, nourrir. *f.* Θρέψω.

11. Τρέχω (*joint à* δρέμω), courir.   Θρέξομαι.

DÉRIVÉS.

1. Carquois, flèche ; habileté à tirer de l'arc. TOXIQUE, s. m. poison, τοξικόν, n. de τοξικός, de flèche, s.-ent. φάρμακον, poison, parce que les barbares empoisonnaient leurs flèches.

2. d. p. région, pays ; place publique ; argument ; source de lieux communs ; passage d'un livre. TOPIQUE, adj. τοπικός, (remède) local, de τόπος, lieu. TOPOGRAPHIE, s. f. description d'un lieu. RR. τόπος et γραφή, description ; TOPOGRAPHIQUE, adj.

3. τραγάω, τραγίζω, sentir ou imiter le bouc. TRAGÉDIE, s. m. poème tragique, dont le prix, chez les Grecs, fut d'abord un bouc. RR. τράγος, et ῳδή, chant ; d'où *tragique*, adj. *Tragédien*, s. m. acteur tragique.

4. d. p. couvert et ce qu'on sert sur la table ; banque ; τραπεζίτης, banquier, changeur ; τραπεζεύς, parasite. TRAPÈZE, s. m. quadrilatère dont les côtés ne sont point parallèles.

6. Gosier ; vertèbres ; TRACHÉE-ARTÈRE. τραχηλίζω, tordre ou serrer le cou ; exposer, faire voir.

7. pierreux, raboteux ; revêche, d'humeur chagrine. TRACHÉE-ARTÈRE, s. f. canal de la respiration ; RR. τραχύς, et ἀρτηρία, vaisseau aérien ; parce qu'elle est raboteuse.

8. *feuille de figuier, laquelle a trois divisions ; puis feuille quelconque.

9. Changer ; faire tourner le dos ; rouler dans son esprit. ATROPOS, s. f. une des trois Parques ; ἄτροπος, inflexible. RR. ἀ priv. et τρέπω, changer. TROPE, s. m. figure par laquelle on détourne, ou change la signification propre d'un mot (par exemple : *voile* pour *navire*, flotte de cent *voiles*); τρόπος, tour, de τρέπω. TROPIQUES, s. m. pl. deux petits cercles de la sphère parallèles à l'équateur, entre lesquels se fait la révolution du soleil, qui s'éloigne de l'un pour retourner vers l'autre ; τροπικός, de τρέπω, tourner. TROPHÉE, s. m. monument orné des dépouilles de l'ennemi mis en fuite, τρόπαιον, de τρέπω, mettre en fuite.

10. τροφέω, -εύω, id ; θρέψις, nourriture ; τροφή, id. τρόφος, τροφεύς, nourricier.

11. τρόχος, course, lieu de la course ; courrier ; chariot. DROMADAIRE, s. m. espèce de chameau léger à la course ; δρομάς, δρομάδος (ὁ, ἡ), qui court ; δρομεύς, s. coureur, de δρέμω, courir.

CXCV.

1. Τρέω, τρέμω, craint, s'épouvante.　　　*f.* ἔσω.
2. Τρίβω, frotte, use; rompt; tourmente.　　ψω.
3. Τρίζω, grince, fait aigre bruit.　　σω, ξω *rar.*
4. Τρύγη, récolte en blé, vin, fruit.　　~ ης, ἡ.
5. Τρύπα, TROU. 6. τρυτάνη, balance.　　ης, ἡ; ης; ἡ.
7. Τρύχω, vexe, fait violence.　　ξω *et* σω.
8. Τρώγω, brouter; τρώκτης, mangeur.　　ξομαι; ου, ὁ.
* Τρωκτά, dessert; τρῶξ, ver rongeur.　　τὰ; γός, ὁ.
9. Τυγχάνειν, est; atteint; rencontre.　　τεύξομαι.
* Τύχη, fortune, pour *ou* contre.　　ης, ἡ.

DÉRIVÉS.

1. *L.* tremo. d. p. trembler; s'enfuir de peur. τρήρων (ὁ, ἡ), colombe; ἀτρεμής, qui ne craint rien; ἀτρεμία, immobilité; intrépidité. ATRÉE, s. m. roi d'Argos, qui, dans un festin donné à son frère Thyeste, lui servit les membres de son fils. RR. α priv. et τρέω, trembler; d'où ATRIDE, s. m. fils d'ATRÉE, ἀτρείδης.

2. d. p. atténuer; épuiser. τρίβος, sentier, chemin frayé; usage; τρίβων, homme rompu dans les affaires; vieux manteau; διατρίβω, consommer; épuiser, abattre; demeurer; passer le temps; s'exercer à. AMPHITRITE, s. f. déesse de la mer; la mer elle-même, qui ronge tout autour la terre qu'elle environne. RR. ἀμφί, autour, et τρίβω, user. DIATRIBE, s. f. dissertation; critique amère et violente; διατριβή, académie, dissertation; formé de διατρίβω; L. diatriba. RR. διά, qui marque persévérance, et τρίβω, broyer. LITHOTRITIE, s. f. opération de broyer la pierre dans la vessie.

3. L. strido. τρύζω, murmurer, faire un bruit sourd; τρυγών (ἡ), tourterelle; L. turtur.

4. d. p. vendange; aridité; τρυγάω, vendanger, cueillir les fruits, moissonner; τρύξ,

-υγός, vin doux; lie de vin ou d'huile; mâchefer.

5. d. p. tarière; τρυπάω, -ανίζω, trouer; TRÉPAN, s. m. opération chirurgicale, et instrument qui sert à relever un morceau du crâne, à percer un os; τρύπανον, tarière; d'où trépaner, v. a.

6. L. trutina. τρυτανεύω, balancer, peser, examiner.

7. et τρύω, id. rompre; user; épuiser, exténuer; harceler; pousser à bout. AMPHITRYON, n. pr. brise-tout, ἀμφιτρύων. RR. ἀμφί, autour, et τρύων, part. prés. de τρύω, briser.

8. paître; manger; τρώξιμος, bon à manger; * τρώκτης, gourmand; fourbe. DRAGÉE, s. f. de τράγημα, friandise qu'on mange au dessert, de τρώγω.

9. d. p. échoir; venir à bout; avoir ou se trouver par hasard. τυγχάνει, impers. il arrive; le hasard veut; ἐντυγχάνω, rencontrer; aller voir; converser; fréquenter; se trouver présent à.

* c.-à-d. bonne ou mauvaise; hasard, sort. ἀτυχέω, être malheureux, δυστυχέω, id. εὐτυχέω, être heureux, prospérer. EUTYCHE, n. pr. d'homme. c.-à-d. heureux, εὐτυχής. RR. εὖ, bien, τύχη, fortune.

CXCVI.

1. Τύλος, cheville ; cal, poireau.   •   ου, ὁ.
2. Τύμβος, bûcher éteint, TOMBEAU.   ου, ὁ.
3. Τύπτω, frappe, blesse ; harcèle.   f. ψω.
*   Τύπος, coup, creux ; TYPE, modèle. εος, τὸ ; ου, ὁ.
4. Τύραννος, TYRAN, roi *d'abord*.   ου, ὁ.
5. Τυρός, fromage. 6. Τύῤῥις, fort.   (ου, ὁ.
7. Τύφω, jette fumée, enflamme.   θύψω.
*   Τῦφος, fumée ; orgueil de l'âme.   ου, ὁ.
8. Τυφλός, sourd, aveugle ; ignorant.   ή, όν.
9. Τωθάζω, mord, pique en raillant. ἀσω *et* ἀσομαι.

DÉRIVÉS.

1. durillon ; d. p. bosse ; matelas ; τυλόω, endurcir ; faire faire venir des durillons.

2. τυμβεύω, mettre sur le bûcher ; ensevelir, enterrer. TOMBE, s. f. τύμβος.

3. d. p. couper ; τυπέω, -όω, -άζω, et κτυπέω, id. τύμμα, coup ; plaie, blessure.

* gén. εος (τὸ), blessure ; gén. ου, marque, empreinte ; image ; bruit des pieds des chevaux. τύμπανον, L. *tympanum*, tambour ; bâton ; τυμπανίζω, charger de coups de bâton ; TYMPANISER ; battre le tambour. HYPOTYPOSE, s. f. fig. de rhét. peinture vive et animée, ὑποτύπωσις, tableau ; de ὑποτυπόω, dessiner, peindre. RR. ὑπό, sous, et τύπος, marque. TYMPAN, s. m. petite membrane tendue au fond de l'oreille, qui, frappée des impressions de l'air, transmet les sons à l'ouïe ; τύμπανον, d'où *tympaniser*, v. a. décrier, se moquer publiquement. TYPE, s. m. modèle, d'où *typique*, adj. (sens) figuré. TYPOGRAPHIE, s. f. l'art de l'imprimerie ; de τύπος, caractère, empreinte, et γραφή, écriture ; d'où *typographe*, s. m. imprimeur, et *typographique*, adj.

4. *primitivement* Roi. τυραν-νεύω, régner ; être tyran. τυ-ραννίς et τυραννία, domination usurpée, illégale, injuste, absolue, TYRANNIE, s. f. gouvernement cruel, oppresseur ; d'où *tyrannique*, adj.

5. τυρόω, faire cailler ; d. p. agiter ; brouiller et confondre. βούτυρον, L. *butyrum*, BEURRE. TYR, s. f. ville de Phénicie, dont les pâturages étaient très fertiles et qui faisait un grand commerce de fromage, τυρός (ὁ, ἡ).

6. τύρσις, id. L. *turris*, d. p. TOUR, château fort.

7. τυφόω, id. d. p. enfumer ; donner de l'orgueil, rendre insolent. TYPHÉE, τυφωεύς ; TYPHON, τυφών, deux des Géants de la Fable qui escaladèrent le ciel. TYPHON, s. m. trombe de mer, colonne d'eau soulevée par l'explosion des volcans sous-marins ; ouragan furieux avec éclairs. TYPHUS, s. m. genre de fièvre maligne, ardente ; de τῦφος, dérivé de τύφω, enflammer.

8. obscur ; secret ; invisible ; τυφλόω, aveugler ; crever les yeux ; τυφλώττω, voir trouble, devenir aveugle.

9. ἐπιτωθάζω, se moquer, railler ; rire à gorge déployée ; flatter ; φιλοτωθάζω, aimer à railler, être goguenard.

CXCVII.

* Υ, *chiffre*, quatre cents *doit faire*.

1. Ὕαλος, du crystal, du verre.   ου, ἡ.
2. Ὕβρις, injure, affront; hauteur.   εως, ἡ.
3. Ὑγιής, sain, plein de vigueur.   ής, ές.
4. Ὑγρός, humide, coulant, moite.   ά, όν.
5. Ὕδω, dit, chante; * Ὕδης, poète.   * ου, ὁ.
6. Ὕδωρ, eau, liquide élément.   ὕδατος, τὸ.
7. Ὕθλος, caquet impertinent.   ου, ὁ.
8. Υἱός, le fils, l'enfant, la race.   οῦ, ὁ.
9. Ὑλᾷν, hurle, aboie, ou menace.   άσω,

DÉRIVÉS.

* Avec un accent placé au-dessous et à côté, ‚υ, il vaut quatre cent mille.

1. d. p. ambre jaune, *transparent*; ὕαλος, ὕαλινος, de verre, de crystal. HYALOÏDE, adj. se dit de l'humeur *vitrée* de l'œil; RR. ὕαλος, et εἶδος, ressemblance.

2. Violence; insolence; ὑβρίζω, faire injure, outrager; maltraiter; violenter; violer, ὑβριστήρ et -στής, violent, insolent; impétueux.

3. Sensé, droit, réglé; utile. ὑγιαίνω, se bien porter; être sain de corps ou d'esprit. HYGIE, s. f. déesse de la Santé, d'ὑγίεια, santé. HYGIÈNE, s. f. partie de la médecine, qui a pour objet la conservation de la santé, de ὑγιεινή, f. de ὑγιεινός, qui contribue à la santé; d'où *hygiénique*, adj.

4. d. p. liquide; mou, tendre; souple, flexible; glissant. ὑγρότης, humidité; ὑγραίνω, humecter, mouiller; πάρυγρος, un peu humide. HYGROMÈTRE, s. m. instrument pour mesurer le degré d'humidité de l'air. RR. ὑγρός, et μέτρον, mesure.

5. Chanter *en vers*; célébrer; préconiser; ὑμνέω, id. d. pl.

déplorer; accuser, diffamer. HYMNE, s. m. chant en l'honneur de la Divinité, ὕμνος. POLYMNIE, s. f. Muse de l'Éloquence. RR. πολύς, beaucoup, et ὕμνος, hymne.

6. d. p. mer, pluie; hydro ὑδρία, HYDRIE, s. f. cru pot à l'eau. HYDRE, serpent d'eau, ὕδρος et -ρα; HYDROGÈNE, s. m. et adj. un des principes constituans de l'eau; de ὑδρογενής, engendré par l'eau; RR. ὕδωρ, et γένος, naissance. HYDROGRAPHIE, s. f. description des eaux. RR. ὕδωρ, et γραφή; d'où *hydrographe*, s. m. et *hydrographique*, adj. HYDROLOGIE, s. f. traité des eaux. RR. ὕδωρ et λόγος. HYDROMÈTRE, s. m. instrument pour mesurer la pesanteur et la densité de l'eau. RR. ὕδωρ, et μέτρον, mesure. HYDROPISIE, s. f. maladie produite par un amas d'eau dans quelque partie du corps, ὕδρωψ. RR. ὕδωρ, et ὤψ, aspect, *présence de l'eau*; d'où *hydropique*, adj.

8. υἱεύς, et υἷς, *poét.* id.

9. ὑλακτέω, -ίζω, et ὑλακόω, id. σκύλαξ, jeune chien; HYLAX, *aboyant*, nom d'un chien dans Virgile, Égl. 8; HYLAS, n. pr.

CXCVIII.

1. Ὑμήν, membrane ; voile ; HYMEN.   ἐνος, ὁ.
2. Ὕννος, rosse, bidet, poulain.   ου, ὁ.
3. Ὕλη, forêt ; du bois ; matière.   ης, ἡ.
4. Ὕπαρ, vision nette et claire.   indécl.
5. Ὑπέρ, dessus ; * ὕπατος, grand.   prép. * η, ον.
6. Ὕπνος, somme, assoupissement.   ου, ὁ.
7. Ὕπτιος, couché sur l'échine.   α, ον.
8. Ὕστερος, dernier, qui termine.   α, ον.
9. Ὑφᾶν, tresser. 10 Ὕψος, sommet.   sans f. εος, τό.
11. Ὕω, pleut ; les HYADES fait.   f. ὕσω.

DÉRIVÉS.

1. Peau mince, comme la tunique de l'œil; enveloppe du fœtus. HYMEN, s. m. mariage, de ὑμήν, peau mince; chant nuptial. HYMÉNÉE, s. m. Dieu des noces; mariage; ὑμέναιος, de ὑμήν. HYMÉNOGRAPHIE, s. f. description des membranes; HYMÉNOLOGIE, s. f. traité des membranes; HYMÉNOTOMIE, s. f. dissection des membranes; RR. ὑμήν, membrane, et γραφή, λόγος, τομή. HYMÉNOPTÈRES, s. m. pl. insectes à ailes membraneuses. RR. ὑμήν, et πτερόν, aile.

2. d. p. âne; avorton; petit garçon; ὕννη, petite fille; prunelle de l'œil.

3. Broussailles; taillis; mauvaises herbes qui croissent dans les blés; vivres, alimens; lie, marc; matière excrémenticielle; ὑλάζομαι, ramasser et porter du bois.

4. ὕπαρ et καθ' ὕπαρ, dans une vision réelle, et non en songe.

5. HYPERBATE, HYPERBOLE, voy. St. 28. dér. nos 5 et 9. HYPERBORÉE ou HYPERBORÉEN, adj. se dit des pays, des peuples très septentrionaux. RR. ὑπέρ, au-delà, et βορέας, Borée, vent du nord.

* ὕπατος, sync. pour ὑπέρτατος, suprême, au comble des honneurs; consul; d. p. creux, profond; ὑπατεύω, être consul.

6. ὑπνέω, -άω, -όω, s'endormir, s'assoupir; faire dormir. ἄϋπνος et ἄγρυπνος, qui ne dort point; ἀγρυπνία, veille, insomnie; ἐνύπνιον, songe. HYPNOBATE, s. m. somnambule, de ὕπνος, et βατέω, inus. formé de βαίνω, marcher. HYPNOLOGIE, s. f. traité du sommeil. RR. ὕπνος, et λόγος, traité.

7. Couché sur le dos; fainéant; ὑπτιάζω, s'abandonner à la mollesse.

8. Inférieur; qui suit, qui vient après. ὑστερέω, être le dernier, avoir le dessous; ne pas réussir. HYSTÉROLOGIE, s. f. renversement de l'ordre naturelle des pensées. RR. ὕστερος, suivant, et λόγος, discours.

9. ὑφάω, et -έω, ourdir, tramer.

10. Hauteur, sublimité; le sublime, rhét. ὑψηλός, élevé, sublime. ὑψηλότης, élévation, hauteur; ὕψιστος (ὁ), le Très-Haut, Dieu. ὑψηλόφρων, qui a l'esprit élevé; hautain, arrogant.

11. HYADES, s. f. pl. nymphes: d. p. constellation de sept petites étoiles, qui, selon les poètes anciens, annonce la pluie: ὑάδες, pluvieuses, de ὕω, pleuvoir.

CXCIX.

* Φῖ, cinq cents. 1. Φάγω, mange, mine. *f.* 2. *m.* φάγομαι.

2. Φαιδρός, clair, vif; de bonne mine.   ά, όν.

3. Φαίνω, brille, éclaire, fait voir.   φανῶ.

4. Φαιός, brun, sombre, presque noir.   ά, όν.

5. Φάκελλος, FAGOT, *ou* bottille.   ου, ὁ.

6. Φακῆ, φακός, FLACON; lentille.   ῆς, ἡ. οῦ, ὁ.

7. Φάλαγξ, PHALANGE; légion.   γος, ἡ.

8. Φάλαινα, BALEINE; * glouton.   ης, ἡ.

9. Φαλακρός, chauve, à tête nette. *   ά, όν.

10. Φαλός, clair, blanc; * φάλος, aigrette. ή, όν. ου, ὁ.

DÉRIVÉS.

* Avec un accent inférieur, à droite ou à gauche, (ͺφ), il vaut cinq cent mille.

1. φάγαινα et φαγέδαινα, grande faim; φάγος, grand mangeur. OEsophage; voy. St. 145, v. 4.

2. d. p, brillant d'un doux éclat, rayonnant de plaisir; illustré: PHÈDRE, n. pr. (*brillant ou célèbre*), d'homme, φαιδρός; de femme, φαίδρα.

3. Montrer; déclarer, indiquer; allumer; accuser; ἀφανής, invisible, obscur; ἐπιφανής, apparent, manifeste; illustre; φανερός, id. φανερόω, manifester, déclarer; découvrir; φαντάζω, faire paraître, montrer. PHASE, s. f. φάσις, apparence; au plur. diverses formes ou *apparences* de la lune et des autres planètes. PHÉNOMÈNE, s. m. apparition extraordinaire dans le ciel, dans l'air, dans le corps humain; tout ce qui est rare et nouveau; φαινόμενον, part. de φαίνομαι, apparaître. DIAPHANE, adj. transparent, διαφανής. RR. διά, à travers, et φαίνω, briller; d'où *diaphanéité*, s. f. EMPHASE, s. f. pompe affectée dans le style, dans la prononciation, ἔμφασις, repré-

sentation, d'ἐμφαίνω, faire briller; d'où *emphatique*, adj. EPIPHANE, adj. ἐπιφανής, *illustre*. EPIPHANIE, s. f. la fête des Rois, jour où le Messie s'est manifesté aux Gentils; ἐπιφάνεια, manifestation. RR. ἐπί, et φαίνω, paraître. FANTAISIE, s. f. imagination; d. p. idée, humeur bizarre, caprice; φαντασία, vision. FANTASTIQUE, adj. φανταστικός, chimérique. FANTÔME, s. m. apparition, φάντασμα, de φαίνω. FANTASMAGORIE, s. f. art de faire paraître des fantômes, par une illusion d'optique. RR. φάντασμα, et ἀγορά, assemblée.

5. L. *fasciculus*, petite botte.

6. FLACON plat en forme de lentille; potage à la purée.

7. Partie des doigts non flexible; corps d'infanterie macédonienne; d. p. rouleau.

8. L. *balæna*, d. p. * tout animal monstrueux et glouton. q.-fois, PHALÈNE, papillon de nuit.

9. * Tête luisante, de φαλός, luisant, et κάρα, tête.

10. Luisant, poli; * subst. ὁ, cimier de casque. FALOT, s. m. φάλαρα (τά), L. *phaleræ*, pièces brillantes du harnais d'un cheval.

CC.

1. Φάραγξ, gouffre, ravin ; vallon.   αγγός, ή.
2. Φάρμακον, remède, poison.   ου, τό.
3. Φαρκίς, ride. 4. Φᾶρος, un voile.   ίδος, ή. εος, τό.
5. Φάσηλος, canot long à voile.   ου, ό.
6. Φάρυγξ, PHARYNX, gorge, gosier.   υγγος, ή.
7. Φαῦλος, vil, bas ; méchant ; grossier.   η, ον.
8. Φάτνη, crèche ; étable, écurie.   ης, ή.
9. Φάω, luit ; parle ; ôte la vie.   f. φήσω.
*   Φημί, je dis ; φήμη, rumeur ?   φήσω.
10. Φέβομαι, fuit, craint ; φόβος, peur.   fut. inus.

DÉRIVÉS.

1. d. p. crevasse de la terre ; un goinfré.

2. Drogue ; breuvage ; venin ; teinture ; φαρμάσσω, empoisonner ; teindre ; farder ; altérer ; tromper par des flatteries. PHARMACIE, s. f. art de préparer les remèdes ; officine où on les dépose, où on les vend ; φαρμακία, de φάρμακον ; d'où PHARMACIEN, s. m. PHARMACEUTIQUE, s. f. médecine qui s'occupe de la composition des médicamens et de leur emploi ; φαρμακευτικός, qui concerne les remèdes ; PHARMACEUTIQUE, adj. PHARMACOPÉE, s. f. traité qui enseigne le mode de préparation et de composition des remèdes. RR. φάρμακον, et ποιέω, composer.

3. φαρκιδόμαι, froncer le sourcil ; φαρκιδούμενος, refrogné, rechigné.

4. Robe flottante ; manteau ; d. p. PHARE. s. m. île d'Egypte ; fanal pour la navigation.

5. L. Phaselus, de Phaselis, ville de Pamphylie.

6. d. p. trachée-artère. PHARYNX, s. m. partie supérieure du gosier. PHARYNGOGRAPHIE, s. f. description du pharynx ; PHARYNGOLOGIE, s. f. traité sur le pharynx ; PHARYNGOTOMIE, dissection du pharynx ; RR. φάρυγξ, et γραφή, λόγος, τομή. PHARYNGOTOME, s. m. lancette pour scarifier les amygdales gonflées.

7. d. p. Simple ; médiocre ; ridicule ; gâté, corrompu ; φλαῦρος, id.

8. d. p. table à manger ; alvéoles des dents.

9. φάος, lueur, clarté ; lever du soleil ; œil ; jour ; vie ; salut ; secours ; victoire ; φωτίζω, éclairer ; catéchiser ; baptiser ; φάσκω, répéter ; πρόφασις, prétexte ; occasion. PHAÉTON, n. pr. fils du soleil, φαέθων de φαέθω, dériv. de φάω, briller ; PHOSPHORE, s. m. substance qui luit comme du feu ; de φῶς, lumière, et φέρω, porter.

* Avouer ; être d'avis ; admettre ; φήμη, L. fama, renommée ; nouvelle ; augure, oracle.

10. φοβέω, inspirer la terreur, effrayer ; faire fuir ; φόβερος, formidable ; HYDROPHOBIE, s. f. horreur de l'eau et des liquides, la rage ; d'où hydrophobe, s. m. attaqué de la rage. RR. ὕδωρ, eau, et φόβος, crainte.

CCI.

1. Φέγγος, éclat, jour vif, lumière.   εος, τὸ.
2. Φείδομαι, s'abstient, se modère.   σομαι.
3. Φελλός, liége ; écorce du bois.   οῦ, ὁ.
4. Φέναξ, menteur, fourbe, matois.   αχος, ὁ.
5. Φένω, πέφνω, tue *et* saccage.   *f. ant.* πεφήσομαι.
6. Φερνή, la dot, le mariage.   ῆς, ἡ.
7. Φέρβω, paît, nourrit, entretient.   ψω.
8. Φέρω, porte ; paie ; offre ; obtient.   *f.* οἴσω.
9. Φεῦ, hélas ! *crainte ou douleur vive.*   *interj.*
10. Φεύγω, FUIT, est banni, s'esquive.   *f.* ξομαι.

DÉRIVÉS.

1. Les rayons du soleil ; d. p. la vie. φέγγω, rendre lumineux.

2. d. p. économiser ; épargner ; pardonner. φειδώ, -όος (ἡ), parcimonie, épargne. PHIDITIES, s. f. pl. repas publics des Spartiates, renommés pour leur frugalité, τὰ φειδίτια.

4. Trompeur ; charlatan ; φεναχίζω, tromper ; abuser ; faire des tours de passe-passe.

5. φονεύω, commettre un meurtre ; φόνος, meurtre, homicide ; lieu du carnage ; φόνιος, meurtrier. TISIPHONE, v. τίω. St. 193. v. 7.

6. φερνίζω, doter. PARAPHERNAUX, adj. m. pl. (biens) qui ne font point partie de la dot et dont une femme s'est réservé la jouissance et la disposition. RR. παρά, au-delà, hors de, et φερνή, dot.

7. φορβή, fourrage, pâture ; nourriture ; φορβειά, le même.

8. Servir à quelque chose ; emporter, remporter ; proférer ; produire ; donner ; conférer ; tenir en main ; φορέω, porter ; φορός, qui porte ou emporte ; φόρος, tribut, impôt ; ἀναφέρω, lever en haut, soulever ; enlever ; offrir à Dieu ; reporter, rapporter ; faire un rapport, exposer ; *comp.* φέρτερος, φερέστερος, qui peut porter davantage ; plus puissant, plus vaillant ; plus utile ; meilleur ; *superl.* φέριστος, φέρτιστος, φέρτατος, qui l'emporte sur tous. AMPHORE, s. f. vase antique à deux anses RR. ἀμφί, de chaque côté, et φέρω, porter. MÉTAPHORE, s. f. fig. de rhét. par laquelle on transporte un mot de son sens propre et naturel dans un autre sens ; μεταφορά, transposition ; RR. μετά, marquant changement, et φέρω, porter ; d'où MÉTAPHORIQUE, adj.

9. Ah ! d. p. *horreur, étonnement:* φεῦ τοῦ ἀνδρός, *Xénoph.* ah ! le malheureux homme ! Fi ! *interj.* de mépris.

10. L. *fugio,* s'enfuir, être exilé ; se cacher ; éviter ; refuser ; être coupable d'un crime ; être accusé. φεύγων φόνου, accusé d'un meurtre ; φυγή. L. *fuga,* fuite, exil ; φυγάς, άδος (ὁ. ἡ), banni, fugitif ; fuyard. APOPHYGE, s. f. endroit où une colonne sort . part. *fuit* de sa base. RR. ἀπό, et φεύγω.

CCII.

1. Φέψαλος, étincelle, ardeur.   ου, ὁ.
2. Φηγός, hêtre. 3. Φῆλος, trompeur.   οῦ ἡ. ου, ὁ.
4. Φθάνω, prévient ; obtient ; devance.   φθάσω.
5. Φθέγγομαι, rend son, parle, avance *.   ξομαι.
6 Φθίω, mine, détruit, corrompt.   φθίσω.
7. Φθόνος, l'envie, *au pâle front*.   ου, ὁ.
8. Φιάλη, FIOLE, urne d'argile.   ης, ἡ.
9. Φιλίς, flûte, roseau fragile.   ίδος ἡ.
10. Φίλος, ami, bienveillant, cher.   η, ον.
11. Φιλύρα, tilleul ; sous-liber. *   ας, ἡ.

DÉRIVÉS.

1. Braise qui s'éteint ; φεψαλόω, faire jaillir des étincelles ; brûler.

2. L. *fagus*. d. p. gland du hêtre, FAÎNE, FAINÉANT.

4. Être plutôt, parvenir à.

5. * Une chose, une proposition ; énoncer ; proférer ; crier ; φθογγή, φθογγός, son. DIPHTHONGUE, s. f. réunion de deux sons ou *voyelles* en une syllabe, δίφθογγος. RR. δίς, deux fois, et φθόγγος, son. APOPHTHEGME, s. m. mot, maxime mémorable d'un personnage illustre ; ἀπόφθεγμα, d'ἀποφθέγγομαι, proférer. RR. ἀπό, et φθέγγομαι, parler.

6. Faire sécher ; faire périr ; φθέω, φθίνω, φθινύθω, φθείρω, id. d. p. gâter, ravager ; φθαρτός, corruptible ; φθαρτικός, qui corrompt ; pernicieux ; φθίσις et φθόη, corruption ; exténuation ; consomption : φθορά, id. d. p. perte ; mort. PHTHISIE, s. f. amaigrissement, consomption lente ; φθίσις, de φθίω ; d'où *phthisique*, adj. φθισικός. PHTHISIOLOGIE, s. f. traité sur la *phthisie*. RR. φθίσις, et λόγος, traité. ANTIPHTHISIQUE, adj. (remède) contre la phthisie.

RR. ἀντί, et φθισικός, de φθίω.

7. Jalousie ; médisance ; δυσδεὶς φθόνος, très volontiers ; φθονέω, porter envie ; dénier par envie ; ἐπίφθονος, exposé à l'envie ; odieux ; blâmable ; ἄφθονος, sans envie ; qui n'est point envié ; abondant.

8. Autrefois PHIOLE, petite bouteille de verre. L. *phiala*, flacon à large ventre.

10. Qui aime, ou est aimé, chéri ; φιλέω, aimer, chérir ; témoigner de l'affection ; embrasser ; se plaire à ; avoir coutume ; φιλότης, amour, bienveillance ; φίλος, ami ; allié ; qui préside à l'amitié ; φιλιόω, rendre ami ; réconcilier ; φιλιάζω, se lier d'amitié. PHILOLOGIE, s. f. érudition qui embrasse diverses branches de littérature, et surtout la critique. RR. φίλος, ami, et λόγος, discours ; d'où *philologique*, adj. et *philologue*, s. m. PHILOXÈNE, n. pr. *ami de l'hospitalité.* RR. φίλος, ami, et ξένος, hôte, étranger.

11. ° Peau déliée qui se trouve *sous* le liber ou la première écorce du tilleul.

CCIII.

1. Φιμός, bride, mors; muselière.   οῦ, ὁ.
2. Φλάζω, bredouille; est en colère.   σω.
3. Φλάω, broyer, pétrir, piler.   ‘ σω.
4. Φλόγξ, FLAMME, de φλέγω, brûler.   γος, ἡ. ξω.
5. Φλέψ, filon métallique *ou* veine.   έβος, ἡ.
6. Φλέω, φλύω, dit chose vaine.   *sans fut.*
7. Φλιδᾶν, se ride, use, pourrit.   ήσω.
8. Φλοιός, écorce; peau d'un fruit.   οῦ, ὁ.
9. Φλοῖσβος, bruit de l'eau qui bouillonne.   ου, ὁ.
10. Φοῖβος, pur, brillant, qui rayonne.   η, ον.

DÉRIVÉS.

1. d. p. licou ; φιμόω, museler, brider; baillonner ; empêcher de parler ; serrer fort, comprimer.

2. Bouillir avec bruit ; παραφλάζω, id. d. p. bouillonner, être fort agité.

3. Battre et ramollir; rendre lâche ; dévorer ; φλαδιάω, id.

4. Mettre le feu, embraser; rendre lumineux ; enflammer de colère ou d'amour; φλεγέθω, id. d. p. s'enfler ; être bouffi ; arrogant ; φλέγμα, ardeur, inflammation; φλεγυρός, brûlant; φλογιάω, s'enflammer ; devenir rouge ; φλογόω, brûler, enflammer. FLEGME ; autrefois PHLEGME, s. m. pituite; humeur froide, φλέγμα, de φλέγω, brûler, employé par antiphrase ; d'où FLEGMATIQUE, adj. pituiteux ; froid, difficile à émouvoir. FLEGMASIE, s. f. inflammation, φλέγμασις, de φλέγω. FLEGMON, s. m. tumeur inflammatoire, φλέγμων, de φλέγω. PHLÉGÉTHON, s. m. un des fleuves de l'Enfer, qui roule des torrens de flammes ; φλεγέθων, de φλέγω. PHLOGISTIQUE, s. m. feu primitif, élémentaire ; calorique. PHLOGOSE, s. f. inflammation *ou* chaleur vive contre nature et sans humeur.

5. d. p. filet d'eau. PHLÉBOGRAPHIE, s. f. description des veines; PHLÉBOLOGIE, s. f. traité sur les veines ; RR. φλέψ, gén. φλεβός, et γραφή, λόγος. PHLÉBOTOMIE, la saignée, où l'art, l'action de saigner, d'ouvrir la veine. RR. φλέψ, et τομή, incision ; d'où *phlébotomiste* ou *phlébotome*, s. m. *phlébotomiser*, v. saigner.

6. d. p. regorger ; abonder en fruits; φλύω,—ύζω, id. d. p. être chaud, bouillir ; brûler à petit feu ; φλύος, niaiserie ; badinage ; φλυάρος, id. d. p. *adj.* badin. PHLYCTÈNES, s. f. pl. pustules qui s'élèvent sur la peau, semblables à celles que cause une brûlure ; φλυκταίναι, de φλύζω, brûler.

7. d. p. crever, se rompre ; φλιδάνω, id.

8. φλοίω et -οίζω, peler, écorcer.

9. πολύφλοισβος, fort bruyant, (mer) mugissante.

10. φοιβάω, prédire ; rendre net, brillant. PHÉBÉ, s. f. la lune, φοίβη, lumineuse. PHÉBUS, Apollon, dieu de la lumière ; d. p. s. m. style obscur et ampoulé, par antiphrase, de φοῖβος, clair.

CCIV.

1. Φοῖνιξ, palmier ; rouge couleur.　　　ικος, ὁ.
2. Φοιτᾷν, va; suit un professeur.　　　ήσω.
3. Φολίς, peau bigarrée, écaille.　　　ιδος, ἡ.
4. Φόλλις, soufflet; sac, bourse *et* maille. *　εως, ὁ.
5. Φόρμιγξ, harpe. 6. Φοξός, pointu.　ιγγος, ἡ. ή, όν.
7. Φορμός, corbeille, jonc tissu.　　　ου, ὁ.
8. Φόρτος, FARDEAU, faix, charge ; injure.　ου, ὁ.
9. Φορύω, pétrit ; fait souillure.　　　σω.
10. Φράζω, parle, énonce ; éclaircit.　　σω.
11. Φράσσω, clore, enceindre ; épaissit.　ξω.

DÉRIVÉS.

1. Palmier et son fruit, la datte; roux; couleur de feu; d. p. Phénicien ; φοινίσσω, rougir ; ensanglanter. PHÉNICIE , s. f. une des trois parties de la Syrie, fertile en palmiers ; de φοῖνιξ, palmier. PHÉNIX, s. m. oiseau fabuleux, unique, dont le plumage est pourpre ; de φοῖνιξ, rouge.

2. Aller et venir ; aller voir ; aller à l'école, suivre un cours; être fou, furieux ; φοιτίζω, id. φοιταλέος, fou, furieux ; συμφοιτητής, condisciple.

4. * c.-à-d. une maille ou obole ; *en général*, monnaie, argent ; tribut payé sous les empereurs.

5. Guitare ; φορμίζω, jouer, pincer de la guitare.

6. Allongé; φοξός τὴν κεφαλήν, qui a la tête pointue.

7. φορμίον, φορμίσκος, φορμίσκιον, id. petite corbeille.

8. φορτίζω, charger, accabler ; φορτίς, navire de charge.

9. Mêler ; gâter ; salir ; corrompre ; φορύνω, — ύσσω, id. φορυτός, tas d'ordure ; cordes de jonc, de tilleul.

10. Raconter, dire ; faire savoir ; ordonner ; πεφράδω, id. φραδεύω, dire ; interpréter ; φράδη, prudence ; φραδής, περιφραδής, sage, prudent, expérimenté. περιφράζω, expliquer en plusieurs mots; peser, examiner. PHRASE, s. f. arrangement de mots qui forment un sens; de φράσις, locution, manière de parler. PHRASIER, s. m. faiseur de phrases ; affecté dans sa manière de parler, de φράζω. ANTIPHRASE, s. f. ironie; contre-vérité, ἀντίφρασις. RR. ἀντί, contre, et φράσις, phrase. MÉTAPHRASE, s. f. traduction littéraire. RR. μετά, marquant changement, et φράσις; d'où *métaphraste*, s. m. traducteur. PARAPHRASE, s. f. explication étendue d'un texte ; παράφρασις, explication. RR. παρά, selon, et φράζω, parler; d'où *paraphraser*, v et *paraphraste*, s. m. commentateur , παραφραστής. PÉRIPHRASE , s. f. circonlocution, tour dont on se sert pour exprimer ce qu'on ne veut pas dire en propres termes. RR. περί, autour, et φράσις; d'où *périphraser*, v. parler par périphrases.

11. Fortifier ; palissader ; φράγμα, clos ; haie ; palissade ; retranchement. DIAPHRAGME , s. m. large muscle qui sépare la poitrine d'avec le bas-ventre; διάφραγμα, séparation. RR. διά, entre, et φράγμα, de φράσσω, munir, fortifier.

CCV.

1. Φρατρία, tribu, CONFRÉRIE.   ας, ή.
7. Φρέαρ, puits, fosse d'eau de pluie *.   ατος, τό.
3. Φρήν, esprit, sens; σώφρων, prudent.   ενός, ή ; ων, ον.
* Φρονεῖν, pense, a tel sentiment.   f. ήσω.
4. Φρίξ, FRISSON ; l'onde frémissante.   κος, ή.
* Φρίσσω, frissonne, s'épouvante.   f. ξω.
5. Φροντίς, pensée, et soin d'esprit.   ιδος, ή.
6. Φρύαττω, fait le fier ; hennit.   ξω.
7. Φρύγω, griller ; φρυγμός, FRITURE.   ξω; οῦ, ὁ.
8. Φῦκος, fucus, fard ou teinture.   εος, τό.

DÉRIVÉS.

1. d. p. curie ; réunion de famille, d'amis ; voisinage ; φρατρίος, qui appartient à la confrérie ; φρατήρ, L. frater, et φρατώρ, CONFRÈRE, de la même curie ou tribu, etc., du même quartier. FRAIRIE, s. f. partie de plaisir, de bonne chère ; de φρατρία, réunion.

2. * Citerne, φρεατιαῖος, φρεατίδινος, de puits.

3. Pensée, raison, intelligence ; pl. φρένες, la prudence ; le génie. φρενητιάω, φρενητίζω, être frénétique ; être dans le délire. σώφρων et σαόφρων, sage, prudent ; modéré, modeste ; pudique, honnête ; φρενόω, ramener au bon sens, rendre sage ; avertir. EUPHRASIE, s. f. nom de fem. Εὐφρασία, gaîté honnête ; d'εὐφραίνω, réjouir, charmer. RR. εὖ, bien, φρήν, esprit. EUPHRATE, s. m. Εὐφράτης, -οῦ, fleuve d'Asie, qui réjouit en fertilisant les terres (facit lætas segetes. Virg.) ; M. RR. EUPHROSYNE, s. f. une des trois Grâces ; Εὐφροσύνη, gaîté. M.RR. FRÉNÉSIE, s.f. aliénation d'esprit ; fureur avec fièvre ; fig. emportement ; φρένησις, délire, de φρήν, g. φρενός, esprit ; d'où frénétique, adj. So-

PHRONYME, n. d'h. de σώφρων, prudent, et ὄνυμα pour ὄνομα, nom, renom.

* Être sage, avoir du sens, de l'esprit, de la prudence ; penser, être d'avis. μεγαλόφρων, généreux, magnanime.

4. φρίκη, id. d. p. saisissement de froid, d'épouvante ; horreur ; frisson de la fièvre ; φρικόω, faire frissonner ; frissonner. AFRIQUE, une des cinq parties du monde, sous un climat brûlant. RR. α priv. et φρίκη, saisissement de froid.

* Et φρίττω, d. p. frémir, en parlant de la mer ; se hérisser ; être saisi de crainte ou de joie.

5. φροντίζω, penser, méditer ; s'appliquer ; φρόντισμα, pensée, méditation; invention; ἄφροντις, qui n'a point de souci ; ἀφρόντιστος, id. d. p. qu'on néglige ; plein de souci. FRONT, s. m. L. frons.

6. S'enorgueillir ; φρύαγμα, hennissement ; arrogance.

7. d. p. rôtir; FRIRE; φρύγανον sarment ; chaume coupé ; broussailles sèches.

8. φύκιον, id. algue, herbe marine, dont on se servait pour teindre et se farder.

CCXVI.

1. Φυλάσσω, garde ; observe; fuit.   *f.* ξω.
2. Φυλή, tribu , race *on traduit.*   ῆς, ἡ.
3. Φύλλον, FEUILLE (d'arbre *ou* de rose *.)   ου, τὸ.
4. Φύρω, mêle ; pétrit ; arrose.   ρῶ.
5. Φυσᾷν, souffler ; gonfler ; s'enfler.   ήσω.
6. Φωλέος, gîte, antre, terrier.   οῦ, ὁ.
7. Φύειν, produire, engendrer ; naître.   σω.
* Φύσις, naissance ; nature ; être.   εως, ἡ.
8. Φωνή, voix; cri; langue; rumeur.   ῆς, ἡ.
9. Φώς, l'homme. 10. Φώρ, frelon; voleur.   ωτός, ὁ. ός, ὁ.

DÉRIVÉS.

1. Faire sentinelle ; épier ; éviter ; φυλακτήριον , corps-de-garde ; fortification ; contre-poison, préservatif; φύλαξ,-ακος, gardien ; sentinelle ; φυλακή , garde ; prison ; précaution ; φυλακίζω , emprisonner.

2. d. p. nation ; famille, ordre , classe. φῦλον, id. d. p. genre , sexe ; φυλαρχία , présidence d'une tribu ; magistrature. PHYLARQUE , s. m. chef de tribu ; commandant ; ancien magistrat d'Athènes. RR. φυλή, tribu , et ἀρχός, chef.

3. * *de fleur en général,* pétale. φύλλα (τὰ), herbes potagères, salade , etc. ; φύλλον , id. L. *folium.* MONOPHYLLE, adj. à une seule feuille; POLYPHYLLE, adj. à plusieurs feuilles. RR. μόνος, seul, πολύς, beaucoup , et φύλλον.

4. d. p. délayer, brouiller ; mixtionner; salir , tacher ; φύραμα , pâte ; mortier ; φύρσιμος, mêlé, confus.

5. Devenir insolent ; φύσημα, souffle ; bulle d'air ; enflure ; vanité ; φῦσα, -σσα , soufflet ; souffle ; enflure ; insolence.

6. d. p. tanière, fourré , repaire.

7. * PHYSIQUE , s. f. *science de la nature* qui traite des corps et de leurs propriétés, φυσική. de φυσικός. et de leurs naturel, dér. de φύσις, nature; d'où *physicien*, s. m. *physique*, adj. MÉTAPHYSIQUE, s. f. science qui traite des êtres spirituels ou *surnaturels.* RR. μετά, au-delà, et φυσικά, les choses naturelles ; d'où *métaphysicien*, s. m. *métaphysique* , adj. PHYSIOLOGIE , s. f. partie de la médecine qui a pour objet la nature du corps humain, l'usage et le jeu des organes. RR. φύσις, et λόγος , traité ; de là *physiologique,* adj. *physiologiste*, s. m.

8. ἀντιφωνέω , rendre un son contraire ; répondre , répliquer; se porter caution. ANTI-PHONIER, -NIAIRE, s. m. livre d'anciennes notées. APHONIE , s. f. extinction de voix. RR. α priv. et φωνή, voix. SYMPHONIE, s. f. concert d'instrumens de musique, συμφωνία. RR. σύν, avec, et φωνή, voix ; d'où *symphoniste*, s. m. PHONÉTIQUE , adj. (langue) c.-à-d. exprimée par des sons , des mots , par opposition à la langue écrite avec des signes , chiffres ou figures.

9. φώς (ὁ), l'homme *en gén.* φῶς (τὸ), *contr.* de φάος, lumière , tout ce qui brille.

10. L. *fur.* φωράω, prendre à voler *ou* sur le fait; rechercher

CCVII.

* X, six cents, *en nombre, doit rendre.*

1. Χάζω, céder ; priver ; comprendre.   *f.* χάσομαι.
2. Χαίνω, s'entr'ouvre, a grand désir.   χανοῦμαι.
3. Χαίρειν, aimer ; se réjouir.   χαιρήσω.
4. Χαίτη, chevelure, crinière.   ης, ἡ.
5. Χάλαζα, grêle meurtrière.   ης, ἡ.
6. Χαλᾶν, LACHE, abaisse; amollit.   άσω.
7. Χαλέπτω, gêne; fâche *et* nuit.   έψω.
8. Χαλινός, frein. 9. Χάλιξ, la pierre.   9. ικος, ὁ, ἡ.
10. Χαλκός, airain. 11. Χαμαί, par terre.   οῦ, ὁ. *adv.*

DÉRIVÉS.

* Avec l'accent au-dessous, à droite ou à gauche (͵χ), il vaut six cent mille.

1. d. p. reculer, se retirer : éviter ; s'abstenir ; être de telle capacité.

2. Bâiller, avoir la bouche béante *de désir ou d'admiration,* en lat. *inhiare. poét.* dire à haute voix, crier, chanter. χάσκω, χασκάζω, id. χάσμα, gouffre, abîme ; grande ouverture. CASEMATE, s. m. lieu voûté sous terre pour défendre les fossés, du pl. χάσματα (τὰ). CHAOS, s. m. confusion des élémens avant la Création; désordre, confusion; χάος, gouffre, abîme.

3. Se plaire, goûter ; χαῖρε *et* χαίρειν, réjouis-toi ; bonjour *ou* adieu ; salut, porte-toi bien, *formules de lettre.* χαιρέτω, qu'il aille se promener ; χαίρειν εἰπεῖν *ou* λέγειν, dire adieu à ; renoncer à ; χαρά, joie. CHARON, n. pr. nocher des Enfers, *toujours chagrin;* χαίρων, part. ao. 2. de χαίρω, se réjouir, *par antiphrase.*

4. Longs cheveux, longs crins; d. p. feuillage, ἀναχαιτίζω, secouer la crinière, se cabrer ; *fig.* secouer le joug; d. p. réprimer, arrêter *comme* par le crin; dissuader.

5. Grain de grêle ; *méd.* petit tubercule transparent à la peau, aux lèvres, aux paupières; ladrerie des cochons; germe dans l'œuf.

6. L. *laxare;* Relâcher ; détendre ; ouvrir ; descendre au moyen de cordes; caler la voile; jeter l'ancre. *neut.* se relâcher; cesser; céder; χαλαστικός, laxatif; καγχαλάω, sauter de joie, rire ; CALER, v. a. baisser, carguer la voile; CALE, s. f. la partie la plus basse d'un navire, de χαλᾶν, abaisser.

7. d. p. ruiner, renverser ; χαλεπός, fâcheux, insupportable; pernicieux ; colère ; cruel.

8. d. p. bride; câble, amarre de vaisseau ; les crochets des serpents ; χαλινόω, brider, soumettre au frein.

9. Petit CAILLOU; cailloutage; moëllon.

10. Bronze, cuivre ; d. p. tout ce qui en est fait, vases, armes, monnaie. χαλκεύς, ouvrier en cuivre, en métaux ; forgeron. CHALCOGRAPHIE, s. f. l'art de graver sur airain. RR. χαλκός, *et* γραφή, gravure ; d'où *chalcographe,* s. m. graveur en airain, sur métaux.

11. A terre, *humi.* CAMÉLÉON voy. p. 118, 4. CAMOMILLE, p. 127, 5.

CCVIII.

1. Χαράσσω, grave, trace un trait.   *f.* ξω.
2. Χάρις, GRACE, agrément, bienfait.   ιτος, ἡ.
3. Χατεῖν, manque, est dans l'indigence.   *sans f.*
4. Χαῦνος, vain ; mou, sans consistance.   η, ον.
5. Χεῖλος, lèvre ; bord (de la mer) *.   εος, τό.
6. Χεῖμα, tempête, orage ; hiver.   ατος, τό.
7. Χείρ, main; bras; CHIRURGIEN *s'en tire.* χειρός, ἡ.
* Χερνής, manœuvre ; *et* ** χείρων, pire.   * ῆτος, ὁ.
8. Χελιδών, hirondelle *ou* nid *.   όνος, ὁ.
9. Χέλυς, tortue *ou* luth *se dit.*   υος, ἡ.

DÉRIVÉS.

1. d. p. empreindre ; entailler; χαρακτήρ, CARACTÈRE gravé ou ciselé ; lettre ; trait ; empreinte ; image ; forme, genre, sexe ; différence ; description. *au fig.* CARACTÈRE, s. m. manière d'être habituelle. CARACTÉRISER, v. a. ; d'où *caractéristique*, adj. χάρτης, papier, L. *charta.* CHARTE, s. f. anciens titres relatifs à l'histoire ; lois constitutionnelles d'un Etat; χάρτης, papier. CARTE, s. f. feuillets de papier fin, collés ensemble; χάρτης, papier; d'où *carton*, s. m. *cartonner*, v. a. CARTEL, s. m. défi. PANCARTE, s. f. affiche pour donner *toute sorte* d'avis. RR. πᾶν, tout, et χάρτης.

2. d. p. Beauté ; reconnaissance ; récompense ; χαρίζομαι, gratifier ; faire plaisir ; gagner les bonnes grâces ; pardonner. χάριτες (αἱ), les GRACES, *q. fois* les Muses; L. *charites ;* EUCHARIS, n. pr. f. εὔχαρις, *gracieuse;* εὐχαριστία, GRATITUDE ; *eccl.* EUCHARISTIE.

4. Poreux ; spongieux ; χαυνόομαι, être lâche ; s'enfler de vanité ; χαυνιάζω, tromper, abuser.

5. * Bord *d'un vase, navire, fossé, rivière, etc.*

6. χειμών, -ῶνος, ὁ id. χειμαδεύω, hiverner; χειμάδιον, quartier d'hiver ; χειμάω, avoir froid; χειμεθλιάω, -τλιάω, avoir des engelures.

7. Main *pour écriture; style;* main *au lieu de côté* ; main *ou* poignée de fer; poignée *ou* gros de soldats, L. *manus;* griffe de lion ; trompe d'éléphant ; *par ext.* force, puissance; violence; χειρογραφέω, écrire de sa main ; s'engager par un écrit. CHIROGRAPHAIRE, adj. (créancier) en vertu d'un acte sous seing privé. RR. χειρός, g. de χείρ, et γράφω, écrire; L. *chirographus.* CHIROLOGIE, s. f. art de parler par signes des mains. RR. χειρός, g. de χείρ, et λόγος, discours. CHIROMANCIE, s. f. divination par l'inspection des lignes de la paume de la main. RR. χείρ, et μαντεία, divination. CHIRURGIE, s. f. partie opératoire de l'art de guérir, laquelle exige l'adresse de la main. RR. χείρ, et ἔργον, opération; de là *chirurgien*, s. m. *chirurgical*, adj.

8. * D'hirondelle; χελιδονίζω, babiller *comme une hirondelle;* parler un jargon inintelligible. CHÉLIDOINE, s. f. ou *éclaire,* plante qui fleurit au retour des hirondelles ; χελιδόνια.

9. d. p. Busc ; estomac ; χελώνη, id. d. p. petit siége. CHÉLONÉE, s. f. tortue de mer.

CCIX.

1. Χέρσος, inculte, aride; (ή) terre. ος, ον. ή, *rare* ὁ.
2. Χέω, répand ; produit ; enterre. εύσω.
3. Χηλή, pince, ongle ; serres ; dent. ῆς, ή.
4. Χήν, l'oie. 5. *et* χῆρος, veuf; manquant. ος,ὁ, ή. α, ον.
6. Χθές, hier. 7. Χθών, terre, sol, plage. *adv.* ονός, ή.
8. Χιλός, nourriture, fourrage. οῦ, ὁ.
9. Χίλιοι, mille, un nombre grand. αι, α.
10. Χιών, neige le sol couvrant. ονος, ή.
11. Χιτών, tunique intérieure. ῶνος, ὁ.
12. Χλαῖνα, la robe extérieure. ης, ή.

DÉRIVÉS.

1. *adj.* désert, d. p. veuf. *subst.* terre-ferme. *att.* χέρρος, ή. id. χερσαῖος, -ινός, terrestre; χερσεύω, être en friche; χερσόω, rendre désert.

2. d. p. Verser ; fondre, jeter en fonte ; contenir *en parlant d'un vase.* χείω, χύω, χύνω, id. χοάνη, χώνη, χόαγος, χῶνος, creuset. χωνεύω, fondre dans un creuset ; χοῦς, levée de terre, chaussée ; boulevard ; χῶμα, id. ; χωννύω, faire une levée, un rempart. χοεύς, Conge, mesure pour les liquides. χειά (ή), trou de serpent ; χηλός, coffret. Chimère, s. f. monstre fabuleux qui avait la tête d'un lion, le corps d'une chèvre, la queue d'un serpent ; χίμαιρα, chèvre née en hiver, de χεῖμα, hiver. R. χέω, répandre ; d. p imagination vaine et sans fondement ; d'où *chimérique*, adj. Chimie, s. f. science qui analyse et décompose les corps mixtes, et qui, dans le principe, enseignait à mettre en fusion et à purifier les métaux ; de χέω, fondre ; de là *chimique*, adj. et *chimiste*, s. m.

3. Pied fourchu des animaux ; les pinces des écrevisses; écrevisse; tenailles; forceps de chirurgien ; d. p. les paupières; les mâchoires.

4. χηνέω, se moquer ; siffler quelqu'un; χηνίζω, jouer de la flûte.

5. Délaissé, nécessiteux ; χηρά, veuve ; χηρεύω, rendre ou être veuf, être délaissé ; χηρόω, id. d. p. dépouiller, dévaster.

6. ἐχθές, id. ; χθεσινός, d'hier ; vieux, trop gardé.

7. χθόνιος, terrestre, mortel ; rampant; fourbe. Autochthone, s. m. naturel d'un pays, né dans le pays même. RR. αὐτός, même, et χθών, terre.

8. χιλόω, repaître ; χιλωτήρ, sac d'avoine attaché au museau des bêtes.

9. χιλιοστύς, -ύος, corps de mille hommes ; millième. Kilogramme, s. m. poids de *mille grammes* (plus de 2). RR. χίλοι, contr. de χίλιοι mille, et γράμμα, gramme, de γράφω. Kilolitre, s. m. mesure de mille litres. RR. χίλοι, et λίτρα, litre. Kilomètre, s. m. mesure itinéraire, étendue de mille mètres. RR. χίλοι, et μέτρον.

10. Neige tombée et qui couvre la terre ; νιφάς, et νιφετός, neige qui tombe.

11. Chemise ; vêtement de dessous ; tunique ou membrane ; pellicule.

12. L. *læna*, manteau, surtout ; longue robe.

CCX.

1. Χλεύη, ris ; χλευάζω, se rit. η, *f.* σω.
2. Χλιαίνω, rend tiède ; attendrit. ανῶ.
3. Χλίω, χλιδᾶν, au luxe engage. *sans fut.* ήσω.
4. Χλόη, verdure, vert feuillage. ης, ή.
5. Χναύω, mange, goûte en gourmet. σω.
6. Χοῖρος, pourceau, truie *ou* GORET. ου, ό; *rar.* ή.
7. Χολή, bile, fiel ; dégoût ; rage. ῆς, ή.
8. Χόνδρος, grain ; grumeau ; cartilage. ου, ό.
9. Χορδή, CORDE pour instrùmens. ῆς, ή.
10. Χόρος, CHŒUR ; bal ; danse avec chants. ου, ό.

DÉRIVÉS.

1. Risée, parole injurieuse.

2. Echauffer ; fomenter ; χλιαρός, tiède; χλιαρότης, tiédeur.

3. d. p. amollir, efféminer, vivre dans les délices ; χλιδή, χλῖδος (τὸ), luxe ; mollesse ; délices ; χλιδῶνες (οἱ), bracelets, colliers, bijoux de femme.

4. d. p. gazon ; foin ; χλοάζω, être verdoyant ; se faner comme l'herbe ; χλοερός, vert, verdoyant ; frais et fleuri ; χλωρός, vert ; verdâtre, vert pâle. CHLORE, s. m. air ou gaz désinfectant d'un jaune verdâtre; d'où chlorate, s. m. chlorique, adj. chlorure, s. m. CHLORIS, n. pr. Χλωρίς, déesse des fleurs; L. *Flora ;* Ovid. *Fast.*

5. Aimer les bons morceaux; χναυρός, gourmand, friand.

6. Jeune porc ; *plus usité au fém.* χοιρίς, -άδος (ή), truie. d. p. rocher à fleur d'eau ; écrouelles.

7. χόλος, id. χολόω, χόω, mettre la bile en mouvement ; irriter. CHOLÉRA, s. m. débordement de bile par haut et par bas, accompagné de symptômes très graves ; χολέρα, de χολή, bile, et ῥέω, couler. COLÉRINE, s. f. flux de ventre moins grave que le choléra. COLÈRE, emportement qui émeut la bile ; d'où colère, colérique,

adj. enclin à la colère.

8. d. p. grain *de sel, d'en*cens, *de blé,* etc. cailloutage ; fleur de farine. CHONDROGRAPHIE, s. f. CHONDROLOGIE, s. f. CHONDROTOMIE, s. f. description, traité, dissection des cartilages. RR. χόνδρος, et γραφή, λόγος, τομή. HYPOCONDRE, s. m. chacune des parties latérales et supérieures du bas-ventre, sous les fausses côtes qui sont cartilagineuses; ὑποχόνδριον, -ου. RR. ὑπὸ, sous et χόνδρος, cartilage. *Hypocondre,* adj. et *hypocondriaque,* adj. malade des hypocondres ; *fig.* bizarre et mélancolique.

9. Corde à boyau ; intestin. ἀκροχορδών (ή), verrue, poireau, cor aux pieds.

10. L. *chorus* ; d. p. lieu où l'on danse ; χορεία, danse, bal; χορεῖον, salle de bal ; χορεύω, danser. CHORÉGE, s. m. directeur des spectacles, chez les Grecs, χορηγός; RR. χόρος, chœur, et ἄγω, conduire. CHORÉGRAPHIE, s. f. art de noter les pas et les figures d'une danse. RR. χορεία, γράφω, décrire ; d'où CHORÉGRAPHIQUE, adj. CHORÉE, s. m. pied de vers grec et latin, formé d'une longue et d'une brève, de χορεῖος, dérivé de χόρος; d'où *choraïque,* adj.

. CCXI.

1. Χόρος, herbe, foin ; pâturage. ου, ὁ.
2. Χρᾷν, touche ; prête ; sert ; présage. ήσω.
3. Χρεία, besoin ; emploi ; profit. ας, ή.
4. Χρεμετίζω, hennit, rugit. ίσω.
5. Χρέμπτομαι, je tousse, je crache. ψομαι.
6. Χρέος, dette, tribut ; mort ; tâche, έεος-ους, τὸ.
7. Χρῆμα, bien, chose ; oracle ; argent. ατος, τὸ.
* Χρηστός, bon, utile ; obligeant. η, όν.
8. Χρίμπτειν, approche, effleure ; blesse. ψω.
9. Χρίω, frotte, oint d'huile *ou* de graisse. ίσω.

DÉRIVÉS.

1. Nourriture, *même des hommes* ; haie, parc, enclos ; χορτάζω, repaître, rassasier ; χορτάσμα, nourriture ; χορτασμός, rassasiement, réplétion.

2. d. p. effleurer ; fondre sur ; blesser ; tuer, détruire ; χράομαι, se servir ; avoir besoin ; rendre un oracle ; *moy.* consulter l'oracle ; τὸ χρησθέν, la réponse de l'oracle ; χρησμός (ὁ), *id.* prédiction. χρῆ, il faut ; χρήσει, il faudra. CATACHRÈSE, s. f. *rhét.* abus de la signification propre d'un mot (*à cheval sur un bâton*) ; κατάχρησις, de καταχράομαι abuser. CHRESTOMATHIE, s. f. recueil de beaux morceaux ; χρηστομάθεια. RR. χρηστός, bon, et μαθεῖν, aor. 2. de μανθάνω, apprendre.

5. d. p. usage, utilité, nécessité, devoir ; dit *ou* fait remarquable ; χρήζω, -ηΐζω, avoir besoin ; désirer, demander, prier. CHRIE, s. f. *rhét.* sorte de lieu commun, trait ou pensée remarquable, χρεία.

4. d. p. crier ; frémir.

5. Cracher avec bruit, expectorer ; *q. fois* hennir. CHRÉMÈS, CHRÉMYLE, n. pr. de vieillards, dans les comédies grecques, c.-à-d. *tousseurs* ou *grondeurs.* RR. χρέμπτομαι et χρεμετίζω.

6. Devoir ; nécessité ; affaire ; procès ; utilité ; prédiction ; prodige ; χρεών (τὸ), *indécl.* la mort, dette *de tous les hommes* ; destinée, L. *fatum* ; χρεών, s.-ent. ἐστί, il est nécessaire.

7. d. p. affaire ; indigence ; marchandise ; χρηματίζω, traiter les affaires ; rendre la justice ; délibérer, haranguer ; rendre des oracles.

* Efficace ; honnête, simple ; vulgaire ; οἱ χρηστοί, les gens de bien, les citoyens distingués ; χρήστης, créancier ; *q. fois* débiteur ; d. p. qui rend un oracle ; χρήσιμος, utile, avantageux ; usité ; ἀποχρᾷ, il suffit.

8. d. p. s'approcher de, s'appuyer ; frotter ; rejeter.

9. d. p. parfumer d'essences ; pommader ; farder, colorer ; teindre ; *poét.* piquer ; exciter ; χρίσμα, huile, onction, parfum ; CHRÈME, s. m. huile sacrée ; χριστός, oint, CHRIST, surnom de Jésus, *l'oint du Seigneur,* le Messie, *l'envoyé de Dieu* pour sauver les hommes. R. χρίω, oindre. De là CHRISTIANISME, s. m. loi, religion établie par Jésus-Christ ; et CHRÉTIEN, adj. et s. χριστιανός ; ANTÉCHRIST, s. m. séducteur ennemi du Christ. RR. ἀντί, contre, χριστός, le Christ.

CCXII.

1. Χρόα, couleur; teint*; χρώς, peau, chair. ας, ή; ωτός, ὁ.
2. Χρόνος, temps; χρονίζω, durer.   ου, ὁ. ίσω.
3. Χρυσός, l'or, (*monnaie ou matière*).   οῦ, ὁ.
4. Χυλός, suc, sève nourricière.   οῦ, ὁ.
5. Χύτρος, χύτρα, marmite, un pot.   ου, ὁ. ας, ή.
6. Χωλός, boiteux, clochant, pied-bot.   ή, όν.
7. Χωρεῖν, va, court; contient; fait place.   f. ήσω.
8. Χωρίς, sans, *de χῶρος* *, espace.   adv. -prép.
9. Χώρα, lieu, pays; terroir, champ.   ου, ὁ. ας, ή.
* Χωρίτης, des champs, paysan.   ου, ὁ.

DÉRIVÉS.

1. * Coloris, la peau; d. p. surface; χρόα est aussi *l'acc.* de χρώς -όος (ὁ), carnation; le corps; χροία, id. χροΐζω, χρζώω, colorer; teindre; χρόω, χρωννύω, et -υμι, id. d. p. farder; peindre; souiller; mouvoir, χρῶμα, couleur, coloris; peinture, teinture; air de musique; prétexte. ACHROMATIQUE, adj. (lunette) qui fait voir les objets *sans couleur* étrangère. RR. α priv. et χρωματικός, coloré, de χρῶμα. CHROMATIQUE, s. m. ou adj. (gamme, composition musicale) qui procède par demi-tons, χρωματικός, de χρῶμα, air de musique. CHROME, s. m. demi-métal qui sert à colorer, à teindre.

2. d. p. durée; l'âge; χρονίζω, durer long-temps; vieillir; tarder. ANACHRONISME, s. m. faute contre la chronologie, de ἀνά, contre, et χρονισμός, longue durée. CHRONIQUE, adj. *méd.* de longue durée, χρονικός; *subst.* histoire suivant l'ordre des temps; anciens mémoires. CHRONOLOGIE, s. f. science des temps, des époques. RR. χρόνος, et λόγος, discours; d'où *chronologique*, adj. et *chronologiste*, s. m. CHRONOMÈTRE, s. m. montre, instrument qui donne la mesure exacte du temps. RR. χρόνος, μέτρον, mesure.

5. χρυσίον, or, *prim.* or monnayé; χρύσεος, -ους, d'or; brillant, précieux. CHRYSALIDE, s. f. chenille dans sa coque *jaune*, avant de se changer en papillon; de χρυσαλλίς, ίδος (ή), dér. de χρυσός, or. CHRYSOLITHE, s. f. pierre précieuse d'un jaune d'or mêlé de vert. RR. χρυσός, λίθος, pierre.

4. CHYLE, d. p. saveur; χυλώδης, plein de suc. CHYLE, s. m. suc blanchâtre, produit de la digestion des alimens, lequel se convertit en sang.

6. d. p. mutilé; défectueux. χωλαίνω, -λεύω, boiter.

7. S'avancer; se retirer; être capable; arriver; échoir. χωρεῖ, *impers.* il y a lieu; συγχωρέω, convenir, accorder; pardonner. ANACHORÈTE, s. m. solitaire; ἀναχορητής, retiré, d'ἀναχωρέω, se retirer. RR. ἀνά, en arrière, et χωρέω, aller.

8. d. p. séparément, à part; en outre. * *Poét.* lieu, place, intervalle.

9. *plus usité en prose* que χῶρος, d. p. fonds de terre, q. fois, la campagne; χωρίον, id. d. p. place forte; passage d'un auteur. CHOROGRAPHIE, plan détaillé d'une localité; RR. χῶρος, pays, et γραφή, description; d'où *chorographique*, adj. carte chorographique.

CCXIII.

* Ψ, sept cents. 1. ψακάς, la rosée.   άδος, ή.

2. Ψαθυρός, chose à rompre aisée.   ά, όν.

3. Ψάλιον, frein ; collier ; anneau.   ου, τό.

4. Ψαλίς, des ciseaux ; voûte, arceau.   ίδος, ή.

5. Ψάλλω, touche un luth ; PSALMODIE.   *f.* ψαλῶ.

6. Ψάμμος, sable. 7. * ψᾶν, racle; essuie. ου, ή. * ήσω.

* Ψαύειν, effleurer, peu toucher.   σω.

8. Ψέγειν, blâmer fort, reprocher.   ξω.

9. Ψελλός, bègue, qui balbutie.   ή, όν.

10. Ψεύδω, feint, ment ; fait tromperie.   σω.

DÉRIVÉS.

* Avec l'accent au-dessous, à côté (ͺψ), il vaut sept cent mille.

1. Goutte de rosée; ψεκάς, id. d. p. miette, petit grain ; ψακάζω, ψεκάζω, distiller, faire égoutter; *sens neut.* tomber en rosée, goutte à goutte.

2. Friable, qui s'émiette aisément; sec ; fragile ; sablonneux; frêle; moisi, gâté. ψαθύρόομαι, s'émietter ; se gâter.

3. *propr.* gourmette du frein. *souvent le m. que* ψέλλιον, *lat. torques*, grand anneau de métal autour du cou ou du bras, bracelet.

4. d. p. arcade ; clef de voûte; ψαλιδόω, voûter, cintrer; ψαλίζω, couper avec des ciseaux.

5. faire vibrer une corde; chanter, célébrer en vers; ψάλμα, ψαλμός, L. *psalmus*, chant, PSAUME; ψαλμωδός, qui chante des psaumes ; ψάλτης, ψαλτήρ, -ῆρος, harpiste, qui joue d'un instrument; ψάλτιγξ, ψάλτιξ, harpe ; ψαλτῳδέω chanter en s'accompagnant sur la harpe. PSALLETTE, s. f. lieu où l'on exerce les enfans de chœur, de ψάλλω; *psautier*, s. m. recueil de psaumes ; et *psalmiste*, s. m. le roi prophète David. PSALMODIE, s. f. ψαλμωδία, chant des des psaumes. RR. ψάλλω, d'où

ψαλμός, et ᾠδή, chant; d'où *psalmodier*, v. ψαλμωδέω. PSALTÉRION, s. m. instrument à cordes, ψαλτήριον, harpe.

6. *q.fois*, ό, terre sablonneuse. ἄμμος. ψαμάθος, ἄμαθος, id. ἀμαθύνω, réduire en poudre, en cendre. AMMON, surnom de Jupiter, pris d'un temple qu'il avait au milieu des sables de la Libye; ἄμμων, d'ἄμμος. AMMONIAC, adj. sel que l'on recueillait dans les sables de la Libye; ἀμμωνιακός, d'ἄμμος. AMMOCHRYSE, s. m. *sable d'or*, mica jaune pulvérisé que l'on met sur l'écriture. RR. ἄμμος, et χρυσός, or. AMMONITES, *Cornes d'Ammon, coquillage.*

7. Gratter ; émietter, pulvériser; ψήχω, raser; frotter, essuyer; flatter; ψαίω, ψαίρω, id. d. p. effleurer; tirer; souffler, enflammer. *ψαύω, frôler, raser, tâter. παλίμψηστος, raclé pour la seconde fois ; PALIMPSESTE, s. m. parchemin, tablettes, dont on efface l'écriture, pour y écrire autre chose.

8. ψόγος, blâme, reproche.

10. ψεύδομαι, id *pass.* être trompé. ψεῦδος, (τό), mensonge. PSEUDONYME, s. adj. (auteur) qui publie ses ouvrages sous un faux nom. RR. ψευδής, faux, et ὄνυμα, nom.

CCXIV.

1. Ψέφος, ténèbres, temps peu clair.　εος, τὸ.
2. Ψηνός, chauve. 3. Ψήν, cinips, ver.　ή, όν. ός, ὁ.
4. Ψῆφος, vote ; caillou, pierrette.　ου, ή.
* Ψηφίζω, calcule ; décrète.　ίσω.
5. Ψιά, jeu ; ψιάς, eau gouttant *.　ᾶς, ή. άδος, ή.
6. Ψίθυρος, bruit sourd, médisant.　ου, ὁ.
7. Ψίαθος, natte de jonc faite.　ου, ὁ, ή.
8. Ψιλός, ras; faible; nu. 9. Ψίξ, miette.　ή, όν. χὸς, ή.
10. Ψίμμυθος, céruse, blanc, fard.　ου, ὁ.
11. Ψιττάκη, perroquet ; bavard.　ης, ή.

DÉRIVÉS.

1. Obscurité; ψέφος, ον, adj. ténébreux, obscur; ψεφαρός et ψεφηνός, id. ψέφω, obscurcir; être inquiet.

2. Clair-semé ; railleur, joyeux; ψηνίζω, raser.

3. Gallinsecte ou cinips ; moucheron qui, déposant ses œufs dans les figues, en hâte ainsi la maturité.

4. Galet roulé par les eaux ; pierrette ronde et plate pour jouer ou pour aller au scrutin; suffrage , chose délibérée par les suffrages ; dame à jouer; pierre précieuse ; ψηφίς, id. ψηφοραγέω, vivre de son suffrage, le vendre; ψηφοφορέω, donner sa voix, son suffrage; désigner, créer.

* propr. recueillir, compter les suffrages ; juger, statuer; au moy. ψηφίζομαι, voter; donner son avis; décider, adjuger, décerner; ψηφάω, compter; penser, raisonner ; avoir soin ; καταψηφίζομαι, avec le gén. condamner ; être ou n'être pas d'avis ; décider.

5. ou ψειά, amusement; conversation, plaisanterie; d. p. goutte de rosée; miette, grain. ψιαδέω, jouer, folâtrer. * c.-à-d, goutte d'eau, de rosée; pluie fine. ψιάζω, tomber comme la rosée; couler goutte à goutte.

6. d. p. chuchotement; adj. ψίθυρος, qui rend un son faible et doux; qui chuchotte; ψιθυρίζω, parler bas à l'oreille ; murmurer ; bruire , frémir , comme les feuilles agitées par le vent; gazouiller; médire; ψιθύρισμα, et ψιθυρισμός, murmure; bruits sourds; délation.

7. Le jonc même ; éclisse à fromages; cabas en jonc.

8. d, p. sans poil; sans armes ; armé à la légère ; ψιλέω, mettre à nu, dépouiller; ψιλόω, épiler ; ψίλωθρον, dépilatoire, remède pour faire tomber le poil; vigne blanche, dont les grains servaient à cet usage; ψίλωμα, chauveté. ÉPSILON, UPSILON, c.-à-d. υ, E, bref ou faible, de E, Υ, et de ψιλόν, neut. de ψιλός, bref, faible.

9. Mie; parcelle. ψίχιον, dim. petite miette. ψίω, émietter, morceler; donner à manger; au moy. déchirer à belles dents, dévorer. PSICHARPAX, nom d'un Rat dans la Batrachomyomachie d'Homère; ψιχάρπαξ, ravisseur de miettes. RR. ψίξ, et ἁρπάζω, ravir.

10. Blanc de plomb; ψιμύθιον, id. ψιμμυθιόω, farder, blanchir avec de la céruse.

11. ψιττακός (ὁ), le même. L. psittacus.

CCXV.

1. Ψόφος, bruit. 2. Ψόλος, flamme épaisse. ου, ὁ. ου, ὁ.
3. Ψύλλα, puce de toute espèce *.   ης, ἡ.
4. Ψυχή, l'âme, esprit; l'homme entier.   ῆς, ἡ.
* Ψυχικός, animal, grossier.   ή, όν.
5. Ψύχω, rafraîchit, sèche, vente.   f. ξω.
6. ψώα, mauvaise odeur; courante.   ας, ἡ.
7. Ψωμός, morceau, bouchée, *ou* mets.   οῦ, ὁ.
* Ψωμίζω, je nourris, repais.   ίσω.
8. Ψώρα, gale, dartre, gratelle.   ᾱς, ἡ.
9. Ψώχω, broie, émiette, morcelle.   ξω.

DÉRIVÉS.

1. Son; fracas. ψοφέω, faire du bruit, du fracas; craquer.

2. d. p. fumée; la flamme et la suie.

3. * Comme *pucerons*, qui sucent les plantes, *podures*. ψύλλιον, L. *psyllium*, herbe aux puces. ψυλλίζω, faire la guerre aux puces, en être tourmenté.

4. Souffle de la respiration; vie; raison; naturel; cœur, générosité; impétuosité; papillon; dans l'*Écriture*, l'homme même. ψυχόω, vivifier; animer, encourager; souffler; rafraîchir. MÉTEMPSYCHOSE, s. f. passage de l'âme dans un autre corps; μετεμψύχωσις. RR. μετά, marquant changement, ἐν, dans, et ψυχή, âme. PSYCHAGOGIQUE, adj. (remède) qui rappelle à la vie, ψυχαγωγικός; RR. ψυχή, vie, et ἄγω, amener. PSYCHÉ, épouse de Cupidon; l'âme personnifiée; ψυχή. PSYCHOLOGIE, s. f. partie de la philosophie, qui traite de l'âme; RR. ψυχή, et λόγος, traité.

* de l'âme, *animalis*; *propr.* animé, qui a une âme; qui a rapport à l'âme, appartient à la vie; charnel, *opposé à* spirituel, *dans l'Écriture*. λειποψυχέω, tomber en défaillance; perdre courage; rendre l'âme; μικρο-ψυχία, pusillanimité; φιλόψυχος, qui aime la vie.

5. Donner de l'air; refroidir; souffler; ψυχάζω, respirer le frais; se rafraîchir; ψυχάω, rafraîchir; ψύχος (τὸ), froid, hiver, gelée; frais; ψυχρός, froid, gelé, glacé; glacial; lâche, misérable; τὸ ψυχρόν, le froid, la gelée; eau fraîche. ἀναψύχω, refroidir, rafraîchir; ressuyer; réchauffer, ranimer, faire revivre; ἀποψύχω, rafraîchir; éteindre, sécher; rendre net; s'évanouir, ou rendre l'âme; aller à la selle. PSYCHRO-MÈTRE, s. m. instrument pour mesurer l'intensité du froid. RR. ψυχρός, froid, et μέτρον, mesure.

6. ψωία, ψῶζα, id.

7. ψώμισμα, id. ψώμιον, morceau qu'on met dans la bouche.

* Empâter; couper, choisir les morceaux; servir à table; faire paître; consommer.

8. d. p. teigne, *maladie*, et *petit papillon de nuit*. PSORIQUE, adj. (humeur, vice) *méd.* de la gale; (remède), contre la gale. ψωριάω, avoir la gale; ψωρός, ψωρώδης, galeux, dartreux.

9. d. p. frotter, gratter, user en frottant; dégrossir. ψῶχος, terre sablonneuse.

CCXVI.

* Ω, huit cents ; fin, extrémité.
1. Ὠκύς, prompt, plein d'agilité.   εῖα, ύ.
2. Ὠθεῖν, pousse, renverse; chasse.   ώσω *et* ὠθήσω.
3. Ὠλένη, coude, bras, *ou* brasse.   ης, ἡ.
4. Ὦμος, épaule. 5. Ὠμός, cru, vert.   οῦ, ὁ.
6. Ὠνέομαι, achète, acquiert.   ήσομαι.
7. Ὦον, chambre du haut; demeure.   ου, τὸ.
8. Ὠόν, œuf. 9. Ὥρα, temps, âge, HEURE. οῦ, τὸ. ας, ἡ.
10. Ὦρα, soin. 11. Ὠρύειν, hurler.   ας, ἡ. ύσω.
12. Ὠχρός, pâle. 13. Ὠφελεῖν, aider.   ά, όν, ήσω.

DÉRIVÉS.

* Avec l'accent au-dessous à gauche, ͵ω vaut huit cent mille.

1. *Comp.* ὠκύτερος, et ὠκίων; *superl.* ὠκύτατος, et ὠκίστος. ὠκύτης, vitesse; ὠκέως, *adv.* vite. OCYPODE, s. m. genre de crustacées qui courent vite. RR. ὠκύς, et πούς, ποδός, pied.

2. d. p. rejeter; éloigner de soi; ὠστίζω, ὠθίζω, id. d. p. frapper, maltraiter; ὠσμός, impulsion, choc, renversement; ὤθησις, ὦσις, action de pousser; ὤστης, qui pousse; ὠθισμος, effort pour pousser.

3. L. *ulnæ,* aune, *mes.* d. p. main; ὠλένιος, du coude. OLÉCRANE, s. m. tête du coude; RR. ὠλένη, et κρανον, tête.

4. ὠμίας, qui a de larges épaules, robuste; ὠμίζω, porter sur les épaules. OMOPLATE, voy. p. 163, 1.

5. OMOPHAGE, adj. qui mange de la chair crue; RR. ὠμός, et φάγω, manger.

6. ὤνησις, vente; ὦνος, le prix, l'achat; ὠνητός, acheté; ὤνιος, mis en vente; ὀψώνιον, mets; vivres; salaire. MÉTHONE, s. f. ville du Péloponèse, qui faisait un grand commerce en vin; RR. μέθυ, vin, ὠνέομαι.

7. ὑπερῶον, chambre haute: cénacle, *Act. des apôtres.*

8. Toute espèce d'œuf. OO- LITHES s. m. pl. coquilles pétrifiées semblables à des œufs de poisson; RR. ὠόν, œuf, et λίθος, pierre.

9. L. *hora.* Saison; jour; fleur de l'âge; beauté. ὡραῖος, de saison; nubile; beau. HORLOGE, s. m. RR. ὥρα et λέγω, dire; HORLOGER, s. m. *Horlogerie,* s. f. HOROGRAPHIE, s f. art de tracer des cadrans solaires; RR. ὥρα, et γράφω, tracer. HOROSCOPE, s. m. observation des astres, à la naissance de quelqu'un, par laquelle les astrologues prétendaient connaître ce qui lui arriverait dans le cours de sa vie. RR. ὥρα, et σκοπίω, observer.

10. Sollicitude; ὠρέω, avoir soin; garder; ὠρακιάω, sécher d'inquiétude. PYLORE, s. m. orifice inférieur de l'estomac, πυλωρός, *portier de l'estomac.* RR. πύλη, porte, et ὠρέω; garder.

12. ὦχρος (ὁ,) *accent circonfl.,* et ὠχρότης, pâleur; ὠχρόω, pâlir, rendre pâle. OCRE, *autre,* f. OCHRE, s, f. terre d'un jaune ou rouge pâle; ὦχρα, f. d'ὠχρός.

13. Etre utile; servir. ὠφελεία, utilité, profit; assistance ὤφελον, plût au ciel que!

SUPPLÉMENT.

MOTS FRANÇAIS

PRIS

DE LA LANGUE GRECQUE,

OU QUI Y ONT QUELQUE RAPPORT,
SOIT PAR ALLUSION SOIT PAR ÉTYMOLOGIE;

LESQUELS N'ONT PU TROUVER PLACE
PARMI LES DÉRIVÉS.

A.

ABAVENT, charpente dans les ouvertures des clochers, qui sert à *abattre le vent.* R. βαθύς, profond, bas.

ABRÉGER, *abbreviare*, de *brevis*, pris de βραχύς, selon le grammairien Feste, changeant X en V, comme dans μαλάχη, *malva*, MAUVE. De là vient même *brevia*, des bancs de sable, et *breviarium*, tablettes, abrégé, BRÉVIAIRE.

ACADÉMIE, tout lieu d'exercice, Université, ἀκαδημία, qui était proprement un lieu public, planté d'arbres, à Athènes, ainsi nommé d'un certain Académe, qui le donna.

ACARIATRE, qui est d'une humeur farouche. R. ἀ priv. et χάρις, grâce; ἄχαρις, τος, opiniâtre, sans complaisance.

ACHAÏE, ἀχαία (partie de la Grèce), qu'on croit avoir été ainsi nommée d'ἄχος, εος (τὸ), douleur.

ACHATE (maintenant AGATE), ἀχάτης, pierre précieuse, ainsi nommée, parce qu'elle fut d'abord trouvée en Sicile, dans un fleuve du même nom.

ACIER, d'*acies*, pris d'ἀκίς, pointe. R. ἀκή, pointe.

ACRE, mesure de terre, d'*ager*. R. ἀγρός, terre, champ.

ACRIDOPHAGE, adj. *mangeur de sauterelles.* R. ἀκρίς, sauterelle, et φαγεῖν, manger.

AÉROLITHE, s. m, pierre qui tombe de l'air. RR. ἀήρ et λίθος.

ÆTIOLOGIE, s. f. partie de la médecine qui traite des diverses causes des maladies. RR. αἰτία et λόγος.

AGA, vieux mot, qui marque admiration ou indignation. R. ἄγαμαι, admirer, porter envie, s'indigner.

AGARIC, ἀγαρικόν, plante parasite, charnue, qui tient du champignon, tiré d'Agaric, région de Sarmatie.

AGATE. *Voy.* ACHATE.

AGÉSILAÜS, Agésilas, n. pr. RR. ἄγω, conduire, et λαός, peuple.

AGRIPPER. *Voy.* GRIPPER.

AGRAFE, d'ἄγρα, *captura*, prise, ou proie, et ἀφή, attouchement, enlacement, selon Budé. R. ἅπτω, enlacer, lier, joindre. D'autres néanmoins aiment mieux le dériver du mot GRIFFE, comme qui dirait *agriffe*, *agriffer*, pour agrafe, agrafer.

AH, de ἄ, voix d'étonnement, de douleur, ou d'admiration.

AJAX, n. pr. d'h., d'αἰάζω, déplorer.

AIGRE, et ACRE, d'*acer*. R. ἀκίς, ίδος, pointe, ou ἀκή, *acies*.

AIGU, AIGUISER, *acutus*, *acuo*, viennent d'*acus*, une aiguille, pris d'ἀκεῖσθαι, *sarcire*, coudre, ou de ἀκή, et ἀκίς, pointe.

AILE, ou pointe d'une armée, d'*ala*, pris d'ἴλη, par le changement d'ι en α, comme de στίχω, vient *tango*, R. εἰλέω, *congrego*, *volvo*, *circumvolvo*. Mais *ala*, pour AILE d'un oiseau, ne vient pas proprement de là. Cicéron le tire par syncope d'*axilla*, qui vient d'ἄγω, agir, remuer, porter dehors; d'où *axa*, puis *axala*, et *axilla*.

AILLEURS, d'*aliorsùm*, pris d'*aliò*, autre part; et *aliò*, d'*alius*, qui vient d ἄλλος, par le changement de *l* en *i*, comme dans φύλλον, *folium*.

AISE, gai; et AISÉ, qui est à son aise; d'αἴσιος, *fortunatus*. R. αἶσα, sort, destin, part, portion; ou selon les autres, d'*otium*, loisir, repos.

AISSELLE. *Voy.* AILE.

ALAMBIC, de *al*, article arabe, et d'ἄμβιξ, un vase, une cruche, un pot.

ALAMBIQUER, de la même.

ALBATRE, ἀλάβαστρον, vase à mettre des parfums, ou le marbre transparent dont on le faisait.

ALCHYMIE, de l'article arabe *al*, et de χυμεία; d'où ALCHYMISTE. R. χέω, *fundo*, verser, fondre, jeter en fonte.

ALMANACH, de *al*, article arabe, et μηνιακός, cercle lunaire, dans Vitruve. R. μήνη, la lune; si l'on n'aime mieux le prendre de l'hébreu, *Manach*, selon Covarruvias.

ALUN, espèce de sel. R. ἅλς, *sal*.

AMANDE, *amygdala*, ἀμυγδάλη, et ἀμύγδαλον, R. ἀμυγδαλέα (ἡ), amandier.

AMBIDEXTRE, *Ambidexter*, qui se sert également de la main droite et de la gauche, d'ἀμφιδέξιος. R. ἄμφω, d'où *ambo*, deux, et δεξιά, *dextra*.

AMELETTE (vieux), d'ἀμβύλατον, qui se trouve à peu près en cette signification dans le scholiaste d'Aristoph. Ou de ἅμα, *simul*, et λύω, *battre*, dissoudre, comme qui dirait œufs battus et dissous ensemble. Aujourd'hui on dit et on écrit *omelette ;* du mot *omelina,* pris de ὠὸν, *ovum* et μέλι, *mel.*

AMIRAL, du grec ἀμηράς, qui se trouve en cette signification, et qui a été fait de l'arabe *Amir,* ou *Eemir,* qui signifie *Seigneur,* selon Ménage en ses *Origines Françaises ;* ou de ἀλμύαρχος, chef de la marine. R. ἄλς, ἄλος, *la mer, du sel ;* d'où vient ἀλμυρός, salé, ou qui regarde la saline, et ἀρχή, principauté, commandement.

AMPHICTYONS, s. m. pl. députés des villes et des peuples de la Grèce, qui représentaient la nation, ἀμφικτύονες.

AMPHION, n. pr. d'h., de ἄμφοδος, chemin fourchu, parce qu'il y était né.

AMYGDALES, glandes au conduit du gosier, d'ἀμυγδάλη, amande, à cause de la ressemblance.

ANASTASE, n. pr. d'h., ἀναστάσιος, de ἀνάστασις, εως, résurrection. R. ἵστημι, *sto,* être debout.

ANDROMAQUE, n. pr. de f., d'ἀνήρ, homme, et μάχη, combat, c.-à-d. *femme d'un courage viril.*

ANDROMÈDE, n. p. de f., d'ἀνήρ, homme, et μῆδος -εος (τὸ), soin, conseil ; c'est-à-dire, *qui commande aux hommes.*

ANGIOSPERME, adj., se dit des plantes dont la semence est enveloppée dans un vase ou une capsule différente du calice. RR. ἀγγεῖον, et σπέρμα, venant de σπείρω, semer.

ANKYLOSE, s. f. privation de mouvement dans les articulations ou jointures. R. ἀγκύλη, coude, jointure, ou ἀγκύλος, courbé, tortu.

ANIS, d'ἄνισον, *anisum,* autrefois ANETH, d'ἄνηθον.

ANNIBAL, ou HANNIBAL, n. pr. d'h., d'ἀννίβας, gracieux.

ANTHROPOLOGIE, s. f. figure par laquelle l'Écriture sainte attribue à Dieu des actions et des affections humaines, comme dans ces phrases : « le BRAS *de Dieu s'est armé de puissance ;* SA MAIN *s'appesantira sur le pécheur ;* ses YEUX *pénètrent jusqu'au fond de nos cœurs.* » RR. ἄνθρωπος et λέγω.

ANTHROPOMORPHITES, ἀνθρωπομόρφιται, hérétiques qui donnaient à Dieu un corps semblable à celui des hommes. RR. ἄνθρωπος, *homo,* et μορφή, *forma.*

ANTIENNE, *antiphona,* d'ἀντιφωνέω, répondre de l'autre côté. RR. ἀντί, et φωνή, voix, son.

ANTIPATER, n. pr. d'h., ἀντίπατρος, *pro patre,* qui tient lieu de père.

ANTIPÉRISTASE, qualité contraire et opposée, ἀντιπερίστασις, *circumobsistentia.* R. ἵστημι, *sto.*

APPAT, *appâter,* de *pascere,* paître ; et *pasco* est pris de πάω, comme *scio,* de *scisco.*

APHÉRÈSE (RR. ἀφ' pour ἀπ', et ἀπ' pour ἀπό, et αἱρέω, ôter), retranchement d'une syllabe au commencement d'un mot. *Voy.* Faner.

APODOSE (ἀπόδοσις. RR. ἀπό

et δόω, donner), l'action de rendre ou de répondre ; proposition qui répond à une première.

APOLLON, n.pr.d'h.,ἀπολλύω, perdre, détruire, ou. ἀπολύειν, dissoudre, ou α privat. et πολύς, beaucoup, parce qu'il n'y a qu'un *Soleil.*

APOSTÊME, ou plutôt, selon notre prononciation, *apostume,* ἀπόστημα, *abscessus,* qui se prend même en latin pour un *abcès.* R. ἵστημι, *sto,* ἀφίστημι, *abscedo, secedo,* se retirer, diviser, parce que l'abcès divise les parties.

APOZÊME, ἀπόζεμα, décoction. R. ζέω; ἀποζέω, bouillir, ou faire bouillir.

APPUI, de *ad,* et *podium,* qui signifie un accoudoir, ou lieu qui avance ; de πόδιον, diminutif de πούς, ποδός, le pied ; dont on a étendu la signification, dit Vossius. D'où vient que le vieux Lexicon explique *podium,* un bâton dont on s'appuie.

APRÈS, d'ἀπό, *post;* mieux, de *pressus ad.*

APRIVOISER, d'ἀπό, et de πραύνω, adoucir, calmer. R. πρᾶος, ου, doux ; πραύς, έως, le même. D'autres aiment mieux le prendre de *privé,* opposé à sauvage, *quòd in privâ domo sit.* Et *privus,* dont on a fait *privatus,* vient de πρίω, *seco, divido,* selon Scaliger, parce que c'est ce qui nous échoit en propre dans le partage de la famille; ou de πρίκω, πριόω, *emo,* d'où vient πρίαμαι, acheter, selon Vossius, *quòd qui sibi*

emit, *privum et proprium facit.*

ARACHNÉ, n. pr. de f., habile en tapisserie, d'ἀράχνη, toile d'araignée.

ARCHELAÜS, n. pr. d'h., ἀρχέλαος, q. ἀρχός λαοῦ, *princeps populi.* RR. ἀρχή, *principium,* et λαός, *populus.*

ARCHÉOLOGIE, s. f. science des antiquités ; R. ἀρχαῖος dér. d'ἀρχή et λέγω.

ARCHIVES, s. f. pl., ἀρχεῖον, lieu où l'on garde les papiers et actes publics. R. ἀρχή.

ARE (R. ἀρόω, labourer), mesure superficielle de 200 mètres carrés, pour mesurer les terres : elle remplace ce qu'on nommait la *perche.*

ARÉOMÈTRE s. m., ou *pèse-liqueur,* instrument pour peser les fluides. RR. ἀραιός, subtil, léger, et μέτρον, mesure.

ARGÉMONE, s. f., ἀργεμόνη, pavot épineux, qu'on dit être bon pour les taies qui viennent entre le blanc et le noir de l'œil, appelées *argémons,* ἀργέμονοι. R. ἀργός, *albus.*

ARGILE, ἄργιλλος, *argilla,* glaise, terre grasse et blanche, propre à faire des vases. R. ἀργός, blanc.

ARION, n. pr. d'h., d'ἀρείων, meilleur.

ARISTOPHANE, n. pr. d'h., d'ἄριστος, très-bon, et φαίνω, paraître.

ARISTOTE, n. pr., ἀριστοτέλης, *ab optimo fine.* R. τέλος (τό), fin.

ARMES, *arma, orum,* de ἁρμός, οῦ, liaison et jointure proprement faite. R. ἄρω, *apto,* proportionner, ajuster.

ARROSER, d'ἀρδεύειν, *irrigare*; d'où vient aussi *jardin*.

ART, *ars*, *artis*, pris d'ἀρετή, vertu, courage, adresse, ou plutôt, ἄρω, *apto*, *necto*.

ARTICHAUTS, ἀρτυτικά (τὰ), R. ἀρτύω, assaisonner; ou de *carduus*.

ARTICLE, *articulus*, diminutif d'*artus*, pris d'ἄρθρον, *membrum*.

ARTIMON, petite voile, d'ἀρτάω, suspendre.

ASPERGE, ἀσπάραγος, *asparagus*.

ASTRAGALE, cordon d'architecture, ornement de colonne; ἀστράγαλος (ὁ), osselet, *talus*, *taxillus*, *vertebra*.

ASTROLABE, instrument d'astronomie, pour *prendre*, mesurer la hauteur des astres, et connaître la latitude où l'on est; ἀστρολάβιον, d'ἄστρον, et de λάβω, prendre.

ASTROLOGIE, ἀστρολογία, du même ἄστρον, et de λέγω, dire, parler.

ATHÈNES, *Athenæ*, ἀθῆναι, d'ἀθήνη, Minerve à qui cette capitale de l'ATTIQUE était dédiée. Elle se nommait autrefois ἀκτή, *littus*, à cause des rivages de la mer dont elle était proche; R. ἄγω, *frango*, parce que les flots se viennent briser là.

ATHÉNÉE, s. m. ἀθηναῖον, édifice consacré à Minerve. On donne aujourd'hui ce nom à des assemblées de savants. De plus, n. pr. d'h., ἀθηναῖος.

ATTIFER, ajuster, de τύφος, orgueil, l'un ne pouvant guère être sans l'autre, dit Arnobe; ou de στέφω, orner, couronner.

ATTRAPER, pour dire atteindre, ἀτραπίζειν, marcher, aller; ἀτραπός, chemin battu, R. τρέπω, *verto*.

ATTRAPER, pour *surprendre*, vient aussi de là, quoiqu'on le fasse dériver de *trapa*, une TRAPE, dont on a fait *adtrapare*; car *trapa*, vient de τρέπω, *verto*, parce que les trapes s'ouvrent en tournant.

AUMÔNE, ἐλεημοσύνη, *cleemosyna*. R. ἔλεος, miséricorde.

AUSSI, d'αὐτωσί, *sic*, en ôtant τω, si l'on n'aime mieux le prendre de *ad sic*.

AUTRE, d'*alter*, pris d'ἅτερος, Att. pour ἄλλος ἕτερος.

AUTRUI, même racine qu'*autre*; ou pris d'ἀλλότριος, *alienus*. R. ἄλλος.

AUTOMATE, qui se remue de soi-même, d'αὐτός, soi-même, et μάω, désirer.

B.

BABILLER, vieux mot, de βάζω, ou βαβάζω, parler inarticulément, ou de βάβιον, mot syrien, qui signifie enfant. D'où l'italien *bambo*, et son diminutif *bambino*, BAMBIN, enfant; comme encore *bambolo*, dont on a fait ensuite *bambole*, pour dire les poupées, et dont il semble que nous ayons pris notre mot de BABIOLES, et celui de BIMBELOTIERS, pour ceux qui font les poupées.

BACCHANALES, jours de débauches, de βάκχος, *Bacchus*.

BADAUD, de βάταλος, odieux, sot, efféminé.

BAI, adj., rouge-brun; *che—*

val bai; de βάϊον, un rameau de palme, à cause de la couleur. R. βαΐς, le même. De là vient encore BAYART, cheval bayart.

BAIL, s. m., si l'on n'aime mieux le prendre de l'hébreu *baal, posséder comme maître,* on peut le tirer, comme le verbe

BAILLER, de βάλλειν, supp. εἰς τὴν χεῖρα, mettre entre les mains.

BAILLI, de βουλή, conseil, avis, sénat ; ou plutôt de *baille,* pour dire gardien, et qui en quelque lieu signifie sergent et magistrat ; parce que, dit Trippaut, les états des Baillis sont du propre du domaine, dont l'exercice leur est baillé comme en dépôt.

BAL, BALLET, BALLER (vieux), danser : de βαλλίζειν, sauter, danser. R. βάλλω, jeter, lancer.

BALÉARES, nom d'îles, sur les côtes de l'Espagne dans la Méditerranée, Majorque, Minorque, Iviça, où l'on s'exerçait à la fronde, de βάλλω, lancer.

BALSAMIQUE, adj., qui a des propriétés semblables à celles du baume. R. βάλσαμον.

BALLEY, rubis balais, diamant rouge-clair, rose, de βάλλην, mot propre de cette pierre précieuse, comme ἀστήρ.

BANC, d'ἄβαχος, abacus, d'où l'on a fait *bancus,* banc. R. ἄβαξ, αχος (ὁ).

BANDE, pour dire une compagnie, de βάνδον, pris du latin *pandum,* et qui dans Suidas marque une enseigne de guerre ; ou de l'allemand *bant;* et de là viennent aussi

les mots de BANDEROLLE, de BANNIÈRE, et de BANDOULIÈRE.

BAPTISER, βαπτίζω, laver, R. βάπτω, *immergo.*

BARBARE, adj. Les Grecs et les Romains donnaient ce nom à ceux qui parlaient mal le grec ou le latin. Nous employons ce mot pour signifier un homme cruel.

BARBARISME, vice contre la pureté de la langue, de βάρβαρος.

BARON, de βάρος, qui se prend aussi pour *autorité* et *puissance;* ou de *baro,* qui parmi les Latins signifiait vaillant, brutal, féroce, et que saint Isidore fait dériver du βάρυς, *gravis.*

BARQUE, de *barca,* pris de βάρις, *Voy.* Hésyche.

BAS, de βαθύς, creux, profond, ou de βάσις, allure, base. R. βαίνω, marcher ; ou de βαιός, petit ; ou même de βῆσος, εος, qui, dans Homère, signifie une vallée ; et de là même ABAISSER.

BASALTE, sorte de marbre noir qui sert de pierre de touche. R. βάσανος.

BASTONNADE, s. f., coups de *bâton,* lequel s'écrivait autrefois *baston. Voy.* BATON.

BAT d'âne, de *bastum,* pris de βαστός, bâton à porter les fardeaux : d'où βαστάζω, porter.

BATON, de la même, ou de βάκτρον, *baculus.* R. βακτηρία, *id.* De BATON peut venir BASTION et BATIR, parce que les anciens bâtiments n'étaient faits que de perches et de longs bâtons ; et même BATTRE, puisque l'on bat avec des bâtons. Quoique d'autres au contraire dérivent *bâton* de *battre*, et celui-ci de *batuo*, qui pourra venir de πατάσσω, *percutio*. De *batuo* l'on a fait *batualia*, qui signifie proprement le lieu où deux hommes s'exerçaient au combat; et de *batualia*, *batalia*, d'où nous avons pris BATAILLE.

BATARD, de βασσάρα, une prostituée, une perdue.

BATTOLOGIE, s. f., répétition inutile des mêmes mots. RR. βάττος, nom d'un homme qui bégayait et parlait beaucoup, et λέγω, je dis, je parle.

BAUCAL, βαυκάλιον, *baucalis*, vase qui a le goulot long et étroit. R. βαύζω, aboyer, parce que l'eau y tombant, fait un bruit sourd. *Voy.* BOCAL.

BAY, comme un cheval bay, de βάϊον, un rameau de palme, à cause de la couleur. R. βαΐς. De là encore BAYART, cheval bayart. *Voy.* BAI.

BÊLER, pris du son des brebis, a rapport à *balare*, fait de βλάχειν, Dor. pour βλήχειν; car les Romains en beaucoup de choses ont imité les Doriens. Or il faut prendre garde que dans les mots faits par l'imitation du son, quelquefois les peuples les ont formés immédiatement de ce son même, et quelquefois par l'imitation de la voix déjà usitée chez leurs voisins.

BERNER, de βέρνεσθαι, dont les Doriens se sont servis pour πάλλειν, *vibrare*.

BERCER, de βράττειν suivant Casaubon, *vanner*. R. βράζω, *ferveo*.

BEURRE (q. *boutre*, qui se dit encore en Flandre), βούτυρον, pris de βοῦς, parce qu'il est fait de lait de vache, et de τυρὸς, fromage.

BLAFART, de ψαφαρὸς; ou plutôt, comme on a dit βάλω, jeter, de même aussi on a dit βλάω, βλάπω, βλάπτω, parf. βέβλαφα, d'où probablement BLAFART, infirme, défiguré. De là aussi BLÊME.

BLAME, BLAMER, de βλάπτω, ψω, prét. pass. βέβλαμμαι, nuire, offenser.

BLED ou BLÉ, de *bladum*, pris de βλαστὸς, germe. R. βλαστάνω, germer, fructifier. De là *bladier*, et *emblaver* une terre, pour dire, l'ensemencer, *imbladare*.

BOIS et BOCAGE, de βόσκω, paître. R. βόω, *id.* De là encore BUCHE, BUCHERON, DÉBUSQUER, EMBUSCADE, TRÉBUCHER.

BOCAL, sorte de gros vase en verre à col court, de βαυκάλιον, ou mieux de l'italien, *bocca*, bouche, à cause de son ouverture large et béante.

BORNE, de ὅρος, *terminus*. Le *b* vient du *digamma* éolique, qui tenait lieu de l'esprit.

BOTTE, de βοτός, proprement *foin*. R. βόω, paître.

BOUCHER, autrefois *bouchier* ou *bouthier*, de βουθύτης, pris de βοῦς, bœuf, et de θύω, tuer.

BOUE, de βαβύας, qui signifie la même chose dans Hésyche; ou de πύος, gén. πυός, pus. R. πύθω, pourrir.

Bouille, s. f. longue perche pour troubler l'eau, quand on pêche, se tire de *bulla*, que nous pouvons prendre de φλύω, *bullio*. R. φλέω, *abundo*.

Boule, de βολή, l'action de jeter, ou ce qu'on jette. R. βάλλω, jeter; ou de πόλος, qui ne signifie pas seulement le pôle ou le ciel, mais aussi la tête et autre figure ronde, dans Hésyche et dans Pollux. R. πολέω, *verto*.

Boulet, s. m., racine, βολή.

Boulevard, de βάλλω, ou βῶλος, *gleba*, une motte, un gazon, parce que les boulevards étaient couverts de gazon.

Bourasque, de βορέας, Borée, le vent du septentrion.

Bout, de βύθος, *fond*, le fond de quelque chose en étant le bout.

Bouteille, de βούττις, *Cujas ex Gloss.* cuve, coupe à boire, vase de terre à mettre du vin.

Boutique, d'ἀποθήκη, *apotheca*, lieu à resserrer. R. τίθημι, mettre.

Bracelets, βραχιόλια, ou βραχιόνια, R. βραχίων, bras.

Braire, βράχειν, *crepitum edo*, faire un bruit.

Branches, s. f., de Bras, *brachium*, etc.

Brasser, comme *brasser de la bière*, de la même, ou de βράσσω, bouillir. R. βράζω.

Brave, de βραβεῖον, *bravium*, prix de la victoire. R. βραβεύς, έος, qui donne le prix du combat.

Bretelles d'une hotte; de βρίθω, charger, peser, tirer en bas, ou de *brette*, qui signifie proprement un bâton, quoiqu'il se prenne pour un fleuret.

Bride, de βρυτήρ, Éolique pour ρυτήρ, bride, licou, où le β tient lieu du *digamma*. R. ρύω, et ρύομαι, tirer.

Brimballer, sonner mal, agiter par secousses, de κρεμβαλίζειν, faire un bruit de hochets, clochettes, ou choses semblables. R. κρέμβαλον, un hochet.

Brique, de βρύχα, *tegula*, selon Sursin.

Broc de vin, βρόχος, de βρέχω, verser, selon Budé.

Brodequins, de βερονικίδες, espèce de souliers de femme.

Broncher, comme quand on dit, *un cheval qui bronche*, de βροχίζω, encheyrêter. R. βρόχος, lacs, licou. Broncher *en parlant*, semble aussi venir de là par métaphore, quoique d'autres le prennent de βρόγχος, la gorge, ou de βράγχος, enrouement.

Brouet, de *brodium*, pris de βλύδιον (changeant λ en ρ); ou de βρύττιον, portion d'orge.

Bruit, de βρυχή, *rugitus*. R. βρύχω, *strideo*. Ou de βρύειν, *scaturire*.

Bube ou Bubon, de βουβών, proprement l'aine, ou les bubons et charbons qui viennent en ces parties-là.

Buffle, sorte de taureau sauvage, βούβαλος, *bubalus*, R. βοῦς, bœuf.

Buglose, et *bourrache*, βούγλωσσα, herbe ressemblante à la langue d'un bœuf. R. βοῦς, bœuf, et γλῶσσα, langue.

Buis, de πύξος, *buxus*. R. πύκα, *dense*. Le buis est ainsi nommé, parce que c'est un bois serré et épais. De là même Boête ou Boîte, parce que les boîtes étaient ordinairement de buis : et de boîte vient Déboîter un os et le Remboîter, le remettre comme dans sa boîte.

C.

Cabane, de καπάνη, crèche, ou espèce de coche.

Cabaret, κάπη ou καπάνη, lieu où l'on mange. R. κάπτω, manger avidement. κάπηλα, boucherie ou marché parmi les Tarentins. Et κάπηλος, marchand, tavernier, de πηλός, *vinum*.

Calcédoine, pierre précieuse, καρχηδόνιος. On trouve χαλκηδών, dans l'Apoc. ch. 21. v. 19.

Calotte ou Cale, de κάρηνον ou κάρα (τὸ), la cale, tête; le ρ se changeant en λ; ou de καλύπτω, couvrir.

Galquer, copier un dessin, en passant une pointe de fer sur les traits pour les imprimer sur un papier ou sur une planche de cuivre; de χαλκεύειν, travailler sur cuivre. R. χαλκός. On pourrait aussi le dériver du latin *calcare*, fouler, presser.

Cambré, voûté, de καμάρα, une voûte, d'où *camera*, chambre; ou de καμψός, courbé, voûté. R. κάμπτω, plier, courber, voûter.

Camerier, ou chambrier, *camerarius*, de καμάρα, *camera*, une chambre voûtée.

Camus, de *camurus*, courbé comme les cornes d'un bœuf; *camurus*, du grec καμπή, replis, courbure, et aussi chenille. R. κάμπτω, courber.

Canne, ou roseau, de κάννη, ou κάννα, *canna*; d'où aussi *canif*, pour tailler les plumes, ou les cannes à écrire, et encore *canal*, *canalis*, selon Isidore, quoique d'autres le dérivent de χάνος, *hiatus*, *rictus*, et même *cannelle*, *cannelé*, *cannelure*, *canetille* de brodeurs, etc. Mais cane et canard, viennent de *ana*, pour *anas*, *atis*, un canard; ou bien de χήν, une oie, mot formé, par imitation de son, du cri de ces animaux.

Cannevas, de κάνναβις, *cannabis*, chanvre.

Canton, de κανθός, οῦ (ὁ), coin de l'œil.

Cape ou Chape, de σκέπη, voile, couverture, ôtant σ. R. σκέπω, voiler, couvrir; ou de κάππα, parce qu'elle est faite comme un K, d'où καππάτιον, vêtement de femme. Vossius croit *cappa* pris de l'allemand *cappe*, qu'il dérive de *caput*. D'autres le font venir de *capere*.

Capes, ou Capres, de κάππαρις, εως (ἡ). qui se prend pour l'arbre et pour le fruit.

Capsule, s. f. partie de la plante qui renferme les semences et les graines; de κάψα. R. κάπτω, j'engloutis.

Car, de γὰρ, *enim*, ou selon d'autres, de *quare*.

Caractère. *Voy.* Carat.

Carat, de κεράτον, qu'on a dit pour κεράτιον, *siliqua*,

proprement petite corne, ou cosse de légume, ou poids de quatre grains. R. κέρας, ατος (τὸ), corne. Ou de χαράσσω, imprimer, graver ; d'où aussi *Caractère* ; le carat, selon quelques-uns, n'étant qu'une certaine marque qui témoignait jusqu'à quel degré l'or était purifié. Ou encore de χαράτζιον, monnaie d'or, dont on payait le tribut Car comme pour la division du fin de l'argent, on s'est servi d'une monnaie qu'on appelle denier ; ainsi il y a apparence que pour marquer celle de l'or, on se sera servi de cette autre espèce, comme quand on dit *de l'or à* 20, 22, 23 *carats*.

CARTEL, de χάρτιον, petit livre, ou papier. R. χάρτης, ου (ὁ), *charta*, carte. De là aussi

CARTES. *Voy.* R. χαράσσω.

CASE de trictrac, de *casa*, ou *capsa*, pris de κάψος, ou κάσος, ou κάσσος, que Saumaise explique, *loculamenta calculorum in tabulâ*.

CASSE, κασσία, ας (ἡ), *cassia*, médicament purgatif.

CASSETTE, de κάψα, *capsa*, *cista*, *theca*, étui, layette, garde-manger, lieu à resserrer. R. κάπτω, manger, ou κάμπτω, courber, arrondir.

CASTOR, κάστωρ, -ορος (ὁ), *fiber*, animal amphibie.

CATALEPSIE, s. f. κατάληψις, maladie où l'on reste tout à coup immobile, avec la respiration libre. R. καταλαμβάνω.

CATHOLICON, s. m. remède composé de plusieurs ingrédiens, qu'on prétend être pro-

pre *à toutes sortes de maladies.* RR. κατά, contre, ὅλος, tout.

CATOPTRIQUE, science qui considère la vue en tant que réfléchie. R. ὄπτομαι, voir.

CÈDRE, κέδρος, de καίω, brûler, et de ἱδρῶ, suer, parce que le bois de cet arbre sue quand on le brûle.

CÉDULE. *Voy. scédule.*

CENSE, ferme, métairie, de *census*, d'où on a fait κῆνσος, Matth. 22. Ou de κτῆσις, possession. R. κτάομαι, posséder.

CENTIMÈTRE, centième partie du mètre. R. *centum*, cent, et μέτρον, mesure.

CENTON, poëme en vers ramassés, de κέντρον, habit de divers morceaux.

CEPS, pour fers ou bois aux pieds, de *cippus*, fait par corruption de *cuppus*, pris de κυφός, courbé en rond. R. κύπτω, être courbe. D'autres aiment mieux le tirer de *septum sepes*, ou de *capere*.

CERBÈRE, de κρέας, chair et βόρος, dévorant, c.-à-d. qui dévore la chair.

CERCERELLE, ou (Quercerelle, *querquedula*), de κέρχω, râler, rendre un son rude.

CERCUEIL, de σάρξ, σαρκός, *caro*, chair, corps : autrefois on écrivait *sarcueil*.

CERF, d'ἔλαφος, sync. ἔλφος, *cervus* ; λ changé en r, et le c ajouté pour esprit ; ou de κέραος, *cornutus*. R. κέρας, -ατος (τὸ), corne. Le changement des liquides l'une pour l'autre est un des principes généraux pour remonter à l'origine des mots ; et il n'y a rien de si ordinaire que celui de *l* en *r*.

Les Attiques disaient κρίβανος, pour κλίβανος.

CERFEUIL, χαιρέφυλλον, *quòd foliis gaudeat*, parce qu'il jette quantité de feuilles. RR. χαίρω, *gaudeo*, et φύλλον, *folium*.

CERISIER, κέρασος, *cerasus*; κεράσιον, CERISE.

CHABLE, ou CABLE, de κάλως, ω, *funis nauticus*, en insérant le digamma, dont le *b* tient la place, de ΚάϜλος, *cablos*; ou de κάμιλος, ôtant ι, et changeant μ en β.

CHAÎNE, de χαῖνος, pour χοῖνος, jonc ou corde de jonc; ou de *catena*, qu'on a dit *quasi* καθ' ἕνα, parce qu'elle assemble les anneaux *un à un*; ou de κάθημα, qui se trouve dans Pollux en cette signification, aussi bien que κάθεμα, dans Hésyche. *Voy.* Voss. Etymol.

CHAIR, de σάρξ, -κός (ἡ), *caro*; ou du mot hébreu *scheer*.

CHAIRE, de καθέδρα, *cathedra*, ἕδρα, une selle, un siége. R. ἕζομαι, s'asseoir. *Chaire*, se dit d'un prédicateur; et *chaise*, pour l'usage ordinaire de s'asseoir. Vaugelas.

CHALOUPE, petit vaisseau, de ξαλόν, *lignum*, du bois.

CHALUMEAU, de κάλαμος, *calamus*.

CHAMBRE, de καμάρα, *camera*.

CHAMEAU, de κάμηλος, *camelus*, dont on fait *chamel*, puis *chameau*.

CHAMPIGNON, de *campus*, g. *campi*, champ, dont on a fait *campinio*. D'autres néanmoins avec *campus* joignent

γίγνομαι, naître, paraître, parce qu'ils viennent dans les *champs*. Et en effet, Athénée les appelle γηγενεῖς, *terrâ natos*. R. γείνομαι, *gignor*, *nascor*. Ou de πνίγω, suffoquer; d'où le proverbe, μύκητος δίκην ἀποπνίγει, *instar fungi suffocat*.

CHAPE. *Voy.* CAPE.

CHARIVARI, de καρηβαρία, pesanteur, et mal de tête; ou de καρηβαρικός, à cause du rompement de tête que cause ce bruit. R. βάρος (τὸ), *pondus*.

CHARNIERS, pour dire échalas, à Orléans, en Touraine et ailleurs, de χάραξ, ακος, *pedamentum*. De là aussi les charniers d'un compas; car χάραξ signifie encore un sillon, une division, et χαρακίζω, creuser, diviser, séparer, διαίρω, Hésyche; *ou* élever, et appuyer d'un bâton. R. χαράσσω, ciseler, entailler. Mais *charnier d'un cimetière* vient de *carnarium*, pris de *caro*, chair, à cause des corps morts qu'on y enterre; d'où aussi

CHAROGNE, de χαρωνεῖα, selon Victor, lieux qui exhalent de mauvaises odeurs, et qui sont comme la gueule des enfers; ou du latin *carnem rodere*.

CHARTES, ou CHARTRES, pour mémoires, titres ou antiquités. *Voy.* PANCARTES. Mais CHARTE, pris pour prison, vient de *carcer*.

CHASUBLE, de *capsula*, fait de *capsula*, selon Spelmanus, qui vient de κυψέλη, une ruche d'abeilles, selon Vossius. Ou bien *chasuble* viendra de *casa* ; ou même de κάσας, sorte de tapis velu et d'étoffe, dans Hésyche.

CHAT, en Picard, CAT. de κάττης, *cattus*, ou *catus*. Les anciens disaient *catus*, pour *cautus*, un homme fin, cauteleux.

CHATAIGNE, κάστανον, R. κάστανα, ης, Catane, ville de Thessalie, qui abondait en châtaignes.

CHAUD, en Picard, et en Provençal, CAUD, de καῦμα, *œstus*, d'où le mot *caume*, mot gascon employé du côté d'*Auch* pour exprimer une excessive chaleur. R. καίω, f. καύσω, *uro*, si l'on n'aime mieux le prendre de *caldum* pour *calidum*, qui vient de *caleo*, avoir chaud, et celui-ci de κάλεος, Dor. pour κίλεος, chaud, brûlant, Hésych.

CHAUME, κάλαμος, *calamus*, *stipula*.

CHAUSSE, CHAUSSON, et CALEÇON, de *caglia*, fait de κάλχη, qui se prend pour une peau.

CHEF, de κεφαλή, ῆς, *caput*, comme qui dirait *ceph*; d'où vient encore CÉPHALIQUE, κεφαλικός, veine céphalique qui descend du chef ou de la tête.

CHEMIN, de κάμνειν, *fatigari*, parce qu'on se lasse en marchant. Les Picards disent *camin*. Le P. Labbe le dérive de *semita*, comme qui dirait *semin*.

CHEMINÉE, κάμινος, *caminus*, les Picards disent *caminée*.

CHENEVIS, s. m. de κάνναβις.

CHEVAL, de καβάλλης, *caballus*, une bête de somme.

CHIEN, κύων, g. κυνός, en picard, *kien*.

CHILIASTES, ou *Millenaires*, hérétiques qui croyaient à un royaume de mille ans, après la mort; de χιλιάς, άδος (ἡ), mille.

CHIMIE, s. f. *Voy*. CHYMIE.

CHIPOTER, χειλοποτεῖν, s'amuser à buvoter du bout des lèvres seulement. R. χεῖλος, εος (τὸ), la lèvre, et πίνω, parf. πέπωκα, de πόω, *bibo*.

CHIRON, nom d'un Centaure qui s'appliqua à la médecine et à la chirurgie, de χείρ, χειρός (ἡ), la main.

CHOPINE, vient de χέω, verser, et πίνω, boire; χοπινεῖν, chopiner, selon Postel; ou plutôt de *copina*, diminutif de *cupa*, coupe.

CHRISTOPHE, n. pr. d'h., χριστόφορος, *Christum ferens*, porte-Christ. R. φέρω, *fero*, porter.

CHROMATIQUE (la), le coloris, de χρῶμα, couleur.

CHRONIQUE, χρονικός, qui appartient au temps. R. χρόνος, le temps, ou la durée du temps.

CHRYSOGONE, n. pr. d'h., χρυσόγονος, RR. χρυσός, οῦ, de l'or, et γόνος, génération, lignée. R. γείνομαι, *fio*.

CIBOIRE, de κιβώριον, sorte de vase chez les Egyptiens.

CISTRE, ou SISTRE, instrument de musique, de σεῖστρον, R. σείω, frapper, toucher, remuer.

CITRON, κίτριον; CITRONNIER, κίτρια, ας.

CLAPIER, de κλέπτω, dérober, cacher, tromper. Aor. 2. ἔκλυπον. Le clapier est où le lapin se retire et se cache, trompant les chiens, et se dérobant à notre vue. C'est la pensée d'H. Estienne. Le Père Labbe le tire avec plus de raison de lapin : lapier, et ajoutant c, clapier.

CLAIE, de κλῆδος, une haie, ou clôture, κληίζω, fermer de claies. R. κλείω, *claudo*.

CLÉOPATRE. R. κλέος, gloire et πάτρια, patrie, c'est-à-dire gloire de la patrie.

CLORRE, de κλείω, *claudo*.

CLOSSER, comme font les poules, de κλώζω.

COASSER, crier comme une grenouille, de κοάξ, la voix d'une grenouille ; mots formés par imitation du son.

COIN, de γωνία, *angulus*, ou de κῶνος, *conus*, figure qui va en pointe. D'où peut-être *cuneus*, coin à fendre.

COL, ou COU, de κῶλον, *membrum*, membre.

COLLINE, *collis*, de κολώνη, R. κολωνός, οῦ, *tumulus*, hauteur.

COLOMBE, *columba*, de κολυμβᾶν, se plonger.

CONCHYTES, f. pl. coquilles pétrifiées. R. κόγχη, L. *concha*.

CONSTANTINOPLE, Κωνσταντινόπολις, ville capitale de l'empire d'Orient, prenant son nom de Constantin qui la bâtit. R. πόλις, εως, ville.

COPEAUX. *Voy.* Couper.

COQUE, de κόχλος, ου, ὁ, *concha*. R. κόχλω, *gyro*, tourner en rond. De là vient aussi

COQUILLE, κοχλίς, et κοχλίδιον.

COQUILLES, κωκάλια, animaux qui se couvrent de leur coquille, comme limaçons ; ou de κογχάριον, *parva concha*; ou de κογχύλιον, *conchylium*. R. κόγχη, *concha*.

COQUIN, de κακὸς, méchant, corrompu ; ou de κωκύω, se lamenter. Ce mot se prenant particulièrement pour ces gueux qui tâchent de faire les pleureurs pour attraper quelque chose.

CORBEAU, *corvus*, de κόραξ. *Corvus est a* κόραξ, dit Vossius, et κόραξ, est dérivé par les Grammairiens de κόρος, *niger*, quoiqu'il y ait plus d'apparence qu'il vient du cri de cet oiseau.

CORMIER, de κρανεία, *cornus*.

CORNE, CORNU, de κέρας, comme *caro*, de κρέας, dit Scaliger, si l'on n'aime mieux le prendre du syriac *carna*, ajoute-t-il. En quoi il est suivi de plusieurs.

CORNEILLE, *cornicula*, de κορώνη, *cornix*.

CORYBANTES, prêtres et sacrificateurs de Cybèle, de κορύπτω, secouer la tête, parce que, lors de leurs sacrifices, ils secouaient leurs têtes comme des fous.

CORYMBE, s. m. se dit des fleurs ramassées en bouquet dans le sommet des tiges de certaines plantes ; de κόρυμβος, sommité.

CÔTE, *costa*, d'ὀστέον, οῦν, un os. Le c tient lieu de l'esprit, comme dans *caula*, pris d'αὐλή.

20

COTHURNE, sorte de chaussure dans les tragédies, de κόθορνος.

COTTE, de κυτόω, couvrir de peau ; les premiers vêtements ont été de peaux; ou couvrir le corps. R. κῦτος, εος (τὸ), creux, cavité, le corps. Si l'on n'aime mieux le prendre de *crocota* qui se trouve dans Cicéron, pour une robe de femme. R. κρόκος, *crocus*, safran ; car κροκωτή était proprement une robe bordée de jaune, ou teinte en jaune.

COUCOU, de κόκκυξ, υγος, *coccyx*, *ygis ; cuculus ;* mots formés en chaque langue par imitation du son.

COUDE, de κύβιτον, *cubitum*, l'os du coude.

COUDRE, *consuo*, de κυττύω, ou κασσύω, qui dans Hésyche est interprété ῥάπτω, et qui, selon Vossius, vient du vieux verbe σύω, dont les Latins ont fait *suo*. Mais dans la basse latinité l'on a fait *cusio* de *consuo*, d'où vient plus immédiatement coudre.

COUP, de *colpus*, pris de *colaphus*, tous deux de κολάπτω, frapper.

COUPER, de κόπτειν, inus. κοπεῖν. De là *copeaux.*

COUPE, *cuppa*, de κύββα, qui se prend pour un pot à boire, dans Hésyche, étant un mot des Eoliens ou Lacédémoniens pour κύμβη. Dor. κύμβα, *cymba*. R. κύμβος, creux, enfoncé. Ou de κύπαρος, qui se trouve pour un vaisseau ample et large dans le même auteur; ou bien de κύπελλον, sorte de pot, vase,

ou godet. *Voy. Cabaret.*

COUR d'une maison, de χώρα, lieu, place. R. χῶρος, le même.

COUR de Parlement vient plutôt de κυρία, lieu à Athènes, où l'on assemblait les magistrats ; ou l'assemblée même. R. κῦρος, puissance, autorité, arrêt, définition.

COURBÉ, de κυρτός, *curvus.*

COURIR, *currere*, de καίρω, qui signifie τρέχω, *curro*, selon l'Etymologiste.

CRECERELLE, oiseau, de κρέξ, εκός, sorte d'oiseau dont la voix est fort déliée. R. κρέκω, toucher un instrument avec l'archet.

CREMILLÉE, κρεμάστρα, de κρεμάω, suspendre.

CRÉON, n. pr. Roi. CRÉUSE, n. pr. Reine, de κρέων, οντος, *fém.* κρεοῦσα, part. pr. de κρέω, régner, le même que κραίνω, R.

CRIN, de κρίνω, diviser. D'où *crines*, les cheveux.

CRIQUER, de κρίκω, *stridorem edo.* R. κρίζω, le même.

CROULER, de κρούειν, pousser, heurter, hocher, secouer.

CUILLER, κοχλιάριον, *cochlaare.* R. κόχλω, *gyro ;* d'où vient κόχλος, coquille.

CUIVRE, de κύπριον, Pline l'appelle *Æs Cyprium.* R. Κύπρος, *Cyprus*, l'île de Cypre.

CULBUTER, κυβιστάω, *in caput me dejicio.* R. κύβη, *caput.*

CUMIN, herbe, κύμινον.

CUVE, de *cupa*, pris de κύπη, qui dans Hésyche signifie une sorte de vaisseau.

CYCLE, cercle, de κύκλος.

CYCLOÏDE, m. s., ligne courbe que décrit un point de la circonférence d'un cercle, qui avance en roulant sur un plan ; de κύκλος, cercle, et εἶδος, forme. Les terminaisons en *ide*, comme *connoïde*, *cuboïde*, *sphéroïde*, etc., signifient *qui a la figure de* cône, de cube, de sphère, etc.

CYGNE, de κύκνος, *cycnus*.

D.

DAGUE, *dagua*, dans les auteurs de la basse latinité, en italien, *daga*, et en allemand, *taghen*, du grec θήγω, Dor. θάγω, *acuo*.

DARD, de ἄρδις, pointe de la flèche, selon H. Estienne.

DATTES, de δάκτυλοι, *dactyli*, qui se prend aussi pour les doigts, et les pieds des vers nommés *dactyles*. On croit que les dattes ont été ainsi nommées, parce que c'est un fruit long, à peu près comme les doigts.

DAUBER quelqu'un, mot du peuple, pour dire battre, de δουπεῖν, *sonitum edere*. R. δοῦπος, bruit, son, fracas.

DÉCARE, c.-à-d. dix ares. R. δέκα. *Voy*. ARE.

DÉCHIRER, de σχίζω, fendre, diviser ; ou de χείρ, χειρός, rompre avec la main.

DÉCIARE, dixième d'are. R. δέκα. *Voy*. ARE.

DÉCIGRAMME, c'est-à-dire dixième de gramme. R. δέκα. *Voy*. Gramme.

DÉCILITRE, dixième de litre. R. δέκα. *Voy*. LITRE.

DÉCIMÈTRE, ou un dixième de mètre. R. δέκα, dix, et μέτρον, mesure.

DÉCISTÈRE, dixième de stère, R. δέκα. *Voy*. STÈRE.

DÉCLINER, d'ἐκκλίνειν, *declinare*. R. κλίνω, *reclino*.

DÉCOUPER, διακόπτειν. R. κόπτω, couper.

DEDANS, d'ἔνδον, *intus*.

DÉMÉTRIUS, δημήτριος, comme q. d. appartenir à Cérès. R. δημήτηρ, ερος, la déesse Cérès. R. γῆ μήτηρ, *terra mater*.

DÉMOCRITE, philosophe, de δῆμος, peuple, et κριτής, juge.

DENDRITE, s. f. pierre sur laquelle on voit des empreintes ou représentations d'arbrisseaux. R. δένδρον, arbre.

DENT, *dens*, ὀδούς, όντος (ὁ), si l'on n'aime mieux dire que *dens* vient d'*edo*, et de même ὀδοὺς, du verbe ἔδω, manger ; d'où vient que les Éoliens disent ἐδόντας pour ὀδόντας. Ce qui a assez de rapport avec *dentes*, les dents.

DEVANT, d'ἔναντι, *ante*. R. ἀντί, *contra*, ἐναντίος, opposé.

DEUX, δύω, *duo*.

DIACHYLON, s. m., emplâtre composé de mucilage, de sucs visqueux. RR. διά, par, et χυλός, suc.

DIACOUSTIQUE, s. f., art de juger de la réfraction du son, selon qu'il passe dans un fluide plus ou moins dur. RR. διά, ἀκούω.

DIAMANT, pierre précieuse, très-dure, ἀδάμας, αντος (ὁ), *adamas*. R. α priv. et δαμάω, dompter, ruiner.

DIANE, fille de Jupiter, du Διός, gén. de Ζεύς, Jupiter.

DIAPASME, emplâtre, pour résoudre les matières, de διαπάσσω, arroser.

DIAPASON, s. m., l'étendue des sons qu'une voix ou un instrument peut parcourir du plus bas au plus haut, de διά et du génitif plur. πασῶν, sous-entend. φωνῶν, *per omnes sonos.*

DIAPHORÉTIQUE, adj., remède qui agit par la transpiration; de διαφορέω. RR. διά, φέρω.

DIEU, *Deus*, θεός.

DIFFAMER, δυσφημεῖν, *diffamare*; φήμη, *fama.* R. φάω et δῦς.

DIOMÉDE, n. pr. d'h., de Ζεὺς, gén. Διὸς, Jupiter, et μῆδος, conseil.

DISCRÉTION, *discretio*, διάκρισις; R. κρίνω, *cerno, discerno.*

DIPTYQUE, c'était chez les anciens une tablette d'ivoire ou d'autre matière, pliée en deux, que les consuls distribuaient au peuple à leur avénement au consulat : sur l'extérieur étaient des figures, et dans l'intérieur une espèce de lettre du consul au peuple. RR. δὶς, πτύσσω.

DIX, δέκα, *decem.*

DON, de δῶρον, *donum.* R. δίδωμι, pris de δόω, *do, dono*, donner.

DONC, de οὖν, *ergo.*

DOUVE, de *doga*, ou *docha*, fait de δόγα, Dor. pour δόχη, *exceptio, capacitas.* R. δέχομαι, recevoir, contenir, parce que les douves contiennent le vin. *Docha* était un vaisseau beaucoup plus grand que *cupa*, une cuve. Et de là vient qu'on appelle encore, en Touraine, DOUVES les cavernes que les habitants du long de la Loire font dans le roc, et où ils se logent. D'autres aiment mieux prendre douve de *dolium*, changeant *l* en *u*.

DRAGÉE, s. f., τράγημα, le dessert. R. τράγω, aor. 2, ἔτραγον, manger.

DYNASTIE, s. f., suite de princes ou de souverains d'une même famille qui ont régné dans un pays; de δυναστεία, puissance, empire. R. δύναμαι.

E.

EAU, d'*aqua*, pris du grec ἄα, qui dans Hésyche se prend pour un amas d'eau. Ou de ἀχόα (joignant l'article avec le nom); ce que l'on verse, et qui est fluide. R. χέω, *fluo.*

EBÈNE, d'ἔβενος, ou ἔβελος, *ebenus.*

ECCLÉSIASTE, livre du Vieux Testament. ἐκκλησιαστής, prédicateur. R. καλέω, assembler.

ECHALAS, de χάραξ, pieu, ou bâton. R. χαράσσω, creuser, graver. Les Picards disent encore ECHARAS. Le P. Labbe le dérive d'échelle, *scala*, et de là échasses.

ECHOUER, de *scopelare*, pris de σκόπελος; *scopulus*, écueil, dérivé de σκόπος, ου, *scopus*, but. R. σκέπτομαι, viser.

ECLAT, ECLATER, de κλάω, *frango*, rompre, κλάσμα, fragment, rupture, mots formés en chaque langue par imitation du son.

ECLUSE, *clusa, exclusa*,

d'ἐκκλείω, *excludo*. R. κλείω, *claudo*.

ECOUTER, d'ἀκούω, *audio*, si l'on n'aime mieux le prendre d'*ausculto*. Autrefois acouter.

ÉCRAN, de σκιρόν, *umbella*. R. σκιά, ᾶς, ombre.

ÉCRASER, de κράζω, faire bruit, ou d'*ecrasare*, qu'on a dit pour *exrasare*, pris de *rasum*, supin de *rado*.

ÉCREVISSE, de σκάραβος, escargot, sorte d'insecte ; ou de κάραβος, écrevisse de mer.

ÉCROUELLES, de χοιράς, άδος, *struma*. R. χοῖρος, porc, cochon.

ÉCUEIL, de σκόπελος, *scopulus*. R. σκέπτομαι, voir, considérer.

ÉCUME, de κῦμα, *unda*, vague, flots, et aussi *fœtus*, *germen*. R. κύω, *sum gravida*. Ou plutôt de *spuma*, en ôtant *p*. Et *spuma* vient de *spuo*, pris de πτύω, cracher, écumer, qui se dit même de la mer.

ÉCUREUIL, σκίουρος, animal qui se met à l'ombre de sa queue. RR. σκιά, *umbra*, et οὐρά, *cauda*.

EFFRONTÉ, de *frons*, *frontis*, le front, pris de φρήν, ένος, l'esprit. Ou bien de φροντίς, ίδος, *cura*, *cogitatio*, parce que le front est la partie où se marque le plus la pensée, et la disposition de l'esprit : d'où les latins ont dit *homo serená aut nubilá fronte*, etc.

ÉGLANTIER, autrefois aglantier, sorte de ronce, d'ἄκανθα, *spina*.

ÉGLOGUE, d'ἐκλογή, choix. R. λέγω, dire, parler.

EGYPTE, Αἴγυπτος, *Ægyptus*, qui signifie noir, basané. L'Egypte a été ainsi nommée d'*Ægyptus*, frère de Danaüs.

ÉLECTRICITÉ, s. f. On n'entendait autrefois par ce mot que la propriété qu'ont certains corps d'en attirer d'autres par le frottement ; aujourd'hui l'électricité est reconnue pour un fluide particulier. R. ἤλεκτρον, ambre, substance résineuse qui attire la paille.

ÉLU, d'ἐκλεκτός, *electus*. R. λέγω, lire, dire, choisir. De là ÉLIRE, ἐκλέγειν, *eligere*.

EMBALLER, d'ἐμβάλλειν, mettre et jeter dedans.

ÉMERAUDE, pierre précieuse de couleur verte, de σμάραγδος, pierre précieuse.

EMMAILLOTTER, d'ἀμαλλεύειν, *colligere*. R. ἄμαλλα, une gerbe. Ou de μαλλός, *vellus*. On enveloppait d'ordinaire les enfants dans une peau de mouton. Maillot, d'où emmailloter, de ἄμαλλα, selon plusieurs.

EMPHYTÉOSE, parlant d'un bail à longues années. R. ἐν, dans, et φυτεύω, planter, enter.

EMPLETTE, ἐμπολή, trafic, marchandise. R. πωλέω, *vendo*, ou de *impletu*, fait d'*implere* ; d'où aussi emploi, employer son temps, etc.

EMPUANTIR, d'ἐν πύθω, *putrefacio*.

EMPYREUME, ἐμπύρευμα, odeur de brûlé. R. πῦρ.

EN, ἐν, *in*.

ENCEINTE, de ἐγκύος, *gravida*, femme grosse. R. κύω, être grosse. Ou d'*incincta*, comme qui dirait *non cincta*.

ENCHIRIDION, manuel, ou un poignard, de ἐν, dans, et χείρ, la main, c. à-d. qu'on tient avec la main.

ENCLINER, ἐγκλίνω, *inclino*.

ENDUIRE de chaux, de plâtre, etc., ἐνδύειν, *induere*. Si l'on n'aime mieux le prendre d'*inducere*.

ENGIN, d'ἄρμστρον, un croc, un crochet; ou d'*ingenium*, d'où aussi INGÉNIEUX. Et dans le vieux français, engin signifie esprit; comme dans Froissart, engin clair et aigu.

ENGLOUTIR, d'ἐγγλύζω. R. γλύζω, *glutio*. D'où aussi *gluto*, glouton, gourmand.

ENJOLER, d'αἰολεῖν, αἰολίζειν, *decipere*. R. αἰόλος, divers.

ENTASSER, ἐντάσσειν. R. τάσσω, ranger. De là aussi TAS, entasser, mettre en tas.

EPHEDRE. (R. ἐπί, sur, ἕδρα siége) c'est-à-dire, qui est sur un siége en attendant l'occasion de combattre. On appelait éphèdre, un athlète qui demeurait impair, c'est-à-dire sans antagoniste, lorsque le sort avait désigné ceux qui devaient combattre. Il se battait contre le dernier vainqueur, sa fonction était par conséquent de remplacer ceux qui étaient hors de combat.

ENTRAILLES, ἔντερον, *intestinum*; d'où les Latins ont fait *venter*. R. ἐντός, *intus*; du pluriel ἔντερα, semble être venu *enteralia*, dans la basse latinité.

ENVIRON, ἐν γύρῳ, *in gyro*, d'où *ingyrare*. R. γύρος, ου, *gyrus, circulus*.

EOLIPYLE, s. f., boule creuse avec un tuyau recourbé, qui, remplie d'eau ou d'autre liquide, et approchée du feu, produit du vent jusqu'à l'évaporation du liquide. RR. αἴολος, Éole, et πύλη, porte.

EPANORTHOSE (R. ἐπί, ἀνά, ὀρθόω, corriger) figure par laquelle l'orateur corrige ou sa pensée, ou ses mots.

EPAPHRODITE, ἐπαφρόδιτος, (nom d'homme, dans saint Paul), c'est-à-dire, proprement, *venustus*, bien fait, de bonne mine. D'ἐπί, *super*, et d'ἀφροδίτη, la déesse Vénus, ainsi nommée d'ἄφρος, *spuma*, parce qu'elle fut formée de l'écume de la mer.

EPENTHÈSE. (R. ἐπί, ἐν et τίθημι ou θέω.) Addition au milieu d'un mot. Exemple: ἤγαγον, p. ἦγον.

EPI, *spica*, de στάχυς, Eolique pour στάχυς.

EPICYCLE, en astronomie, petit cercle, d'ἐπί, et κύκλος, cercle.

EPIGRAPHE, s. f., sentence ou passage d'un auteur, que l'on met en tête d'un ouvrage d'esprit. R. ἐπί et γράφω.

EPILOGUE, ἐπίλογος, conclusion, péroraison. R. λέγω, dire, λόγος, discours.

EPINETTE, d'ἐπί et νήτη, qui, dans Suidas et dans Plutarque, se prend pour une corde de musique d'un haut ton, ou de *spina*, ou *spinula*, parce que les petits becs de plumes qui viennent frapper les cordes, lorsqu'on touche le clavier, sont comme de petites épines.

EPIPHONÈME, (R. ἐπί et φωνή, vieux mot) réflexion emphatique, qui suit un récit ou une preuve.

EPOPÉE, ἐποποιία, s. f., sujet traité dans un poëme épique. RR. ἔπος, et ποιέω.

ERASME, *Erasmus*, d'ἐρασμιος, aimable. R. ἐράω, *amo*. Auparavant, Erasme, savant et littérateur hollandais, s'appelait *Desiderius*.

ERASTE, n. pr. d'homme, ἐραστής, οῦ, *amateur, ami*. R. ἐράω.

ERGOT de coq, d'εἴργω, repousser, se défendre; ou d'*erigo*, parce que le coq se dresse sur ses ongles.

ESCARBOT, σκάραβος, *scarabeus*.

ESCARMOUCHE, de ἐς, *in*, et χάρμη, *pugna*, combat, ou la chaleur qui nous porte au combat. Ou simplement de ἡ χάρμη. R. χαίρω, être plein de joie; ou de l'allemand, *scharmützeln*, *schirmen*, escrimer.

ESCLANDRE, de σκάνδαλον, scandale. R. σκάζω, clocher.

ESCLAVE, de ἐσκλείω, *includo*, comme qui dirait, gardé et enfermé sous la clef. R. κλείω, *claudo*. Le P. Labbe croit que ce mot peut aussi venir des peuples de l'Esclavonie, qui ayant été subjugués, furent vendus par tout l'Occident.

ESCOPETTE, arme à feu pour tirer au blanc, de σκοπέω, *collimare*.

ESCROC et escroquer, d'αἰσχροκερδής, *turpi lucro deditus*, RR. αἶσχος, εος (τὸ), laideur,

αἰσχρός, οῦ, laid; honteux; et κέρδος, εος (τὸ), gain.

ESOPE, Αἴσωπος, ου, *Æsopus*, d'αἴθω, brûler, et ὤψ, ὠπός, le visage. R. ὄπτομαι, *video*. Esope fut ainsi nommé, parce qu'il était noir et basané.

ESPOIR, ἐλπίς, *spes*, d'où désespoir; ἐλπίζειν, *sperare*, espérer, d'où *espérance*.

ESQUIF, petit bateau, de σκάφη, *scapha*, R. σκάπτω, creuser. De là *esquiver*, comme q. d. s'enfuir dans un esquif, et même *eschipare*, pour dire fournir un vaisseau de toutes choses nécessaires, dont nous avons fait *équiper*.

* ESQUINANCIE. Voyez SQUINANCIE.

ESSAIM de mouches, d'ἐσσήν, le roi proprement des mouches, d'où aussi ἐσμός, *examen*, quoique d'autres le dérivent de ἕω, *mitto*. C'est pour cela qu'ἐσμός, s'écrit tantôt avec un esprit doux, et tantôt avec un esprit rude. D'autres néanmoins aiment mieux prendre essaim d'*examen*, de même qu'airain d'*æramen*.

ESSIEU, ἄξων, *axis*, d'où vient aussi l'axe du monde.

EST, ἐστί. R. ἕω, et εἰμί, *sum*, je suis.

ESTOC et estocade, de στοχάζεσθαι, tirer, viser; ou plutôt de l'allemand *stock*, bâton, tronc, souche; d'où *estoc*.

ETAGE, στέγη, *stega*. R. στέγω, *tego, contineo*.

ETALER, de στέλλω, *ordino*, inus. στάλω. De là aussi *esta*, ou *étau*, στήμα; ou de *stallum*, par abrégé de *stabulum*.

qui vient de *sto*, et signifie proprement *locus ubi statur*, le lieu où l'on est, ne se prenant pas seulement pour une étable ou une écurie, mais aussi pour un logis et une demeure. Et *stallium* a été dit aussi des chaires du chœur des églises et des siéges des juges ; d'où est venu de même *installare*, installer, *in stallum mittere*.

Étang, de *stagnum*, pris de σταγνόν, qui a été dit par les Siciliens pour στεγνός, selon Varron. Or, στεγνός, se dit proprement des choses solides et condenses qui tiennent l'eau, et qui n'ont aucune fente, et vient de στέγω, contenir, renfermer, retenir, remplir, conserver, couvrir. D'autres néanmoins, dérivent étang de *stare*, parce que l'eau s'y tient en repos, d'où *stagnans aqua*.

D'étang vient *étancher*, c'est-à-dire, empêcher qu'une chose ne se perde, l'arrêter; qu'on peut aussi tirer de στεγανῶται, *astringere*, puisqu'il est dérivé de la même origine que στεγνόν ou στεγανόν, c'est à-dire de στέγω.

Étayer, ou *aitayer*, appuyer, d'ἅίττω, *applico*, *fulcio*, ou de *stabilire*, de *sto*, pris de στάω, στῶ R. ἵστημι, *statuo*.

Étendre, τείνειν, *tendere*.

Éteu, ou *éteuf*, de *stupa*, parce qu'on les fait d'étoupe ou de morceaux d'étoffes serrés ensemble. Et *stupa*, vient ou de στοιβή, *stœbe*, une certaine herbe, de la bourre de laquelle on a fait d'abord les chaises et les matelas, ou de στύπη, στύππη, et στυπεῖον. R. στύπω, *astringo*, *spisso*.

Éthiopie, région d'Afrique, d'αἴθω, brûler, et ὤψ, visage, parce qu'étant exposé au soleil, le visage y est brûlé.

Éthon, ou *Æthon*, un des quatre chevaux du soleil, d'αἴθω, brûler ; c'est-à-dire, ardent.

Étienne, de στέφανος, couronne. R. στέφω, couronner.

Étole, de στολή, habit, ornement. R. στέλλω, *orno*.

Étouffer et *étouper*, de στύφειν, *obturare*.

Étourdi, de θούριος ou θουρικός, impétueux. R. θόρω, saillir.

Étrangler, de στραγγαλίζω, *strangulo*. R. στραγγός, οῦ, *tortuosus*, *perversus*.

Étrille, στλεγγίς, ίδος, *strigil*.

Étui, de ἡ θήκη, *theca*. R. τίθημι, *pono*.

Étuve, de *stuba*, ou *stufa*, pris de τύφη, *accensio*. R. τύφω, brûler, faire de la fumée. Voy. Vossius, *de vitiis serm. lib. 2, cap. 17*. Le P. Labbe aime mieux le prendre d'étouffer.

Évêque, ἐπίσκοπος, *inspector*, *custos*. R. σκέπτομαι, considérer, σκοπός, οῦ, *explorator*.

Eumène, n. pr., d'εὐμενής, doux, facile, agréable. R. μένος, εος (τὸ), *mens*, l'esprit.

Euphonique (lettre). R. εὖ, bien, φωνή, voix. Dans *s'amuse-t-on*, la lettre *t* est euphonique.

Eustache, nom d'un homme,

R. εὖ, bien, et στάχυς; épi.

EUTROPE, n. pr. d'h., R. εὖ, bien, τρόπος, mœurs, c.-à-d. des bonnes mœurs.

EXCENTRIQUE, adj., se dit des cercles engagés l'un dans l'autre, et qui ont un centre différent. R. ἐξ et κέντρον.

EXCRÉMENT, d'ἔκκρισις, secretio, egestio. R. κρίνω, cerno, séparer.

EXPÉRIENCE, de πεῖρα, experientia.

EXPIER, expiare, expio, composé de pio, pris de θύω, macto, sacrifico, où l'υ est changé en i, de même que dans fio, pris de φύω, et le θ, en φ, comme dans φὴρ, pour θὴρ, fera. De pio, vient pius, piaculum, etc.

F.

FAGOT, de φάκος, fascis, d'où φάκελος, fasciculus.

FAISAN, de φασιανός. R. φάσις, εως, et ιδος, fleuve de Colchide, où ces oiseaux se trouvaient en grand nombre.

FALOT, de φάνος, flambeau, changeant ν en l. Autrefois même on disait fanot, selon Nicod. R. φαίνω, fut. φανῶ, luire. Ou de φαλός, resplendissant. Mais

FALOT, qui signifie folâtre, est diminutif de sol. Quelques-uns le font venir de φαῦλος, méchant, ridicule.

FAON, de φάναιοι, agni, petits agneaux; ou de infans; les Latins disent hinnulus, pris du grec, ἴννος, ὑνος, un poulain, ou d'ἴνις, enfant. R. ἴς, fibra.

FANAL d'une galère, c.-à-d. la lanterne, de phanalium, pris de φανάριον, changeant ρ en l. R. φαίνω, luire.

FANER, probab. de ἀφανίζω, ou ἀφάνω, par apherèse de α. Les Grecs disaient στάχυς, pour ἄσταχυς.

FARDEAU, de φόρτος, où φορτίον, onus, charge, proprement de navire, ou de fascis, que Martinius fait venir de πάσσω, Dor. pour πήσσω, compingo. D'autres de farcio, pris de φαρκτός, poétique pour φρακτός, de φράττω, obturo. Le P. Labbe croit que fardeau pourrait avoir été dit pour hardeau : de là, hart ou corde dont on lie les fardeaux.

FAUCON, de φάλκων, falco, dans Suidas, oiseau de proie.

FÉE, de fata, pris de φημὶ, φατός. R. φάω, dico. De là vient aussi fatuus, sot, pour fatus, parce que les sots et gens de peu d'esprit parlent beaucoup. Et de fatuus vient fat, comme aussi fade; ce mot se trouvant même en latin, en cette dernière signification, et ayant été transporté figurativement au goût. De fatuus l'on a fait fatutta, d'où notre mot de fadaise, que les Gascons prononcent encore fadesse.

FÉLONIE, mot ancien, usité principalement pour la révolte contre son seigneur, φήλωσις, tromperie, méchanceté. R. φῆλος, imposteur, fourbe. Spelman aime mieux le tirer de l'allemand fehlen, delinquere, d'où notre mot de faillir. Et le P. Labbe, de fé-

honnie, pour foi violée.

FENÊTRE, *fenestra*, pris de φαίνεσθαι, reluire, selon Nonnius. Et il n'importe que la première soit brève en *fenestra*, puisque la seconde l'est bien en *oleum*, quoiqu'il vienne d'ἔλαιον, seconde longue.

FERME, une ferme, de φέρνη, *dos*, don, présent, dot; ou de φραγμὸς, fermeture, parce que les fermes sont fermées. R. φράσσω, *firmo*, *munio*, fermer. Le peuple dit encore *framer*. Les Latins des derniers siècles ont dit *firma*, qu'ils ont pris de ferme, et non pas nous, ferme de *firma*.

FERME, être ferme, de *firmus*, pris de ἑρμῆς, Mercure, ou de ἕρμα, soutien, appui, affermissement; ou de εἱρμός, *nexus*, parce que ce qui est bien uni est plus fort; l'F tient souvent lieu de l'esprit, venant du *digamma* éolique.

FÊTE, de ἑστία, *focus*, et *Vesta Dea*. Et de là

FÊTOYER, ἑστιάειν, faire fête, recevoir chez soi.

FIER, de φιαρός, *crudus*, *acerbus*, item, *splendidus*. R. φάω, *luceo*; de *ferox*, pris de *fera*, tiré de l'accusatif éolique φῆρα, pour Θῆρα. R. Θήρ, ηρός, *fera*, *bellua*.

FIL-D'ARCHAL, *filum*, et *aurichalcum*, que Scaliger, sur Feste, croit avoir été fait de la mauvaise prononciation, d'ὀρείχαλκον; ce qui a donné lieu à la fausse opinion d'un métal composé d'or et de cuivre. Mais ὀρείχαλκον signi-

fie proprement une sorte de cuivre blanchâtre, qui se trouvait dans les montagnes. RR. ὄρος (τὸ), montagnes, χαλκός, οῦ (ὁ), cuivre.

FILOU, de φῆλος, imposteur, *fallax*. φιλήτης ou φηλήτης, (tous deux dans Hésyche) trompeur, piqueur, voleur.

FILS, *filius*, de φίλος, allié, associé. R. φίλος, qu'on aime, qui nous plaît, qui nous est cher. Ou de υἱός, Eol. Υυιός, où il y a une *l* ajoutée. Ou bien de φύλον, ou φυλή, race, tribu, parenté. Ou enfin de ἵνις, fils, enfant, jeune homme, ce que Vossius approuve davantage, parce que l'*n* se change souvent en *l*. Le lecteur choisira. La racine de ce dernier est ἴς, ἵνος, *fibra*, *vis*, *robur*; parce que, disent les grammairiens, les enfants sont la principale force et l'appui des pères et mères.

FIOLE, de φιάλη, *phiala*.

FLACON, de φλασκίον, qui dans Suidas est interprété une bouteille, et qui se trouve en ce sens dans le Dialogue de saint Grégoire. Ou de φακὸς, *lenticula*, qui est pris pour un petit vaisseau dans le L. des Rois. R. φακή, ῆς, *lens*. Ou plutôt de φλάσκων, qui se trouve en ce sens dans les Grecs des derniers siècles. *Voy.* Meursius. Vossius, *de vitiis sermon. lib. 2, cap. 6*, le dérive de l'allemand *flasch*, ou *flesche*.

FLANC, de λαγών, Eol. φλαγών, όνος (ἡ), *ilia*.

FLASQUE, de βλάξ, ακός, lâche, abattu; ou de *flaccus*

et *flaccidus* viennent eux-mêmes de βλάξ.

FLOCON de cheveux, *floccus*, de πλοκαί, *nexus*, tissu. Ou de πλόκαμος, *crines plexi*. R. πλέκω, *necto*.

FOIRE, où les marchands s'amassent, de φορία, transport, abondance. Ou de φορεῖον, *merces*. R. φέρω, *fero*, porter. Que si l'on aime mieux prendre foire de *forum*, il viendra toujours de la même racine, ou de *feriæ*, qui se trouve en ce sens dans les anciens rites. Et *feriæ* vient d'ἑστιᾷν, *diem festum agere*. D'où autrefois on disait *fesiæ*, comme remarque Velius Longus. Or, c'est d'ordinaire aux jours de fêtes et d'assemblées que les foires se tiennent.

FOL ou FOU, de φολκὸς, misérable, ridicule, louche ; *quasi*, φαολκὸς, i. e. τὰ φάη ἕλκων, qui tourne les yeux. R. ἕλκω, ξω, *traho*. Ou bien de φαῦλος, simple, méprisable. D'autres néanmoins croient qu'il vient plutôt de *follus*, qui se trouve dans les auteurs de la basse latinité, et qui a été fait de *follis*. Les autres le prennent de *folium*, comme qui dirait léger et changeant comme une feuille.

FONDE, que nous disons maintenant FRONDE, *funda*, de σφενδόνη, en ôtant σ comme dans σφάλλω, *fallo*. C'est le sentiment de Vossius et de Scaliger, qui paraît assez raisonnable. D'autres aiment mieux prendre *funda* de *fundum*, à cause du petit fond ou réseau où l'on met la pierre dans la fronde ; Martinius le dérive de *funis*, et Isidore à *fundendo*, *quia fundit lapidem*.

FORÊT, de φύω, *produco*, d'où aussi *futaie*. Les forêts sont des arbres que la terre a produits d'elle-même.

FORET, de τορέω, *penetro*. R. τερέω, *terebro*, ou du mot latin *foro*, *as*, d'où est encore demeuré *perforo*, qui viendra aussi de τορῶ, ou plutôt de πόρος, *meatus*. R. πείρω, *perforo*.

FOUILLET, de φωλεός, trou.

FOURMI, *formica*, de μύρμηξ, Eol. βύρμηξ. Accus. βύρμηκα.

FRAPPER, de ῥαπίζω, Eol. φραπίζω, *virgâ cædere*. R. ῥαπίς, ίδος (ἡ), verge, bâton.

FREDONNER, de φράζω, parler, inus. φράω.

FRÈRE, *frater*, de φρατήρ, Eol. φράτωρ, de même tribu.

FRINGANT, σφριγάω, sauter.

FRONDE. *Voy.* FONDE.

FRONT, *frons*, *frontis*, de φροντίς, ίδος, soin, pensée.

FUMÉE, *fumus*, de θυμός, *flatus*, *spiritus*.

FUMER, de θυμιάω, *suffio*. Car le θ se change en *f*, comme θῆρες, Eol. φῆρες, Lat. *feræ*.

FURETEUR, de *fur*, pris de φώρ, qui est le même.

FUTAIE, s. f. de φύω, *nascor*.

G.

GAILLARD, ou GAI, de ἀγαλλιάομαι, *exulto*. Ou de gau-

deo, pris de γαθέω, Dor. pour γηθέω, *lætor*.

GALACTOPHAGE, adj., qui se nourrit de lait. RR. γάλα et φάγω.

GALANT, de καλός, beau ; ou de γαλαός, fait par métathèse, de ἀγλαός, splendide, joli ; beau, accommodé. Le P. Labbe aime mieux le tirer de vaillant, et Ménage de *gala*, vieux mot qui signifie réjouissance, bonne chère.

GALATIE, Γαλατία, région de l'Asie mineure, *quasi* γαλακτία, *lactea*. R. γάλα, ακτος, *lac*, du lait. La Galatie a été ainsi nommée des Gaulois qui la conquirent ; et les Gaulois prennent leur nom de γάλα, *lac*, à cause de la blancheur de leur teint. Elle a été aussi nommée *Gallogræcia*, Gallo-Grèce, ensuite du mélange qui se fit là des peuples de la Gaule avec les Grecs.

GALBANON, *galbanum*, sorte de gomme, de χαλβάνη.

GALER, de σχάλλω, *scalpo*. Le P. Labbe aime mieux prendre *Galle* de *callus*, parce qu'elle s'élève au-dessus de la peau.

GALÈRE, de γαλέα, vaisseau de pirate ; ou du latin *galea*, un casque, à cause de la ressemblance que ces vaisseaux ont avec le casque ; ou parce que l'enseigne des premiers vaisseaux était un casque.

GALLET, q. *Jallet*, de ιάλλω, *jacio*, soit qu'on le prenne pour le jeu de galet, ou pour les galets, ou pierres plates que la mer jette sur le bord.

GALOCHE, de καλοπόδιον, ou de *gallicæ*, qui signifie cela dans Cicéron.

GALOP, κάλπη.

GALOPER, καλπᾶν, et καλπάζειν.

GAMME, du mot γάμμα, parce que Guy Aretin, moine de S. Benoît, qui corrigea le chant de l'Eglise, environ l'an 1024, composa une échelle de chant avec ces six voix, *ut*, *ré*, *mi*, *fa*, *sol*, *la*, par le moyen desquelles il dit que la musique était plus aisée à apprendre en six jours, qu'elle n'était auparavant en six mois, et mit ensuite à côté de ces notes sept lettres, A, B, C, D, E, F, G. Et parce qu'il accompagna de la lettre G la note qu'il mit au-dessous du système ancien, toute l'échelle fut appelée, comme elle l'est encore, *Gamme*.

GASTRIQUE, adj., stomacal. Les sucs gastriques sont ce que les vaisseaux excrétoires versent dans l'estomac pour la digestion. R. γαστήρ, ventre.

GAULOIS, de γάλα, *lac*, à cause de la blancheur de leur teint.

GÉNÉREUX, γενναῖος, *generosus*, *strenuus*. R. γείνομαι, *fio*.

GÉNIE, s. m. Chez les anciens, c'était un esprit bon ou mauvais attaché à un homme lors de sa naissance. Ce mot indique aussi un talent naturel pour une chose qui appartient à l'esprit. R. γείνομαι.

GENRE, γένος (τὸ), *genus*. R. γείνομαι, *gignor*.

GÉOMANCIE, ou GÉOMANCE, l'art de deviner par la terre. R.

γῆ, la terre, μαντεία, divination.

GINGEMBRE, ζιγγίβερις, plante qui croît fort en Arabie.

GIROUETTE, s. f., banderole de ferblanc qui, posée sur un pivot dans un lieu élevé, indique la direction du vent; de γυρόω, je tourne. R. γυρός.

GLISSANT, dérive de γλίσχρος, *lubricus, viscosus*, ou de *glacies*; car on a dit quelquefois *glacer* pour *glisser*.

GLOSSOPÈTRES, s. m. pl., dents de poissons pétrifiées. RR. γλῶσσα, langue, et πέτρος, pierre.

GLOUTON, gourmand, de γλύζω, *glutio*.

GLU, GUY, R. γλοιός, *viscus*.

GNOSTIQUES, hérétiques qui se disaient d'un profonde érudition, de γινώσκω, savoir.

GOMME, de κόμμι, *gummi*.

GOND de porte, de γωνία, coin, parce que les gonds ou pentures sont dans les coins.

GONDOLE, de κόνδυ, Athen. sorte de vase.

GONORRHÉE, perte de semence. R. γονή, semence, et ῥέω, couler.

GOUJON, poisson, de κωβιός, *gobius*, ou *gobio*.

GRABAT, de κράββατος, un petit lit.

GRAMME (R. γράμμα, de l'arabe Garme. *Voy*. Paucton, p. 396.), poids du centimètre cubique d'eau distillée à la température de la glace.

GRAPHOMÈTRE, s. m., instrument qui sert à lever des plans. RR. γράφω, écrire, et πέτρον, mesure.

GREFFE d'arbre, de γραφεῖον, touche, plume, ou poinçon à écrire. R. γράφω, *exaro*; soit parce qu'il y a quelque ressemblance entre une greffe et un poinçon à écrire; soit parce qu'on les taille par le bout, et qu'on les fiche dans l'arbre.

GREFFIER, γραφεύς, *scriba*, du même γράφω, *scribo*.

GRIÈCHE, comme ortie grièche, d'ἀγρία, *agrestis*, sauvage. R. ἀγρός, *rus, ager*.

GRIL, de *craticula*, diminutif de *crates*, claie, qui viendra de κρατήρ, lorsqu'il se prend pour les trous par où sort le feu du mont Etna. R. κεράω, *misceo*; d'où aussi une *grille*, parce que les barreaux sont entrelacés les uns dans les autres.

GRIMACE, de ἀγρίου εἶμα, *agrestis imago*, aspect d'un visage hideux. RR. ἀγρός, *ager*, εἴκω, *similis sum*; ou de *kermas*, mot arabe, qui signifie se rider, ou se tordre le visage; ou de *grime*, pour *grise mine*.

GRIMPER, de χρίμπττειν, approcher, s'appuyer.

GRIPPER, de γριπίζειν, *piscari*. R. γρῖπος, des rêts; ou de γρῦπες (οἱ), croc de navire, ancre, instrument pour prendre et accrocher. R. γρύψ, υπός, *gryps*, un gryphon, oiseau qui a le bec crochu. D'où vient aussi *griffes*.

GRIS, de κιῤῥός, οῦ, proprement couleur entre le noir et le blanc; ou de l'allemand *griis*, qui signifie la même chose, et dont les Italiens ont fait *griso*; et les auteurs de la basse latinité, *griseus color*, selon Vossius.

GRONDER et GROGNER, de γρύζω, et γρυλλίζω, *grunnio*; ou de γογγύζω, *murmuro*.

GROTTE, de *crypta*, pris de κρύπτω, *abscondo*.

GRURIE, de δρυρία. R. δρῦς, υός, *quercus*.

GUERDON, de κέρδος, *præmium, quæstus*.

GUET, faire le guet, et *guetter*, vieux mot, de κύπτω, κυπτάζω, *prospicio*. Ou plutôt de l'allemand *wache*, qui signifie *excubiæ*. D'où les Walons et Picards disent encore *water*, pour regarder. De là *guet-apens*, pour dire propos délibéré; *Apenser* étant un vieux mot qui signifie délibérer.

GYMNOSOPHISTE, γυμνοσοφίστης. RR. σοφός, οῦ, *sapiens*, et γυμνός, οῦ, *nudus*, γυμνάζω, s'exercer; γυμνάσιον, *gymnasium*, lieu d'exercice, académie.

GYMNOSPERME, adj., se dit des plantes dont la graine est à découvert. RR. γυμνός et σπέρμα.

GYROFLÉE, de γυρόφυλλον, parce que ses feuilles et ses branches s'étendent en rond. R. γῦρος, *gyrus*, cercle, et φύλλον, *follium*.

GYROUETTE, de γῦρος, *gyrus*.

H.

HAGARD, d'ἄγριος, sauvage. R. ἀγρός, *ager*.

HALBRAN, un jeune oiseau de mer ou de rivière, de ἀλι-έρυθος. R. ἅλς, ἁλός, la mer, et βρένθος, certain oiseau.

HALECRET, cuirasse, ou cotte de mailles; d'ἁλύκροτον; pour ἁλυσίκροτον. RR. λύω, *solvo*; ἅλυσις, une chaîne; et κρότος, battement, bruit, fracas, à cause du bruit que font les armes dans le mouvement.

HALLE, lieu public, de ἅλως, *area*; ou de l'allemand *hall*, qui signifie *salle, grand portique*; suivant d'autres, du mot *hallæ*, qui, dans la basse latinité, s'est pris pour *rami*, parce que les marchés publics n'étaient autrefois couverts que de branches d'arbres.

HAMEAU, de ἅμα, *simul*, ensemble. *Ham*, mot saxon, pour dire *maison, village*, peut venir de là plutôt que de ἅμμα, *fascia, nexus, vinculum*; et de *ham* ont été faits *Nottingham, Buckingham*, et autres.

HAMEÇON, de *hamus*, pris de χαμός, courbé; ou de ἅμμα, *vinculum*. R. ἅπτω, *necto*.

HAMMON, s. m. surnom de Jupiter en Libye, où il avait un temple au milieu des déserts sablonneux. R. ἄμμος, *sable*.

HANAP ou ANAP, vieux mot pour dire un *verre*, ou une *tasse*, d'ἀναπίνειν, humer, avaler, R. πίνω, *bibo*; ou de l'allemand *hein nap*, une écuelle à oreille.

HANCHE, du vieux mot ἀγκή, d'où ἀγκάς, *ulnas*, et dont les Espagnols ont fait *anca*.

HAPPER, de ἁρπάζω, *rapio*, prendre, ravir; ou du bruit que font les chiens en happant quelque chose.

HARCELER, d'ἐρεσχελέω, picotter, quereller, R. ἔρις, dispute; ou d'ἐρκάζω, injurier; ou du latin *arcessere*, appeler souvent quelqu'un et l'importuner; ou du nom *arcus*, poursuivre à coups de flèches.

HARDI, de καρδία, *le cœur*, changeant la première lettre en aspiration; ou de *ardeo*, être vif et ardent; ou de *hure*, qu'on criait quand l'ennemi commençait à paraître; d'où vient *harer*, (vi) exciter contre quelqu'un.

HARPE, de ἅρπη, *une faux*. parce que les harpes étaient courbées en faux. R. ἁρπάζω, *rapio*.

HELLÉBORE, sorte de plante, de ἑλεῖν, surprendre, suffoquer.

HELMINTHOLOGIE, s. f., partie de l'histoire naturelle qui traite des vers. RR. ἕλμινς, *ver*; et λέγω, je dis.

HÉMATITE ou SANGUINE, s. f., pierre précieuse. R. αἷμα, sang.

HERMOGÈNE, ἑρμογένης, n. pr. d'h., comme qui dirait, *né de Mercure*. RR. ἑρμῆς, οῦ, Mercure, (R. εἴρω, *dico*, *nuncio*, parce qu'il est messager des dieux) et γείνομαι, *fio*.

HÉRODE, roi des Juifs, de ἥρως, *héros*.

HÉRON, ἐρώδιον, *ardea*, oiseau de proie, R. ἐρωδιός, le même.

HESPÉRIE, s. f., *pays occidental*. Les Grecs appelaient ainsi l'Italie. R. ἕσπερος, l'étoile du soir.

HÉTIQUE, *Voy. Étique.*

HEURE, ὥρα, *hora*. Et de là,

bonheur, malheur, et même,

HEUREUX, que d'autres rapportent à οὖρος, *bon vent*, οὔροος, qui a le vent favorable, qui est heureux.

HIERÔME, HIERONYMUS, *Voy.* JÉRÔME.

HIPPOCRATE, n. pr. d'h., de ἵππος, *cheval*, et κρατέω, *commander*.

HIPPOLYTE, ἱππόλυτος, *Hippolytus*. RR. ἵππος, *equus*, et λύω, *solvo*. Hippolyte, fils de Thésée, est célèbre dans les poètes; il fut tué par ses chevaux, qui s'emportèrent tellement, qu'ils le précipitèrent de son chariot. Et dans l'histoire ecclésiastique, saint Hippolyte, martyr, fut traîné à Rome par des chevaux indomptés, sous l'empereur Valérien, les païens voulant qu'à cause de son nom, sa mort eût quelque chose de semblable à celle de l'Hippolyte de la Fable.

HOQUETON, de ὁ χιτών, ῶνος, joignant le nom avec l'article, *tunica*, une chemise, un vêtement. Le P. Labbe croit que ce mot signifiait proprement une casaque d'archers, ou gens de guerre, chargée de petits clous d'argent ou de broderie; elle faisait en marchand un bruit semblable au hochet, d'où elle peut avoir pris son nom.

HORACE, R. ὁρατός, digne d'être vu, de ὁράω, voir.

HUILE, d'ἔλαιον, *oleum*, R. ἐλαία, olivier.

HUPPE, *upupa*, oiseau huppé, d'ἔποψ, οπος, ayant été ainsi nommé, selon saint Jérôme, *quòd stercora humana consideret.* R. ὄπτομαι, considérer; ὄψις, vue, œil, vision, objet. De là vient la huppe de toutes autres choses.

Hyacinthe, herbe et pierre précieuse, ὑάκινθος.

Hydrocéphale, s. f., hydropisie de la tête. RR. ὕδωρ, eau, et κεφαλή, tête.

Hydromancie, l'art de deviner par le moyen de l'eau. R. ὕδωρ, eau, et μάντις, devin.

Hydrostatique, adj., partie de la mécanique qui traite de la pesanteur des liquides; de ὕδωρ, eau, et στατικὴ, science des poids. R. ἴστημι.

Hygiène, s. f., partie de la médecine qui traite de la manière de conserver la santé. R. ὑγιής, sain.

Hypocauste, lieu souterrain qui recèle un fourneau. R. ὑπὸ, et καίω, brûler.

Hypocras, s. m., breuvage fait de divers ingrédiens; de ὑπὸ et κρᾶσις. R. κεράννυμι, fut. κράσω.

Hypostase, personne, substance, ὑπὸ, sous, ἴστημι, subsister.

Hypoténuse, s. f., le plus grand côté, la base d'un triangle, ou la ligne tendue sous l'angle droit ou obtus de cet angle. RR. ὑπὸ et τείνω, je tends, fut. τενῶ.

Hyssope, herbe, ὕσσωπος, ου, ἡ, *hysopus, quasi,* ὑόμενον ἐπὶ τὸν ὦπα, qui répand son odeur jusque dans les yeux. RR. ὕω, f. ὕσω, *pluo;* et ὄπτομαι, voir; d'où ὤψ, ὠπός, l'œil.

I.

Iatrochymie, s. f., art de guérir par des remèdes chimiques; d'ἰατρεία, et χύμα. RR. ἰάομαι et χύω.

Ici, d'ἐκεῖ, *ibi.* Les Picards disent *iki.* R. ἐκεῖνος, lui.

Ichthyologie, s. f., histoire naturelle des poissons. RR. ἰχθύς et λέγω.

Ichthyophage, s. m., qui ne vit que de poisson. RR. ἰχθύς, poisson, et φάγω, manger.

Icosaèdre, s. m., solide terminé par vingt triangles équilatéraux et égaux; d'εἴκοσι, vingt, et ἕδρα, siége, base.

Ignorant, d'ἀγνοεῖν, *ignorare.* R. ἀ priv., et νοὸς, νοῦς, *mens.*

Ignorer, v. a., d'ἀγνοεῖν, *ignorare,* fait d'ἀ privatif, et de νοὸς, νοῦς, *mens,* l'esprit.

Iliade, poëme d'Homère, dans lequel il décrit la guerre de Troie, de ἴλιον, Troie.

Image, d'εἴγμα, *imago.* R. εἴκω, ressembler.

Indiquer, d'ἐνδείκω; d'où vient ἐνδείκνυμι, *indico, ostendo.*

Induire, d'ἐνδύειν, inf. de ἐνδύω, ἐνδῦμι, mettre dans, L. *inducere.*

Installer. *Voy.* Etaler. *stallum* a été dit du chœur d'une église, et de toutes les chaises en particulier, ou des siéges des juges. Et de là *installare* pour *in stallum mittere.*

Intrigue, ce mot se dit proprement des poulets qui ont les pieds empêtrés parmi les cheveux, dit Tripaut. R. ἐν, *in*, et θρίξ, g. τριχός, cheveux.

ISAGONE, et ISOGONE, adj., qui est à angles égaux. RR. ἴσος et γωνία.

ISOCRATE, n. pr. d'h., R. ἴσος, égal, et κράτος, force.

ITEM, de ἔτι, *adhuc*.

J.

JALOUX, de ζηλωτής, *zelotes*. Car le ζ se change souvent en j consonne. R. ζῆλος, zèle.

JAMBE, de καμπή, curvature, abaissement. R. κάμπτω, je courbe, je fléchis. Les Italiens disent *gamba*, et les Picards *gambe*, d'où *gambade* et *gambader*.

JASMIN, de ἰάσμη ou ἰάσμινον, sorte de parfum fait de violettes blanches. R. ἴον, la violette. Les Turcs l'appellent iasmin.

JASON, ἰάσων, c'est-à-dire, *sunaturus*, qui guérira. R. ἰάω, fut. ἰάσω, d'où ἰάομαι, guérir.

JASPE, d'ἰασπίς, ἴδος.

JATTE, en picard GATTE, de γάβατα; d'où Martial a dit : *Sic implent gabatas paropsidesque*. Γάβατον se trouve encore dans Hésyche, pour τρυβλίον, qui signifie cela.

JE, pour ge, moi, d'ἐγώ, *ego*.

JÉRÔME, n. pr. d'h., HIERONYMUS, ἱερώνυμος, RR. ἱερόν, ὄνομα, *nom sacré*, changeant ο en υ.

JÉSUS, nom du Sauveur : en grec ἰησοῦς, sauveur.

JOUG, de ζυγός ou ζυγόν, *jugum*. R. ζεύγω, *jungo*, joindre.

JOUTE, de διώστρα, qui dans les anciens se prend pour *lucta*, venant de διωθεῖν, comme ἔξωστρα, d'ἐξωθεῖν, dont les Grecs modernes ont fait ζούστρα. R. ὠθέω, *pello*, ou de *juxta*.

JUSQUIAME, s. f. ὑοσκύαμος, *fève de cochon*, nom d'herbe, violent purgatif.

K.

KILARE, c.-à-d. mille ares, R. χίλιοι, mille, et de *are*.

KYRIE ELEISON, κύριε ἐλέησον, *Seigneur, ayez pitié*; du vocatif de κύριος, seigneur, et l'impératif du verbe ἐλεέω, avoir compassion ou pitié.

L.

LABYRINTHE, lieu duquel on ne peut trouver l'issue, λαβύρινθος, *labyrinthus*.

LACONIQUE, serré, vif. R. λάκων, Laconien.

LAINE, de λάχνη, *lana, lanugo*.

LAME de cuivre, ou d'autre métal; de λέμμα, écorce. R. λέπω, *decortico*. Ou de *lamma*, fait par syncope de *lamina*, qui vient d'ἠλαμένη. R. ἐλαύνω, et ἐλάω, *agito, ductile opus facio*.

LANCE, de *lancea*, pris de λόγχη, Dor. pour λόγχη, *lancea*. R. λαγχάνω, prendre, jeter au sort. Cette étymologie est prise du grammairien Festus, qui dérive *lancea*, de λόγχη. Varron le croyait espagnol, *lança*, et Diodore de Sicile le donne aux Celtes ou Français, *lance*, d'où ils pensent que les Romains l'ont pris.

LAODICÉE, λαοδικεία, ville de l'Asie mineure. RR. λαός, *populus*, et δίκη, *jus*, comme qui dirait *jus populi*.

LARIGOT, boire *à tire-larigot* de λάρυγξ, υγγος, la gorge, le gosier, comme qui dirait, boire à tire-gosier.

LARME, de δάκρυμα, *lacrymia*. R. δάκρυ, υος (τὸ).

LAVER, de λούω, *lavo*.

LÉANDRE, λεῖος, doux, et ἀνήρ, homme, c.-à-d. homme doux.

LÉARQUE, R. λεώς, peuple, et ἀρχή, commandement, c.-à-d. *prince du peuple*.

LÉGAT, de *legare*, envoyer, pris de λέγω, *dico, ago, refero*.

LÉGION, *legio*, et chez les Grecs postérieurs, λεγεὼν, ῶνος, armée de six mille hommes, selon Suid. de λέγω, *colligo*.

LÉGUER, *legare*, de λέγω, *dico, censeo, pronuntio*.

LEXICON, dictionnaire, de λέξις, diction. R. λέγω, dire.

LIT, *lectus*, de λέκτρον. R. λέγω, coucher. On a omis le ρ, comme dans *artus*, pris d'ἄρθρον, *membrum*.

LIMACE, de λεῖμα, *limax*, ou de λείμαξ, lieu humide et plein de limon; ou de *limus*, qui viendra de λύμα, *sordes quæ abluuntur*. R. λύω, *purgo, lavo*.

LIN, λίνον, *linum*.

LITHOPHYTE, s. m. corps marin qui tient de la pierre et de la plante; de λίθος et φυτόν. R. φύω.

LITRON, s. m., mesure très-connue à Paris.

LIVRE, *libra*, une livre, de λίτρα, nom de poids et de mesure; d'où aussi *litron*. Mais livre, pour un livre, vient de *liber*, qui signifie proprement la petite écorce d'arbre, sur laquelle on écrivait et dont on faisait des livres.

LOÏS, nom d'une vertueuse dame, grand'mère de Timothée, dans saint Paul. De λοΐων, *melior*, R. λῶ, *volo*.

LOQUET d'une porte, de *lukettus*, pris de λύκος. ✦

LORIOT, de χλωρίων, ωνος, oiseau ainsi nommé de sa couleur. R. χλόα, herbe verte.

LOUP, de *lupus*, pris de λύκος.

LOUP-GAROU, s. m,, de λύκου ἀγρίου; car λύκος ἄγριος se prend pour un *loup furieux*, et Théocrite le met en ce vers qu'il prononce contre les enchantements ·

Φεύγετε κανθαρίδες, λύκος ἄγριος
Ἄμμε Διώκει.

LOURD et LOURDAUT, de λορδός, voûté, pesant, courbé.

LUNE, σελήνη, *luna*, ôtant σε.

LUTRIN, par corruption, pour *lettrin*, de *lectrum*, λέκτρον, venant de λέγω, *lego, dico*. *Lectrum* se trouve encore dans les gloses d'Isidore plus d'une fois : *Lectrum, analogium, in quo legitur*.

Et en un autre endroit, *pulpitum*, *analogium*, *lectrum*. Ainsi l'on voit que de *lectrum* on a fait *lectrinum*, et de là lettrin, puis lutrin.

Lutte, de λύω, d'où *luxer*, déboîter une jointure.

Lycaon, roi d'Arcadie, changé en loup. R. λύκος, loup.

Lyce, λυκίσκη, *lycisca*, chienne sauvage engendrée d'un chien et d'un loup. R. λύκος, et κύων, g. κυνός, chien.

Lycurgue, grand législateur des Lacédémoniens. R. λύκη, lumière, et ἔργον, ouvrage, c.-à-d. *ouvrage de la lumière*.

Lymphatique, qui contient une espèce de liqueur, partant des veines, de νύμφη, eau (changeant ν en λ.)

M.

Machine, μηχανή, ῆς, *machina*. De là, *Maçon*.

Macrobe, n. pr. d'h., sénateur romain. R. μακρός, long, et βίος, la vie, c.-à-d., *qui vit long-temps*.

Madrigal, s. m., chanson de berger. R. μάνδρα, bergerie.

Maillot. *Voy*. Emmaillotter.

Mais, de μὲς, pour μὲν; μέντοι, *sed*. Si l'on n'aime mieux le prendre de *magis*, que les Latins tirent de μάλιστα (superl. de μάλα), par le changement du λ en γ, comme les Attiques de μόλις, *vix*, ont fait μόγις, à peine. Virgile semble avoir usé de *magis* en ce sens de *mais*, dans sa première églogue, lorsqu'il a dit :

Non equidem invideo, miror *magis*.

Et ce mot de *mais* se disait anciennement parmi nous pour *plus*, davantage ; comme remarque Ménage. Villon, en son Testament,

C'est son parler, *ne moins, ne mais*.

Mais, dont on usait autrefois pour dire *quand*, ou *après*, comme, *mais que vous ayez fait cela*, venait de μετὰ, *post;* il n'est plus en usage en ce sens.

Maître, de *magister*. R. μέγιστος, superlat. de μέγας, *magnus*. Μαγιστὼρ se trouve aussi pour *doctor*, *præfectus*, qui peut avoir été formé sur le latin.

Mal, *malum*, de μαλός, *mollis, exitiosus*, μαλός, en ce sens, comme remarque Vossius, est un mot raccourci fait d'ἁμαλός, qu'Hésyche explique ἀπαλόν, ἀσθενῆ.

Malade, de μαλακός, mou, lâche, efféminé, abattu. R. μαλάττω, ramollir.

Malle, de μαλλός, οῦ (ὁ), *vellus*. Car souvent les malles sont faites de peaux de bêtes avec le poil. De là aussi

Mallette, *mantica*, sac.

Malte, *Melita*, μελίτη, île. De μέλι, ιτος (τὸ), *mel*, comme q. d. *mellistua*, μελιτίνη.

Manant, de μένω, *maneo*, *manens, entis*.

Mandille ou **Mantille**, diminutif de manteau, pris de μανδύς.

Mandragore, de μανδραγόρας, οῦ (ὁ), plante qui endort.

MANGONEAUX, pierres jetées par un instrument de guerre, appelé *manganum;* ou l'instrument même, du grec, μάγγανον, qui signifie *machine.*

MANICHORDION, de μονόχορδος, qui n'a qu'une corde tendue. R. μόνος, seul, et χορδή, corde. Mais maintenant ce mot a plus d'étendue, se donnant à un clavecin, instrument qu'on touche de la main comme une épinette; et quelques-uns, à cause de cela, le dérivent de *manus*, et de *chorda.* D'autres veulent qu'on dise *Manicordion*, de *monochio*, qui, en italien, signifie *singe.*

MANNE, de μάννα, chaldaïque, ou μὰν, hébraïque, qui signifie la *nourriture* dont Dieu nourrit les Israélites au désert. Mais il y a encore une autre sorte de manne arabique dont usent les médecins, qui n'est que de miettes d'encens.

MANTEAU, de μανδύη, ou μανδύα, *penulæ genus*, ou de ἱμάτιον, *pallium.* R. ἕω, *induo.* De là aussi MANDILLE, diminutif de *mante*, ou manteau dont les auteurs de la basse latinité ont fait *mantea.* Les Espagnols l'appelaient *mantum; quòd manus tegat tantùm.* De sorte que le mot pourrait bien être originairement latin.

MAQUIGNON, de μαγγανευτής, *mango*, fourbe, enchanteur; celui qui pare sa marchandise. R. μάγγανον, charme, tromperie.

MARGUERITE, de μαργαρίτης, margarita, perle. R. μάργαρον.

MARJOLAINE, ἀμάρακος, *amaracus*, où l'on a retranché l'α, à cause de l'article, comme dans *Pouille*, *Natolie*, *boutique* et autres.

MARMAILLE, de μύρμακες, Dor. pour μύρμηκες, armée de fourmis. R. μόρμος, fourmi.

MARONS, de μάρακον, qui se trouve dans ce sens dans Eustathe, sur l'*Odyss.* κ.

MARRHE, à houer la vigne, de μάρρον, instrument de fer, *marrha*, Colum.

MASSE, de μάζα, pâte.

MASTIC, de μαστίχη, *mastiche.*

MAUSSADE, d'ἄμουσος, *agrestis, insuavis.* R. μοῦσα, *Musa*, Déesse des vers et de l'harmonie; μουσόω, ajuster, embellir, proportionner. Ou de *malè satus*, pour *malè natus*, ou bien de *manu* pour *mal*, et *sade*, vieux mot français qui signifiait sage, ou propre et gracieux, dans Coquillard, Villon et autres.

MÉDAILLE, de μέταλλον, *métal.*

MÉDECIN, *medicus*, de μῆδος, *cura*, d'où aussi *remède*, *remédier.*

MÉDITER, de μελετάω, *meditor.* R. μέλει, *curæ est.*

MÉLANCHTON, de μέλας, -αινα, -αν, noir, et χθών, ονός, terre. TERRE NOIRE, en allemand *Schwarzerd*, qui était le véritable nom de cet hérétique fameux, au seizième siècle.

MELONS, de μήλονες, ou μηλοπέπονες, de μῆλον, Dor. μᾶλον, *malum, pomum*, parce que les *melons* approchent de la couleur et de la figure des pommes ou des coings, citrons. R. μηλέα, *malus arbor*, pommier, citronnier, coignassier.

MEMNON, nom d'un roi, de μέμνων, durable.

MÉNANDRE, n. pr. d'h., Μένανδρος, *qui soutient l'effort des hommes* qui fondent sur lui. R. μένω, demeurer ferme, et ἀνήρ, homme de cœur.

MENACER, de μηνίζειν, *irasci*. R. μῆνις, vieille haine. Ou de *minax*, *acis*.

MENTHE, herbe, de μίνθα.

MENU, de μινυός, *exilis*.

MENUISIER, de μινύσσειν, *minuere*.

MERCURE, dieu du commerce, etc. R. κύριος, seigneur, ou *cura*, soin, et *merx*, marchandise.

MÊLER, de μίσγειν, *miscere*. R. μιγνύω.

MESURE, de μέτρον, *mensura*.

MÉTABATIQUE. R. μετὰ et βάω; c.-à-d. *transitif*.

MÉTALLURGIE, s. f., l'art de tirer les métaux des mines et de les travailler. RR. μέταλλον et ἔργον.

MICHE, de μικόν, Dor. de μικρόν : une miche est un petit pain.

MIDAS, roi de Phrygie, de μηδὲν ἰδὼν, ne sachant rien.

MILET, *Miletum*, Μίλητος, ville maritime de l'Asie mineure, de μίλτος, οῦ (ἡ), *minium*, vermillon. Cette ville a été ainsi appelée, comme qui dirait, *rubra*, rouge. *Pasor*.

MINE. R. μέδιμνος, Bud. certaine mesure attique.

MINUTE, de μινύθω, *minuo*. R. μίννος, *menu*.

MITE, petit ver, de μίδας, dans Hésyche.

MITHRIDATE, s. m. μιθριδάτιος, ou μιθριδατική, supp. ἀντίδοσις, antidote trouvé par Mithridate, roi de Pont, par le moyen duquel il s'accoutuma tellement à prendre du poison peu à peu, qu'il ne put être empoisonné.

MIXTION, de μίξις, *mistio*, R. μίγνυμι, *misceo*,

MOINEAU, de μόνιος, *solitaire*, parce qu'il y a une espèce de moineaux qui aiment à être seuls; d'où dans le psaume : *Sicut passer solitarius in tecto*.

MOL ou MOU, de μιλλός, οῦ, *mollis*, ou de μωλύω, amollir. R. μῶλυς, mou, lâche.

MON, de μόν, pour ἐμόν, *meum*. R. ἐγώ, je.

MOSAÏQUE, s. f., *musivum opus*, ouvrage de rapport, qui représente des figures, des ornements, etc., par le moyen de petites pierres dures, ou de morceaux d'émail de diverses couleurs. R. μοῦσα, parce que cet art exige une adresse supérieure.

MONYME, n. pr., de μόνος, seul, et ὄνομα, nom, c.-à-d. *un seul nom*.

MORT, *mors*, de μόρος, *fatum*. R. μείρω, *divido*.

MOUDRE, de μύλλειν, *molere*, R. μύλη, *mola*, meule.

MOUE, faire la moue, de μύω, fermer les lèvres.

MOUFLES, sortes de machines à plusieurs cordes et

poulies, de μοχλός, levier, ou machine. R. ὀχλεύω, *moveo*.

MOULES, coquilles, de μύες, *mytuli*, *conchæ*. R. μῦς, υὸς (τό), *mus*, *musculus*.

MOULIN, de μύλος, *mola*.

MOUTIER, ou *Moustier* et *Monstier*, vieux mot, pour dire monastère, μοναστήριον. De là encore *Marmontier*, ou *Marmoutier*, c'est-à-dire *majus monasterium*, ou plutôt *Martini monasterium*, *Monastère de Saint-Martin*. Les ruines de l'ancienne abbaye de bénédictins, connue sous le nom de *Marmoutier*, sur les bords de la Loire, à une demi-lieue de Tours, nous en offrent la preuve. On y voit, au-dessus du portail, la statue mutilée de *Saint-Martin* à cheval, donnant la moitié de son manteau à un pauvre. Ce mot s'est aussi pris particulièrement pour l'église du monastère, et ensuite pour les autres.

MOI, de μοὶ, dat. d'ἐγώ, *ego*, je, pour *ge*.

MUET, de μύδος ou μύτης, *mutus*, mots formés par imitation du son. R. μύω, *claudo*, *comprimo*, fermer la bouche.

MUGIR, de *mugire*, pris de μυχᾶσθαι.

MURÈNE, poisson, μυραίνα, *muræna*. R. μύρος, *myrus*, qui est le mâle de cette espèce.

MUSC, de μύσχος ou μόσχος, qui se prend aussi pour un veau.

MUSEAU, de μύτις, ιδος, *nasus*, *proboscis*.

MUSSER, vieux mot, pour dire *cacher*, de μύσσειν, ou μύειν, *occludere*; ou de μύζω, *musso*, *mussito*. Car *musser* se dit proprement de ceux qui parlent tout bas en grondant; puis de là il se dit pour cacher.

MUTILÉ, de μίτυλος, *mutilus*.

MURE, capitale de Lycie, d'où saint Nicolas était évêque. De μύρω, *fluo*, μύρομαι, *lacrymor*.

MUSÉE ou MUSÉUM, s. m., μουσεῖον, lieu destiné à l'étude des beaux-arts, des sciences et lettres; lieu où l'on rassemble des monuments qui y sont relatifs; le cabinet d'un artiste ou d'un savant. R. μοῦσα.

MYSIE, μυσία, province de l'Asie mineure, ainsi nommée de μῦσος (τό), crime exécrable; comme qui dirait, province détestable. *Pasor*.

N.

NABOT, de νώθαι, *Pygmées*, ou de νάνος, *nanus*, dont on a fait *nanottus*, puis *nabottus*, nabot; ou de νέπους, ὁδος, qui n'a point de pieds, ou qui les a fort courts.

NAGER, de νήχειν, R. νέω, *nato*.

NAPLES, Νεάπολις, ville neuve. R. νέος, *novus*, πόλις, *urbs*.

NARD, νάρδος, *nardus*, arbrisseau.

NARINE, *naris*, pris de ῥίν, ῥινός, le nez.

NAUFRAGE, de ναυάγιον. R. ναῦς, ναός, navire, et ἄγω, briser.

NAUTONNIER, ναύτης, *nauta*.

NAVIRE, s. m., de ναῦς, g. ναός, ait. νεώς, *navis*.

NEF d'une église, νεώς, sorte de vaissseau. *Eurip.*

NÉFLIER, de μεσπίλη, *mespilus.*

NEIGER, de νίφειν, *ningere.*

NÉRÉE, dieu marin, de γέω, ou νάω, couler, d'où νηρός, humide.

NERF, de νεῦρον, *nervus.*

NÉRON, n. pr. R. νεῦρον, force.

NEVEU, de *nepos*, quoique dans le bon latin ce mot ne se prenne pas pour ce que nous appelons *neveu* en français, au lieu de quoi ils disaient *sororis*, ou *fratris filius;* mais pour les *descendans* ou successeurs d'une race, *nepotes*. Et en ce sens il vient du grec νέποδες, selon Scaliger, formé de la particule négative νε, et de πούς, ποδός, comme si l'on voulait dire qu'ils ne sont pas le *pied* ou la *racine* de la race, mais les *branches*.

NEUF, d'ἐννέα, *novem.*

NEUF, de νέος, *novus.*

NEUME, terme usité parmi les chantres et les musiciens d'église, pour marquer une traînée de notes qui se fait après une antienne; de πνεῦμα, soufle. R. πνέω, *spiro.*

NUMISMATIQUE, adj., qui a rapport aux médailles antiques; de νόμισμα, airain frappé, monnaie; venant de νομίζω, je détermine, je fixe par la loi, νόμος. R. νέμω, je distribue.

NIAIS, et NIAISER, de νέος, *juvenis*, νεάζειν, *juvenescere*. De là aussi *déniaiser*. D'autres dérivent niais, de *nidensis*, par une métaphore prise des oiseaux qui sont encore *dans le* nid, et que les Grecs appellent νεοσσοί, ou νεοττοί; ils ont aussi dit νεοττός, d'où *nidus*, le nid.

NICAISE, de νίκη, victoire, R. νικάω, vaincre. De là aussi,

NICÉE, ville, et

NICIAS, n. pr. d'h.

NICANOR, Νικάνωρ, le même que *Victor* en latin. R. νικάω, *vinco*, νίκη, *victoria*, et ἄνηρ, *vir.*

NICODÈME, Νικόδημος, comme q. d. *victor populi*. R. νικάω, *vinco*, δῆμος, *populus.*

NICOLAS, Νικόλαος, vainqueur du peuple. R. νικάω, *vinco*, λαός, *populus.*

NIL, fleuve d'Afrique, de νέω, ou νάω, couler, et ἰλύς, limon, parce qu'il entraîne du nouveau limon.

NOUS, de νώ, *nos*, duel d'ἐγώ, je.

O.

OCÉAN, d'Ὠκεανός, *Oceanus.*

OCTANTE, ὀγδοήκοντα, *octoginta*. R. ὀκτώ, *octo*, huit : d'où aussi ὄγδοος, *octavus.*

ODEUR, ὀδωδή, *odor*, dans Hésyche. R. ὄζω, *oleo*, sentir.

ODYSSÉE, vingt-quatre livres en vers grecs d'Homère, dans lesquels il décrit les actions d'Ulysse; d'ὀδυσσεύς, Ulysse.

OLYMPIADE, espace de quatre ans, d'ὄλυμπος, olympe; de là viennent les jeux olympiques, qui se célébraient de quatre ans en quatre ans en l'honneur de Jupiter.

ONÉSIME, nom d'un des disciples de saint Paul, ὀνήσιμος,

utilis. R. ὄνημι, *juvo;* ὄνησις, εως, utilité, avantage.

ONYX, s. m., espèce d'agate, de couleur d'ongle. R. ὄνυξ, ongle.

OPHITE, ou SERPENTINE, s. f., marbre vert mêlé de filets jaunes, couleur de serpent. R. ὄφις.

OPIAT, d'ὀπίας, certain fromage qu'on faisait prendre avec du suc de figuier. R. ὀπός, οῦ, *humor vel succus.*

OPIUM, ὄπιον, *opium,* le suc, que les uns nomment le lait, et les autres les larmes du payot. R ὀπός, *succus.*

OPTER, choisir, d'*opto,* pris d'ὄπτω, et -ομαι, voir, considérer, parce que le choix demande de la considération.

ORAGE, de οὐρανός, le ciel, le haut de l'air où se forment les orages. De *ore,* ou *orée,* pour bord, parce que c'est au bord des bois, des rivières, et de la mer, que se forment plus souvent les orages.

ORÉE, vieux mot, pour dire bord, lisière, *ora* de ὅρος, terme, fin, extrémité d'un champ ou pays.

ORESTE, n. pr. d'h., d'ὅρος, εος (τὸ), mont, c.-à-d. qui demeure sur les monts.

ORGANE, s. m., partie du corps de l'animal qui sert à ses sensations, à ses opérations; d'ὄργανον, instrument. R. ἔργον, ouvrage.

ORGANISTE, celui qui touche l'orgue, et

ORGUE, s. m. au sing., et fém. au plur., instrument de musique dont on se sert dans les églises, et qui réunit les sons de divers instruments; d'ὄργανον.

ORGUEILLEUX, d'ὀργάω. *turgeo,* ou d'ὀργή, *ira,* colère, indignation. R. ὀργίλος, *iracundus.*

ORIGÈNE, d'ὠρία, beauté, et γένος, naissance.

ORPHÉE, poëte et musicien excellent, d'ὀρφεύς, Orphée.

ORVET, sorte de serpent, d'ὄρφος ou ὀρφώς, le Rouget qui se cache l'hiver dans les trous des rochers. R. ὄρφνη, ténèbres. Le peuple croit que l'orvet n'y voit point.

OS, d'ὀστέον, ὀστοῦν, *os, ossis.*

OSEILLE, ὀξαλίς, ίδος. R. ὀξύς. *acutus,* parce qu'elle est sure.

OSER, d'αὔσειν, *audere.*

OSIER, οἰσύα, et οἰσός, *salix,* un saule.

OTER, d'ὠθέω, *pello,* expello; ou d'*auferre.*

OÙ, d'οὖ, *ubi.*

OUAILLE, d'οἶς, ou ὄις, Eol. ὄφις, *ovis.*

OXYCRAT, mélange d'eau et de vinaigre, ὀξύκρατον. RR. ὀξύς, aigu, aigre, et κεράννυμι, mêler.

P.

PAGE, de παῖς, *puer,* ou du diminutif παιδίον, comme *gage* de *vadium.* Le mot de *page* s'est autrefois pris pour un petit garçon.

PALÉOGRAPHIE, science des écritures anciennes, quelquefois des écritures saintes. RR. πάλαι, autrefois, et γραφή, écriture.

PAMPHILE, de πάμφιλος, ami,

ou *aimé de tous*. R. πᾶς, πᾶσα, πᾶν, *omnis*, φίλος, *amicus*.

PAN, s. m. le dieu des bergers; de πάω, paître ; d'autres le dérivent du neutre πᾶν, tout, et prétendent que ce mot était le symbole de cet esprit universel qui anime toute la nature.

PANTOUFLE, de παντόφελλος, fait de πᾶς, παντός, et de φελλός, οῦ, liége ; ou bien de πατεῖν φελλὸν, fouler aux pieds le liége. Ménage le dérive plutôt de l'allemand *pentufflen*, qui signifie la même chose.

PAON (pron. PAN), de ταών, *pavo*. R. τείνω, *tendo*, étendre. Le paon étend et considère sa queue. Les Eoliens changeaient souvent τ en π, σπάχυς, (d'où *spica*, épi), pour στάχυς.

PAPIER, de πάπυρος, *papyrus*, petit arbrisseau d'Egypte, de l'écorce ou pelure duquel on faisait le papier.

PAR, de παρά, préposition en ôtant l'a final, d'où aussi *per*.

PARACLET, consolateur, avocat, parlant du Saint-Esprit, de παρακαλέω, consoler.

PARADIS, de παράδεισος, qui signifie proprement un *jardin*.

PARAGRAPHE, de παραγραφή, *descriptio*, *annotatio*. R. γράφω, *scribo*. De là aussi PARAPHE et PARAPHER.

PARALOGISME, raisonnement à côté, sophisme ; παρά, à côté, et λόγος, discours.

PARANGONNER, vieux mot, pour dire *comparer*, de παράγειν, mettre l'un contre l'autre. R. παρά, qui en composi-

sition signifie auprès, et ἄγω, *duco*.

PARANYMPHE, de παράνυμφος, *auspex sponsi*, qui avait la principale conduite des noces, qui était proche de l'épouse, παρὰ νύμφης. R. νύμφη, *sponsa*. De là par métaphore les *paranymphes* des écoles.

PARAPET, de παραπέτασμα, *cortina*, *umbraculum*. R. πετάω, *pando*.

PARDONNER, παραδοῦναι, *concedo*, *indulgeo*. R. δίδωμι, pris de δόω, donner ; ou de *perdonare*, qui se trouve en ce sens dans la basse latinité.

PARÉLIE, apparence d'un ou de plusieurs soleils *autour du* véritable, de παρά, et ἥλιος, soleil.

PARLER, et PAROLE, de l'italien *parola*, pris de *parabola*, qui se trouve en ce sens dans les auteurs de la basse latinité, et qui vient de παραβάλλειν, *conferre*. R. βάλλω, *jacio*; ou de παραλάλειν, *obloquor*. R. λαλέω, *loquor*.

PAROXYSME, s. m. παροξυσμός, accès, redoublement, temps le plus fâcheux d'une maladie; de παροξύνω, j'irrite. RR. παρά et ὀξύς.

PASIGRAPHIE, s. f., système d'écriture que l'on a proposé depuis quelque temps, comme langue générale de communication entre les peuples. RR. πᾶσι, dat. pl. de πᾶς, et γράφω, écrire.

PASSION, de πάθος, εος (τὸ), prononcé par les Grecs *pazsos*. Les Lacédémoniens emploient le (σ) au lieu du (θ). R. πάσχω, *patior*.

PATE, de πάστη, *inspersa;* πάστα, se trouve dans Hésyche, pour mixtion de fromage et de farine; et dans Eustathe, pour mixtion d'herbe et de farine. πάστη, dans Pollux, est presque la même chose. Πάσσω, *inspergo.* Ou bien *pâte* viendra de *pastum,* supin de *pinso* ou *piso,* pétrir, qui vient de πτίσσω, piler, *pinso, tundo.*

PATIN, sorte de soulier; de πατεῖν, *calcare.* R. πάτος, chemin battu; ou de patte, qui vient de *plata,* comme qui dirait *plate;* et *plata* vient de πλάτα, pour πλάτη, qui se prend pour le PLAT de l'épaule, le bas de l'aviron, qui est plat et large. R. πλατύς, *latus.*

PATIR, de πάθω, plus usité πάσχω, imparf. ἔπαθον, souffrir.

PAUVRE, παῦρος, *non multus.*

PAYS, de *pagus,* village, pris de παγός, *tumulus, collis,* ou de πηγή, Dor. παγή, *fons,* parce que les anciens habitaient ordinairement autour des fontaines. Et *pagus,* ne signifie pas seulement village, mais aussi bailliage entier, contrée, quartier.

PEINE, de ποίνη, *pœna,* qu'on doit rapporter à πένομαι, *laboro.*

PELER, de λέπειν, *decorticare,* par transposition, πέλειν; ou de *pellis,* qui viendra de πελλός, qui dans Hésyche, se prend pour l'*écorce* d'un arbre, et qui a peut-être aussi signifié la *pelure* des fruits. Peler se prend aussi pour ôter le poil; comme tête pelée.

Mais *pilus,* poil, vient de *pellis,* selon Isidore, parce que le poil naît de la peau; ou bien alors pelé viendra de πτίλος, qui a les sourcils pelés et sans poil, mot qui a pu avoir une signification plus générale, puisque πτίλον, signifie encore la plume des oiseaux, ou le poil follet qui leur tombe quand la plume vient; d'où Vossius croit que l'on peut même faire venir *pilus* et *capillus.*

PÉNÉLOPE, femme d'Ulysse, très-habile à faire de la toile; de πῆνος, de la toile, et λῶπος, habit.

PERCER, de πέρσαι, aor. 1, infin. de πείρω, fut. περῶ, Eol. πέρσω, *transfigo.* Ou bien de πέρθω, *diruo, trucido.*

PERDRIX, de πέρδιξ, *perdix.*

PERSIL, par sync. pour *petrosil,* πετροσέλινον, espèce de persil qui vient dans les pierres. R. πέτρος et πέτρα, *petra;* er σέλινον, *apium.*

PERRUQUE, de πηνίκη, *coma addititia.* R. φέναξ, *impostor,* le ν se change en r, comme en δεινός, *dirus,* et l'ι en u, comme en χάρις, *carus,* etc.

PHAISAN. *Voy.* FAISAN.

PHALÈNE, s. f. papillon de nuit; de φαλαίνα, moucheron, ver luisant. R. φάω, je luis.

PHARE, tour où l'on allume des feux, pour guider les navires; de φάρος, ou de φαρύνω, briller, luire.

PHARMACOPOLE, c'est-à-dire, vendeur de remèdes; de φάρμακον, remède, et πωλέω, vendre.

PHÈDRE, n. pr., *Phædrus,*

de φαιδρός, beau, serein, clair, joyeux; φαιδρύνω, rendre beau, polir, nettoyer, réjouir; φαιδρότης, ητος (ἡ), beauté, gaîté.

PHILADELPHIE, s. f., PHILADELPHIA, 1º nom de la ville dans l'Apocalypse; 2º celui de la capitale de la Pensylvanie, fondée par Guillaume Penn; Φιλαδελφία, charitas fraterna. RR. φίλος, ami, et ἀδελφός, frère.

PHILÉMON, n. pr. d'h., Φιλήμων, amans, deosculans. R. φιλέω, aimer, φίλημα, un baiser.

PHILLOCTÈTE, de φίλος, ami, et κτάομαι, acquérir, c.-à-d. acquéreur de possessions.

PHILOSTRATE, n. pr. d'h.; de φίλος, ami, et στρατός, armée, amateur de l'armée.

PHILTRE, s. m., breuvage qu'on suppose propre à provoquer quelque passion, et surtout l'amour; de φίλτρον. R. φιλέω, j'aime.

PHLEGME. Voy. FLEGME.

PHLOGISTIQUE, adj, partie des corps qui est susceptible de s'enflammer; de φλογίζω, j'enflamme. subst. m. feu élémentaire, de φλόξ, (ἡ). R. φλέγω.

PHRÉNÉSIE. Voy. FRÉNÉSIE.

PHYLACTÈRE, s. m., 1º antidote préservatif, amulette que les anciens portaient sur eux, pour se préserver de quelque mal; 2º c'était chez les Juifs, des bandes de parchemin sur lesquelles ils écrivaient des passages de la loi. R. φυλάσσω, je conserve.

PICHET, vaisseau, de βικός, cruche ou vaisseau qui a des anses.

PIÉGE, de παγή, ou παγίς, laqueus, un lacet. R. πηγνύω, figo, compingo.

PIFRE, de πεφορημένος, chargé de viande; ou vient de briser, manger avec avidité, qu'on peut rapporter à βρέφος, enfant.

PIN, arbre; de πῖνος, pinus, dans Théophraste.

PINDARISER, v. a., parler avec affectation, se servir de termes ampoulés pour dire les choses les plus simples. Ce mot vient du nom de Pindare Πίνδαρος, poète lyrique grec, né à Thèbes, 500 avant J.-C.

PINSON, oiseau, de σπίζιον, ou σπίζα, fringilla. R. σπίζω, expando; ou de σπίνος, pris de la même racine, duquel ils ont fait σπίγγος et σπίνθος, et par diminution σπίνθιον; d'où les Latins ont pris spintio, dont ils ont fait aussi pintio, et d'où peut venir pinson.

PINTE, de σπίνθα, pintha, selon Budée et Périson.

PION, ivre, de πίνω, bibo.

PIPER, de πιπεῖν, tromper, d'où παρθενοπίπης, qui trompe les vierges, ou de pipare, fait de pipatus, qui marque particulièrement le chant des oiseaux qui crient après la chouette; ou de pipire, contrefaire le chant et la voix des oiseaux, pour les attraper. D'où aussi pipée, prendre à la pipée.

PISTE, de πύστις, recherche, interrogation. R. πυνθάνομαι, inquiro, qui suit, πύθομαι.

PISTON, s. m., ἐπιστόμιον, partie intérieure d'une pompe que l'on presse sur l'orifice pour en faire sortir l'air ou la liqueur. RR. ἐπί, sur, et στόμα. bouche, ouverture.

PITANCE, de πίττακος, ou πιττάκιον, tablette, étiquette, parce que chacun avait sa *pitance* ou portion, suivant l'étiquette qui lui échéait, ou le lieu qu'il avait sur la carte. R. πίσσα, ou πίττα, *pix*, parce que ces tablettes étaient enduites de poix.

PISÉ, de *pista*, mot en usage parmi les Italiens, et fait de *piso*, du mortier, pris de πτίσσω, *pinso*, *tundo*, *decortico*.

PLACARD, πλάξ, πλακός, acc. πλάκα, *tabula*. R. πλατύς, *latus*.

PLACE, de πλατεία, *platea*. R. πλατύς, ample.

PLAIE, πληγή, ῆς, Dor. πλαγά, *plaga*. R. πλήσσω, frapper.

PLANCHE, de *planca*, qui se trouve dans Pline et dans Tertullien, et qui vient de πλάξ, πλακός, πλάκα, *tabula*. D'où il semble qu'on ait fait premièrement *placa*; puis ajoutant *n*, *planca*. De là notre mot *plancher*. R. πλατύς, *latus*.

PLANE, s. m., de πλάτανος, PLATANUS, arbre ainsi nommé parce qu'il étend ses branches au large. R. πλατύς, large.

PLAQUE, de πλάξ, ακός, πλάκα, *tabula*. *Voy.* planche. R. πλατύς, *latus*.

PLATINE, de πλαθάνη, qui se prend pour une poêle. R. πλάσσω, -ττω, forger, former.

PLATON, nom d'un philosophe, de πλατύς, large, ample, parce qu'il avait de larges épaules.

PLATRE, de πλαστής, *fictor*,

πλαστός, *fictilis*, propre à être formé. R. πλάσσω, *fingo*.

PLÉIADES, s. f. pl., constellation composée de plusieurs étoiles utiles à la direction de ceux qui vont sur mer; de πλέω, naviguer.

PLEIN, de πλέος, et πλεῖος, τὸ πλεῖον, *plenus*, *a*, *um*.

PLÉTHORE, s. f., πληθώρα, surabondance de sang et d'humeurs, de πλήθω, j'emplis. R. πλέος, plein.

PNEUMONIQUE, adj., se dit d'un remède propre aux maladies de poumon; de πνεύμων, poumon. R. πνέω, je respire.

POCHE, de πόκος, *vellus*, peau de mouton dont sont faites ordinairement les poches. R. πείκω, *tondeo*.

POIS, légume, πίσον, *pisum*. R. πίσσω, *pinso*, *decortico*.

POIVRE, πέπερι, *piper*.

POIX, de πίσσα, *pix*, dont on a fait *picare*, *poisser*, et de là notre mot de *poinson*, parce qu'on les poisse, comme on fait encore en quelques endroits, pour empêcher le vin de couler.

POLYXÈNE, n. pr. de fem., de πολύς, beaucoup, et ξένος, un hôte, c.-à-d. chez qui plusieurs demeurent.

PONT, de ποντός, *pontus*, la mer.

POT, de ποτήρ, ou ποτήριον, *poculum*, qui s'est dit premièrement d'un pot à boire puis de toutes sortes de pots. D'où aussi,

POTIER, R. πίνω, et πόω, *bibo*, πότος, *potatio*.

POTIRON, de ποτήριον, parce

qu'il ressemble à un gobelet renversé.

POULAIN, de πῶλος, *pullus equinus.* D'où aussi le mot poule, poulet, et autres; *pullus*, ayant beaucoup plus d'étendue dans le latin, que πῶλος dans le grec; d'où encore PULLULER, le mot de *pulluli* se trouvant même dans Pline pour des rejetons d'arbres.

POURPRE, de πορφύρα, *purpura*, le pourpre, pour maladie, quoiqu'en ce sens, il soit *masculin*; au lieu que se prenant pour l'étoffe, il est *féminin.*

PREMIER, de *primus*, fait πρόμος, que quelques-uns disent fait par syncope, de πρόμαχος, qui est le premier à la tête de l'armée. D'autres aiment mieux prendre *primus* et *prior*, de *pris*, qui a été fait de πρὶν, *priùs*, d'où aussi *pridem.*

PRIX, de προῖξ, *donum.* Ou bien de *pretium.*

PROCHORE, *prochorus*, πρόχορος, qui est prêt, qui mène une danse. R. πρό, *ante*, χορός, *chorus.*

PROLEPSE (R. πρό devant, et λήβω, prendre) figure de rhét. par laquelle on va au-devant d'une objection.

PRÔNE, de πρόναος, le porche ou nef d'une église, où se fait le prône. R. ναός, οῦ. *templum.* Ou plutôt, de *præconium.*

PRONOSTIC, προγνωστικόν, signe de ce qui doit arriver. R. γινώσκω, *cognosco.*

PROPRE, de πρέπρεπον, *decorum.* R. πρέπω, être beau,

bien fait, ajusté; ou de *proprius*, parce que nous nous portons naturellement à embellir ce qui nous est propre.

PROSOPOPÉE, figure de rhétorique, qui fait parler une personne; de πρόσωπον, personne, et ποιέω, faire.

PROTÉE, ou PROTHÉE, le plus ancien des dieux, de πρῶτος, premier; il prenait telle forme qu'il voulait.

PROUE, *prora*, le devant d'un vaisseau; de πρῶρα, qui vient de πρό, *ante*, et est formé de προοράν, voir de loin, prévoir. R. ὁράω, *video.*

PRUNIER, de προύνη, *prunus.*

PTISANE, mieux TISANE, πτισσάνη, *ptisana*, orge pilé ou mondé. R. πτίσσω, *pinso*, *decortico.*

PTOLÉMÉE, nom donné à tous les rois d'Egypte qui ont succédé à Alexandre-le-Grand; de πτόλεμος, la guerre, c.-à-d. *guerrier.*

PUCE, de ψύλλος, ou ψύλλα, *pulex.*

PUGILAT, (R. πύξ, du poing) c.-à-d. le combat à coups de poings.

PYRACANTHE, s. m., espèce de néflier épineux, que l'on appelle vulgairement *buisson ardent*, et dont les fruits sont d'un rouge ardent. RR. πῦρ, feu, et ἄκανθα, épine.

PYRITE, s. m., combinaison de soufre avec un métal quelconque. R. πῦρ. feu.

PYROIS, un des quatre chevaux du Soleil, de πῦρ, feu, c.-à-d. enflammé.

PYROMÈTRE, s. m., instrument pour mesurer les divers

degrés du feu. RR. πῦρ et μέτρον.

PYROPHORE, s. m. préparation chimique qui s'enflamme à l'air. RR. πῦρ et φέρω.

PYROTECHNIE, s. f., l'art de se servir du feu, surtout pour les feux d'artifice. RR. πῦρ et τέχνη.

PYRRHUS, roi des Epirotes, de πυῤῥὸς, roux, à cause de la couleur de ses cheveux.

PYTHAGORE, célèbre philosophe, de πυνθάνομαι, écouter, interpréter, et ἀγορά, discours.

Q.

QUEUX, de *cos*, pierre à aiguiser, qui vient d'ἀκόνη, que l'étymologiste dérive d'α augmentatif, et de κονῶ, diminuer; ou servir, aider.

R.

RABLE, de ῥάχις, *lumbus*, les reins, le dos, l'épine du dos. R. ῥήσσω, rompre.

RACHITIQUE, adj., se dit des personnes attaquées du rachitis, ou courbure de l'épine du dos et de la plupart des os longs; de ῥάχις, l'épine du dos, les reins. R. ῥήσσω, *frango*.

RACINE, de ῥίζα, *radix*, ou de ῥάδιξ, *ramus*; car quoique ce mot grec ne se prenne maintenant que pour les branches, néanmoins il peut avoir signifié autrefois les racines; d'ailleurs il y a rapport entre les unes et les autres, puisque les racines sont comme les branches enterrées de l'arbre.

RAIFORT, *raphanus*, de ῥά-

φανος, ου, ou ῥαφανὶς, ίδος, rave, racine.

RAISIN, *racemus*, de ῥάξ, ῥαγός, *acinus racemi*. R. ῥήσσω, rompre.

RAMPER, de ῥέπω, *serpo*.

RAPETASSER. R. ῥάπτω, coudre.

RAVE, de ῥάπυς, ou ῥάφυς, *rapa*.

REGIMBER. *Voy*. JAMBE.

RÉGLYCE, aujourd'hui RÉGLISSE, de γλυκυῤῥίζα, Dioscor. R. ῥίζα, *radix*, et γλυκύς, *dulcis*.

REMÉDIER, de μεδέω et μέδω, *medeor*, *curo*.

REMORQUER, de *remulcare*, fait de ῥυμουλκέιν. R. ῥύω et -ομαι, *traho*, ῥῦμα, *tractus*, *lorum*, et ἕλκω, *traho*.

RÉSINE, de ῥητίνη, *resina*, humeur ou gomme coulant de certains arbres. R. ῥέω, couler.

RÊVER, de ῥέμβειν, errer, d'où

RÊVASSER, de ῥεμβάζω, *vagor animo*. Henri Etienne.

RHEGE, *Rhegium*, ῥήγιον, ville de la Calabre ultérieure, à l'extrémité de l'Italie. R. ῥήσσω, ou ῥήγνυμι, *frango*; ῥήγη, rupture, ῥήγιον, diminutif. La Sicile tenait autrefois à l'Italie par cet endroit; d'où elle a été détachée par la violence des eaux, comme le témoigne Pline, qui ajoute : *Ab hoc dehiscendi argumento Rhegium Græci nomen dedére oppido in margine Italiæ sito. lib. 5, cap. 8.*

RHÔNE, ῥοδανός, *Rhodanus*, de ῥοδανίζω, *agito*, (Eustat., Il. σ.) à cause de la rapidité de ses eaux.

RHYTHME, s. m. ῥυθμός, nombre, cadence, mesure.

RIDE, de ῥυτίς, *ruga*, pour lequel on a dit aussi *ruta* ou *rita*, quand la peau se retire. R. ῥύω et -ομαι, *traho, servo*. De là RIDEAUX.

RIGUEUR, ῥῖγος, *rigor*, qui se prend pour le grand froid.

RIME, s. f., uniformité de sons dans la finale de deux mots dont chacun termine un vers. R. ῥυθμός, rhythme.

RIZ, d'ὄρυζα, *oryza*.

ROC, ῥώξ, *fissura, rupes*. R. ῥήσσω, *rumpo*.

ROTER, ῥοχθεῖν, *stridorem edere*. R. ῥόθος, *undarum strepitus*; ou de ἐρεύγομαι, dont on aura fait ἐρευκτός, *ructus*, ROT, *roter*.

RU, petite rivière ou RUISSEAU, de ῥύω, pour ῥέω, *fluo*. Mais RUT vient de *rugitus*, à cause du bruit que font les cerfs quand ils sont en rut.

RUE, de ῥύμη, *vicus*. R. ῥέω, et ῥύω, *fluo*.

RUE, herbe, de ῥύτα, qui se trouve dans Nicandre.

RUMEUR, *rumor*, de ῥέω, ou ῥύω, *fluo*; ῥύμα, ou ῥεῦμα, *fluxus*; la rumeur n'étant autre chose qu'un bruit de paroles qui se répand parmi le peuple.

RIME, de ῥυθμός, *rythmus, concinnitas, modulus*, chanson, accord de voix.

S.

SAISIR, de σακκίζειν, prendre dans son sac; d'où *sarcire*.

SALAMINE, ville de Cypre, Σαλαμίς, ῖνος, q. σάλου μίνθη, *sordes maris*. Passor.

SANDALES, de σανδάλιον, sorte de patin ou chaussure.

SAPER une muraille; de σκάπτειν, *fodere*; ou de *sapa*, qui signifie *ligo*.

SAPIN, d'ἄβιν : les Grecs ont aussi dit ἄβις, d'où *abies*.

SAPHIR, pierre précieuse; de σάπφειρος, ou (ἡ), *saphirus*.

SARCASME, s. m., σαρκασμός, raillerie amère et insultante; de σαρκάζω, j'arrache la chair. R. σάρξ, chair.

SARCLER, σκάλλειν, ou σκαλεύειν, *fodere*.

SARCOLOGIE, s. f., traité sur les chairs et les parties molles du corps. RR. σάρξ et λέγω.

SARPE ou SERPE, de ἅρπη, une faux. R. ἁρπάζω, *rapio*.

SATRAPE, grand de l'empire des Perses; de σατράπης.

SATYRE, de σάτυρος.

SAUF, de σόος, σῶς, *salvus*.

SAUMURE, d'ἁλμυρίς, *salsugo*. R. ἅλς, ἁλός, *mare, sal*.

SAVON, s. m., L. *sapo*, sorte de pâte à dégraisser, composée d'huile ou de graisse et de sel de soude.

SCARABÉE, s. m., nom générique des insectes à ailes membraneuses, renfermées dans des étuis; de σκαρίς, espèce de ver, ou de σκάραβος, escarbot. R. σκαίρω, *salio*, sauter.

SCÉDULE, aujourd'hui Cédule; de σχέδη, *scheda, schedula*, petit papier, tablette, où l'on met sur-le-champ tout ce qui vient en l'esprit. R. σχέδον, *propè*; d'où σχεδιάζω, faire promptement et à la légère.

SCHISTE, s. m., pierre qui se sépare par lames comme l'ardoise. R. σχίζω.

Scier. R. ξέω, et ξύω, *rado*, ou σχίζω, *scindo*.

Scolopendre, plante médicinale, σκολόπενδρα, insecte dit *mille-pieds*, de la ressemblance desquels cette plante a été ainsi nommée, à cause des raies qu'elle a par-dessous.

Scorie, s. f. substance vitrifiée, écume qui nage sur la surface des métaux en fusion. R. σκῶρ, excrément, ordure.

Sec, *siccus*; de σικχός, grêle, menu, sec, mal nourri. La sécheresse, n'est qu'une consommation de l'humidité ou de l'humeur naturelle, et un rétrécissement par l'altération des parties. D'autres néanmoins prennent *siccus* de *seco*, parce que tout ce qui est sec est aisé à fendre. Et d'autres de σαυκόν, ου, *siccum*, parmi ceux de Syracuse.

Sèche, poisson, qui, dans la crainte, jette une humeur noire et puante; de σηπία, *sepia*. R. σήπω, *putrefacio*.

Seine, espèce de filet à pêcher; de σαγήνη, *sagena*, *verriculum*. R. σάττω, *onero*.

Sel, de σάλος, *salum*, la rade au bord de la mer où se fait le sel; ou plutôt de ἅλς, dont, par la transposition, on a fait *sal*, sel.

Seringue, de σύριγξ, *fistula*. R. συρίσσω, *sibilo*, *fistulo*.

Serpe, et son diminutif serpette, de ἅρπη, *falx*. R. ἁρπάζω, *rapio*.

Serrer, de σειράζω, *vinculum traho*. R. σειρά, *catena*. Mais *Serrer*, pour garder, mettre en réserve, semble plutôt venir de *servare*, pour le-

quel on a dit *serare*, et de là *sera*, une *serre*, et une *serrure*. Selon quelques-uns *serre* vient du grec σιρός, serre souterraine. Dion Cassius, liv. v, p. 455, dit qu'une caverne en Thrace se dit *kire*. Encore aujourd'hui dit Pouisinet (voir son Pline t. vi, p. 152), *sir*, *schir*, *scheuer* en allemand, signifie une grange, *schuere*, en flamand, un grenier.

Sève, de *sapa*, qui vient d'ὀπός, *succus*, l'esprit se changeant en *s*, comme dans εἰ, *si*, ἕρω, *sero*, et l'o en *a*, comme dans σοφός, *sapus*. De là aussi *sapor*, saveur. Ou plus immédiatement du mot Éolique, ὀπόρ, pour ὀπός.

Sexe, *sexus*, de ἕξις, *habitus*, *corporis constitutio*, *sive animi*, l'esprit rude se changeant en *s*; si l'on n'aime mieux prendre *sexus* du vieux supin *sexum*, pour *sectum*, du verbe *seco*, parce que ce mot de sexe fait comme une division de l'animal en mâle et femelle. Et cette étymologie peut même être confirmée, parce qu'autrefois, au lieu de *sexus*, on disait *sectus* : *Virile ac muliebre secus*, Salluste dans Probe, grammairien.

Si, de εἰ, *si*, l'esprit étant changé en *s*.

Sibylle, σίβυλλα. Les Sibylles étaient des femmes qui prophétisaient parmi les païens, ainsi nommées de σιός, Éol. pour Θεός, *Deus*, et βουλή, *consilium*.

Siffler, de σιλλόω, *irrideo*, *ignominiam affero*. R. σιλλός, laid, contrefait, σίλλος, *id.* et d. p. moquerie. Ou de σιφλόζειν, *sibilare*, bafouer, mépriser, dans Homère.

SILLER les yeux, de σιλέω, détourner les yeux par mépris en parlant ; ou de *sigillare*, selon d'autres, fermer et sceller. Mais il y a plus d'apparence qu'il vient du vieux verbe *cilleo*, pris de *cillus*, qui a été fait de *cinus*, pris pour *nutus*, νῦεμα, dans Philox. Et *cinus*, vient de κινός, du verbe κινέω, *moveo*, pour lequel il semble même que les Grecs aient aussi dit κίλλω.

SIMONIE, de Σίμων, surnommé le magicien, qui voulut acheter de saint Pierre le don de conférer le Saint-Esprit.

SINOPLE, couleur verte dans le blason ; de σινωπική, sorte de craie verte ou rouge qui se prenait auprès de la ville de Σινώπη.

SIPHON, s. m., σίφων, tuyau qui sert à transvaser les liqueurs.

SIROP, OU SYROP, s. m., L. *sirupus* (d'où SIRUPEUX), extrait liquide du suc des plantes, des fruits, mêlé avec le sucre par le moyen de la cuisson. RR. σύρω, extraire, et ὀπός, suc.

SOCRATE, n. pr. célèbre Athénien, le plus sage des Philosophes de l'antiquité ; de σῶς, sain, et κράτος, force.

SOPHOCLE, Prince des poëtes grecs tragiques ; de σοφός, sage, et κλέος, gloire ; à cause de la douceur de son discours.

SOSIE, nom d'un valet ; de σώζω, garder.

SOUDAIN, de σύδην, dans Hésyche, pour ταχέως, *cito*.

SOURIS, de *sorex*, qui vient de l'Éolique, ὕραξ, *mus*. R. σῦς. et ὑς, *sus*, un porc, parce que la souris a le museau comme un porc.

SOUS, de ὑπό, *sub*.

SOI, de οἵ, datif de la troisième personne, *sibi*.

SQUINANCIE, mieux ESQUINANCIE, de συνάγχη, *angina*, lorsque les muscles intérieurs de la gorge sont enflammés. R. ἄγχω, suffoquer.

SQUIRRE, tumeur dure contre nature, de σκίρος ou σκίρρος, marbre, à cause de sa dureté.

STADE, mesure de chemin de 125 pas ; de στάδιος, *appensus*. R. ἵστημι, *sto, appendo*.

STATISTIQUE, s. f., science qui a pour but de faire connaître la population, le commerce, les revenus et les autres ressources d'un état. R. ἵστημι, *statuo*.

STIPULATION, de στυπτικός, *astrictorius*. R. στύφω, astreindre.

STRABISME, s. m. infirmité de celui qui a les yeux louches, στραβισμός, ὁ ; de στραβών, part. aor. 2 de στρέφω, tourner.

STRADIOT, ou ESTRADIOT, vieux mot pour dire *soldat*, de στρατιώτης, *miles*. R. στρατός, armée.

STYLITE, στύλιτης, qui est sur une colonne. R. στύλος, ὁ, et στυλίς, ἡ, *columna*. Ainsi fut appelé saint Siméon, qui vécut si long-temps sur une colonne.

SUCRE, de σάκχαρ, ou σακκάριον, *saccarum*.

SUER, de σύω ou σεύω, le

même que σείω, agiter; ou du latin *sudo*, qui vient de ὕδωρ, eau, comme *sudor*, SUEUR.

SUR, ou SUS, d'ὑπέρ, *super*.

SYCOPHANTE, s. m. συκοφάν-της, ου (ὁ), calomniateur, délateur. RR. συκῆ, figuier, φαίνω, φάω, dire, dénoncer. Une loi ayant défendu, à Athènes, l'exportation des figuiers, ce genre de délits multiplia des délations souvent fausses.

SYLLOGISME, συλλογισμός, de συλλογίζομαι, conclure par raisonnement. R. λέγω, *dico*, λόγος, *ratio*.

SYSTOLE (συστολή de σὺν et στέλλω), *t. de gram.* changement d'une voyelle longue en brève, comme dans φυσίζοος, au lieu de φυσίζωος.

T.

TALLIR, blé qui commence à tallir, ou à pousser et monter, de θάλλω, *vireo*, pousser, germer, verdir.

TAMBOUR, de θάμβος, étonnement, ou de τύμπανον, *tympanum*. R. τύπτω, frapper.

TANTALE, roi de Paphlagogonie, *très misérable*. R. τάλας, et au superlatif ταλάντατος, très malheureux.

TANTE, de τέττα, ou de τάττα, pour ἄττα, qui sont des termes d'honneur et de respect dont usaient les jeunes envers les anciens; ou bien de θεῖα, *amita*. R. Θεός, *Deus*. Les Picards appelaient l'oncle *Theïon*, de θεῖος, *avunculus*, et la tante *Theie*, de θεία, *matertera*, dit Périone; ou

d'*amita*, en préposant *t*.

TANTÔT et TÔT, de τότε, *tunc*. R. ὅτε, *tùm*, *quandò*.

TARIÈRE, de τέρετρον, *terebrum*. R. τερέω, *terebro*.

TAUTOLOGIE (R. τὸ αὐτὸ λέγειν), c.-à-d. redite des mêmes choses, en d'autres termes.

TEINT, τεγκτός, *tinctus*. R. τέγγω, *tingo*.

TENDRE, de *tener*, fait de τέρην, par métathèse. R. τείρω, *domo*, *subigo*, *affligo*. Mais TENDRE, verbe, de *tendo*, pris de τένω, Eol. pour τείνω.

TÉRÉBINTHE, pistachier sauvage, arbre résineux, de τερέβινθος, *terebinthus*; d'où TÉRÉBENTHINE, sorte de suc, huile ou résine qui coule de cet arbre.

TEREL, de τέρετρον, *terebrum*. R. τερέω, *terebro*.

TERTRE, de τέρτρον, pris dans le sens d'ἄκρον, *summum*; il signifie aussi la corde ou les trous qui sont au haut du mât. R. τερέω, *terebro*.

TÉMOIN, de θεσμός, *lex*; ou de θεστώρ, *testis*, qui était le mot dans l'ancienne langue, pour marquer les témoins, et qui venait de θέσθαι, *ponere*, *deponere*, à quoi on peut aussi rapporter notre mot français TESTER, *testari*.

TÉTANOS, s. m., τέτανος, espèce de convulsion. R. τείνω, *tendo*.

TETTE, *Tettin*, *Tetton*, de τιτθός, τιτθή, τιτθίον, *mamilla*, τιτθή, τιθή, τιθηνός, τιθήνη, *nutrix*; ou de *tata*, une nourrice qui vient de ἄττα, ou τέττα, termes de respect envers les personnes âgées, lesquels peuvent venir de τιτός, *hono-ratus.*

TÉTER, de la même, ou de θηλάζω, *lacto.* R. θηλή, *pa-pilla*, le bout de la mamelle.

THÉISTE, s. m., celui qui reconnaît l'existence de Dieu : c'est l'opposé d'*athée.* R. θεός, Dieu.

THÉMISTOCLE, capitaine Athénien, fils de Nicoclès ; de θέμις, justice, et κλέος, gloire, parce qu'il fut très-judicieux.

THÉOCRITE, n. pr. d'h., qui signifie jugement de Dieu. RR. θεός, *Deus*, et κρίνω, *judico.*

THÉODOSE, n. pr. R. θεός, Dieu, δόσις, don, c.-à-d. *donné de Dieu* ou DIEUDONNÉ.

THÉOPHILE, n. pr., ami *ou* aimé de Dieu ; de θεόφιλος. R. φιλέω, *amo.*

THÉOPHRASTE, n. pr. le plus éloquent des péripatéticiens. R. θεός, Dieu, et φράζω, dire.

THÉURGIE, anciennement THÉOURGIE, ouvrage de Dieu. R. θεός, Dieu, ἔργον, ouvrage.

THESSALONIQUE, Θεσσαλονίκη, (*q. victoria à Thessalis re-portata*), ville de Macédoine, ainsi nommée, parce que Philippe y remporta une victoire signalée. R. νικάω, *vinco*, νίκη, *victoria*. Elle s'appelait auparavant *Halia*, ἁλία, c.-à-d. *maritime ;* d'ἅλς, ἁλός, *mare.*

THOMAS, n. pr., θαυμαστός, admirable. R. θαυμάζω, *miror.*

THON, gros poisson ; de θύννος, *thynnus.*

THRÉSOR, auj. TRÉSOR ; de θησαυρός, *thesaurus.*

THRÔNE, auj. TRÔNE : de θρόνος, *thronus.*

TIARE, s. f., τιάρα ; c'était un ornement de tête chez les Perses ; aujourd'hui c'est la mitre surmontée de trois couronnes, que porte le Pape. R. τίω, j'honore.

TIMOTHÉE, n. pr. d'h., *qui honore Dieu*, de τιμή, honneur, et θεός, Dieu.

TITE, Τίτος, *Titus*, de τίτος, colombe, selon Pasor, ou de τιτός, honorable ; d'où ἄτι-τος, *inglorius.* R. τίω, *honoro.*

TITHYMALE, s. f., τιθυμαλίς et τιθύμαλλον, plante dont le suc est laiteux et caustique. RR. τιτθή, *nutrix*, eu τιτθός, *mamma*, et μαλός, *exitiosus.*

TITRE, de τίτλος, *titulus*, qui se trouve non-seulement en saint Jean, chap. 19, mais aussi dans Hésyche, et qui, selon Scaliger, vient de τίω, *honoro*, dont on a fait première-ment τίτος, puis τίτλος, *ti-tulus. Omninò verò*, TITULUS *est à* τίτος, *quod* ἀπὸ τοῦ τίω, *undé* τιμή, dit Vossius.

TITYRE, nom d'un Berger ; de τίτυρος, chalumeau, parce qu'il jouait du chalumeau.

TÔT, de θοός, *velox.*

TOUCHER, de θίγω, *tango.*

TOUPIE, de τυπία, presque en ce sens dans Hésyche.

TOUR, de τύρις, *circuitus muri*, ou de τύρσις, *turris.*

TOUR ou TOURNOIR, de τόρνος, instrument à trouer et creuser en rond. R. τερέω, et τορέω, *terebro, torno.* De là aussi

TOURNER, τορεύω, *torno*, et

TOURNEUR, τορεύς, *tornator.*

TOURBILLON, στρόβιλος, *vor-tex, procella.* R. στρέφω, *verto*, στροβέω, *circumago.* Ou de *turbo*, pris de ταρβῶ, *terreo*. R. τάρβος, -εος, *terror*.

Τragi-Comédie. *Voy*. Tragédie et Comédie, pag.

Τrape, de τράπεζα, *mensa*, les trapes sont plates comme une table. Ou de τρέπω, *verto*. *Voy*. Attraper.

Τhrasybule, capitaine athénien, de grand courage, de θρασύς, hardi, et βουλή, esprit.

Τravail, de θλίβω, *premo*, ou de τερῶ, *tero*, *perforo*, d'où aussi *teriones*, dans l'ancienne langue latine pour *boves*, *quia solum terunt*, le bœuf est un animal *né pour le travail*.

Τréfle, τρίφυλλον, *trifolium*, herbe. R. τρεῖς, trois, et φύλλον, feuille.

Τrembler, de τρέμειν, *tremere*. R. τρέω, le même.

Τrépied, meuble à trois pieds. R. τρεῖς, trois, πούς, pied.

Τrésor, s. m., θησαυρός, argent que l'on amasse pour l'avenir. RR. τίθημι εἰς αὔριον.

Τrès, superlatif; de τρίς, *ter*, τρισμέγιστος, très-grand, ou trois fois grand.

Τriangle, figure qui a trois angles. R. τρεῖς, trois, γωνία, un angle.

Τricotets, s. m. pl., sorte de pas de danse, de τρέχω, courir. L'expression familière ou populaire Τricoter ou *tricoter des jambes*, marcher vite en faisant rapidement de petits pas, peut se tirer aussi de τρέχω, courir.

Τrigauder, de τρυγῳδέω, *convicior*. R. τρύγη, *triticum*, *vindemia*; τρύξ, υγος, *vinum*

recens, *fœx vini*; et ἀείδω, ᾄδω, *canto*, ᾠδή, *cantus*; ou de *trico*, tricher, *tricæ*, niaiseries, badineries, pris de τρίχες, *pili implexi*.

Τringle, de θριγκός, le chaperon ou les créneaux d'une muraille.

Τriple, de τρίπλαξ, et τριπλάσιος, *triplex*.

Τriton, en grec τρίτων, triton, dieu marin.

Τroglodytes, τρωγλοδύται, s. m. pl., ancien peuple d'Afrique qui habitait dans des cavernes. RR. τρώγλη, trou, caverne, et et δύνω, j'entre, j'habite.

Τrompe et Τrompette, de στρόμβος, *concha*, *buccinum*; autrefois on usait de conques, au lieu de trompettes.

Τrou, de τρύπα, *foramen*. R. τρύω, *conficio*.

Τroupe, τύρβη, *turba*, et θόρυβος, *tumultus*.

Τrousser, de στροφάω, *verto*; στρόφος, un *trousseau de clefs*, parce qu'on les lie avec une bande appelée στρόφος, *fascia*. R. στρέφω, *verto*; si l'on n'aime mieux prendre ces mots de l'allemand, *tross*, bagage (trousseau de linge).

Τrouver, d'εὑρεῖν, pour lequel on a dit εὑρῆν, dont on peut avoir fait τευρῆν, *treuver* (*vieux*) ou *trouver*.

Τruite, poisson, de τρυγών, *pastinaca*, item, *turtur*; τρύζω, *susurro*. R. τρίζω, *strido*; ou de τρώκτης, dont les Latins ont fait *trocta*, ou *trutta*, et qui vient de τρώγω, *comedo*.

Τymbale, espèce de tambour d'airain, à l'usage de la cavalerie; de τύπτω, frapper.

U.

Upe, oiseau, de ἔποψ, *upupa*.
Urétique. *Voy*. Diurétique.

V.

Va, de βᾶ, pour βᾶθι, *vade*, impératif de βίβημι, marcher. R. βαίνω, pris de βάω, je vais.

Vernis, de βερνίκη, par syncope pour βερονίκη, dont les Grecs Barbares se sont servis pour dire l'*ambre*.

Vie, de βίος, *vita*, l'*v* consonne tient souvent lieu du β.

Vilain, de βλεννός, *sordidus*; si l'on n'aime mieux le prendre de *vilis*, ou de *villanus*, un roturier ; car *vilain*, en vieux français, signifie qui n'est pas gentilhomme.

Voie, de βαδός, chemin ; R. βαίνω, *vado* ; ou de *via*, pris de οἴα, *vicus*, selon Scaliger, où l'*v* consonne a été ajouté, comme dans *vinum*, fait de οἶνος, ou enfin de ἴω, *eo*, en y joignant le digamma (F).

Voir, de εἴδω (d'où le latin *video*), parf. moyen οἴδα, comme Vin, de οἶνος, *vinum*.

Vomir, de ἔμω, *vomo*, le *v* tient lieu de l'esprit ou du digamma (F), et l'*ε* se change en *o*.

Vouloir, de βούλομαι, *volo*.

Les étymologies d'un assez grand nombre des mots français compris dans le Recueil qui précède, nous paraissent tirées d'un peu loin. Voici comment Lancelot s'en explique à la fin de sa Préface, trop diffuse, mais curieuse à bien des égards, et qui ne se trouve dans aucune des éditions publiées depuis plus de soixante ans.

« Je supplie de considérer que je n'y dis presque rien de
« moi, et qu'ayant travaillé sur les auteurs que j'ai nommés,
« j'en ai encore retranché une infinité de mots qui m'ont paru
« ou trop rudes ou trop éloignés ; outre que mon dessein
« n'est pas de traiter ici des étymologies de la langue fran-
« çaise, mais de faire comme un jeu de ces mots, qui puisse
« servir à en faire retenir d'autres. »

Or, les auteurs qu'il a nommés, ce sont *Budé, Postel, Toussain, Vatable, Ramus, Casaubon, Saumaise, Sursin, Constantin, Martinius, Alstedius, Vossius, Pasor*, et plus perticulièrement *Périone, H. Estienne, Trippaut et Monsieur* Mesnage, qui vaut lui seul, dit-il, une multitude d'auteurs, etc. Puis, à la suite de ce bataillon, s'avance, l'injure à la bouche, un Jésuite, fougueux ennemi de Port-Royal, le terrible Père *Labbe*.

FIN DU SUPPLÉMENT.

Sur l'ERRATA et les VARIANTES qui suivent, voyez l'AVERTISSEMENT placé en regard du titre.

ERRATA.

Page 5, vers 4, au lieu de *au bec*, lisez outil crochu.

— 7, vers 10, Αινεϊν, *lisez* Αἰνέειν, etc.

— 8, vers 5, *après* chèvre, *lisez* (ὁ) bouc.

— 12, vers 1, *lisez* Ἀλάομαι, j'erre en tous lieux.

— *ibid.*, vers 8, pousse à... *lisez* porte à...

— 15, dérivés, nº 1, ligne 1, d'α priv., *lisez* d'ἀ augmentatif.

— 17, dérivés, no 4, ligne 1, sacr... *lisez* scarifier.

— 18, vers 7, *ou* l'hom... *lisez* (ὁ) l'homme, (ἡ) la femme.

— 24, vers 9, *au lieu de* encore, *lisez* jeune, en fleur.

— 28, dérivés, n. 10, ligne 3, meurtrir, *lisez* meurtrier.

— 50, dérivés, n. 10, ligne 8, γράφω, *lisez* γράφω.

— *ibid.*, dérivés, n. 18, πολεϊν, *lisez*, πωλεϊν.

— 32, dérivés, n. 1, ἀποϐλίπτω, *lisez* ἀποϐλιττω.

— 34, vers 1, *lisez*, voix rauque, un enrouement.

— *ibid.*, vers 2, lisez, *bardus*, tardif, lourd, lent.

— 35, dérivés, n. 6, ligne 3, pénultième, *lisez* première,
• sanie, etc.

— 57, vers 6, *lisez* Ἔλαφος (ἡ), biche, (ὁ), le cerf.

— 58, vers 2, convainc, reprend, *lisez* et reprend.

— *ibid.*, vers 3, *lisez* secourable.

— *ibid.*, vers 4, *lisez* libre, honorable.

— 59, vers 1, Ἔλος, *lisez* Ἕλος, etc.

— *ibid*, vers 7, l'an, certain temps, *lisez* un an, long temps.

— 65, vers 8, *lisez* Ἐρύκω, etc.... vers 9, *lisez* Ἐρύω, etc.

— 66, vers 7, Εὐ;, *lisez*, pour la mesure du vers, Εὔς,
bon, etc.

— 69, vers 5, lisez *ou tel grain*.

— 70, vers 9, *lisez* vient, va; concerne, a trait.

— *ibid.*, vers 10, *lisez* quenouille; un trait.

— 77, vers 4, lisez Θίγω, toucher *ou* manier.

— *ibid.*, vers 6, *lisez* brise, froisse, endommage.

— 78, vers 9, *lisez* Τriomphe; hymne; ivresse.

— 79, vers 3, *au lieu de* gagne et... *lisez* qui court, etc.

— 84, vers 1, *lisez* (ὁ) cheval, (ἡ) jument.

— 85, vers 1, *lisez* os vers la ceinture.

— *ibid.*, dérivés, n. 10, ligne 1re *avant* corrompu, *lisez* sang

— 86, vers 4, *lisez* je rends pur, net, beau.

— *ibid.* vers 5, *lisez* récent, tout frais, nouveau

— *ibid.* dérivés, colonne 2, ligne dernière passée, *ajoutez*
* vice, perversité; lâcheté.

— 95, vers 2, *au lieu de* altéré, *lisez* mêlé.

—— 96, dérivés, no 4, ligne 4, sacrifier, *lisez*, scarifier.
—— 104, dérivés, *au lieu de* n. 5, *lisez* 7.
—— 107, vers 4, *ajoutez* ου, ἤ. vers 5, f. ψω.
—— *ibid.*, vers 6, εος, τά, *lisez* τό.
—— 110, dérivés, 7, ligne 15, *supprimez*, dit-on. L'observation est exacte.
—— 113, dérivés, n. 5, ligne 1re, ὁπολ.. *lisez* ἀπολαύω.
—— 119, vers 4, *lisez* poussière et sang, etc.; ou sang et poudre, souillure.
—— vers 121, vers 3, *lisez* Μάλη, l'aisselle, puanteur,
—— *ibid.* vers 4, *lisez* Μάλκη, froid qui transit, torpeur.
—— *ibid.* dérivés, no 5, ligne 1e, έω, *lisez* —έω.
—— 142, dérivés, n. 6, ligne 6, *lisez* procemium.
—— 145, dérivés, 2e colonne, ligne 1re, ὁμός, *lisez* ὀμός..
—— *ibid.*, dérivés, n. 10, ligne 1re, ὀνίσκω, *lisez* ὀνίσκω.
—— 147, dérivés, n. 8, ligne 6, ὀργασμός d'ὀργ..., *lisez* ὀργ.... d'ὀργ....
—— 154, vers 9, *lisez* Πατάσσω, bat, frappe avec bruit.
—— *ibid.* vers 10, *lisez* Πατεῖν, foule aux pieds, marche ou lit.
—— 162, dérivés, n. 13, ligne 16, figures πλάστικός, *lisez* figures, πλαστική.
—— 163, vers 3, *lisez* plie, et δίπτ... etc.
—— 169, vers 11, Πωρός, aveugle; πῶρος, peine.
—— *ibid.* vers 12, Πῶυ, troupeau, bêtes à laine.
—— 175, vers 1er saye, *lisez* saie.
—— *ibid.*, dérivés, n. 7, ligne 9, L. scapha, *ajoutez* Esquif.
—— *ibid.*, dérivés, n. 8, ligne 5, φάομαι, *lisez* -φάομαι.
—— 180, vers 3, *lisez* Σπανός, rare, ou chétif; d'élite.
—— *ibid.* vers 4, *lisez* Σπαράσσω, mord, met en lambeaux.
ibid. vers 8, *lisez* Σπείρα, corde; nœuds d'un serpent.
181, vers 3, *lisez* Σπέρχω, hâte, excite, est ardent.
ibid. vers 4, *lisez* Σπίζω, gazouille; étale, étend.
ibid. vers 6, *lisez* Σπίλος, roc, mont; tache, rousseur.
ibid. vers 7, *lisez* Σπινθήρ, bluette; vive ardeur.
184, vers 12, *lisez* Στρατός. troupes, armée, ou camp.
—— 200, dérivés, n. 3, ligne 1re φαρκιδόμ... *lisez* φαρκιδόομαι.
—— 202, dérivés, n. 2, ligne 2, FAINÉANT, *lisez* FAINE, s. f. ou FAINEAU, s. m.
—— 206, dérivés, n. 7, 2e colonne, ligne 1re, *supprimez* et de leurs.
211, vers 1, Χόρος, *lisez* Χόρτος, herbe, foin, etc.
—— 216, dérivés. n. 12, ligne 5, autre, f. *lisez* autrefois.

Nota. les mots français tirés du grec doivent, dans les Stances comme dans les Dérivés, être imprimés en petites capitales, ce qui n'a pas toujours été observé, surtout dans les premières feuilles, dont je n'ai pu surveiller moi-même l'impression.

VARIANTES.

Page   n°.

7. Ἄορ, glaive à lame en longueur.
8. Ἀορτή, grosse artère au cœur.
9. Ἀπαλός, délicat, mou, tendre.
20. — 8. Ἀραιός, mince, rare *et* lâche.
9. Ἀράσσω, coupe, heurte, ARRACHE.
id. —10. Ἀράχνης, araigne. 11. Ἀργός, lent.
21. — 2. Ἀρέσκειν, apaiser; complaire.
25. — 1. Ἀτάω, nuit, afflige, blesse.
2. Ἀτέμβω, prive; attriste, oppresse.
26. — 2. Αὐλός, flûte; long tuyau vide.
3. Αὖρα, vent frais, doux, tiède; humide.
27. — 7. Ἄχος, affliction, chagrin.
8. Ἄχυρον, paille *ou* peau du grain.

28. — 9. Βαλβίς, point du départ, barrière.
29. — 5. Βασιλεύς, roi, chef d'un empire.
6. Βασκαίνω, fasciner; médire.
32. — 1. Βλίσσειν, exprime, fait sortir.
2. Βλύζω, couler, sourdre, jaillir.
34. — 5. Βραχύς, court, bref. 6. Βράχω, rend bruit.
35. — 4. Βρόχος, collet; corde; licou.
5. Βροντή, le tonnerre qui gronde.
6. Βροτός, mortel; Βροτοί, le monde.

37. — 7. Γ *vaut* trois. Γαγγάμη, senne (pour pêcher).
40. — 5. Γλίσχρος, GLISSANT; mesquin; gluant.
6. Γλίχομαι, désire ardemment.
41. — 5. Γόης, fourbe, en magie habile.
6. Γόμφος, un coin, gros clou; cheville.
id. — 9. Γραῖα, Γραῦς, *g.* γραός, vieille femme.
10. Γράφω, peint, GRAVE, écrit; diffame.
42. — 7. Γυμνός, nu; privé. 8. Γυνή, femme.
* Γυναικίας, homme sans âme.
id. — 9. Γύψ, vautour. Γύψος, plâtre; enduit.
10. Γωνία, COIN, angle, réduit.
ou 11. Γωνία, COIN, angle; détour.

43. — 1. Δ, quatre *ou* dix; triangulaire.
2. Δαγύς, crystal. 3. Δαήρ, beau-frère.
id. — 7. Δάκτυλος, doigt; fruit du dattier.

Page   n°.
44.— 5. Δασύς , épais ; velu ; couvert.
      6. Δάφνη , DAPHNÉ , le laurier vert.
45.— 1. Δειλός , craintif, faible , pauvre homme.
id. — 7. Δέλεαρ , viande , amorce, appât.
      8. Δέλφαξ , jeune porc ou verrat.
      9. Δελφίν , DAUPHIN de l'onde amère.
     10. Δελφύς , ventre ou sein de la mère.
46.— 3. Δέμω , dompte ; fonde , bâtit.
id..—10. Δέρας , Δέρμα , peau, cuir ; toison.
     11. Δέρκω , voit , regarde , a l'œil bon.
47.— 3. Δεύρο , courage ! ici ; viens donc.
      4. Δεύτερος , DEUXIÈME , second.
48.— 3. Δῆρις , débat , dispute , brouille.
      4. Διαίνειν , humecte d'eau , mouille.
id. — 7. Δίδυμος , double ; jumeau , frère.
      8. Δίδωμι , donne , offre ; confère.
49.— 1. Δίνη , tournant d'eau , vent rapide.
      2. Διπλόος-οῦς , double ; perfide.
      3. Δίς , Δίχα , deux fois , mis en deux.
      4. Δίσκος , palet rond ; plat peu creux.
id. — 8. Δίφρος , char. 9. Δίψα , soif ; désir.
50.— 4. Δοκός , poutre ; Δοκίς , chevron.
      5. Δολιχός , qui s'allonge , long.
id. — * Δονεῖν , émeut , met aux abois.
      8. Δόρξ , Δορκάς , chevreuil , daim , chamois.

53.— 7. Ἐγρηγορέω , veiller à.
      8. Ἔγχελυς , anguille , anguilla.
      9. Ἐγκώμιον , panégyrique.
54.— 8. Εἴα , gazon. 9. Εἶα , courage !
     10. Εἴδω , je vois , sais , ou connais.
      * Εἶδος , espèce , aspect ; les traits.
57.— 5. Ἐλαύνω , pousse , chasse , agite.
      * Ἐλατήρ , qui chevaux excite.
61.— * Ἔπος , parole , vers , ou mot.
id. — 5. Ἐρᾶν , aime. 6. Ἔργον , œuvre , ouvrage.
63.— 4. Ἔρνος , rejeton , jeune plante.
64.— 4. Ἐσθλός , bon , vaillant ; ménager.
67.— 6. Ἔχω , j'ai , je puis , tiens ; connaître.

Page　　nº.

　　　＊　Σχῆμα, forme; air, manière d'être.
68.— 1. Ζάλη, gros temps. 2. Ζάω, je vis.
id. — 5. Ζέω, bout, bouillonne; pullule.
　　　6. Ζῆλος, envie, ardeur qui brûle.
　　　7. Ζημία, perte, châtiment.
　ou 7. Ζημία, perte, amende, tort.
　　　8. Ζητέω, cherche, fait effort.
69.— 3. Ζῦθος, bière, boisson de grain.
　　　5. Ζωμός, potage, ragoût, sauce.
　　　6. Ζώννύω, ceint, l'armure endosse.
　　　＊ Ζωνίτης, le ceinturonier.

70. — ＊ Η̃, huit; Η̃, certe, en vérité.
　　　1. Η̆6η, jeunesse, puberté.
72.— 1. Η̆μερος, franc, souple, adouci.
　　　2. Η̆μισυς, à moitié, DEMI.
id. — 5. Ηνία, bride, frein; licou.
　　　6. Η̃παρ, foie. 7. Ηπάω, recoud.

74.— 7. Θάμβος, stupeur qui nous atterre.
　　　8. Θάμνος, jeune plant; pépinière.
76.— 5. Θεωρός, témoin, spectateur.
77.— 1. Θησαυρός, trésor, abondance.
　　　2. Θίασος, troupe en fête, en danse.
id.— 9. Θοίνη, festin, viande apprêtée.
　　10. Θολός, tourbe; ou ＊ salle voûtée.
　ou 9. Θοίνη, festin; mets que l'on mange.
　　10. Θόλος, coupole; Θολός, fange.
78.— 8. Θρησκεύω, j'honore, ou rends gloire.
　　　9. Θρίαμβος, TRIOMPHE, victoire.
　　10. Θριγκός, mur d'enceinte, créneau.
　　11. Θρίξ, cheveu, poil; Θρόμβος, grumeau.
79.— 1. Θρόνον, fleur; rose; herbe magique.
　　　2. Θρύλλος, bruit sourd, rumeur publique.
　　　3. Θρύον, jonc. 4. Θρύπτω, rompt, fléchit.
80.— 4. Θωμίζω, garrotter, lier.

83.— 2. Ἱλάν, est gai, clément, propice.
　　　3. Ἴλλω, rouler les yeux; lier.
　　　4. Ἱλύς, LIE, ou limon, bourbier.

Page   n°.

5. Ἱμάς , courroie ; *Ἱμᾶν , eau tire.
6. Ἱμείρω , souhaite , désire.
7. Ἱξός , glue. 8. Ἱνέω , purger.
9. Ἰουθός , duvet, poil léger.
10. Ἴος , seul. 11. Ἴον , violette.
12. Ἰός , venin , tout trait qu'on jette.

84.— 5. Ἴς , ἰνός , fibre, nerf, vigueur.
6. Ἴσημι , sait , est connaisseur.

87.— 8. Κάλυξ , rose, *ou* fleur en bouton.
id. —10. Κάμηλος , chameau ; gros cordage.
11. Κάμινος , four à tout usage.
88.—10. Κάπρός , *aper* , sanglier, porc mâle.
11. Κάπτω , mange , avale en glouton.
* Κάψα , boîte , coffre ; CAISSON.
89.—11. Κάσας , tapis. 12. Κασία , CASSE.
93.— 1. Κηφήν , bourdon ; vieux qui murmure.
2. Κίβδηλος , impur, plein d'ordure.
95.— 6. Κλῆρος , sort ; CLERGÉ ; lot de terre.
96.— 4. Κνάω , pique, gratte, ratisse.
5. Κνέφας , jour tombant. 6. Κνήμη , cuisse.
7. Κνημός , colline, mont ; sommet.
8. Κνίσσα , du rôti le fumet.
9. Κόβαλος , bouffon ; parasite.
10. Κόγχη , CONQUE , *d'où vient* CONCHITE.
ou Κόβαλος , fourbe au doux langage..
Κόγχη , CONQUE , grand coquillage.
97.— 1. Κοιμᾶν , couche , dort ; sort du monde.
id. —10. Κολεός , fourreau. 11. Κόλλα , COLLE.
12. Κολλύρα , petit pain ; rissole.
98.— 2. Κόλον , viande ; *Εὔκολος , facile.
3. Κολούω , coupe, abat , mutile.
4. Κολοσσός , COLOSSE , géant.
5. Κολοφών ; faîte ; achèvement.
6. Κόλπος , sein ; pli. 7. Κολυμβᾶν , nage.
99.— 1. Κόμη , crinière , chevelure.
2. Κομμός , fard ; brillante parure.
3. Κόμπος , bruit, pompe, discours vain.
101.— 5. Κότος , rancune. 6. Κόττη , tête.

Page   n°.

7. Κοτύλη, cavité ; burette.

113. — 5. Κρηπίς, base ; socque, chaussure.
      6. Κριθή, l'orge. 7. Κρίζω, murmure.

105. — 6. Κτείς, peigne ; objet à dentelure.
      7. Κτερέα, convoi, sépulture.
      8. Κτῆνος, bétail gros ou petit.

106. — 3. Κύβη, tête. 4. Κύβηλις, hache.
      * Κυβηλιστής, bouffon, bravache.

108. — 5. Κύων, chien ; du pain en boulette.

115. — 4. Λέων, *leo*, LÉON ; LION.

117. — 8. Λιτός, vil. 9. Λίτρα, livre, poids.
      10. Λιχανός, l'index, l'un des doigts.

119. — 9. Λύχνος, lampe ; clarté qui luit.

125. — 8. Μέλος, membre ; vers, chant lyrique.
      9. Μέλπω, chante en chœur, fait musique.

127. — 8. Μῆνις, courroux, antipathie.

128. — 1. Μηνίγξ, membrane du cerveau.
      2. Μηρύω, filer au fuseau.
      3. Μητήρ, mère. 4. Μηρός, la cuisse.
      5. Μῆτις, conseil, sens, artifice.

132. — 1. Μυδάω, MOISIT, sent le relent.

id. — 4. Μυέω, MYSTÈRES révèle.

133. — 6. Μύρον, doux parfum qui distille.

134. — 5. Μῶλος, combat, guerre, fureur.

135. — 4. Νάος, νέως, temple, lieu saint.
      5. Νάπος, forêt, grand bois en pente.
      6. Νάπυ, la moutarde *piquante*.
      7. Νάρθηξ, férule, *bois vengeur*.
      8. Νάρκη, la torpille ; torpeur.

141. — 1. Ο', soixante-dix. 1. Ὄαρ, femme.

143. — 7. Ὀκλάζειν, choir, s'agenouiller.
      8. Ὀκρίβας, estrade, *ou* bélier.

148. — 8. Ὄρνις, coq, poule ; augure, oiseau.
      9. Ὀρόδαμνος, petit rameau.

149. — 1. Ὅρος, but ; règle ; qui termine.
      2. Ὄροφος, plafond ; toît ; mont ; colline.

Page   n°.

     3. Ὄρπηξ, surgeon ; pique ; un piquet.
     4. Ὄρτυξ, caille. 5. Ὀῤῥός, petit-lait.
id. — 7. Ὀρφνή, nuit sombre, d'ὀρφνός, noir.
150. — 2. Ὅσος, autant que, combien grand !
     3. Ὄσσα, voix. 4. Ὄστλιγξ, étincelle.
     5. Ὀστοῦν, os. 6. Ὄστρακον, vaisselle.
id. — 8. Ὀσφραίνομαι, sent, flaire odeur.
id. — 13. Οὐδός, seuil ; * Οὖδος, sol, pavé.
151. — 1. Οὖθαρ, mamelle ; chère exquise.
     2. Οὖλος, sain ; fort ; moelleux ; qui frise.
id. — 6. Οὖρος, gardien ; roi ; vent propice.
     7. Οὐτάω, blesser, maltraiter.
     8. Ὀφείλω, devoir ; acquitter.

154. — *. Πάν (ὁ), dieu Pan ; τὸ πᾶν, Grand tout.
156. — 7. Πέλας, près. 8. Πελειάς, biset.
     9. Πέλεκυς, hache, couperet.
159. — 8. Πετάω, déployer, étendre.
     9. Πέτομαι, voler, l'essor prendre.
162. — 1. Πίνος (ὁ), crasse ; (ἡ) πῖνος, pin.
     2. Πίνω, je bois ; Πότοι, festin.
     3. Πίπτω, tombe ; échoue, *ou* rend l'âme.
     4. Πίτυλος, son ; bruit de la rame.
164. — 8. Ποινή, PEINE, *ou* prix, salaire.
     9. Ποιμήν, pasteur. 10. Πόλεμος, guerre.

172. — 9. Ῥύω, traîne ; sauve, défend.
    10. Ῥώννυμι, je rends fort, puissant.

175. — 3. Σιαγών, mâchoire *et* menton.
     4. Σίαλον, salive ; — ος, cochon.
179. — 7. Σόρφος, vide, spongieux, vain.
     8. Σόος, salutaire ; entier, sain.
182. — 1. Σπόγγος, éponge l'eau *buvant*.
id. — 3. Στάμνος, cruche, broc pour rasades.
     4. Σταυρός, croix, poteau, palissades.
id. — 9. Στείχω, va ; marche en rang, de front.
    10. Στέλεχος, souche d'arbre, un tronc.
183. — 1. Στέλλειν, envoie ; arme ; réprime.

Page   n°.

2. Στέμβω, remue; insulte; opprime.
id. — 4. Στέργειν, supporte; aime, chérit.
188.— 2. Σχέτλιος, méchant; pauvre, avare.
3. Σχίζω, fend, divise, sépare.
197.— 4. Ὑγρός, souple, mou; coulant; moite.
198.— 7. Ὕπτιος, sur le dos, par terre.
8. Ὕστερος, dernier, en arrière.

201. — 6. Φερνή, dot, biens en mariage.
202.— 8. Φιάλη, FIOLE, une topette, (ou burette).
9. Φιλίς, roseau; flûte, musette.
203. — 5. Φλέψ, filet d'eau, filon ou veine.
204.— 1. Φοίνιξ, rouge; palmier, son fruit.
2. Φοιτᾶν, va voir; des leçons suit.
ou 2. Φοιτᾶν, va voir; est auditeur.

208.— 7. Χείρ, main, bras; * Χειράγρα, la goutte.
8. Χελιδών, hirondelle; voûte.
9. Χέλυς, tortue; ou lyre, un luth.
10. Χέρρος, désert, inculte; brut.
209.— 1. Χέρσος, terre-ferme; la terre.
id. —11. Χλαῖνα, surtout, robe grossière
12. Χλαμύς, CHLAMYDE, habit de guerre.
210.— 1. Χλαμύς, CHLAMYDE, riche habit.
2. Χλεύη, ris. 3. Χλιαίνω, tiédit.

213. — id. Ψ', sept cents. 1. Ψακάς, gouttelettes.
2. Ψαθυρός, sec; fragile; en miettes.
215.— 1. Ψόλος, fumée, épaisse flamme.
2. Ψύλλος, puce. 3. Ψυχή, vie, âme.
4. Ψόφος, son; bruit, fracas; vain bruit.
5. Ψύχω, sèche; souffle, fraîchit.
* Ψυχρός, frais, froid, glacé; stupide.
6. Ψῶα, flux de ventre fétide.

216.— 6. Ὠνοῦμαι, fait achat, acquiert.
7. Ὠόν, œuf. 8. Ὦον, haut étage.
9. Ὤρα, soin. 10. Ὥρα, temps, HEURE, âge.
11. Ὠχρός, pâle. 12. Ὠρύειν, rugir.
13. Ὠφελέειν, aider, servir.

———

TABLE ALPHABÉTIQUE

DES MOTS FRANÇAIS DÉRIVÉS DU GREC

CONTENUS DANS CET OUVRAGE.

———

Le premier chiffre indique la page ; le second, le n⁰. de la Racine ou du Dérivé

C.

Kyrie eleison, 245.
Kyrielle, 107, 6.
Kyste, 107, 9.

L.

labyrinthe, 245.
lac, 111, 3.
Lachésis, 110, 5.
Laconie, 245.
lagopède, 110, 7.
lagophthalmie, 110, 7.
laine, 245.
laïque, 111, 10.
lame, 245.
lampe, 111, 7.
lampée, 112, 2.
lamper, 112, 2.
lance, 245.
Laodicée, 246.
Laomédon, 111, 10.
lapathum, 112, 2.
laper, 112, 7.
larigot, 246.
larme, 246.
laryngographie, 112, 6.
laryngologie, 112, 6.
laryngotomie, 112, 6.
larynx, 112, 6.
latomies, 110, 1.
lâtrie, 112, 10.
laver, 246.
Léandre, 246.
Léarque, 246.
légal, 246.
légion, 246.
léguer, 246.
lemme, 111, 6.
Lenæus, 116, 2.
Léon, 115, 4.
Léonie, 115, 4.
léopard, 115, 4.
lépidoptère, 114, 8.
lèpre, 114, 6.
lépreux, 114, 6.
léthargie, 115, 6.
Léthé, 115, 6.
Leucothée, 115, 1.
Leucothoé, 78, 1.
lexiarque, 110, 5.
lexicographe, 113, 7.
lexicon, 246.
lexique, 113, 7.
Liban, 116, 5.
Libanie, 116, 5.
ibanotis, 116, 5.
ienterie, 114, 1.
image, 246.

Limnées, 116, 13.
Limniades, 116, 13.
Limniaques, 116, 13.
limon, 116, 13.
lin, 246.
lisse, 117, 7.
lit, 246.
litanies, 117, 5.
litharge, 116, 9.
lithiasie, 116, 9.
lithocolle, 97, 10.
lithographe, – ie, 116, 9.
lithographier, 116, 9.
lithologie, 116, 9.
lithologue, 116, 9.
lithophage, 116, 9.
lithophyte, 246.
lithotome, 116, 9.
lithotomie, 116, 9.
lithotomiste, 116, 9.
lithotritie, 116, 9; 195, 2.
litote, 117, 8.
litre, 117, 9.
li'ron, 246.
liturgie, 61, 5.
liturgique, 61, 5.
livre, 246.
lobe, 117, 11.
logarithme, 21, 7.
logarithmique, 21, 7.
logicien, 113, 7.
logique, 113, 7.
logogriphe, 42, 2.
logomachie, 123, 8.
Loïs, 246.
loquet, 246.
loriot, 246.
lotophage, 119, 10.
lotos, 119, 10.
lotus, 119, 10.
loup, 246.
loup-garou, 246.
lourd, 246.
lourdaut, 246.
loutre, 118, 5.
loxodromie, 118, 4.
lune, 246.
lutrin, 246.
lutte, 247.
lycanthrope, 119, 8.
lycanthropie, 119, 8.
Lycaon, 247.
lycée, 247.
Lycurgue, 247.
lymphatique, 247.
lynx, 119, 2.
lyre, 119, 7.
lyrique, 119, 7.

M.

macaron, 121, 1.
macaroni, 121, 1.
mâcheliere, 122, 10.
mâcher, 122, 10.
machine, 247.
mâchoire, 122, 10
Macrobe, 247.
macrocéphale, 922; 127, 3.
macroptere, 127, 3.
macrorhynque, 172, 6.
macroure, 127, 3.
madrigal, 247.
mage, 120, 5.
magie, 120, 5.
magicien, 120, 5.
magique, 120, 5.
magisme, 120, 5.
magnésie, 120, 6.
magnétique, 120, 6.
magnétiser, 120, 6.
magnétiseur, 120, 6.
magnétisme, 120, 6.
Maïa, 120, 10.
maillot, 247.
mais, 247.
maître, 247.
mal, 247.
malacie, 121, 2.
malactique, 121, 2.
malade, 247.
malaxer, 121, 2.
malle, – ette, 247.
mallophore, 121, 6.
Malte, 247.
maman, 121, 8.
mamelle, 121, 8.
mammifère, 121, 8.
manant, 247.
mandille, 247.
mandragore, 247.
maniaque, 120, 11.
manichordion, 248.
manie, 120, 11.
manomètre, 121, 13.
mangoneaux, 248.
manne, 248.
manteau, 248.
maquignon, 248.
marasme, 122, 2.
maraud, 128, 6.
marbre, 122, 6.
marbrer, 122, 6.
marguerite, 248.
Marion, 248.
marjolaine, 248.
marmaille, 248.

patriarcal, 155, 1; 23, 5.
patriarcat, 155, 1; 23, 5.
patriarche, 155, 1; 23, 5.
patrie, 155, 1.
patriote, 155, 1.
patriotisme, 155, 1.
patronymique, 155, 1.
paume, 153, 6.
pause, 155, 2.
pauser, 155, 2.
pausicape, 155, 2.
pauvre, 254.
pays, 254.
Péan, 153, 4.
péchyagre, 161, 3.
pédagogie, 153, 3.
pédagogique, 153, 3.
pédagogue, 153, 3.
pédant, 153, 3.
Pégasides, 160, 3.
Pégase, 160, 3.
peine, 164, 9; 254.
pélécoïde, 156, 8.
peler, 254.
Péloponnèse, 137, 7.
péliaste, pelte, 157, 4
Péluse, 160, 6.
Pénélope, 254.
pentacorde, 157, 8.
pentadécagone, 45, 5.
pentaèdre, 157, 8.
pentagone, 157, 8.
pentamètre, 157, 8.
pentarchie, 157, 8.
Pentateuque, 157, 8.
pentathle, 157, 8.
Pentecôte, 157, 8.
pépastique, 158, 3.
peptique, 158, 3.
percer, 254.
perche, 159, 3.
perdition, 158, 7.
perdre, 158, 7.
perdrix, 254.
péricarde, 89, 1.
péricarpe, 89, 6.
périœsciens, 159, 1.
péricrâne, 89, 2.
périgée, 37, 2; 159, 1.
périhélie, 71, 6.
périmètre, 226, 10.
période, 141, 5; 159, 1.
périodique, 141, 6; 159, 1.
péripatéticien, 154, 10.
péripétie, 159, 1.
périphérie, 159, 1.

périphrase, 204, 10.
péripneumonie, 164, 2.
périsciens, 159, 1.
péristyle, 159, 1; 185, 6.
péroné, 159, 4.
Persée, 158, 7.
perruque, 254.
persil, 254.
perle, 158, 7.
pesse, 162, 4.
pétale, 159, 8.
pétase, 159, 8.
pétrée, 160, 1.
pétréole, 57, 3.
pétrification, 160, 1.
pétrole, 57, 3.
Phaëton, 200, 9.
phaisan, 254.
phalange, 199, 7.
phalène, 199, 8; 254.
phare, 200, 4; 254.
pharmaceutique, 200, 2.
pharmacie, 200, 2.
pharmacien, 200, 2.
pharmacopée, 200, 2.
pharmacopole, 254.
pharyngographie, 200, 6.
pharyngologie, 200, 6.
pharyngotome, 200, 6.
pharynx, 200, 6.
phase, 199, 2.
Phébé, 203, 10.
Phébus, 203, 10.
Phèdre, 199, 2; 254.
Phénicie, 204, 1.
phénicoptère, 168, 5; 204, 1.
phénix, 204, 1.
phénomène, 199, 2.
Phidilies, 201, 2.
Philadelphe, 4, 7.
Philadelphie, 255.
philanthrope, 18, 7.
philanthropie, 18, 7.
Philémon, 255.
Philippe, 64, 1.
Philoctète, 105, 4; 255.
philologie, 202, 10.
philologique, 202, 10.
philologue, 202, 10.
philomathe, 121, 12.
Philomèle, 125, 8.
Philopator, 155, 2.
philosophe, 179, 10.
philosopher, 179, 10.
philosophie, 179, 10.
philosophique, 179, 10.
Philostrate, 255.
Philotime, 103, 7.

philtre, 255.
phlébographie, 203, 5.
phlébologie, 203, 5.
phlébotome, 203, 5.
phlébotomie, 203, 5.
phlébotomiser, 203, 5.
phlébotomiste, 203, 5.
Phlégéton, 203, 4.
phlegmasie, 203, 4.
phlegme, 203, 5; 255.
phlogistique, 203, 4.
phlogose, 203, 4.
phlyctènes, 203, 6.
phonétique, 206, 8.
phosphore, 200, 9.
phosphorique, 200, 9.
phrase, 204, 10.
phraséologie, 204, 10.
phrasier, 204, 10.
phrénologie, 205, 3.
phthisie, 202, 6.
phthisique, 202, 6.
phthisiologie, 202, 6.
phylactère, 255.
phylarque, 206, 2.
physicien, 206, 7.
physique, 206, 7.
physiologie, 206, 7.
physiologique, 206, 7.
physiologiste, 206, 7.
physionomie, 39, 9.
physionomiste, 39, 9.
picea, 162, 4.
pichet, 255.
Pichrocole, 161, 9.
piège, 255.
pifre, 255.
pile, 161, 9.
piler, 161, 9.
pilier, 161, 9.
pilon, 161, 9.
pilori, 161, 9.
pilotis, 161, 9.
pin, 162, 2; 255.
pinson, 255.
pinte, 255.
pion, 255.
piper, 255.
pirate, 156, 3.
piraterie, 156, 3.
piste, 255.
piston, 255.
pitance, 256.
pithégie, 142, 3.
placard, 255.
place, 256.
placenta, 163, 1.
plaie, 163, 7; 256.

FIN.